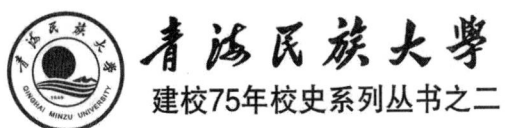

建校75年校史系列丛书之二

桃李沐春阳

青海民族大学建校 75 周年纪念文集

青海民族大学校史丛书编委会 编

青海人民出版社

图书在版编目（CIP）数据

桃李沐春阳：青海民族大学建校 75 周年纪念文集 / 青海民族大学校史丛书编委会编. -- 西宁：青海人民出版社，2024. 7. --（青海民族大学建校 75 年校史系列丛书）. -- ISBN 978-7-225-06743-8

Ⅰ. G649.284.41-53

中国国家版本馆 CIP 数据核字第 202468AN30 号

责任编辑　梁建强　张　薇　安润泉
责任校对　田梅秀
责任印制　刘　倩　卡杰当周
装帧设计　墨读工坊

青海民族大学建校 75 年校史系列丛书

桃李沐春阳
——青海民族大学建校 75 周年纪念文集
青海民族大学校史丛书编委会　编

出 版 人　樊原成
出版发行　青海人民出版社有限责任公司
　　　　　西宁市五四西路 71 号　邮政编码：810023　电话：(0971) 6143426（总编室）
发行热线　(0971) 6143516/6137730
网　　址　http://www.qhrmcbs.com
印　　刷　青海天和地矿印刷有限公司
经　　销　新华书店
开　　本　720mm×1020mm　1/16
印　　张　33.75
字　　数　600 千
版　　次　2024 年 7 月第 1 版　2024 年 7 月第 1 次印刷
书　　号　ISBN 978-7-225-06743-8
定　　价　85.00 元

版权所有　侵权必究

谨以此书献给：

中华人民共和国成立75周年

青海解放75周年

青海民族大学建校75周年

丛书编委会

主　任： 黄世和

副主任： 马维胜

委　员： 阿进录　赵海兴　马成俊　肖玉兰
　　　　　卓　玛　吴生满　尧命发　钱建国

主　编： 马维胜

副主编： 阿进录

编　辑： 苏中颖　祁仁增　韩翠翠

序

2024年是中华人民共和国成立75周年、青海解放75周年，也是青海民族大学建校75周年。为总结学校75年来的办学经验和丰硕成果，坚守建校初心，讲好民大故事，作为校庆活动的一项重要工作，校史丛书编委会专门组织编写了《琢玉成大器——青海民族大学建校75周年师生理论文集（2020-2024）》和《桃李沐春阳——青海民族大学建校75周年纪念文集》。这两本文集共同的特点，在于用满腔的热情、真实的感受、具体的实例、深入的思考，从特定的视角如实反映了学校75年的发展史。

青海民族大学是青藏高原上的第一所高等学府，也是新中国第一所民族院校，她使命特殊、历程特殊、贡献特殊，始终与祖国共奋进、与时代共发展、与青海共命运，见证了青海教育由小到大、由弱到强、由落后向现代的历史性转变，更是青海乃至祖国发生翻天覆地变化的缩影，她的历史就是新青海建设的重要章节。

近年来，学校以高度的政治责任感和使命感，把学习宣传贯彻习近平新时代中国特色社会主义思想作为首要政治任务，切实抓好理论研究阐释工作，充分发挥我校哲学社会科学人才优势，组织各级领导干部和专家学者紧密围绕理论和现实问题开展研究。《琢玉成大器》一书精心选取了全校师生学习习近平新时代中国特色社会主义思想的理论成果，且是在《中国教育报》《青海日报》等党报党刊公开发表的彰显民大师生学思想、强党性、重实践、建新功的实际成效的理论文章70篇，充分展示了师生理论研究的丰硕成果和昂扬奋进的精神风貌。

《桃李沐春阳》收录精心选取的校庆70周年之后，广大校友、师生的回忆文章72篇，以及"省垣艺术家进民大"主题活动的诗歌散文作品29篇和书画摄影作品30幅。这些文章里面有老领导、老同志和老校友的深情回忆，从中能深切感受到学校创办的特殊使命和光辉历程、几代民大人的创业艰辛，以及对母校的深深眷恋和浓浓深情。书中还展示了师资队伍的卓然风采，老教授扎根高原、钻研学术、教书育人、淡泊名利，老领导为学校发展殚精竭虑、默默奉献，挂职干部不忘援青帮扶初心、勇担教育扶贫使命，他们是学校建设的重要力量，更是学校无比珍惜的宝贵财富。同时，书中对部分在不同领域发光发热的优秀校友的风采进行了展示，他们已成为新青海建设的中坚力量和栋梁之材，为建立和巩固新生的人民政权，为青海的民主改革、民族团结、社会稳定、经济发展、生态保护和各项事业的进步作出了其他高校无法替代的特殊贡献，在他们身上充分体现了"进德修业 自强不息"的校训精神，他们的事迹必将启发、影响、带动和激励广大青年学子。省垣艺术家们则通过诗歌、散文、书画等不同艺术题材，关注民大发展历程，展示民大办学成效，体现了社会各界对学校发展的关心支持。

2024年6月，习近平总书记再次来到青海考察，并对民族工作、教育工作和对口支援工作等作出重要指示，让我们感到无比温暖、深受鼓舞。是的，一个时代有一个时代的主题，一代人有一代人的使命。这两本文集对于推动大学文化建设、讲好民大故事、激励各族师生积极投身于民族复兴伟业，对于促进全校师生懂青海、爱青海、兴青海，提振干事创业的精气神，对于凝聚全校师生、广大校友和全社会共同推动民大发展的正能量，都具有重要价值，是传承民大精神的一幅组图，也是学校75年办学历史的有力见证。

在习近平新时代中国特色社会主义思想指引下，在省委、省政府的亲切关怀下，在对口支援高校的倾情帮扶下，青海民族大学将继续不忘初心、牢记使命、踔厉奋发、勇毅前行，通过培养大批有理想、有本领、有担当的各民族优秀人才来创造更加辉煌的未来，完成历史赋予的特殊使命！

马维胜
2024年6月

目 录

一

毛泽东主席与青海省青年干部训练班的创办……………… 阿进录 /003
回顾青海省民族公学的办学历程……………………………… 马 诚 /012
我与共和国同龄………………………………………………… 角巴东主 /020
往事随想
　　——写在青海民族大学法学院建院40周年之际 ………… 韦 齐 /025
十年磨一剑　盛世修大典 …………………………………… 钱中立 /034
我的大学生活…………………………………………………… 周志坚 /038
心　碑………………………………………………………… 曹多珠 /045
感恩母校……………………………………………………… 李晓东 /048
有你真好
　　——写在青海民族大学中文系1981级2班毕业30年之际…… 陈正果 /052
母校情怀……………………………………………………… 邸平伟 /056
难忘的记忆
　　——回忆在预科部的6年学习生活 ……………………… 沙日才 /062
母校永远在我心中 …………………………………………… 王聚宝 /070
难忘的青南支教岁月 ………………………………………… 扈生彪 /074
"骄子"年代
　　——回忆我的大学生活 …………………………………… 乔华藏 /079
怀念那曾经逝去的岁月 ……………………………………… 周恩明 /083
母校是我成才的摇篮 ………………………………………… 荣增举 /087
倾注真情育英才　留有余香润自心 ………………………… 童成乾 /093

再忆民大
　　——湟水河边的母校……………………………………………郑恒萍 /097
岁月深处的记忆
　　——在青海民族大学学习生活侧记………………………………张永平 /103
勿相忘　勤挂念
　　——忆母校………………………………………………………周　加 /109
我的成长经历………………………………………………………才项多杰 /112
让奋斗成为青春最亮丽的底色………………………………………冯元智 /116
重回母校　追忆青春年华……………………………………………马兴盛 /120
致1996年的那个春天………………………………………………潘苗苗 /123
犹忆大学的那段时光…………………………………………………张　诚 /126
在基层锻炼成长………………………………………………………李顺成 /129
我和我的大学…………………………………………………………王怀成 /133
心系其民　乃成其大
　　——我与民大的情缘永续………………………………………星金梅 /137
千里守望　心手相牵…………………………………………………魏建国 /142
难忘的大学生活………………………………………………………方占彪 /146

二

温柔敦厚　古今文章
　　——写在《李文实手稿》九卷本正式出版日…………………程　凯 /153
文章千古事　杏坛传佳话
　　——庆祝《李文实手稿》出版发行……………………………马顺清 /156
在李文实先生影响下学习和研究青海地方史………………………王化平 /158
记我校"首席科学家"吴天一院士…………………………………邵德山 /161
为民族教育事业孜孜不倦
　　——记青海民族学院副院长戴金璞同志………………………包毓俊 /165
土族文化薪火相传
　　——访鲍生海先生………………………………………………吕玉明 /168

学海踏浪　勤奋一生
　　——悼念历史学家芈一之教授………………………………… 贾晞儒 /172
年老唯余丹心在　愿为孺子吾属牛
　　——悼念恩师芈一之先生…………………………………………… 李　丽 /176
芈一之：传灯宿志　学界楷模……………………………………… 王十梅 /179
不灭的心灯
　　——怀念恩师冯育柱先生…………………………………………… 马光星 /183
砥砺奋进　点亮心灯
　　——怀念恩师冯育柱先生…………………………………………… 俞丽娟 /186
深切怀念恩师胡安良先生…………………………………………… 安海民 /189
一代大师　风范长存
　　——深切缅怀胡安良先生…………………………………………… 陈化育 /194
怀念恩师胡教授……………………………………………………… 樊　华 /197
追忆我的父亲王树中………………………………………………… 斯　琴 /199
铮铮风骨写春秋
　　——记撒拉族语言学家韩建业………………………………… 马　伟 /205
回忆资深翻译家李钟霖先生……………… 嘉央东措　肖安东　龚启德 /214
忆良师益友桑杰教授………………………………………………… 何　峰 /222
师容常相思　师恩永铭记
　　——追忆恩师桑杰教授……………………………………………… 侃　本 /227
我们的智慧勇师：随学桑杰先生三忆……………………………… 完玛冷智 /231
为党旗增辉奋斗不息
　　——访"光荣在党50年"纪念章获得者邵德山同志
　　……………………………………………………………………… 青民轩 /236
勤勤恳恳奉献　任劳任怨工作
　　——追忆夏吾才让先生………………………………… 侃　本　多杰仁青 /240
俯首甘为孺子牛
　　——记青海民族大学退休干部昝登龙
　　……………………………………………………… 昝登龙口述　相金玉整理 /244
感念师恩…………………………………………………………… 阿进录 /250

为了忘却的纪念

　　——从《朱刚笔札集》《山花烂漫映少年》出版说起……………………………………………………马宏武 /279

回忆朱刚老师………………………………………………韩占春 /284

用忠诚书写党员本色

　　——记我校退休干部沈立歧………………………………青民轩 /287

把"拉伊"唱到莫斯科

　　——记民大退休教师秀日吉………………………………马宏武 /292

刘彤彤：我的文章写在青藏大地上…………………………焦德芳 /296

三

坚守初心使命，不负人民、不负组织

　　——记全国人民满意的公务员、全国先进工作者陈志秀……青民轩 /301

用行动追求生命的价值

　　——记全国三八红旗手、全国教书育人楷模杨毛吉………青　民 /309

扶贫村里的拓荒牛　百姓心中的带头人

　　——记全国脱贫攻坚先进个人马锁安………………………青民轩 /316

在苦与累、血与汗的交织中砥砺前行

　　——记全国特级优秀人民警察葛立业………………………青　民 /324

铁路检修班组上的"女汉子"

　　——记全国五一巾帼标兵获得者马婷…………赵　娜　蔡建庭 /328

蓝蓝天空下还是好人多

　　——纪念新中国第一代土族著名作家董思源先生…………解生才 /333

只留清风在人间

　　——记全省民族团结先进个人昂格…………………………才仁当智 /342

博学广识　艰辛耕耘

　　——记青海省著名文史学者和作家解生才…………………青　民 /346

守望光明

　　——记全省优秀党务工作者扎西措毛………………………姚　斌 /350

把青春和爱献给三江源头
　　——记全省优秀党务工作者张有才………………………… 青　民 /354
用实干精神谱写脱贫之歌
　　——记全省脱贫攻坚先进个人王学军………………………… 青民轩 /360
追梦路上的"拇指姑娘"
　　——记全国向上向善好青年、青海省三八红旗手获得者朱亚楠
　　………………………………………………………………… 相金玉 /364
凝聚志愿力量　爱撒青藏高原
　　——记全国向上向善好青年卢群林……………………………… 青民轩 /368

四

图书的曼荼罗……………………………………………………… 马　钧 /375
青海民族大学赋………………………………………………………… 马相平 /377
五月，走进民大（组诗）……………………………………………… 央　金 /379
民大册页（组诗）……………………………………………………… 西　月 /381
晨光里的诗篇（四首）………………………………………………… 刘大伟 /385
白色火焰……………………………………………………………… 那　萨 /388
时光的波涛与涟漪（组诗）
　　——写给青海民族大学建校75周年 …………………………… 严雅楠 /391
青海民族大学赋………………………………………………………… 严雅楠 /405
可可西里之魂
　　——献给杰桑·索南达杰的挽歌………………………………… 杨廷成 /407
花之高原……………………………………………………………… 陈慧遐 /414
花儿与少年
　　——献给青海民族大学…………………………………………… 牧　白 /415
民大校园（三首）……………………………………………………… 耿占坤 /417
黎明中的青海民大（组诗）…………………………………………… 郭旭升 /419
我们追逐智慧之光抵达昆仑通天柱（组诗）
　　——献给如同昆仑悬圃的民大校园……………………………… 曹　谁 /426

致我们在民大永不逝去的青春（组诗）		
——送给民大的所有学子	廖乙入	/433
牡丹诗篇（组诗）	撒玛尔罕	/437
民大，教我睁眼看世界的地方	马索里么	/441
悠悠"山海" 和隋之珍	马 越	/449
我的大学		
——由"省垣艺术家进民大"艺术创作活动想到的	王玉兰	/453
民大的独有	老 梅	/457
青海民大校园叙事曲	祁建青	/463
致青春	李 静	/466
高原上的白榆	肖子树	/469
时间的果实	应小青	/473
走进民大	贾文清	/480
恰是风华正茂	雪 归	/487
民大的牡丹	绿 木	/491
青海民大走出的"改革先锋"		
——探访杰桑·索南达杰的足迹	董得红	/494
白茸院忆事	鲁玉梅	/501
"省垣艺术家进民大"书画摄影作品		/507
后 记	阿进录	/523

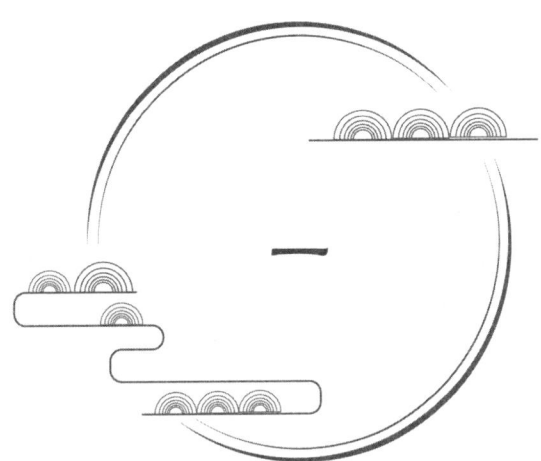

毛泽东主席与青海省青年干部训练班的创办

阿进录

在我们怀着十分崇敬的心情纪念毛泽东主席诞辰130周年，深入学习习近平总书记在纪念座谈会上的重要讲话之际，重温毛主席在解放初关于培养少数民族干部的重要指示，梳理在毛主席亲切关怀下创办的青海省青年干部训练班（青海民族大学前身）的来龙去脉，展望这所新中国成立最早的民族院校、青海第一所高校的发展前景，我们内心充盈着无限的感恩之情和奋进力量。

现实任务与干部需求

1949年9月5日，西宁解放，至11月青海全省基本解放。

解放初，党在青海的主要任务是建立新生的人民政权，而建立巩固的各级人民政权，需要大批干部。青海省又是多民族省份。据青海省军政委员会主任廖汉生1950年1月2日在省府委员会议上的报告及青海省军政委员会秘书处编印的"青海省人口及民族分布概况"，当时青海省人口约125万，其中，汉族约57.6万人，占47%；藏族约41.7万人，占33%；回族（包括撒拉族）约15.3万人，占12%；土族约7.2万人，占6%；蒙古族约3.3万人，占2%。（见《青海日报》1950年1月7日、1950年1月15日）在这样一个多民族地区建立新生的人民政权，如果没有大批少数民族干部，很多工作是无法开展的。当时的西北局书记习仲勋对这一问题有深刻论述："西北为多民族地区，少数民族占全人口二分之一，……如说西北有特点，则此特点为民族问题"，应该"大量培养民族的干部，尽可能吸收当地优秀分子参加当地政府的工作，主要方法是办培训班。"（《西北工作的特点是做好民族工作》，《习仲勋论统一战线》，中央文献出版社2013年版）习仲勋同志不仅敏锐把握了西北地区的工作特点，而且深刻提出了解决问题的具体办法。

当时，解决青海干部缺乏的办法至少有四个：一是使用军转干部。在兰州战役前的1949年8月19日，彭德怀给毛主席的《请示报告》中就指出，陕甘两省县以上干部，由西北局配齐，青海、新疆、宁夏的干部没有解决。他提议一军干部抽调青海，二、六军干部抽调新疆，十九兵团干部抽调宁夏。8月22日毛主席复电同意。兰州战役结束后，一、二军进军青海，之后二军进入新疆，一军则留在青海。到1950年9月止，一军先后调出干部703人、战士1320人，参加地方工作，为青海解放初期的建政工作和经济建设输送了骨干力量。但这些干部基本是汉族干部，对青海的地方文化和民族文化了解不多，需要有针对性地开展一些民族语言文化培训。二是使用青海干部大队学员。为了解决青海干部紧缺问题，以华北大学及华北人民革命大学学生为主组建青海干部大队，分批派到青海工作。据1949年11月1日《青海日报》"欢迎青海干部大队"的报道，10月28日共有200余人到达西宁，分配到不同岗位开展工作。三是留用旧政权中的各民族进步人士。据青海省委9月28日《关于当前工作的指示》："组织各级人民临时政府，吸收各民族中的进步人士参加工作。上层分子劣迹不重大，在各民族各界人民中尚有若干影响者，争取其在县以上之政权中工作。一般职员，可大胆录用，但必须加以改造教育，好者，经短期训练后，量才录用。"（《关于当前工作的指示》，《解放青海史料选编》，第78页）四是大力培养各民族青年。青海省委认为，从长远考虑，需要培养大批听党话、跟党走的各民族青年干部，"要大力吸收各民族知识分子，办各种短期训练班"（中共青海地方组织志编纂委员会编：《中国共产党青海地方组织志》，青海人民出版社1999年版）。

总之，无论对旧政权中各民族进步人士的教育改造，还是培养我们党自己的青年干部，都急需办培训班和一所学校。而军转干部和青海干部大队的学员，刚好为创办培训班和学校提供了重要力量。

迭次反映与主席批示

从全国来说，青海是解放最早的多民族地区之一，所以首先遇到了建政过程中民族干部缺乏等问题。此类问题政治性强，需要向上级反映，寻求解决。

早在1949年9月，第一野战军司令员兼政委彭德怀根据青海省委反映的情况，及时向党中央呈送《关于青海现状及对藏民工作意见的报告》，提出"甘、青两省都有藏民问题，人数不少，问题亦多，如果把青海藏民问题搞好，对川、康、西藏有很大影响"，"目前拟在兰州办一所少数民族干部训练班，吸收藏民中的进步分子，给以政治和政策教育，作为将来开展藏民工作的核心力量，再抽调百多个汉文较好政治上坚强的干部学习藏文及维文，以便帮助开展少数民族工作"（徐世和：《毛泽东与青海民族干部的培养》，《青海民族学院学报》1993年第1期）。从中可以看到，彭德怀、西北局不仅认为解决好青海民族问题对青海本身非常重要，还考虑到这对其他涉藏地区具有辐射带动影响，也认识到举办少数民族干部训练班是解决民族问题的有效方法，并站在西北全局高度，提出了拟在兰州举办一所面向西北的少数民族干部训练班的设想。

1949年9月28日，在青海省委刚刚成立3天，就发出《关于当前工作的指示》，首次明确提出"办各种短期训练班的方式，培养少数民族干部"的思路。在推动工作的实践中，省委不断加深对民族干部培养问题的认识，在11月9日《关于当前几个问题的决定》中进一步提出，"决定在西宁办一人民公学，吸收大批游牧民族青年，及恶习不深的旧知识分子，培养改造，以适应当前及将来需要"（中共青海地方组织志编纂委员会编：《中国共产党青海地方组织志》，青海人民出版社1999年版）。说明省委不是将举办培训班作为权宜之计，而是作为长效之策来谋划，并多次向西北局、党中央反映和请示。

真正从战略和全局高度认识、把握和思考民族地区干部培养使用问题，并作出具有长远意义、影响深远的决策者，是伟大领袖毛主席。他在1949年11月14日致彭德怀、西北局《关于大量吸收和培养少数民族干部》的电报中指出："据青海省委迭次反映，马匪余党在许多地方煽动群众，组织反抗。此次兰州会议上请予以严重注视。除大力围剿，省委地委县委集中注意做艰苦的群众工作，在一切工作中坚持民族平等和民族团结政策外，各级政权机关均应按各民族人口多少，分配名额，大量吸收回族及其他少数民族能够和我们合作的人参加政府工作。在目前时期应一律组织联合政府，即统一战线政府。在这种合作中大批培养少数民族干部。此外，青海、甘肃、新疆、宁夏、陕西各省省委及一切有少数民族存在地方的地委，都应开办少数民族干部训练班，或干部训练学校。请你们注意这一点，要彻底解决民族问题，完全孤立民族反动派，没有大批从少数民族出身的共产主义干部，是不可能的。"（中共中央文献研究室编：《建国以来重要文献选编》，中央文献出版社1992年版）毛主席的重要批示，高瞻远瞩，对如何彻底解决民族问题、做好民族工作指明了方向，成为我们党和政府培养少数民族干部工作的重要行动纲领，对全国民族地区开办少数民族干部训练班和干部训练学校，乃至对以后民族高校的建设，都具有决定性意义。根据毛主席的批示，党和政府很快制定了《培养少数民族干部试行方案》等一系列加强少数民族干部培养的政策举措，进而极大地促进和推动了民族地区的发展，为真正意义上实现各民族共同团结奋斗、共同繁荣发展奠定了坚实基础。事过多年，站在世界百年未有之大变局的背景下，在中外民族工作的比较中，我们越发感受到毛主席这一批示的深邃历史意义和长远战略意义。

这一批示起因是青海省委的多次反映，所以首先对青海省举办少数民族干部培训班具有直接指导意义。在接到毛主席批示后，西北局及时在兰州召开会议学习传达，青海省委书记张仲良参加会议，回来后立即召集县委书记会议进行传达学习，明确要求各级负责同志把培养民族干部当成最重要、最经常的头等政治任务。由此，也加快了青海省青年干部训练班的筹办进度。

精心筹备与开学典礼

青海省委在向西北局、党中央请示的同时，指派省委民族工作部（后改成统战部）部长、军管会民族处处长周仁山牵头负责筹备工作。根据1949年9月28日省委《关于当前工作的指示》，周仁山同志就迅速行动，有力工作，艰苦创业，精心谋划，利用短短两个多月时间，广泛征求意见，讨论具体问题，借校址、找师资、招学生、开课程、印教材，成立党团组织，组织教学管理，解决吃喝拉撒，实现了从无到有的历史性跨越。

组建筹备班子。抽调各部门精干力量组成工作队，分头负责筹备工作。其中，周仁山兼任班主任，吴均为副班主任，谢高峰为秘书，张国信、张振府、王捷、杨和章等人为骨干力量。11月4日，任命省委宣传科科长温志忠为青干班教育主任，具体负责筹办工作。到12月12日举行开学典礼前，形成了基本的领导班子和教工队伍。周仁山兼任班主任，吴均为副班主任，温志忠为教育主任、苏明远为副教育主任，刘振武为总务科长，萧庆明为组织股长，谢高峰为秘书，毛铭廷为教学干事，汪耀生是军代表，张国信、张振府、王捷、杨和章、郝济洲、张英果为指导员（教员）。这些干部，有的是身经百战的老革命，有些是年轻的军转干部，有些是刚从华北大学及华北人民革命大学毕业的学员，有些是省委部门的工作人员，他们满腔热情，团结一心，为学校的创办作出了奠基性贡献。

广泛征求意见。举办民族干部培训班,需要听取多方面的意见建议。为此,省军管会文教处和民族处专门召开少数民族教育座谈会,广泛征求各方面代表的意见。据1949年10月29日《青海日报》报道,军管会文教处、民族处于1949年10月25召开西宁市少数民族教育界座谈会,讨论各民族青年教育问题。军管会文教处长刘瑞方指出:"军管会为了培养各民族的劳动青年和改造旧知识分子,准备在短期间内成立青海省民族青年训练班,希望大家积极参加筹备工作,多提意见,以便培养出真正能为各民族人民服务的干部来。"会上,各民族代表人士马乐天、洛桑香趣、官保加、杨质夫、吴均都积极发言,对举办青海省民族青年训练班表示欢迎。省委民族工作部(后改成统战部)部长、军管会民族处处长周仁山在讲话中号召各民族人民更加团结起来,为发展新青海的教育事业而奋斗。这次座谈会,统一了思想,征求了意见,为创办青海省青年干部训练班达成了更加广泛的共识。

确定办学地点。为了实现学校的长远发展,筹备组综合考虑交通便利等因素,拟定将学校办在前临湟水、后靠北山的中庄。当然,建校需要过程,实现短期内办学,建设新校舍肯定来不及,于是就借用西宁市西门外安西堡的"旧国立西宁师范学校"校址办学,其中借用了一排教室,一排宿舍,以及办公室、食堂等基本用房。但是,"旧国立西宁师范学校"自身也在办学,两所学校共用一个校区,办学条件更加紧张。所以,"青干班"创建3个月后又借用宏觉寺街原"西宁中学"(西宁五中)的校区办学。在借用过程中,也加紧建设自己的校园,最终于1951年11月举校迁入中庄校区。

做好教学准备。培训班能否举办成功,关键在于教学安排。筹备组从教学计划到课程设置,从教材准备到师资安排,都做了认真准备。教材是油印的,教职工有10余人,初步具备了办班的条件。

招收培训学员。办学的主体是学生,而培养什么人、怎样培养人、为谁培养人是教育的根本问题。根据当时的具体情况,筹备组在11月1日就作出决定,将通过向全社会发布招生广告,在各县已建政的单位以及各族各界人士中进行动员、宣传等灵活多样的方式招生,并分别于1949年11月8日、10日、11日的《青海日报》刊发"青海省青年干部训练班招生广告"。"招生广告"共10条内容,对招生宗旨、课程设置、报考条件、培训时间、招生名额、考试形式、报考日期、报名地点、考试日期、待遇等问题做了介绍:

一、宗旨：根据中国人民政治协商会议共同纲领之民族政策总精神，培养以建设青海服务于各民族区域劳动人民青年干部为目的。

二、课程：中国革命与中国共产党、社会发展简史、中国人民政治协商会议共同纲领、新民主主义论、论人民民主专政、青海情况与民族工作。

三、报考条件：甲，蒙、藏、回、土、撒拉及各族青年，年龄在18岁以上35岁以下，具有小学毕业以上程度，品行端正、身体健康、无不良嗜好者；乙，汉族青年在年龄18岁以上25岁以下，具有初中毕业以上程度并略知藏或蒙古族语言文字，身体健康，品行端正，无不良嗜好者。

四、训练期间：暂定为三个月。

五、报考名额：暂定为150名，男女兼收；汉族青年随个人志愿及所具民族语言、文字条件，分别投考。

六、考试科目：汉、藏或蒙古文，政治常识，口试。

七、报考日期：自11月1日起至15日止。

八、报名地点：西宁市西门外安西堡（旧国立西宁师范学校）。

九、考试日期：随到随考。

十、待遇：甲，学习期间膳食、文具、书籍、衣服，由本班供给，被褥自备；乙，毕业后按照学习程度，个人特长分配工作。

班主任：周仁山　副班主任：吴均
公历1949年11月1日

招生广告发出以后，得到了社会各界的积极响应。本来拟招生150人，实际招收了249人。学员又分两期，其中第一期共84人，第二期165人。其中，有来自农业区的，也有来自牧区的，有汉族，也有少数民族，有上过中学的，也有小学程度的，有男同学，也有女同学。以第一期为例，84人中有汉族13人、藏族32人、回族8人、蒙古族14人、土族17人。而且，学校实行供给制，给学员按时发放冬夏装、鞋袜及各种学习、生活用品，使广大学员充分感受到党的民族政策的优越性。

举办开学典礼。1949年12月12日，根据毛主席的批示精神和西北局兰州会议要求，青海省委在全国率先创办了干部训练班，并定名为"青海省青年干部训练班"（简称"青干班"）。在开学典礼上，青海省委书记张仲良，青海省军政委员会主任廖汉生，省政府副主席马朴、喜饶嘉措出席并分别讲话。张仲良指出："大家今天来干训班学习，要认清过去各民族不团结的原因，消除以往的裂痕，团结一致，为提高各民族的文化，求得各民族在政治上、经济上的彻底解放而努力。"廖汉生指出："人民解放军来到青海，就是要解放青海的人民，使青海的人民站起来，为了达到此一目的，必须造就一批愿为人民服务的干部，这就是举办青年干部训练班的目的，因此虽然我们人数少，但责任却是重大，大家要努力学习政策，养成劳动观点，从思想上改造自己。"马朴号召大家："要担负起团结各民族的责任，为提高青海人民的经济生活、文化生活而努力。"喜饶嘉措指出："青海自解放以后，黑暗的时期已经过去了，大家要好好地学习，打破民族间的歧视，全心全意为青海各族人民服务。"周仁山指出："创办该班的目的是培养一批各民族的优秀青年干部，为青海的各族人民忠实服务，以提高其经济生活和文化生活。"几位领导的讲话从不同角度深刻阐明了举办"青干班"的重大意义、目的和要求，为学校发展指明了正确的方向。（以上见《青海日报》1949年12月26日第1版）

至此，我们可以初步梳理出创办"青干班"的时间线索：1949年9月5日，西宁解放；9月25日青海省委成立；9月28日青海省委发出《关于当前工作的指示》，提出举办训练班的思路，并一边向西北局、党中央请示，一边安排周仁山负责，从当日起着手筹备；10月25日，召开征求少数民族教育座谈会，征求各民族代表举办训练班的意见；11月1日筹备组制定招生简章，并于11月8日、10日、11日在《青海日报》发布招生广告；11月9日，青海省委在《关于当前几个问题的决定》中，进一步提出要加强少数民族干部培养问题，并决定举办人民公学；11月14日，毛主席给彭德怀、西北局《关于大量吸收和培养少数民族干部》的电报中，明确批示青海等地应当举办干部训练班；12月12日，"青干班"宣告成立。

可以说，青海省委贯彻党中央和毛主席的批示迅速而有力，为其他民族地区举办类似干部培训学校开了好头，也为我国少数民族干部培养和开展民族高等教育做了有益的探索。"青干班"的创办，在青海教育史和民族工作史上具有里程碑意义，正是在中国共产党的领导下，灾难深重的青海各族人民从此真正意义上有了属于自己的学府，各族人民的命运和面貌从此得到彻底改变。

办学过程与深远意义

自1949年12月12日至1950年4月更名为青海省人民公学，"青干班"

经历了短短5个月的办学时间。这期间,为了加强党的领导,学校成立了党支部,支部书记为温志忠,共有3名党员;成立了团支部,张振府为团支部书记,共有4名团员。根据招收学员的实际情况,学校制定和贯彻了以政治教育为主,兼学三种语文(汉语文、藏语文、蒙古语文)的教学方针。开设了政治和汉、藏、蒙古语文课程。政治课主要有社会发展史、民族问题与民族政策,学习《共同纲领》,还安排学习毛主席的《论人民民主专政》《中国革命和中国共产党》《新民主主义论》等重要著作,政治教育课堂讲授和讨论相结合,汉语文课程主要由在校教师承担,藏、蒙古语文课分别聘请著名藏文学者桑热嘉措、杨质夫和蒙古语文著名学者阿福寿等讲授。

"青干班"的教学形式类似于干部轮训性质,管理方法趋于半军事化形式,但也逐步积累了一些关于教学工作、课程设置、教学方法、生活管理、思想政治工作方面的经验。比如,在教学上采取理论与实际相结合的方法,在讲社会发展史时配合参加大生产活动,让同学们在劳动中体会劳动创造世界的真理。同时有计划地组织看电影听报告,参观工厂,访问农民工人,这些方法极为有效。再比如,生活上尊重各少数民族的习惯,单设"清真灶"和牧民灶;在管理上把各民族学生混合编班编宿舍,加强民族团结,增进民族感情;注重培养积极分子,有意识展开青年团的活动,建立学生会、卫生纪律组、壁报委员会、电影放映队等学生自我管理、自我服务的组织并发挥作用;注重建立师生感情,干部职工经常性深入学生当中,接近学生,谈心谈话,了解和解决他们存在的问题,关心他们的思想和生活;注重文化体育活动,唱革命歌曲、扭秧歌和表演民族歌舞,等等。这些教学、管理方法,看着简单朴素,实际上务实管用,至今都有启发意义。

"青干班"学员,成分比较复杂,入学动机不一,抱着各种不同的目的来参加学习。但经过几个月耐心细致的培养教育,使绝大部分学员树立起革命的人生观,思想觉悟有很大提高,初步了解掌握了党的政策,特别是增强了执行党的民族政策的能力。有些同学说:"毛主席像太阳,照到我们身上我们就进步","以前只为个人打算,现在知道为人民服务是无上光荣的","从前我以为我们少数民族根本翻不了身,经过这几个月的学习,我体会到只有在共产党领导下各民族人民才能求得彻底解放"。

培训期满,除94名学员转入青海省人民公学继续学习深造外,155名学员被分配到各县参加实际工作,他们以全新的面貌投入到党的事业当中。有同学说:"这次分发工作感到非常高兴,因为我今天参加了革命,成了为人民服务的勤务员,以后一定向劳动人民虚心学习,向群众传达党和政府的各项政策,使劳动人民得到彻底的翻身。"从开展工作的实际情况来看，这些干部在维护政治稳定和民族团结、促进民族地区经济发展等方面，均做出了重要的贡献。比如藏族青年辛烈同志在随军进藏途中，为保护解放军官兵的安全，毅然下河试涉，不幸被急流冲走，献出了宝贵的生命。

应当说，"青干班"为青海的社会主义革命和建设培养了第一批各民族青年干部，为党在民族地区兴办民族教育和培养各民族青年干部积累了宝贵经验，也为青海民族大学今天的发展壮大奠定了重要基础。从"青干班"开始，历经青海省人民公学、青海省民族公学、青海民族学院、青海民族大学等发展阶段，青海民族大学从无到有，由小到大，白手起家，披荆斩棘，与祖国共奋进、与时代共发展、与青海共命运，从不足百人的学校发展成为文理工学科综合、本硕博体系完备，师生规模超2万、面向国内外招生，办学特色鲜明、校园环境优美的现代化、开放性、综合型大学。

实践证明，几代民大人没有辜负党中央、毛主席和各族人民的重托和期望，用自己的赤胆忠心和辛勤汗水，交上了一份沉甸甸的历史答卷。总结原因，归根结底在于中国共产党的正确领导。可以说，没有中国共产党和毛主席，就没有青海民族大学的创建、发展和壮大；同样，因为有了习近平新时代中国特色社会主义思想的指引，学校在新时代步入了最好最快的高质量发展新阶段。

吃水不忘挖井人，建功立业新时代。在纪念毛主席诞辰130周年之际，我们认为最好的纪念是感恩，最好的感恩是奋进，最好的奋进是实干。立足新时代，我们要始终牢记因党而生、为民而立的办学初心，继承和弘扬政治建校的优良传统，以铸牢中华民族共同体意识为主线，肩负教育工作和民族工作的双重使命，为谱写全面建设社会主义现代化国家的青海篇章作出新的积极贡献，不辜负党中央、毛主席的巨大关怀，不辜负习近平总书记的殷切期望，不辜负省委、省政府的关心支持和青海各族人民的热切期待，以辛勤的汗水和心血浇灌青海民族大学这棵参天大树，让它在新时代更加根深叶茂，郁郁葱葱，硕果累累，生机勃发。

附记：本文写作是在黄世和书记、马维胜校长的指导下，通过学习参考《中国共产党青海历史（1925—1978）》，图书馆藏《青海日报》1949年、1950年合订本，青海民族大学70年校庆校史系列丛书等资料而完成，特作说明并致谢意。

阿进录，男，土族，中共党员，生于1973年10月，青海互助人，研究生学历，教授。现任青海民族大学党委副书记。

回顾青海省民族公学的办学历程

马 诚

青海省民族公学是1950年8月在青海省青年干部训练班（以下简称"青干班"）和青海省人民公学的基础上建立的，历时6年。"青干班"是短期且单一地培训政治干部，而民族公学则是长期地培养多种干部，有多种类型的班别，涵盖不同年龄段、多种民族、多种语言文字，学生基础参差不齐，是一种新型的办学模式，具有多样性、复杂性、包容性等特点，在以往是见所未见、闻所未闻的。这是因为在青海解放初期，青海各少数民族地区急需各种人才，省委、省政府决定创办青海省民族公学，学校快速执行省委决定，在既无校舍、干部人员奇缺且缺乏办学经验的情况下，迎难而上，开拓前进，一面招生开学，一面加速修建校舍，组建教职工队伍。青海省民族公学的办学历程就这样起步了。

开设班别类型

青海省民族公学开设有政治班、工农牧班、儿童班和小学部、中学部、民族语文班、干部轮训班、文艺班等。

政治班开设于1950年。学员大部分有中学文化程度，所以又称知识班。一部分学员是从青干班接转过来的，其余均为当年先后招收的学生，按入校时间分一、二、三班。原定学期二年。要求学员通过革命理论和政策学习，并用较长时间参加市、县农村减租减息和土地改革等社会实践锻炼，树立全心全意为人民服务的人生观，服从工作需要，到艰苦地区工作。这个班的学员，由于当时工作需要，于1952年前提前分配，其中一部分留校工作。

工农牧班于1951年起招收学生，分为一、二、三班。学员大部分来自农牧区，多数为文盲，少数只有小学文化程度。学期三年。课程有政治、语文、数学、史地知识。要求毕业时达到小学文化程度，争取达到初中程度，有全心全意为人民服务的思想觉悟，能胜任农牧区基层工作。1952年工农牧一、二、三班改为行政一、二、三班，1953年行政一、二班毕业，行政三班改为文化班，1954年该班毕业。

儿童班开设于1950年。学生中有少数是青干班时期年龄最小的，编入儿童班，如余世忠等。大部分是从校外新招收的少数民族学生。一开始不分年级，混合教学，至1951年按文化程度分为四年级和五年级。之后，儿童班不断发展成为小学部。小学部毕业后升为初中班。所学课程除民族语文外，都采用当时普通小学教科书。

中学部开设于1953年。学生当中，有一部分是本校小学班毕业后升入初中，另一部分是从西宁和各县小学毕业生中招收的少数民族学生。开始只有初中一年级，到1955年已有初中一、二、三年级，到1956年，开始有高中班。课程除民族语文外，都采用普通中学课本。后来在青海民族学院时期，1958年中学班融入青海民族学院预科。1962年到1964年，因院校调整，预科改为青海民族学院第一附中，1964年后，第一附中归属省教育厅，改为青海省民族中学，到1980年重新收回成为民族学院预科。

民族语文班开设于1953年，至1956年已有四个藏文班和两个蒙文班，学期三年。课程有政治、民族语文、汉语文、数学及史地知识。要求毕业时藏文班藏语文达到高中程度，汉语文达到初中程度；蒙文班蒙汉语文均须达到初中程度。能担任藏汉、蒙汉两种语文翻译工作。

干部轮训班于1954年开设。当时在农牧区各县从农牧民中吸收的基层干部，缺乏文化和政治思想方面的培训，学校遵照省委指示，开设干部轮训班，以提高这些基层干部的文化程度和思想水平。当时招收学员80名，分两个班，学期两年。到青海民族学院时期，1958年将干部轮训班改为了干部轮训部，1964年后中断招收，1980年恢复。

文艺班于1951年设立。学员大部分从本校各班根据自愿和特长选调，有汉、藏、蒙古、回、土、哈萨克等民族。任务是研究民族文艺，服务当前政治任务。当时缺乏文艺教师和文艺器材。学校虽然经费困难，仍挤出一笔资金购买乐器。当时只有在天津能买到比较齐全的乐器，便派秘书张振府（天津人）到天津买回一批乐器。学校从上海等地招来几位文艺工作者，作为音乐、舞蹈、指挥教师，分乐队、舞蹈两个队，分别开设相关课程。文艺班办起来后，在收集民族文化遗产的基础上，记录整理民族曲谱，翻译革命歌词，新编民族舞蹈，创作民族歌舞剧，并到牧区演出。文艺班不实行定期招生和分配制度，相对稳定，所以在1955年改为文工室。1957年因国务院关于高校文艺团体归文化部门管理的精神，将文艺班的乐队并入省广播乐团，舞蹈队归果洛州成立州文工队。他们是从青海省民族公学走出的文艺工作者。

兴建新校舍

青海省民族公学开设上述多种班别类型，招生数剧增，但还没有自己的校舍，当时的临时校址在城中区莫家街里面的宏觉寺街，原西宁中学。针对青海省民族公学的办学规模，这所校舍正是鱼大水小，远远不敷应用，况且还是借用的，不能久留。鉴于这种情况，在省委的关怀下，通过有关部门拨款，确定了青海省民族公学的建校用地，选址在城郊湟水北岸的中庄地区（相当于现在的铁路机务段），新校址到城区要渡过湟水河，但河上没有桥梁可渡，便靠附近的王家庄村，那里有个渡口，用一条粗长的铁索，穿着一条木制扯船，往来过河，只靠这条扯船。

但毕竟有了新校址，全校上下都兴高采烈，以马不停蹄、只争朝夕的精神，配合修建单位，快速投入到建校活动中。当时的房屋都是土木或砖木结构，需要大量的木料、土坯、砖瓦等物资，学校便派出师生分头购买建筑材料，最后在湟源县等地购得大量木料，遇到的最大困难就是运输。因为当时没有汽车，连马车也很难找到，即便有车，也出不起运费，于是决定用湟水把木料从湟源运到西宁。师生队伍在湟水沿线分段包干。时值三四月间，青海春天来得晚，河水冰凉，木料从上游投入河中，不是顺利无阻，而是河中石头纵横堵挡，大家便脱鞋卷裤，甚至脱掉裤子，进入河中，把木头送走。不论天晴天阴、刮风下雨都坚持岗位，由于水浸风吹，腿部皲裂，只好晚上在腿部涂上酥油，第二天早上继续下水。大家热情很高，不怕苦，不怕冻，坚持把木料运到西宁。当时有同学这样写道："湟水流过响河峡，建校运木要靠它，上游木头漂下来，石头缝里多挡挂，脱鞋卷裤快下水，推推搡搡快打发，河水冰凉腿皲裂，晚涂酥油朝又下。"就这样完成了木料运输的任务，有了木料就可以盖房子了。湟水河运木，是建校劳动的一部分，是很有意义的实际锻炼，传承了自力更生、艰苦奋斗的精神。

修建校舍时，学校在确保工程质量的同时加快进度，于1951年11月前，基建工程大体落成，年底前全部迁入新校舍，我们终于有了自己的学校。学校位置适宜，坐北向南，背山面水，爬山或到河边都很方便。虽然是土木结构的平房，但一排排教室、宿舍、办公室、礼堂（兼饭厅）等错落有致、鳞次栉比，内外墙体涂以白色，朴实大方，宽敞明亮。一进校门，就能看到校园中央有一座华丽美观、别具一格的八角亭，周围用窗棂封闭，里面可以开会、摆展览、举办娱乐活动等，有多种用途，是当时西宁较为有名的亭宇。优美的校园环境，开阔的运动场，可广泛开展文体活动，举办体育运动会。同时，因为临近湟水河，给学校用水提供了极大的便利。那时的湟水河清澈见底，学校专门用一辆马车拉水，供给灶房和开水房，我们吃的用的都是湟水。此外，河滩有茂密的树木和草地，夏天可以游河滩，冬天河水结成冰滩，可带上滑冰鞋去滑冰，丰富了学生的文体活动。

校舍西侧，是与我校同时修建的党校，两校只有一墙之隔，中间还留有一道门，便于互通往来。校门外马路南，建有礼堂一所，为两校共建共用，所以叫"团结堂"。1956年青海民族学院的成立大会就是在这里召开的。

组建教职工队伍

青海省民族公学时期的领导干部不足10人，有温志忠、苏明远、张振府、毛铭廷等。根据青海省民族公学当时面临的形势和办学任务，需要大量的干部和教师，立即从外面调进干部的门路有限，可能性很小，学校不得不用自力更生的办法解决一部分干部奇缺的问题。报经省委组织部批准，从当时政治班学员中留用一批，充实干部队伍。先后留校的有白光达烈、马诚、多杰坚赞、鲍生海、马文渊等。这些人对自己的学校比较了解，容易适应，服从分配，不讲条件。他们分别担任教员、班主任及行政和后勤管理等具体工作，学校工作得以正常开展。另外，学校从上海等地招来一些文艺工作者，担任文艺班教师，如陈奇、陈默、穆行、俞跃章、梁汉祯等。随后数年内有复转军人和内地高校大专毕业生以及其他商调人员，陆续进入教职工队伍。其中有少数老教师，如数学教师涂钜尧等。为提高教职工的业务水平，学校号召干部制定自学计划，教什么学什么，干什么学什么，还要学习民族语文，并用短期和长期派出进修的办法，提高教师的业务水平。到1956年，全校职工队伍由原来不到10人增加到100多人，已是一支包括各民族的、来自五湖四海的干部队伍。这支队伍在学校党委行政的领导下，历经风雨，砥砺进取，积极探索，担负使命，不断开创了学校发展新局面。

德智体并重　教育与管理

首先是政治思想教育。学校针对不同对象，通过各种渠道、各种形式进行政治思想教育。

在政治班，安排社会发展史、新人生观、"三大作风"（即理论与实践相结合的作风，密切联系群众的作风及批评与自我批评的作风）的教育。为使学生不断提高学习的积极性和学以致用的效果，学校十分注重理论联系实际的学风，强调把课堂上学到的东西运用到当下的减租减息、征购粮食和土地改革等社会实践中。

在工农牧班，首先进行热爱祖国的教育。用一个学期，安排"伟大祖国"课题教学。通过这一课题的学习，使学员知道祖国地域辽阔、物产丰富、人口众多、历史悠久、文化灿烂、民族多元等，知晓是各民族共同缔造了伟大祖国。由于过去历史上统治者实行民族压迫和民族分裂政策，造成民族隔阂和不团结，只有在共产党的领导下各民族得到解放，成为国家的主人，从而树立主人翁意识和责任感。

在小学班，通过学习人民英雄等各种革命故事，对学员进行爱祖国、爱人民、爱劳动、爱科学、爱护公共财产的教育。当时开展了少先大队的队日活动、乐器腰鼓队表演、夏令营等有声有色、丰富多彩的校园文化生活。学校领导冯峰正、温志忠、苏明远也常去参加。

在中学部和其他班级，充分发挥共青团组织在政治思想教育中的重要作用，把团的工作和团的建设与思想教育结合起来。学校团委开展团的工作和团日活动，建立团课制度，对团员和要求入团的青年讲授团课，联系当前形势，联系团员和青年的思想情况，提高其思想认识和政治觉悟。对具备条件的，及时吸收入团，壮大团的队伍，影响更多青年积极向上。

结合当时形势，学校积极开展爱国主义教育。在1953年，校长冯峰正作为青海赴朝慰问团的团长，赴朝鲜慰问抗美援朝志愿军。从朝鲜回来后，全校师生在校门口欢迎，把他抬起来，举得高高的，场面十分热烈。他向全校师生作专题报告，大家十分感动，纷纷写慰问信、做慰问袋，通过捐献等活动，以实际行动把热爱中国人民志愿军、热爱祖国转化为做好工作、努力学习的实际行动，有的申请入团，有的报名要求到朝鲜前线参加志愿军。

学校还在各类班级中进行继承发扬自力更生、艰苦奋斗精神的教育，并付诸实际行动，进行农业生产等劳动，如为解决蔬菜困难，往西宁西郊背运家粪种菜劳动，再如去离西宁较远的互助县尔郭隆寺种庄稼，用人力往山地背运家粪，以及进行春耕、夏除、秋收等劳动。特别是背运家粪，农民是用畜力往山地驮运，我们是人力运送，往返于山坡地，距离较远，未免费力劳累，但大家热情很高，不怕苦和累。当时有人根据流传的顺口溜写道，"增产节约见行动，师生整队出校门，背上行李走两天，尔郭隆寺搞春耕，先把家粪背上山，块块地里都不空，然后播种暂回校，夏除秋收再起身"，这是反映春耕、夏除、秋收的全过程。参加劳动成为习惯，除农耕生产劳动外，还有学校搬迁、美化校园、义务植树等各种劳动。通过这些劳动，使学员保持劳动人民本色，认识到劳动光荣、劳动伟大、劳动使人身心健康、劳动是一切财富的源泉。劳动锻炼使人保持艰苦奋斗精神和坚强意志，劳动是政治思想教育中不可或缺的课题。

在教学与管理方面，每门课教师组成教研组，如有政治、汉语文、藏语文、蒙语文、体育、数理化音美教研组。教研组的主要任务是教学研究和业务学习，教什么学什么，缺什么补什么。要互相听课，总结教学经验，改进教学方法，提高教学效果。

要求教师在教学过程中，注意思想性、巩固性、直观性和科学性，掌握学生心理特点及其学习态度、学习方法和接受能力。教师要有耐心，不断激发学生学习的自觉性和积极性，注重循序渐进，从易到难，由浅入深。除了课堂教学，还要有课外辅导，对特别困难的学生要重点辅导。有的班级多采用讨论式，在同学中提倡互帮互学。学校教务科检查教研组工作和教师教学情况，并有计划地观摩听课，及时评估，成功经验即时交流推广。要求每学期期终，各课教师、各教研组，还有班主任要写出教学工作总结，由教务科汇总写出全校教学工作总结。期终总结作为学校研究、积累教学经验的依据，并以举办展览等形式进行交流。

班主任由任课教师担任，是双肩挑，其住处和办公地就在学生宿舍区域，对学生的思想、生活、学习等方方面面进行负责，要与其他任课教师密切沟通，做到管理与教学相结合。班主任的工作无微不至，不论白天还是夜间，学生若生病，要送学校医务室就诊，大病及时送医院。冬天生火炉，要对学生进行安全教育，防止煤气中毒；寒暑假学生回家，要亲自送到车站。实行每周日晚班会制度，班会由班委会主持，这有利于培养学生的自治能力，班主任则参加指导，总结一周全班情况，发扬成绩，克服不足，表扬好人好事；有时还会分组开会，根据情况有针对性地开展批评与自我批评，发扬正气，加强团结，保证生活、学习健康发展。对"批评与自我批评"这个使人进步的武器，开始时大家有些不习惯，逐渐习惯以后，各班都能正确运用。学校对班主任工作很重视，专门安排班主任工作会议，研究总结管理经验。

学校始终坚持德智体并重，举办校内体育运动会，参加省市举办的体育运动会，开展群众性体育活动。平时的活动项目有球类、单双杠、高低杠、平衡木、滚动轮、铁球、铁饼、镖枪、举重、跳高、跳远，还有少数民族传统项目拔河、摔跤、射箭，等等。通过广泛开展群众性体育活动，保证学员增强体质、减少疾病、愉快学习，而且在参加省市体育运动会中取得良好成绩。如1955年参加全省第一届田径运动会，35面锦标中，青海省民族公学取得29面；1954年的篮球赛获西宁市冠军，1955年学校足球队获全省冠军，还有许多项目也在省市运动会上获得冠军，如射箭等。在省市出席全国体育运动会的代表队中，几乎都有我校师生的身影，有的获冠军，如1954年卡毛吉在西北地区田径运动会获得投弹、垒球冠军，1956年才仁在全国射箭比赛中获得女子射箭冠军，为学校增添了荣誉。

课堂内外、校内外联合培养。配合课堂教学开展电影放映、图片展览、校外参观等活动，因与城区电影院较远，交通不大方便，就租来放映机和影片，在学校礼堂或露天放映，如《白毛女》《上甘岭》《保尔·柯察金》等影片备受欢迎。与文化部门联系，租用或借用各方面图片，如经济建设、解放战争、文化艺术等，在学校展览。再如到校外参观，如西宁市水力发电厂、二十里铺农场等。1953年11月，行政一二班、文艺班、民族语文班的学员和部分教师，在教务科长苏明远的带领下，去兰州、西安等地参观学习，以开阔眼界、了解社会。文艺班不只在学校演练，而且还走出校门，投入文艺实践活动，同时在校内整理、翻译、新编、创作了许多曲谱、革命歌词、民族舞蹈和民族歌舞剧等，做出了很大成绩。文艺班许多成员就参加了电影《金银滩》的拍摄，甚至跋山涉水、翻山越岭，到遥远的牧区果洛等地演出自己创作的歌舞剧《幸福的日子开了头》《康布尔草原上》《团结舞》等，大受群众欢迎，留下巨大的影响。此外，文艺班还参加过北京民族民间歌舞会。文艺班当时的社会影响不亚于省文工团，凡是有大型文艺活动，都有文艺班参加。在校内，配合教学开展经常性的文艺活动，全校各班在礼堂（兼饭厅）举行文艺演出，尤其使少数民族能歌善舞的优势得以发扬。当时交谊舞盛行，经常举行舞会，这些活动也都少不了文艺班的参加，尤其少不了文艺班乐队。当时师生，甚至校内外领导如周仁山、冯峰正等都会前来参加，大型的在礼堂，小型的在八角亭。

更进一步

青海省民族公学是顺应客观现实的需要而诞生的，她经历的时间只有六年，而今她的形体（即校舍）早已荡然无存，我们再也无法见到，至多也只留存在那一代人的记忆中，但不可磨灭的是，她永远闪耀着党的民族政策的光辉，饱含着省委的深切关怀，凝聚着全体师生员工的心声。在她的怀抱中，有一大批各民族青年接受熏陶和教育，有一支历经风雨、磨砺前行的教职工队伍成长前行，有忠诚党的教育事业、富有民族教育经验的领导支撑担当，他们谱写了青海省民族公学的历史篇章。这一切都永远留在人们的记忆中。

百尺竿头，更进一步。青海民族大学，将从这里走来。

马诚，男，回族，中共党员，生于1928年，青海大通人。毕业于青海省青年干部训练班、中国人民大学哲学系研究生班，1949年参加工作，曾任青海民族学院副院长、院长等职务。

我与共和国同龄

角巴东主

2019年是中华人民共和国成立70周年，青海解放70周年，母校青海民族大学建校70周年，我的年龄正好也是70周岁，这虽然说是不谋而合的巧遇，但是对我而言，是父母赐给我的千载难逢的机缘。这种珍贵的缘分给我的一生带来了诸多幸福，从小在祖国大家庭这个温暖的怀抱里，在时代灿烂的阳光下茁壮成长，可谓是我最大的幸运，为身在祖国的怀抱而感到自豪！

我的一生有三次难忘的机遇，也是人生的转折点，至今记忆犹新。我是与共和国同龄、共命运的幸运者，如果说我的人生创造了一点价值，那是党和组织培养教育的结果，完全归功于党和祖国，这是无可非议的，也是不可磨灭的。下面我将三个难忘的机遇分别做一叙述。

第一次是1964年7月，那年我14岁，父母把我送到青海省海南藏族自治州民族师范学校就读，我成了村里唯一离家住校上学的孩子。虽然父母舍不得我离开家乡，但是，当时有两个因素把我送进了学校：一是我的父亲是退职干部，村里的支部书记，他对学习文化的认识比其他人稍高一些，加之政府要求村干部带头把自己的子女送到学校学习；二是我本人求学的积极性很高，当时我主动向父母提出上学的愿望，为此，求学心切的我只要有空闲就抓紧自学藏汉语文知识，家人最后同意我离家上学了。到了学校，我享受到了许多从未有过的待遇，包括崭新的被褥、高低床、校服，乃至牙刷牙膏等生活物品。在学校里重点学习了藏文、汉文和数学，还学习了音乐、美术、体育等，从而打下了较好的文化知识基础。在海南藏族自治州民族师范学校学习了五年后，我于1969年毕业，被分配到海南藏族自治州共和县石乃亥公社任教。这是改变我命运的第一步，至今难以忘却。

第二次机遇是党的十一届三中全会召开以后，国家恢复了高考制度。我于1977年有幸参加了高考，并被青海民族学院少语系录取。与众不同的是，当时教育部有项规定，工作五年以上的学生可以带薪上学。因此，我享受了此次待遇。在学校里，我遇到了著名教授夏日东活佛、多加格洛活佛、郭登元教授、德却教授、格日加教授、谢健教授等，重点学习了藏文古籍文献，诗学、语法、翻译、汉语文、哲学、党史等。四年的本科综合学习，我的成绩优异，连续三次被评为三好学生，并发表了诗歌、散文、小说和文学评论等许多文艺作品，受到了广大读者的好评。1981年12月大学毕业后，组织决定让我留校任教，后来由于工作需要，1982年10月，省委组织部派我到海南藏族自治州共和县政府工作。这期间把我作为"四化"干部进行重点培养，1982年至1983年间，先后任共和县文卫科副科长、共和县政府常务副县长等职。这一切，从我的年龄而言，可谓是千载难逢的历史机遇。假如我没有更进一步地学习深造，没有如此难忘珍贵的求学机遇和党和人民的培养，就不可能有今天的结果，这是毋庸置疑的。读书改变命运，也为我一生做人做事奠定了良好的基础。

第三次机遇是1986年10月份，因工作需要组织把我调入青海省文学艺术界联合会工作，基本上可以说弃政从文。从此，我笔耕不辍，终有收获。历任青海省《格萨尔》史诗研究所副所长、所长职务。1993年8月份，被任命为青海省文学艺术界联合会党组成员、副主席，2009年被任命为青海省文联巡视员。在省文联工作期间，虽然有文联副主席的工作职责，但是，我的精力主要放在了《格萨尔》史诗的挖掘、搜集、整理、出版、研究等工作上。在三十几年的漫长岁月里，在《格萨尔》史诗抢救保护工作中遇到了许多有喜有忧的事情。但是，总体上在这几十年的工作过程中，在全省《格萨尔》工作领导小组组长格桑多杰的领导下，青海省的《格萨尔》工作，从无到有，从小到大，逐渐走向成熟，取得了举世瞩目的成就，多次得到了国家民委、中国社科院、中国文联的表彰。另外，我个人虽然还遇到过进京工作和调入政府职能部门工作的机会，但都婉言谢绝了，因为我热爱本专业，已经有了较为扎实的工作基础和无法割舍的深厚情感。从我个人的学术成果而言，这几十年是不懈奋斗和成果显著的阶段，是深化学术研究和对外交流最多的阶段。人生中的每一个阶段，与祖国一同经历的美好年代，成为时光年轮中永恒的纪念。

从20世纪80年代初开始，我专门从事《格萨尔》的搜集、整理、翻译、出版和研究工作至今，出版的作品有：《〈格萨尔〉新探》《〈格萨尔〉疑难新论》《神奇的〈格萨尔〉艺人》《藏区格萨尔遗迹遗物普查与考证》《〈格萨尔〉儿童文学丛书》（十本）《八部〈格萨尔〉汉译本系列丛书》等40多部书。其中专著《〈格萨尔〉新探》的出版，填补了无藏文版《格萨尔》研究专著的空白。

由我主编的我国第一套《格萨尔》儿童文学丛书（6本书），于1998年由北京民族出版社出版发行。该丛书的出版，又填补了我国无藏文《格萨尔》儿童文学丛书的空白，并荣获1998年青海省"五个一工程"入选奖。《八部〈格萨尔〉汉译本系列丛书》，于2011年由高等教育出版社出版，它填补了我国无《格萨尔》汉译本系列丛书的空白。这些成绩先后荣获19项科研成果奖，其中国家级9项，省部级10项。荣获两次我国藏学界最高奖项"中国藏学研究珠峰奖"，其中一次二等奖、一次三等奖。

此外，我在《中国藏学》《西藏研究》等刊物上发表《格萨尔的生平探讨》《论〈格萨尔〉与宗教的关系》《论蒙藏〈格萨尔〉的关系》《格萨尔遗迹考略》等60余篇藏学论文，承担13项课题，其中2项是国家重点社科基金项目。参加过第一至第六届国际《格萨尔》学术讨论会，于1995年到2010年间应邀参加了在奥地利、美国、荷兰、德国、加拿大等国举办的国际藏学会，并宣读论文。2002年10月，参加中国藏学家代表团并担任副团长出访法国、德国、葡萄牙等三国进行学术交流。2011年应邀赴加拿大多伦多大学讲学，2012年3月应邀赴日本外国语大学讲学，2018年赴澳大利亚进行学术交流。1997年被文化部、国家民委、中国文联、中国社科院授予"《格萨尔》抢救与研究工作中有突出贡献的先进个人"称号，2004年被国家人事部、中国文联授予"全国首届中青年德艺双馨文艺工作者"称号（全国30名），2012年被授予"青海省有突出贡献老文艺家"称号。

现任中国《格萨尔》学会副会长、青海省《格萨尔》学会会长、青海省藏族研究会副会长兼秘书长、中共青海省委党校聘请教授、青海师大聘请教授、青海省人民政府文史研究馆馆员、青海省政协咨政室咨政、国家社科项目基金评审专家、青海民族大学《格萨尔》硕士生导师、研究员、享受国务院政府特殊津贴专家。

以上是我从事英雄史诗格萨尔文化工作的大概情况。

我在青海《格萨尔》史诗研究所连续工作近30年的过程中，在党和政府的领导和培养下，经过几十年持之以恒的艰苦奋斗，取得了一些成果，也有所建树。假如我没有到省文联从事此项工作，完全不会有今天的学术成就，也不会获得相关上级部门和专业人士的充分肯定。我认为对社会、对民族、对国家多多少少做了一些力所能及的贡献。作为一名共和国同龄人，我是伴随着共和国前进的脚步而成长的。党和国家为我们提供了良好的学习、成长条件，可以说，没有党和国家的培养，就没有我个人的成长和进步。所以，我要感谢党和国家，要尽己所能为共和国的繁荣富强贡献自己的一切力量。当然,不能满足于现状。现在的我虽然退休了,但专业学习和研究工作并没有停止,而是继续不断地深入基层、加深了解,提升研究水准,为学术界提供有学术价值的研究成果。

基于我的个人经历总结了以下几点体会:

一是我之所以能够顺利得到学习和工作的好机遇,这不是偶然的巧合,关键是有了良好的政治环境,是党和国家为我提供了上学、工作、研究的条件,否则本事再大,没有学校、没有教员、没有条件,怎能学习和工作?更无从谈起什么职务和职称等多种待遇。这是每个人走上幸福之路的先决条件。

二是今天的我能走到这一步,首先要深深地感谢我的父母,没有他们基本做人的教育和道德标准的栽培,我不可能成为一个有用的人。特别是60年代初送我上小学中学,实属不易,可谓把我带到了知识的殿堂,提供了学习的机遇。其次,我永远牢记并感谢海南藏族自治州民师和青海民族学院的恩师们。他们既是我的良师益友,又是关心帮助我的"父母",没有他们的辛勤教育和无私培养,我绝对不会有今天的成就。再次不论在哪个工作岗位上,我都不会忘记支持和培养我的汉藏老领导和不同民族的同事,没有他们的支持和帮助,何有今天的进步和工作成绩。在此,向养育我的父母、培养我的恩师和给予我无私帮助的领导同事们表示衷心的感谢。

三是作为一名优秀的人才,首先要对自己严格要求,无论有再大的贡献,或者享有多高的荣誉,任何时候都要不忘初心、牢记使命,保持普通老百姓的本色。在个人利益前面,要淡泊名利,不斤斤计较;在工作方面,要兢兢业业、任劳任怨;对待朋友同事要谦虚谨慎、随和低调、礼貌待人。只要以上所叙述的这些要求,在平常的工作和生活中能够锲而不舍地坚持、勤勤恳恳地付出,那么,人生一定会取得成功。

四是2009年,我的年龄正好是60周岁。那年我有幸应邀参加了中华人民共和国成立60周年庆典。作为全国德艺双馨文艺家的代表,10月1日在天安门广场观礼台与全国众多代表一起就座观看宏伟壮观的阅兵式,尤其是近距离观看了党和国家领导同志的检阅。这对我来说,真的是百年难遇的机会,这是党和政府对我无微不至的关怀。古人曰:天道酬勤,只要勤恳踏实地付出,你的人生就会累累硕果。只要你为国家的政治、经济、文化等方面做过贡献,祖国不会忘记,人民也不会忘记。

总之,在庆祝中华人民共和国成立70周年的难忘时刻,我置身历史,并融入其中,回顾了自己70年来走过的主要历程,回首过去,感慨万千。当然,金无足赤、人无完人，有成绩也会有不足，这是人生成长的基本规律，欣慰的是成绩大于不足。

　　古人曰：人生七十古来稀。退休后的我虽然工作热情高却精力有限，剩余的能量也有限。但我会在有生之年一如既往地继续把自己的专业——《格萨尔》史诗保护传承工作做好，并且将《格萨尔》学硕士研究生带好。与此同时，力所能及地为国家、民族，为社会各项事业做一些有益的工作，争取多写精品文章，多出版不愧于时代的研究成果，奉献给广大读者。

　　最后，衷心祝福祖国繁荣昌盛，祝愿共和国的同龄人健康幸福，共享祖国之荣光！

　　角巴东主，男，藏族，生于1949年11月，1981年毕业于青海民族学院少数民族语言文学系，曾任青海省文联副主席、巡视员。

往事随想
——写在青海民族大学法学院建院 40 周年之际

韦 齐

原青海民族学院更名为青海民族大学，现在已经是有很高知名度的集民族教育与民族研究于一身的高等学府。而过去我曾在那里从事教学活动的青海民族学院法律系，也已发展为门类比较齐全、教学质量颇为骄人的、人才济济的法学教育与科研重要阵地，真是可喜可贺。回忆起 40 年前法律系成立之初，真使我心潮澎湃、感慨万千。

一

我调入青海民族学院法律系之前，曾在青海人民警察学校教书。1982 年暑假，我到一位老朋友家做客，走到客厅，就见客厅里已有一位客人，经介绍，知道他是青海民族学院的一位中层干部——徐福龙同志。据他说，青海民族学院新近获准设立一个只招专科的法律专业，现已招收了几十个专科生，这个专科挂在政治系里，该系只有一个中青年的法学教员。马上就要开学了，所设的课程至今还有几门没有人来上，他想在校外聘请几位法学教员去帮忙兼点课，如今只得到六中陈仁福同志答应去兼法学基础理论课，警校张景明主任答应去兼刑法理论课，还有中国法制史找不到老师。我那朋友说，面前这位韦齐同志也是法学老师，不可以去兼这门课吗？徐福龙听了大喜过望，马上就敲定让我去"滥竽充数"，这样才把第一个学期的课程勉强开出来。

大约是这学期的课程只讲到一半时，传来一个喜讯，由于青海政法工作的需要，省领导认为光办一个法律专科班已不能满足实际需要，应办个法律系才能适应形势发展。于是让这个法律专科班从政治系分离出来，立即组成个新的法律系,把政治系的党总支书记马静波同志调到法律系任党总支书记兼主任,秦木揩同志任副主任,而原来筹办法律专业的徐福龙同志则另有安排,分去预科当主任(或校长),过后两三年人事变化,他才又调回当系主任。

系的"架子一搭",便倍感缺乏教员和干部。出于工作的紧迫需要,领导就有意识地动员这些代课教员,干脆将他们调到法律系作专职教员。张景明同志答应继续帮忙教刑法理论。陈仁福同志是六中政治教员,容易商量。我还是很幸运地调进法律系,后来又联系调来了刘振一同志,他与陈仁福和我,都是中国人民大学法律系毕业的。进到法律系不久,系里就提请学校任命我们三人分别担任三个教研室主任。

作为正规大学的一个重要的系,区区的几个人怎么能担得起如此重任,学校和系领导就决定去别的单位招揽人才。系里的几员大将,积极分头出动,务必有所收获,当时的求贤积极性不亚于旧时代请将和请军师。

当时省高级人民法院有个干部叫王书容,是北京政法学院毕业的,也在我们系代课,因为他与我私交不错,我就劝他来法律系教书,说了不少调来的好处,后来他真的被我的真诚打动了。系里听取我的汇报后,就派秦木揩副主任和我去找省高级人民法院杨副院长协调商调事宜。当秦主任把我们的来意挑明后,我满以为他会念在与我同窗之谊的情面上顺利放行王书容,但是他却说:"秦主任,你们晚来了一步,前几天院里几位领导已商量好把王书容提拔为副处级审判员,近日已向省人大常委会写报告请批准,估计不久就会批下来,你们两个人虽求贤若渴,但是慢了一步。"有一天老杨请我吃饭,他半开玩笑地说:"老韦!你很不地道,专门做'挖我墙脚'的事,王书容去你们那里代课我已给你很大面子了,你居然得陇望蜀,现在我们还有几个可以教书的,请别打他们的主意!"

我还有一位知交,名叫李德彩,也是北京政法学院法律系毕业的,当时在大通铝厂宣传处当干事,我也竭力动员他来,我说:"凭你的学历、资历和能耐,进民院不久就会当讲师,当副教授和教授也不是攀珠峰那么难。"他真的动心了,叫我快点让学校来商调。校人事处却不是"你急我更急",他们说等我们研究研究。谁知一研究就是整整一年,后来人事处告诉我,这个人条件很好,学校已同意把他调进来。我便喜滋滋地乘公交车直奔大通铝厂,到宣传处门口,碰到个年轻姑娘,我问:"李德彩同志在吗?"她反问:"你找我们李处长干啥?"我说:"我找我的好友李德彩干事,不找李处长。"姑娘略带讽刺地说:"李德彩就是我们的处长,他官升七品已经好几个月了,你都不来祝贺,还说是好朋友呢。告诉你，他因公出差了，等半个月后他打道回府，你再来拜访吧。"这时我好像被冰水浇了一头，怏怏而回，在跟领导汇报时，心里依然惋惜不已。

后来系领导召开全体会议（五六个人），认为本系的人到处拉夫的办法，好像已经走入死胡同，其效甚微，还不如另辟蹊径。在这山重水复疑无路时，有人干脆提出不如自己培养点新秀来支撑大局。具体办法是在1982级学生中挑选一些具有当教师资质而且愿意教书的，送去北京的名校代培，几年以后，不就有自己的教师了吗？大家认为这个办法还真不错，总比挨门挨户去央求别人要好，于是就具体研究选培的办法及如何联系人家的细节。当时由我先用电话联系中国人民大学法律系的熟人，他们说办这种事还真没有先例，还得向校领导请示。真是"急病碰着个慢郎中"，因而就把原先想进入人大的主意放弃了。又因为我跟中国政法大学的副校长有师生之谊，还跟该校的办公室主任有同窗之谊，于是就决定让秦木措副主任和我去那里碰碰运气。到那儿后，当我们把自己的想法告诉对方之后，他们就说："帮不发达的青海地区培养法学教师，义不容辞，你们选人来就好了。"真是让我们大喜过望！于是就同他们研究如何操作的具体事宜，他们几乎样样点头，事情就这样敲定了，我们胜利归来。与此同时，系里也选好了培养的对象，他们是1982级学生多杰、马德、王立明与何杰（女）四人。一年以后又从1983级的学生中选出淡乐蓉（女）、乔军等数人送去培养。事实证明这个方法还是很不错的。

但是选送去代培的师资要几年以后才能出炉，远水救不了近火，为了应急又接收西南政法学院和西北政法学院毕业的一批学生，其中先后有张学国、王佐龙、马升、张立、宁新海等，又在毕业班选了好几位留校任教。他们进校后，仅随堂听课了一学期便披挂上阵。万事开头难，过了半载至一年，王海明、张学国、王佐龙、张立等一批人，就用自己的行动证明当教员并非攀登珠穆朗玛峰那么难。现在这群青年中，除了个别人调走外，留下的如今已是法学院的台柱了。

二

要培养出一批合格的教师，的确很不容易，关于对政治思想品质上的要求，留到后边再讲，在这一节里先讲对教师理论素质和业务素质的要求。

当个合格的法律专业教师并不简单，需要具备坚实的基本文化素质、系统的法学基础理论知识以及法学专业知识和政法实践经验。

系领导集体有鉴于此，特别强调所有教工都有一个重要任务，那便是学习。怎么学？一是老老实实读点书，补充原来的不足，进一步打牢政治理论基础和专业理论基础，特别是要掌握改革开放以来的理论以及当时法学研究的新动向；二是要求理论与实践相结合，深入公、检、法、司各个部门，了解他们的工作动态，学习他们的实践经验，学习政法干部的优良品质以及他们好的工作作风；三是把学到的基本理论和当时的政法实践经验结合起来进行理论研究，最好是写出一些调查报告或科学论文。

就以我本人来说，从事法学教学的第一天起，就深感自己的先天不足，晚上一般都是勤奋读书，认真记录，久而久之让我养成了手不释卷的良好习惯。白天当我没有教课、没有办案（因我还是个兼职律师）时，就深入省、市、区（县）三级的公、检、法、司各业务部门去了解司法实践情况，所以我跟这些单位的同志上至领导、下至各项业务人员都很熟，所以就非常顺利地从他们那里得到一些对教学很有意义的好资料。这对我们的教学和科研都大有好处！更幸运的是，他们有些重要的会议也愿意叫我们去参加，比如典型案例的理论讨论会、教育问题讨论会、党委里的政法委存废理论讨论会、地方立法实践问题讨论会等。这对知识的增进有重要的意义，对提高教学质量也有很重要的意义。本系的其他同志都基本能按系领导的要求去做，所以教学科研的水平都提高了，后来学校有了评职称的机会，本系的中年教师先后有六个人评上了副教授职称，再过几年，我又评上了教授职称。我先后撰写并发表三十余篇文章，还参编了两本教材，内部打印拿去外面交流的有两部教材。

在这些中年教师的影响和推动下，青年教师也很积极，大家钻书本、下基层、进班级、搞科研，虽然有做得很好的，有做得一般的，但是我还未发现拒绝这样干的例子。所以年轻人普遍都得到了提高，事业蒸蒸日上，社会影响也越来越深。

所以我深深体会到，要把一个系一个院办好，除去领导层重视和加强领导外，最重要的是发挥教职工的积极性和创造性，不断深入基层、深入教学前线，持续努力学习，不断进行科学研究，总结经验，使工作日新月异，更上一层楼。

三

过去的法律系，中青年教师（过去一般都把那些中年教师称为"老教师"，我很不以为然，其中最大的也不过50岁，何老之有？）加起来最多时也不过20余人，但是政治思想还是蛮复杂的，所以领导认为抓政治思想工作不可或缺，不能松懈。

　　思想工作不是只唱几句高调就能解决问题的，要具体情况具体分析。好些事都需要领导者去关心，你功夫做到家，问题就迎刃而解，做不到家就会"煮夹生饭"。本系过去曾调来唯一一位刑法硕士研究生（当年研究生并不像现在这样普遍，还是颇为稀罕的），他是重庆市南川区人，名叫王筱慈，考研前就已成家，他分到本系半年以后系里就让他去讲课了，讲得很不错，起码比刚进来的本科生高一大截，他还帮我改过文章，有时候他对我说，你这个观点旧了，现在有新的提法。但是来了三年，讲师职称还未能解决，因而工资还像刚进校时一个样，他的爱人调不进来，长期两地分居，颇为苦恼。他与我的私交很好，在我家吃饭时就流露出想外调的意向，我只能对他进行些不痛不痒的安慰和挽留，解决不了任何实际问题，后来他还是调到海南大学的法律系。有一年我去海口市参加学术研讨会，他曾来宾馆看我，并请我到他家吃饭。这时的他，老婆孩子都在身边，居室也颇宽敞，他还兼了个律师，收入颇丰，至今我们还不时地通个电话。我举这个例，只想说明一点，即我们必须关心并解决职工的实际困难，才能充分发挥他们的聪明才智，使人真正地留得住。

　　青年教师因为涉世不深，有时难免会犯错误。对于这样的年轻人，应允许他犯错误，犯点错误并不可怕，古人云："人非圣贤，孰能无过，过而能改，善莫大焉。"据我所知，本系并非只有一位教师犯过错误，但有人改得快，组织帮助也及时到位，其结果是进步极快。有人犯错误，对错误性质认识不够，改得慢些，领导帮助还有某些欠缺，所以进步就较慢，因而就影响工作，甚至影响到职称评定。我本人对犯错误人的态度及认识都是比较明确的，也帮助过犯错误的老师取得过成绩。过去我在警校教书时，曾有几个学生与校外流氓打架，学校认为问题很严重。后来那两个学生改得也较快，据说现在这两位学生中的一位已升任本省某大县公安局局长，另一位担任某大公司的董事长。举这个例，就是说明对犯错的除非犯原则性的错误不能饶恕之外，一般都应留有余地，给予出路，因为他们毕竟年轻，该走的路还长着呢。这种事对教师、对学生应该同样对待。

　　搞政治思想工作的人，应该善于诱导，根据各人的特点采取不同的办法。我本人性子比较急，有时作风也比较粗暴，方法也不尽妥当，曾经引起个别人的反感，直到今天对方对我仍然有一些隔阂，这是个值得我一辈子深思的事。

但是我也并非总是表现为猛张飞的性格和做法，我自认为自己是个疾恶如仇、爱才若渴、性情直爽的人，有些工作也做得不错。比如有位年轻教员，优点不少，但生活纪律性较差，我了解到他是个大龄青年，还正在找对象，当今不少遇到此事的人总或多或少被影响点情绪。后来我在外出活动时，碰到一个很不错的未婚女青年，也是搞法律的，她说要拜我为师，还请我去她家吃过饭。我当时马上就想到这位青年教师，认为可以撮合一下，经过介绍果然成功，使之结为连理。青年人有个家和没有家的情况有时很不一样，在未成家时的某些缺点，成家后一下子就自然克服过去。我还了解到这个老师爱动脑研究问题，并想写文章，我就和他聊起写论文的事情来，使之兴趣颇高。不久他的第一篇论文就写出来了，经过反复修改，被推荐到省法学会主办的《青海法学》上发表了，后来他写论文的积极性便一发而不可收了，他是本系获得高级职称的第一个年轻教师。另外，我还教过一位学生的语文，她虽然学政法，但是却喜欢写诗，法学学得一般。她听说我也有写诗的爱好，便拿出她写的一首自认为很好的诗叫我过目。我说看完你这首诗以后，觉得你很有写诗的才气，只是懂得不太多，我就跟她大谈诗的基本理论，她如痴如醉，于是就问："老师可否帮我改一改？"我说："肯定要大改一下，不然这就成不了一首好诗，等明天下午，你到我的宿舍来。"第二天她来看修改稿，大喜过望。她说："老师，经你这一改，同样的内容却出现了截然不同的效果。"她问："能拿去试着投稿吗？"我说："怎么不可以？要投稿你干脆连我前几天写的一首诗一并寄去，不过在署名时把你的名字写在前头，我的排在第二，否则就不妥。"她就把这两首诗投向《青海日报》的文艺副刊。半个月后，这两首诗居然都变成了铅字，她欣喜若狂，简直像找到了个好对象，于是隔三岔五就来与我切磋诗艺，她不断地写，不断地投稿，有时也能发表一二，后来居然改变了她选择职业的初衷。她的这种做法和想法，我从来都是给予鼓励，而不予半句批评的，她毕业后分配到公安部门的一个研究室当内部刊物的编辑，不到3年就请调到陕西一个颇有名气的文艺刊物当编辑，几年就荣升为主编，如今出了好几个诗集和散文集，已成为陕西颇有名气的女作家，现在反过来是她教我如何写诗、如何写散文了，她说我似乎赶不上时代了。举以上例子，并非在炫耀什么，而在于说明做人的思想政治工作，不是强迫人如何如何，而在于因势利导，按其特质和禀赋指一条人生的道路。我还体会到，做这种工作，不能疾言厉色地训斥，要诱导，要多看人家的优点，善意指出其不足，工作时要以一个平等主体的地位进行诱导，切忌居高临下，言不由衷，要经常设身处地为人着想。

四

我参加工作已70余年，进出过好几个单位，但是在我的人生历程中，最值得我回味的就是过去的青海民族学院（如今的青海民族大学），是这所学府让我享受到做一个大写的"人"的尊严；是她让我的知识装了满满的一小瓶，让我能够充分发挥自己的积极性和创造性，为人民、社会做出了一定的贡献；是她让我结交了不少称得上真正的革命者、专家、学者、作家、诗人等社会各界人士；是她让我有幸参加培养新一代的雏鹰，我很欣喜看到他们茁壮成长，展翅飞翔于祖国广阔的蓝天；是她让我觉得越活越年轻，每时每刻都还想做出贡献，以免负此头颅。

现在我还特别怀念过去的院领导卓玛才旦和多杰坚赞书记。过去，故乡的广西大学、广西政法学院的领导先后3次来函商调我回故乡去执教，青海民院领导都善意挽留，很诚恳地说："这里的确非常需要你，你留在这里的确可以发挥你的积极性，我们的确很诚恳地挽留。过去在职称评定上，工资的升级上，住房的安排上，政治思想的关心上，领导都没把你遗忘，你还要回去干什么？"我说："我就是想落叶归根，为生我养我的广西贡献出微薄的力量。"多杰坚赞书记很诙谐地说："天下哪里的黄土不埋人？何必把叶落在广西！青海的黄土挺厚的，民院这块地的黄土也挺厚，我们决不让你'抛尸荒野'！"这种真诚的劝慰、挽留，谁不感动呢？所以，我最后留下了。临离开办公室时说了一句："等我到了离休的年龄，仍然想回去，这总可以吧！"他说那是后话，现在提为时过早。后来我超期服务了好几年，最后得到批准叶落归根。几年以后从西宁传来多杰坚赞书记驾鹤西归的噩耗，我不禁热泪沾襟，心绪久久不能平静。后来我给在民院工作的女儿去电，嘱咐她在这位老朋友老领导的灵前代我虔诚地献一瓣心香。

我回广西到现在，民院那些老朋友仍然与我鱼鸿不断、常报佳音，如芈一之、李文实、张世俊等教授，曾与我通信寄书，并不断给予鼓励。时任《校报》的副主编马宏武老友，经常给我寄材料，还选登拙诗。他另有高就以后，还嘱咐《校报》编辑部的人继续给我寄东西，让我不断了解学校发展的新动态和取得的新成就。

我的学生也没把我忘记，陈杰已荣任海北藏族自治州中级人民法院常务副院长，他与几个同学碰头时知道我的行止，给我拨了电话祝健康长寿。王海明已从青海省高级人民法院立案庭庭长岗位上退休,也多次联系、殷殷嘱咐我要保重身体。姜有生和李素凤已是青海颇有名气的律师,年年给我寄贺年卡。1983级的王小华在北京学习时碰到我的侄儿,知道我还健在,立即拨通电话与我谈了很长时间。后来又和我侄儿相会,我们又在电话中长聊,他殷殷祝福我健康长寿。

还有些学生出差南宁,不管怎样的匆忙,依然抽空到舍下问候、欢聚,盛意可感,令我心潮久久难平。如今我跟青海民大法学院的师生仍有千丝万缕的联系,民大经常关怀我并不断温暖我的心,激起我每天都要做点力所能及的事的愿望以报效祖国和酬谢友人。

可以欣慰地告诉青海的友人,我今年虽然91岁了,在大家热情的鼓舞下,似乎越活越年轻,十几年来的体检都没有什么大毛病,思维还算敏捷。离休这28以来,我分别在南宁七所大学当兼职教授或客座教授,讲过宪法理论、行政法学、行政诉讼法、中外法制史、法律逻辑等专业课,课程安排最多时每周12节,最少时也有6节,还在自治区内的几个市开过法律讲座,达到一定的社会效果。还与学生一道去市区做法律问题的咨询。另外广西社会科学院曾聘请我担任过两届法学优秀成果评审委员会评审专家,自治区法学会聘请我长期担任法学教授、专家咨询委员会的咨询员。再比如,我在广西的七个省级、市级、县级的诗社里担任名誉社长、常务理事、理事、顾问、编委等职务,并不断写诗论、文论,创作大量诗歌,还不断在市一级或区一级开诗歌讲座,普及一些基本文学理论知识。这些都是我在有生之年,经常得到思想和生活的鼓舞而取得的成绩。

当然,如果不是身体原因,我还愿再去做点力所能及的事情。如今,我已到耄耋之年,尽管身体和精力大不如前,但每天还总想着做些有益的事。其力量源泉就是青海民族大学的广大朋友及学生的推动,你们使我觉得有梦可寻,催促我在有生之年赓续与民大的情缘。在我离休后至今,已写了大大小小七本书。2019年获得中共中央、国务院、中央军委颁发的"庆祝中华人民共和国成立70周年"纪念章,体现了组织对老同志的关爱关怀,这对我具有非常重要的意义,也激励着我生命不息、战斗不止。我还有一个夙愿,但凡身体允许,要在有生之年继续努力下去,为国家和社会再发点微光,贡献点余热。

人生暮年、壮心不已!源于对青海民大的独有情愫,我一直通过各种途径默默关注着民大及民大法学院在习近平新时代中国特色社会主义思想指引下砥砺前行,在学科建设、师资队伍、人才培养、科学研究等方面取得的前所未有的发展成就。时代激流滚滚向前,党的二十大、中共中央办公厅、国务院办公厅印发的《关于加强新时代法学教育和法学理论研究的意见》等已经给我们指明了前进的方向,给我们增添了前进的动力。过去的民院法律系,现在的民族大学法学院,已经走过40年的光辉历程,过去已经取得辉煌的成就,现在已经具备继续阔步前进的雄厚实力,理应继续深入贯彻习近平法治思想,在今后干出更大的成就,为青海民族大学、为法学院的光辉未来添砖加瓦。我衷心祝福大家取得更骄人的成绩,创造更光辉的明天!

韦齐,男,仫佬族,中共党员,生于1932年7月,广西罗城人,法学教授。

十年磨一剑　盛世修大典

钱中立

一年前，在中华人民共和成立70周年大庆之际，国家语言文字工作委员会和教育部联合举办的"中国北京国际语言文化博览会"展厅中央，展出了唯一一部荣列"中国语言文学学科建设文库"的典籍——《汉字源流大典》。这部一套4册、收录194个部首、15000余个字头、共约950万字，由中国出版集团华语教学出版社出版的，被誉为"70年来集大成之作"的巨著，就出自我们青海民族大学。

高原星星分外亮，只要吾辈能自强。回顾20世纪六七十年代，汉字工具书寥寥可数。1973年商务版的《现代汉语词典》，千呼万唤始出来，但限于内部发行，青藏高原地区，自然一本难求。改革开放以来，邻邦纷纷掀起汉语热，笔者时在西校区的原青海师专编学报，有机会受日本老年大学友人之邀，编著了《汉字古今形义大字典》，由黑龙江人民出版社付梓，解了日本奇缺汉语教学用书的燃眉之急。进入21世纪，华语教学更是风靡全球，出一套更详细的汉字源流字书，自应责无旁贷。盛世修典，便是笔者主编这一大典的初衷。

盛世出大典，欣逢大庆年。当年国庆前后，学校举办了发布会、座谈会等一系列活动，祝贺、研讨了包括校党委宣传部主纂的《校史》、骆桂花教授主勘的《新青年》丛刊和拙编的《汉字源流大典》在内的一批学术成果。校党委书记薛建华发表了专题讲话："坚持立德树人，礼赞民大学人。"这些典籍陈列到校史馆中，通过讲解，生动地激励着广大青年学子。

正如社科处推荐本典的评语所说，这套书是"富含学术性与工具性的辞书著作"。作为解说汉字形、音、义起源与流变的典籍，既要继承经典，搜集前贤研究成果；又要辩证求真，创造求新。

字形。在罗列古文字体时，考虑到金文在各个时期都有出现等原因，故未依传统的甲、金、古、篆、隶分类，而是按殷商、西周、春秋战国等历史时期来划分，似更合理。

字音。包括汉语拼音、注音字母、《广韵》的反切与声纽，详列多音，提示古读，兼及古今读音的变化和海峡两岸读音的差异。对于姓氏读音，古今不同，地区有异，亦一一罗列。如"谌"姓读 Chén，而荆襄一支，自读作 Shèn。古姓的"六"与地名的"六"安，应读作 Lù，而六安乡亲全部读 Liù，本典加以并列，实事求是。

字义。首先继承经典，依据《说文解字》，同时注重研究成果，不拘泥于古训。例如"东"字，《说文解字》："东，动也……从日在木中。"而研究认为，甲骨文均非从日从木，而更像圆笼形，本义应是竹笼。其他如"重、量、熏"等字，古文所从均为此笼。"重"字上面一撇，像个弯腰的人形，人负竹篓，就会负重之意。古文"量"字上面是圆圈，像笼口形；下面一横，像地面形，正好会丈量地面的量器之意。"熏"字笼中的小点，像烟灰形；下面4点，是个"火"字，也就会火炕上架竹笼熏干物件之意。由此确证"东"的本义是竹笼。由于灯笼色红，《卜辞》才假借为方位词"东（方红）"，又引申为动词"（向）东"，周总理就有"大江歌罢掉头东"之句。由于古代主人面向东方，"东"又引申为主人，组成："房东、东家、做东"等词。俗语"圆鼓笼东"与"灯笼"急读为"东"，也均可证明。

以"东"作义符的字还有"曹"，其古文字形上面是并列的两具灯笼，下为大门口，会成双之意。以"东"作音符的字有"冻、崬、栋、胨、鸫"。在字义解析之后，大典增设"组字""构词""提示"三栏，让读者看到每个汉字的生命力和关系网。对有分歧的见解与有关常识，又作出详细补注，避免挂一漏万；细致分析，务求万无一失，希望能像陈寅恪先生所说："凡解释一字即是作一部文化史。"

大典工程，历时12年。积累的草稿，比人还高；书籍的分量，比娃还重，可是揣在怀里走一走，却一点不累，因为抱的不是一块石头，而是亲生的孩子，我们的无价之宝。然而，回顾历史，从秦始皇统一（公元前221年）到二世灭亡（公元前209年），是12年。从全面抗战（1937年）到日本投降，再到蒋家军败走，新中国成立（1949年），也是12年。比起秦朝的兴衰，比起抗日战争和解放战争，我们这12年所做的一切，还真是微不足道。

大典团队，编纂者共111名。三位常务主编是：刘钦明教授，曾任中文系主任，并曾出国讲授汉语，是国际汉语高级教师；舍秀存（回族）副教授，汉语语言学女博士，现任我校现代汉语教研室主任；史文卿，我的硕士研究生，原上海开放大学杨浦分校党委书记兼校长。主要参编者还有：叶元章、白光之（回族）、徐明、丁乐年、白明珠（回族）、阿雅拉古（蒙古族）、柏春梅（土族）、党永芬（藏族）、李延良、李永兰等老师。大典成书之初，有幸得到中文科班出身的人事处处长徐英慧眼赏识，介绍给科教处宋萍和张海云（土族）两位处长，再推荐给马成俊（撒拉族）副校长，又转呈索端智（藏族）校长批准出版。这一场民族团结的接力赛，何等宝贵，何等光彩！

我们必须感念，积劳成疾的伙伴。曾经因为给《咬文嚼字》杂志多次纠错而闻名、人称"字痴"的李延良先生，一遍遍校对，手执放大镜三年，直到双目彻底失明，还叫女儿李松一字字读给他听。我们不能忘记，抱憾离去的同仁。我校中文系退休的叶元章老先生，学识渊博，赐教我良多。原上海交大中文系主任夏中义教授在专著中评价叶老的学术造诣，堪比陈寅恪、王辛笛诸大师，痛惜在大典出版前夕，以98高龄寿终。

笔者今年也已88岁。回顾20世纪50年代初受业复旦时，幸蒙《辞海》首任主编舒新城与继任主编陈望道两位大师教诲，即立下编纂大型辞书的宏愿。此后旅居青海二十余年，条件尽管艰困，初衷未敢忘记。资料日积月累，草稿车载斗量。改革开放之初，即本着"吾爱吾师"的真谛，撰写《〈辞海〉辩证》，发表后由《新华文摘》在1989年第6—7期全文转载。此后又先后主编出版《语文教法词典》《俄汉语言学词汇》和《汉字古今形义大字典》等辞书。成就大典后，仍不敢懈怠，正受有关部门委托，为大中学生编著配套的汉字教学用书。

汉字是中华文明的载体，源远流长6000余年。先民积字成典，自周宣王时《史籀篇》起，也已近3000年。如今，汉字已是全球逾15亿人口的交流工具，既是中华民族复兴的利器，又是成为传送和平友谊以臻世界大同的纽带。对于我校师生而言，学好汉字，用好汉字，更有助于发扬民族团结精神，有益于培养一代代民族精英。母校威武，是所至盼。

20世纪八九十年代，笔者在民大共主撰和主编了近50部著作。其间自1990年2月至1991年7月的18个月中，出书19本，月均1本。1992年7月5日，上海《劳动报》刊文称誉为"出书大王"。其中有与当时西北5省区主要领导和民大原历史系主任、青海师专校长李见颂以及现任中央党史研究室主任曲青山等合作的巨著《西北风情大观》。(见民大六十年文集《昆仑情怀》所载本人业绩)当时,生活还比较清苦,民大原化学系主任吴启勋邀请笔者到该系讲授《应用写作》,每课时付酬18元,确实不无小补。讲了两年,还编出来一部《大学应用写作教程》。

民大,真是民族团结的乐园,科学成果的摇篮。

钱中立,男,汉族,生于1932年10月,江苏常州人,上海作家协会会员,原青海师专学报主编。

我的大学生活

周志坚

我的橱柜里放着一个铁瓷大碗，碗外面的颜色是湖水蓝，里面是象牙白，里外多处的瓷已碰掉，碗的底座有个小孔，孔里串着小铁环，以示区分识别。虽然此碗已不再使用，但这个碗承载着学生时代最美好的记忆。每当看到它，就不由自主地回想起大学里的美好时光。

此刻，碗捧在手里，我的思绪一下子飞回到40多年前的1977年。改革开放后，我们国家恢复了高考制度，已在工作岗位上的大龄青年、上山下乡知识青年、应届高中毕业生等千万青年怀揣梦想，奔赴高考，迎接祖国的挑选。我便是其中一员。

一

那是1977年的12月，我还在玉树藏族自治州称多县称文公社下乡。母亲派人把我叫回县城，告诉我国家恢复高考了，并在当年当月开考，让我准备应考。之前，没听说过高考，不知道究竟是怎么一回事儿，便询问曾参加过高考的大学生，他们描述得神乎其神，什么试卷用飞机运送且武装押运啦，什么单人单桌闭卷考试啦，什么禁止与外界接触啦……给"高考"蒙上了一层神秘的面纱。

离高考只有一周的时间，复习什么呢？没有课本，没有资料，虽说我们是州民师中专毕业，但数学只学到当时本省教材的初二内容，语文与政治没有什么大的区别，都是紧密联系当时的政治运动，其他诸如化学、生物、地理统统没见过。县上新华书店没有多少书，基本上是清一色的政治书籍。无奈在书店仓库角落的破旧书堆里捡了一本落满灰尘的中国地图小册子。平时忙碌着工作，只有在下班后才能翻翻书。就这样，我参加了国家恢复高考后的第一届考试，幸运地踏进了学校的大门——青海民族学院（今为青海民族大学），被分到汉语言文学系1977级2班。

二

大学四年所设课程不少，有古、现代汉语，古、现代文学，文艺评论，民间文学，外国文学等，给我们授课的老师不少是全省乃至全国有名的老教授、老专家。李文实老先生师从顾颉刚大师，深谙古代文史，对地方史籍的整理作出过突出贡献。程祥徽、胡安良教授是我国著名的语言学家，在我国语言文字研究方面也有丰硕成果。还有不少教师都是学校的骨干力量，他们学识渊博、爱岗敬业，授课内容极其丰富，每每聆听他们讲授，都让我沉浸在知识的海洋中。遗憾的是，当时没有现成教材。随着时间的推移和讲课内容的增多，许多内容慢慢淡忘了，所记笔记也不全。为了把老师讲的内容完全保留下来，我们与老师商量，借用他们的讲义，把讲义的内容刻印成册，方便学习和保存。老师们欣然应允，毫无保留地拿了出来。于是同学们便用蜡板蜡纸誊刻，再油印出来。

1977级的学员有不少是上大学前就工作了，还有不少曾当过中小学教师，所以刻蜡版、印刷试卷都很在行，就是纸张不好。当时所用的纸是带黄带灰黑色的草纸，不仅颜色不亮，而且质地粗糙，纸上有压不实的草叶草根，纸面不平整、不光泽，油印出来的字不清晰，甚至草叶草根脱落下来便留下一个小洞，印上去的字也不见了。

刻好的蜡纸，会油印的同学能印上十几张，不会印的同学印不了几张就皱烂了。因此，同样的内容需要刻写好几张，一份讲义需要好几个同学分批分组誊刻。为了不影响老师备课及上课，我们只能在老师上完课后借来，晚上加班加点地刻印。

每天晚饭后，校园里的年轻人便活跃起来，有三三两两散步的，有在篮球、排球场上驰骋的，有翻过校园外围的残垣断壁说笑着赶往运输兵团看露天电影的，而我们却在教室或者宿舍里忙得不亦乐乎，刻蜡版的刻蜡版，油印的油印，装订的装订，分发的分发，俨然像工厂里的工人在流水作业，学校的熄灯铃响了，灯灭了，我们的一支支蜡烛便亮了起来。大半夜的辛苦，换来了第二天课桌上散发着油墨香的整齐教材。

随着学习条件的不断改善，学校印刷厂能打印部分教材，虽然纸张还是有些粗糙，但省去了我们不少时间。于是我们把重点放在课堂笔记的记录上，为了确保笔记的完整性，同学们课后都相互比对、相互补充，然后重新誊写。其字体之工整，内容之翔实，可与出版物相媲美。除了课堂笔记，还有读书笔记，无论报刊还是书籍，凡是觉得好的内容我们都摘录下来，有时还写上自己的感受与点评，一些美妙的诗句、哲理性的语言便背诵下来，时常用在自己的写作当中。

四年里，我们每人的笔记摞起来约有尺把高。这些是我们的学习成果，是我们的财富，为我们今后的学习留下了宝贵的资料、打下了坚实的基础。

三

我们上大学初期，学校只有一间教室做阅览室。书架上摆放着一些画册、杂志及个别高校的校刊，报架上夹着一沓各地报纸，无论刊物或是报纸都是十天半月更换一次。

后来，我们的图书馆变成学校那座建造于 20 世纪五六十年代的青灰色小礼堂，图书馆藏书不多，所以每次借阅，很少借到想要的书籍。图书馆老师总是说："已借去，尚未还。"有一次去借小说《红楼梦》，馆里老师说："只有下册，上中册已分别借出。"我想下次再来借。老师劝道："能借啥看啥吧，过一会儿连这本都没有，何况下次未必能借到。"我只好借来从后头看起。后来我们学聪明了，几个同学一起去借，借来的书大家交换着看。这样借来的书不仅保证大家都能阅读，还省去一次次往图书馆跑的时间。为了能在期限内还书，我们常常挑灯夜读。宿舍管理员老师管得紧了，我们就打着手电筒在被窝里看，有一次读得入迷了，听到铃声响还以为是熄灯铃，原来东方已露鱼肚白。

四

20 世纪 70 年代末，虽然改革开放带来一些变化，但书籍一类的文学读本还是少之又少。有一次听说西宁市大什字新华书店售发文学名著，我们欣喜若狂。下午上完课等不及吃晚饭就直奔大什字新华书店。

那时候，西宁市交通没有如今这么便捷，只有 2 路公交车经过民族学院，一般半小时等不来一辆车，而且即便等到了，人多也挤不上去，于是我和其他两位同学决定步行去。从民院到大什字有七八站路，约十几里路程，属实不近。

但是一想到能买上文学名著，想到老师讲的托尔斯泰、雨果、莎士比亚、普希金、果戈理等文学大师的作品，心里便充满了期盼，浑身也有了力量。日落时分，终于到了大什字新华书店。天哪！购书的人已排成两条长龙，见了头见不着尾，既然来了就排吧。排队的过程中不时从前面传来消息：每隔一小时换一次号，若换号时人不在号就没了。每当前面传来类似消息，我们的心就会紧一下。

起初排队，人贴人，连一丝风都透不过去，但贴的时间久了，便开始松动了。有的开始蹲下来，有的斜靠在墙上，后来大家索性就地坐下来。住在附近的聪明人从家里提来小马扎坐着，好生羡慕。坐的时间久了也受不了，一些人开始用石块儿压着的报纸、书本占着位置，自己则在一边活动起来。排队考验的是毅力，意志不坚定的人坚持不到最后。漫漫长队没有尽头，有些人便慢慢溜了。

天色渐黑，路灯初照。前面队形乱了起来，原来的两条长队排成了一条长龙，我们又向后退了老远。同时，前面传来消息，每两小时换一次号。夜间凉气袭人，我们手脚有些发凉，加之我们走了那么远的路，排了那么长时间的队，腹中空空，怎耐得寒冷、饥饿、劳累一起袭来，若无心中渴望，只怕没有了坚持的动力。我和两位同学商量轮班值守和休息。两人就地坐睡，一人坚守，待换号时换班。经过几番换号折腾，我们终于等到天亮，等到书店开门。临到中午，在一阵拥挤后我们三人终于排到了售书窗口，我把提前写好的书单递进去，售货员扫了一眼，嘴里喊着："只有《高老头》《约翰·克利斯朵夫》，要不要？"

"我要莎士比亚和托尔斯泰的。"

"卖完啦！"

于是我们三人只买到一本《高老头》和《约翰·克利斯朵夫》。虽然，只买到两本书，心里有些沮丧，但从此打开了我们阅览世界文学名著的窗口。

五

大学生自由支配的时间较充足，一般下午都是自习时间，而且大学里各个社团活动也比较丰富。所以，很多学生忙碌于各社团之间，尽情释放天性、充分展示自己的才华。

我来自牧区，学习基础差，要赶上基础好的同学，要达到学校和老师提出的学习目标，差距尚大，路还很远，只有付出多于别人十倍的努力才能迎头赶上。况且"文革"十年耽误了一些学习时间，我们便争分夺秒，努力用大学

4年的时间来弥补失去的光阴，这也是我们刻苦学习的动力。所以大学4年里我们没有花前月下，没有游山玩水，除了集体活动，我们把能用的时间都用在学习上。

校园后墙外的那片菜地田埂上、学校前面湟水河边的僻静处、校园内昏暗的路灯下……都是我们埋头苦学的地方。如若它们也有记忆，定会想起当年我们如饥似渴读书的模样。

六

后来，校内课堂讲授已不能满足我们对于知识的渴求，我们把目光投向更大的平台。当时青海省作协在西宁工人俱乐部（今大什字勤学巷内）举办诗歌、散文、小说写作讲座，邀请在青的作家们授课。只要不与上课时间冲突，我们便拿起二万五千里长征精神徒步奔去听讲。当时年轻人的学习兴趣很浓，不小的讲厅人已挤满，我们只能站在最后排甚至门口听。边听边记，不时询问前面听课的人。

讲座结束了，我们迟迟不愿离开，找机会去请教讲课老师。老师们都谦和待人，有问必答，不厌其烦。著名诗人白渔在开展讲座时，结合自身创作经历，讲思路，讲用词，讲得绘声绘色。讲座结束后与围拢来的青年做进一步探讨，大家畅所欲言、坦诚交流，那情景至今记忆犹新。

讲座也没有满足我们学习的欲望，我们广泛搜集信息、寻找目标、上门请教。林锡纯老师时任西宁一中教师，他是北师大才子，是青海著名学者、书法家。除了书法蜚声书画界外，在古代诗词文学方面亦有很深的造诣，学生们很喜欢听他讲课。我们慕名请教他，他爽快答应，便在西门原人民电影院旁边楼上的一间小屋给我们讲古诗词。林老师讲课不需要讲稿，古典名诗名篇都在他的心里，讲解时总是信手拈来，可能是受林老师的影响，后来我对古诗也情有独钟。

"文革"结束后，各行各业都在复工复产，高校也在为不断提高自身管理和教学水平而努力。学校中文系专为中青年教师开办了学习讲座，我们闻讯后立即加入到了老师们的听课行列。

在学校原教师办公楼二楼的一间办公室里，程祥徽老师讲授汉语言方面的专业知识，也讲英语知识。听课老师都是在各自的办公室里搬来自己的凳子挤坐在里面，我们没有凳子，也不好意思跟老师抢位置，每次总是在门后或角落里站着听讲。程祥徽老师讲课，简洁干练，没有多余的话，就像他那两道国画里张飞般的眉毛，浓而直，不带弯不带勾。每讲完一个内容便会停顿下来，给大家记笔记和思考的时间，程老师的体贴体现在每一个细节里。

20世纪70年代后期，广播里开始播放《阅读与欣赏》，讲述古今中外的文学名篇，我们逐篇欣赏，细细品味，不断积累。

七

学习中我们面临诸多困难，很多时候想放弃，想随波逐流，是母校的培养和恩师的教诲激励并鞭策着我们，让我们能勇往直前。

胡安良教授时常讲，学习的"习"字为什么是"羽"字的一半？只有不断温习，反复学习，方能学到真知，且牢固不忘，就像鸟的双羽不停拍打，才能飞得高飞得远。故曰，温故而知新。

2011年，我们大学毕业30年相聚，胡安良教授特意前来祝贺，并用篆体写下"旧迹存留极群趣，新潮起落当静观"的字幅。我们毕业30年了，胡老先生仍不忘勉励他的学子们要不忘初心，为国效力；修身养性，冷静处世。

得遇良师，何其有幸。我们遇到了，我们是幸运儿。

八

4年的大学生活很快过去了，我们开始在社会上摸爬滚打。若干年后，逐渐成熟，崭露才华。我们班的同学中有才思敏捷的女作家，有著书立说的终身教授，有致力于文学评论、教育研究的高级专业人才，有献身于教育事业的高级教师、校长等，有不少从事国家行政工作并担任厅、处级领导职务的公职人员。

我大学毕业后留校执教8年。此后，先后在省教育厅、省政府办公厅、省红十字会、省政府法制办、省委巡视组、省纪委等多个部门工作。期间结合自身在不同岗位的工作特点，与人合编了全国少数民族预科写作教材，并任副主编。在《中国红十字报》《青海日报》等报刊上发表文章，颂扬爱心与传统美德。根据形势需求，配合机关单位在省委党校、高校、各机关单位开展讲座，及时学习中央及省委精神，深入理解我国政治、经济等各领域的发展战略。因为工作原因，除了海西的冷湖、茫崖、大柴旦等地之外，我走遍了青海的各市、州、县及一些乡镇。这期间受过伤，3次脚趾部位骨折、骨裂，但我没有因此中断行程，没有影响工作。我能在自己的工作岗位上忠于职守、甘于奉献，并做出一点贡献，这与母校的教育是分不开的。大学时，老师时常引用古人语告诫我们，读书是"大则为国，小则为己"，读书是"为天地立心，为生民立命，为往圣继绝学，为万世开太平"。我要把为国效劳、为民办事，不忘初心、牢记使命坚持下去，不辜负母校对我的培养和恩师对我的教诲。

我的大学生活虽然有点艰苦，但在我的记忆里是最美好的，这份记忆永远留藏在我的心底。

"十年磨剑穷文尽理今朝抒鸿鹄志，一旦试锋安国定邦他日成栋梁材"，让我们以此句彼此鼓励吧。

周志坚，男，藏族，中共党员，生于1957年。1981年毕业于青海民族学院汉语言文学系，曾在不同岗位担任处级、厅级职务。

心 碑

曹多珠

古往今来，中国有一个很值得称道的传统，就是用建立纪念碑或者写传记的形式为那些对国家、民族、社会有重大贡献、重大建树的人物、团体乃至事件树碑立传，以表敬仰、纪念，以期发扬传承。这方面的例子自是不胜枚举。

作为我们个人，记忆深处有一些事、一些人在脑海里镌刻至深，萦绕不去，反复回味，反复感动，深深珍藏。这种纯属个人感受的情形，窃以为可以谓之心碑。

我这里要说的，是如今的青海民族大学（当年的青海民族学院）和这所大学里一批令人敬仰的学者们、老师们。

1978年深秋，我以山区民办教师的身份考入青海民族学院汉语言文学系的。我们是高考恢复后的第二批，也是高考恢复后全国统一命题的第一批大学生，现在统称为七八级。那一年，我已经24岁了，距高中毕业整整4年了，为了进入大学校门，很是吃了些苦头。

但是毕竟苦尽甘来了。跨入民院校门之前，有一个小插曲，这里必须交代一下。因为当年我的高考成绩是勉强及格，幸亏省招办一位女老师的热心帮助，同当年民院招生老师商量，我才被录取到青海民院，差一点那年就和大学生这个称号擦肩而过了。说起来惭愧，当年省招办那位和蔼可亲的女老师，我至今不知道人家姓甚名谁，只是几十年过去，感激之情历久弥增。民院的招生老师是学生处处长钱老师，好像是上海人还是浙江人，名字也记不住了，只记得当年同学们都喊他"钱老板"，他总是笑眯眯地也不生气。

候吉子，我们班第一任写作课老师，是进入大学第一位给我莫大鼓励、极深教益的学者。

候老师是我心目中典型的大学女教授形象：不施粉黛、清丽娴雅、朴素亲切、和蔼慈祥。听她授课，如沐春风、如临清泉。

记忆犹新的事是大一第一学期,侯老师给同学们布置的作业是一篇命题作文,题目叫"新的一页"。我的作文里基本上是大实话,写了从初中毕业时立志上大学,高中毕业后几经坎坷波折的求学之路,如今终于圆大学梦,新的一页好不容易掀开了这么些内容。作文完成后,老师却不急于批阅,而是让同学们五六人一组相互传阅讨论,且必须写评语。之后,侯老师把大家的作业收上去,既看作文,又看评语。最后花整整两节课的时间对同学们的作文和相互之间的评语进行讲评。后来我回想起来,侯老师这是一种高妙的摸底调查教学法,既掌握了每个学生的写作能力,又摸清了大家阅读欣赏他人作品的水平,这样就便于她因材施教、有的放矢。

我的作文受到了侯老师的明确肯定,作为范文在讲评时得以展示。尤其让我感动的是老师在她认为比较好的段落、词语、转折、衔接之处,都有批语,最后又有总结评语。一篇文章,好在哪里,差在何处,看了评语一目了然。

就是因为这一篇作文,这一堂课,对一个大一新生的鼓励之大,非言语所能道尽。

李文实先生,是可以称为大儒的学者了。先生是历史学家顾颉刚先生的得意弟子,解放初期,受顾先生亲自嘱托,专门研究西陲历史及羌藏文化。

不料研究刚刚开始,却蒙冤入狱长达30年。直到今天和一些朋友每每念及,禁不住还要捶胸顿足!

幸运的是,当年先生平反出狱后就成了我们的中国古典文学老师,说到这里,必须给当时的民院领导点个大赞,感谢他们惜才、爱才,感谢他们把这么一位学富五车的大学者请到了我们这些求知若渴的学子面前。

听李先生讲课,让我形象化地感知到了儒雅、渊博、厚重这些词语的确切含义。先生当时已年过花甲,瘦削的身躯、清爽的神态、儒雅的谈吐,丝毫看不出这是一位刚刚经历了牢狱之灾的花甲老人。著名历史地理学家史念海先生在为李先生的著作《西陲古地与羌藏文化》所作序言中有一句话:"文实先生与不佞同出于顾颉刚先生门下……在未识文实先生之时,已数数闻顾颉刚先生道及。颉刚先生门下学侣辈出,颉刚先生独多称道文实先生,已知其不凡。一日相晤于嘉陵江畔,获聆其娓娓言辞,仿佛泉涌,而又头头是道,不禁为之心折。"史念海先生是大家,得他如此称道,足见李先生在中国历史学界的分量了。

听李先生授课是一种享受,中华文化博大精深,无论诗词歌赋、语言文学或者历史典故,先生就那么娓娓道来、侃侃而谈,如数家珍。听先生讲课既轻松又解渴,似乎都不用做笔记,课后好几天,先生所讲的内容还在脑子里回绕着。

先生那时候很忙,既要承担繁重的教学任务,又要完成中断了几十年的学术研究,还要参加诸多社会活动,但是学生们不知道这些,经常在课余时间跑到先生家里请教学问,先生总是有求必应,凡有所问,无不细细指点。现在回想起来,那时我们是多么不懂事啊!

该说到胡安良先生、程祥徽先生了。胡先生、程先生都是当年大家公认的大才子,是著名的语言学家,两位先生各有其风度。文雅、持重、严谨是胡安良先生的治学风格,课上抑扬顿挫地诵读,深情款款地解说,令人如沐春风。印象中胡先生给我们班单独授课时间不长,但先生的儒雅风度、学术成就给我们留下了深刻的印象。程先生是才子气质,诗人风范,讲起课来妙语连珠,一门语言学概论,让他讲得妙趣横生,深得同学们的喜爱。可惜程先生给我们授课的时间太短,好像只有一个学期,后来先生先到香港,后到澳门,在这两个地方有大作为、大成就,这里就不赘述了。

那时候青海民院汉语文系的老师队伍人才济济,一篇短文难穷其尽,我在这里仅仅是提及了几位代表。

光阴似箭。转眼间从青海民院毕业已近四十年了,此间亦有不少人生经历,社会磨砺,然而对大学生活的记忆却是历久弥新,点点滴滴,历历在目。

青海民族大学是一块沃土,建校迄今,从这里走出去继而成长为社会栋梁、成长为各行各业骨干的人才数不胜数。青海民大的老师们是世间最优秀的园丁,有了他们的辛勤培育,各民族的优秀学子一批又一批奔赴青海大地乃至全国各个行业,建设青海、报效祖国,源源不断。老师们迎新辞旧、辞旧迎新,乐此不疲。诚如胡安良先生所言:"得天下英才而育之,不亦悦乎"。

诚哉斯言。这是民大老师群体的写照,也是青海民大这个人才培育基地的写照。

曹多珠,男,汉族,中共党员,青海乐都人,1982年毕业于青海民族学院中文系。曾任青海省纪委常委、秘书长,省人大常委会副秘书长等职。

感恩母校

李晓东

光阴似箭、人生如梦。回想从青海民族学院（现为青海民族大学）毕业至今，一眨眼38年过去了。我是1979年高考恢复以来第三届考入青海民族学院数学系的一名学生，记得刚入校时学校只有中文系、政教系、少数民族语言系和数学系四个专业。我们数学专业是由来自全省不同地方的汉族、回族、撒拉族、藏族、土族、朝鲜族等35名同学组成的一个大家庭，有的年龄相差大概有十几岁。虽然大家来自四面八方且是不同的民族，有着不同的生活习惯和不同的学习基础，但大家却像兄弟姐妹般地相互尊重、相互关心、相互支持，非常融洽和睦地度过了四年难忘又美好的大学生活。时至今日，每每回想起那四年丰富多彩的求学生涯，一幕幕往事浮现眼前，一阵阵感动涌上心头。

记得入学的第一天，走进民院大门就看到道路两旁茂盛的柳树，正前方是教学楼，楼前有一个美丽的大花坛，教学楼后是新盖的图书馆，西侧是几栋青砖建筑的宿舍、食堂、开水房，还有教师综合楼、篮球场、足球场等。校园里处处都是绿树成荫、花繁叶茂的景象，让人陶醉其中。我手里提着父母亲送给我的旧皮箱，那是他们来青海开展支边工作时用得不能再旧的皮箱。

报到那天晴空万里、阳光明媚，而我的心情却莫名的复杂。怀着一颗忐忑不安的心，我找到了自己的宿舍，室友们都很友好，主动帮我收拾行李、铺床、打开水等，我们的教室在学校大门正对着的主教学楼三楼上，与宿舍很近，就这样，我的大学生活正式开始了。在恢复高考后的20世纪70年代，高考录取率还是很低的，无论怎样我还算是个幸运儿吧。那时我们在民院上大学，无论是学习还是生活全部免费。记得我们去食堂吃饭，只需拿一张饭卡吃一次饭做个标记即可，那时候学校的伙食标准比其他几个院校都要好，我们学习有保障，生活也基本上没有什么困难，所以便格外珍惜这难得的求学机会，也把所有精力都用在了学习上。那时的一切都是那么纯洁、那么美好、那么澄澈,没有世俗的污染,更没有社会上的尔虞我诈,有的是同学们之间的相互关心、相互帮助和共同进步。

记得我们的班主任陈执夫老师是一位来自上海的四川人,为人和蔼可亲却又不失严肃认真,无论在生活上还是学习上,他都无微不至地关心着班里的每一位同学,默默守护着我们成长成才。学校的老师们备课认真、授课精彩,课后辅导耐心又细致,他们在三尺讲台上尽职尽责传授知识的同时,还帮助我们打开思维,开阔眼界,给我们足够的空间去施展自己的才能。所以,在我看来,大学是一个完全靠自觉的过程。如果高中的我们还是一只雏鸟,那么大学的我们可以说已经长大,远离了父母的庇护,远离了老师的督促,剩下的只有自己做自己的主人,在母校提供的各种平台上充实自我、锻炼自我和成长自我。

那时的大学生活比较简单,每天就是跑操、上课、图书馆看书、打球、晚自习等,学习没有什么压力,生活也没有什么负担,大家对今后的工作生活充满了希望。在开心充实的学习之余,我们会对不同老师的上课特点进行对比和分析,会和那些有过社会经历的同学一起分享生活中的酸甜苦辣,不同民族的同学也会彼此间交流各自的风俗习惯和文化特色,大家都有着各自不同的故事。

给我印象最深的是班里的同学马如祥,他身上有很多优秀的品质,为人谦和、做事老实、学习刻苦等,为此我们都很尊敬他,也因为他成绩优异而心生羡慕。然而我们却不知道,这位来自青海省海东市平安区洪水泉乡的同学家境贫困、生活拮据,他们家有久病卧床的父亲、年幼的妹妹以及年迈的爷爷奶奶,所有生活的重担全靠柔弱的母亲来承担,而家中唯一一个劳动力又在外上大学,面对家庭的负担和困难,马如祥同学从未告诉过任何人,平时总是少言寡语、心事重重,除了学习就是学习。然而在大三那年他终于熬不下去了,为了照顾家人突然要退学返乡,就这么一位民院培养了三年,一直都品学兼优的同学因为家庭困难而上不了学实在让人惋惜。老师同学们得知此事后没有放弃马如祥,全班师生自发捐款并委托丁志勇、韩光华两位同学带着老师的嘱托和同学们的温暖乘班车来到了海东市平安区,又步行十几里终于找到了洪水泉乡马如祥的家,两位同学见到了他的父母,送去了大家的关心和所筹的善款,并在他家住了一晚说服家人,就这样感动了家中老人,终于让马如祥同学重返校园继续学习,最终以优异成绩毕业并进入平安一中任教，后调到西宁某中学成为教书育人的骨干教师。这件事让我深刻地感受到，母校不仅是我们学习的地方，更是我们温暖的家，她从不放弃每一位同学，始终本着以人为本、培养人才、服务社会的办学理念践行着高校的责任和担当，马如祥因此改变了自己的人生轨迹。毕业后大家各奔东西，我们这些同学在本省乃至北京、天津、江苏、广东、河南等外省从事着教育、政府、部队、金融、企业等各行各业的工作并发挥着骨干作用，这些都是母校培养的结果。

4年的学习生活，我们不仅丰富了知识也提升了能力，还奠定了步入社会的扎实基础，这使得我们今后的人生道路走得更加坚实有力。因为在大学学的不仅是专业知识，更重要的是学习新东西的能力、独立思考的能力、解决问题的能力、团结协作的能力等，这些知识和能力不仅仅服务于毕业之后的岗位和工作，更重要的是教会我们如何做人，可以说我的"三观"就是在大学期间逐渐形成的，以至于在今后的工作中不论遇到多大的困难和怎样的挑战，我都时刻保守自己拼搏奋斗的初心，并且不断努力、不断提升、不断进步，为之后成为单位的技术骨干、中坚力量打下了良好的基础。

1983年7月，我从青海民族学院数学系毕业后，来到海西蒙古族藏族自治州茫崖中学执教。当时那里的工作条件及生活环境非常艰苦，但与孩子们渴求知识的眼神相比算不了什么，于是带着恩师的嘱托和母校的期盼，我满腔热情一心扑在教学工作上，第二年就因出色的成绩被团省委授予"青海省青年开拓者"光荣称号。1986年11月，我被调到青海省邮电设计院工作，自此，便与青海电信事业结下了不解之缘。

电信是一个技术密集型企业，新业务、新技术层出不穷，只有不断地学习、研究和探索，才能在计算机通信领域干出一番天地。后来无论是负责企业信息化工作，还是企业信息化部门负责的计费与技术支撑工作，对我来说都是全新的挑战，但母校教会了我学习的能力和独立思考的能力，所以并没有很多的畏难情绪，而是在繁忙的管理工作之余，尽可能挤出时间参加各项技术交流，并主动向相关技术人员请教，最终无论是在设备维护、IT业务支撑，还是在企业信息化建设等专业领域里都能做到淡定从容、心中有数，最终成为电信领域的专家型人才。工作期间，曾先后荣获公司优秀共产党员、信息产业部优秀管理者等荣誉称号，2005年被国务院授予"全国劳动模范"荣誉称号，所有这些成绩都离不开母校在我走向社会初始时的辛勤培养与无私教育。

回顾自己的奋斗历程，有坎坷波折，也有收获感恩，但无论我走到哪里，我都要自豪地说一声：我是青海民大人！感恩母校的辛勤培养，感恩恩师的谆谆教诲，感谢同窗的鼓励支持，衷心祝福青海民族大学桃李满天下、明天会更好！

李晓东，男，中共党员，云南大理人，1983年7月毕业于青海民族学院数学系。2005年4月，被国务院授予"全国劳动模范"荣誉称号。

有你真好

——写在青海民族大学中文系 1981 级 2 班毕业 30 年之际

陈正果

有你真好啊，有你真好！
这是一句再普通不过的话语，
对我们来说却是发自心灵深处最真挚的感慨。

那年我们还是懵懵懂懂的少男少女。
那年我们还是满怀憧憬的少男少女。

因为有了你，就有了同学，有了我们男生女生共 43 人的青海民院中文系 1981 级 2 班；有了你，就有了欢笑、眼泪和多少难忘的记忆；有了你，才有了很多很多关于同学的故事。我们踏着青春的节拍前行，沿着成长的轨迹奋斗，就像朝阳必从清晨的东方冉冉升起，就像五彩的花朵必在春天浪漫绽放，我们相逢在一个有诗的境域，我们相逢在一个让青春更加绚丽的境域。尽管那时的我们着装土得简直要掉渣；尽管那时的我们脸上还挂着明显的高原红；尽管那时的我们没有侃侃而谈的兴奋；尽管那时的我们没有一见如故的落落大方，但我们心中不曾匮乏"而今迈步从头越"的激情，不曾缺少奋力拼搏露真容的豪情。一段新的旅程就这样开始了，一曲新的乐章就这样奏响了。

有你真好啊，有你真好！
这是一句再普通不过的话语，
对我们来说却像金子一般沉甸甸！

1981年通过高考踏进大学校门的我们，真有些天之骄子、自命不凡之感。我们对未来充满了幻想，在丰富多彩的校园生活中绽放青春色彩，体育、表演、成绩……不论是学习知识还是课余生活，我们在团结奋进中暗暗比拼，而更多的时候，是全体同学齐动员，与别的班级进行挑战。我们生逢一个追求梦想、追梦英雄的时代，"为中华之崛起而读书"是当时社会最铿锵的强音，"只争朝夕"是那个时代最紧迫的课题。犹如熊熊火焰炙烤着你我，犹如澎湃浪头驱赶着你我。一周六天连轴转的课堂我们乐此不疲，和当下的学子相比，我们一年要多上52天课，四年要多上208天课，208天呀，当时没什么感觉，但现在仔细想想，这208天是何等丰厚的财富！208天可以看多少书？可以背多少单词？可以欣赏多少诗词？可以构思多少文章？就算208天中有一些日子收获不大，但其余的时光是母校给予我们的特殊礼物。我们多数来自市井巷里，来自农家小院，甚至来自深山牧区，我们所受的教育更多是在"文革"期间打下的薄弱基础。我们中有不少人甚至入校前从未看过电视，说我们是"井底之蛙"再恰当不过。所以，我们是"缺钙"的，是"虚弱"的。也正因为如此，我们奋力拼搏，我们顽强进取，我们如饥似渴，后来我们的内涵慢慢提升了起来，我们的眼界渐渐宽了许多，以至于后来在开导儿女时，总免不了要唠叨发生在我们身上的这些故事，在反复回忆中还带着几分夸张，这说明我们是自豪的，说明我们不曾浪费过自己无价的青春。

我们的老师，一个个来历不凡，有经历过战火纷飞年代的军人，有来自革命圣地延安的中共党员，有来自工厂的技术人员……他们满腔热血、文采飞扬，更是经历过漫长而特殊的时代磨炼，他们才是我们心中的明星范儿。想起他们的名字时，思念、感恩之情难以言表。还曾记得吗？那位满脸沧桑、身体瘦弱，精神却极为矍铄的老先生，尽管刚受完"文革"的牢狱之苦，却没有丝毫的愁怨。是他孜孜不倦指点我们吮吸先秦诸子的精华，领略唐诗宋词的瑰丽和中华文化的博大精深，更是他用心灵的语言诠释了人间正道是沧桑的箴言。尽管当时的我们感受不深，但随着岁月的流逝，随着年轮的叠加，我们对先生的教诲有了些许感悟，有了些许领会。因此，在以后的日子里不论遇到和风丽日还是天阴地暗，我们都坚守底线，做到了一个有品位的好人，做到了在各自岗位上真正有用的好人。先生已作古，每逢相聚时刻，我们都会从心底道一声：有您真好，真好！相信先生天上有灵，也会认真地对我们说：有你真好。

其实我们此刻回忆的先生是一个缩影，是一个标志。他涵盖了其他许许多多引领过我们的先生，培育过我们的先生。我们不曾忘了那位博学严谨的修辞学先生，不曾忘了像指挥家般风流潇洒的先生，不曾忘了在课堂上幽默风趣让大家在欢笑中收获知识的先生，不曾忘了把单调乏味的"之乎者也"讲得像花儿一样绚丽夺目的先生，正是他让我们不少女生有了对自己未来另一半的想象。三生有幸啊先生，有你真好！还有像母亲般慈祥、教诲我们的先生。值得记忆的先生，不能忘却的先生还有很多很多，让我们向他们共同尊敬地道一声：

有你真好，有你真好！
有你真好啊，有你真好！
这是一句再普通不过的话语，
对我们来说却是最动听的乐曲！

一个没有故事的人，就像一杯白水没有趣味；一个没有故事的班级，就是一盘散沙，绝对没有多少温馨的回忆。而我们却有一路的故事，从康阳农场参加秋收到大同一中的毕业实习，从文体活动到演讲比赛，从排球女将到霍元甲，从学习、考试到食堂抢饭，乃至彻夜的高谈阔论。你知道吗？就像夜晚的穹宇定会有繁星闪烁，就像盛夏的草原定会有鲜花摇曳，有青春律动的地方，就必然少不了爱情这个话题。是的，是有过和爱情有关的不少故事，但这故事更多的是含蓄、是青涩、是欲言不能的单相思，说白了不过是爱慕而已。很多男生私下议论过，那位亭亭玉立的女生有一股特殊香气，阵阵袭来让我们头晕目眩。其实很多年过后，我们才明白这位女生并未用了什么高档化妆品，而是那个如花般年龄特有的气息，是青春的气息。有你真好啊，有你真好！我们也曾用过比写论文更大的气力，书写青春期的第一份伟大的情书，也曾鼓起过大义凛然的勇气送出这份伟大的情书，然后像囚徒般煎熬着等待结果。我们也悄悄往某个女生的书桌抽屉里塞过电影票，然后私底下想象着无数美妙的镜头，但多半是独自从影院出来，垂头丧气，看了个不知所以然。或许每个人的思绪里总会有一个或多个靓丽的形象，或许每个人记忆深处最隐秘的角落都存有一段抹不去的记忆，这就叫故事，跌宕起伏的人生里必有的故事。正因为有了这些故事我们的人生才丰满，我们的人生才鲜活欲滴。说句心里话，小半辈子的我们已经懂了缘分的真谛，我不曾因为没有亲手把你的长发盘起而懊悔过，你也肯定不会因为没有选择那位硬朗小生作为自己的如意郎君而悲痛欲绝。我们的同学中结出爱情硕果的频频皆是，这也道出了世间的缘分是何等的珍贵，千年修得共枕眠的缘分又是何等难能可贵啊！我们由衷为班里仅存的爱情硕果鼓掌、叫好，并从心底道一声珍重！

　　有你真好啊，有你真好！
　　这是一句再普通不过的话语，
　　对我们来说就像一抹天际边五彩晚霞的箴言！

　　天际间晴也罢，阴也罢，一切由天定。
　　人际间好也罢，差也罢，一切由缘定。
　　有你真好啊，有你真好！
　　就像大地离不开阳光。
　　就像生灵离不开空气。
　　就像万物离不开雨露。
　　有你是这辈子缘分的注定，
　　有你是这辈子前世的福报。

　　小半辈子你我不曾忘却，小半辈子你我息息相关。不是亲兄弟胜过亲兄弟，不是亲姐妹胜过亲姐妹。

　　30年的风雨历程，我们可以自信地说：无论对家庭还是在单位，待人处世，不失本分，我想这就是民大人的共有特点吧。我们从不曾忘了互相守望，从10年聚会、20年聚会，一路相伴，一路扶持。有你真好，相信我们每个人都会积极、健康、乐观地面对人生、面向未来。当有一天我们牵着孙儿的手，再给他们讲起我们的故事时，相信脑海深处依旧会浮现出一个个年轻的身影，有你真好啊，真好，真好……

　　陈正果，男，藏族，中共党员，生于1962年，青海果洛人。1985年毕业于青海民族学院中文系，先后任果洛军分区副政委、海北军分区副司令员、青海省军区副参谋长等职。

母校情怀

邸平伟

  2023年8月初的一天，我正带着我所在单位南京旅游职业学院的几位老师在西藏拉萨做有关拉萨藏餐非遗传承人群培训前期的调研，手机响了，拿出来一看是个陌生的电话，正准备挂断，仔细看屏幕显示的是青海西宁，家乡的电话那当然要接了，"邸教授您好！我是青海民族大学宣传部的小韩。"原来是母校的老师联系我，立马就来了精神，似乎感觉到了一种久别的亲切与温暖。电话那头的小韩告诉我，她们负责编辑的青海民族大学校报有一栏目专门刊登青海民大校友在校期间学习工作的回忆性文章，现在也想约我写一篇。寻思自己是民大一位普普通通的校友，没什么可描述的，本想推辞但电话里小韩约稿之诚意，特别是多年来一直萦绕自己心头的那份对母校的怀念与感恩之情使我无法断然拒绝，于是，稍作沉思便回复小韩："好的，那我就试着写写，不过，无论如何还是要感谢你们，谢谢母校还惦记着我。"

  近一个月后，宅在南京家里的我静下心来开始在键盘上认真敲打对我来说分量很重的这篇回忆性文章。随着记忆大门的渐渐打开，在母校学习、工作的那些难忘片段在脑海中不断浮现。

  我是1981年9月从青海民族学院预科顺利毕业后升入母校青海民族大学前身青海民族学院中文系就读本科的，读的是汉语言文学专业，当年该专业录取的考生比较多，接近一百人，所以分成了两个平行班，我被分到了1981级1班，从此便开始了最为美好的四年的大学生活。20世纪80年代初期正是我们国家启航改革开放的时期，而对于地处青藏高原东北部的青海省来说，改革开放的进程似乎要更晚一些、慢一些，所以社会发展还比较滞后，计划经济依然存在，当时我们学生的伙食是有定量的。记得大一时我们每人每月为16元，其中菜票和饭票是分开的，后来逐渐涨到了每月二十几元，可这点伙食费还是比较少的，班里饭量大点儿的男同学到了月底几乎就没有饭票了，意味着要饿肚子，好在班里那些善良美丽的女同学会主动拿出自己不多的一点饭票慷慨救济，帮着大家渡过难关，现在想想很是感动。生活如此，课余生活也极为简单，因为几乎没有什么像样的娱乐活动，同学们的时间基本就是在宿舍、操场或图书馆度过，偶尔上街看场电影算是最高级的享受了。物质不丰富、生活很一般，但我们的大学生活过得很充实，因为少了许多物质的引诱和社会的纷繁复杂，大家就把更多的精力投入到学习和集体活动中，平时相互比拼看谁读的中外名著更多，谁写的诗歌散文更出彩，谁得到老师的表扬更多，谁在班级乃至学校活动中表现更突出，总之，大家都非常珍惜大学的学习时光，崇尚学习、自觉学习、刻苦学习俨然是当时每个学子必须遵守的定律。当然，这优良的学风还来自中文系一批知名教授孜孜不倦地教诲。当时的我们很幸运，遇到了一批好老师，譬如学术严谨的中国古代文学课老师李文实大师；面带微笑，上课操着一口较浓陕西方言的讲授中国现代文学课的祝宽教授；诙谐幽默，专业功底深厚的讲授古代汉语的语言学大师胡安良教授；讲课很有激情的文艺理论课的老师冯育柱教授等，他们不仅学识渊博，专业精湛，更主要的是师德高尚，在他们眼里三尺讲台显得至高无上，容不得半点懈怠，满足各民族学生对知识的渴望与追求就是他们工作的一切，所以他们对学术精益求精、刻苦钻研，对工作勤勤恳恳、无怨无悔，对学生满腔热情，真的做到了"俯首甘为孺子牛"。时至今日，每每回想起先生们关心爱护我们学生的场景依然显得那样的清晰与亲切。

　　记得我们是在读大二或是大三时，有一天同宿舍的包括我在内的四五个铁杆球迷为了看一场中国国家足球队的电视直播比赛，现在早已忘了当时中国队的对手是谁，也不记得是什么级别的比赛，只记得为了观看那场直播而到处找电视的场景。在寻找了学校附近我们认为可以看电视的地方未果后，一位性子急的同学建议去祝宽教授家试试，大家觉得不可以吧，但为了看到球赛我们当时也顾不了那么多，急匆匆已是晚上八点多来到了祝教授家门口，胆大的同学惴惴不安地敲起了门。之所以选择到祝教授家是因为我们曾就课堂学习问题到祝老师家请教过多次，每次祝教授都是和蔼可亲，热情接待，耐心解答。门敲开了，祝教授笑盈盈问我们是不是有问题要请教，当他得知我们这次来他家是要看电视直播的足球比赛时，他似乎也没有想到，也许我们当时执着的神情打动了祝教授，他依然热情地迎我们进了家里，打开客厅的电视让我们自己选择频道，并说你们专心看，然后他带上门就出去了，这一看就是近两个小时。等我们看完有点不好意思准备出门时，祝教授依然笑盈盈地给我们送别，还说以后有足球比赛就来他家看，方便得很。自此之后，我们似乎更喜欢上祝教授的课了。

在这里我不得不写一下我们的班主任靳玉兰老师，她同时又是我们的现代汉语课老师。她当时留给我们最深的印象就是穿着朴素，和蔼可亲，缓缓的语速中透着她的思想和对同学们的爱。在她担任我们班四年的班主任期间，用真心关爱着每一位同学，无论他们来自城市、农村还是牧区，只要有困难就会得到她无微不至的关爱，无论在教室、宿舍，还是操场，我们都能看到她面带微笑关注、关心同学们的身影。四年下来，我们真切体会到了她那母爱般的温暖，甚至她的性格都影响到了我们班很多同学。毕业多年后，同学们都会自发利用节假日时间前去探望靳老师，以表达感恩之心，直到她几年前去世为止。

点点滴滴的往事现在回忆起来依然很温暖很感动，老师们在传授给我们立身之本和服务社会知识的同时，更是以他们特有的言行"润物细无声"般教育我们去做人做事。忽然想起被誉为清华大学"永远的校长"梅贻琦先生的名言，"所谓大学之大，非有大楼之谓也，乃有大师之谓也"。所以在我眼里，我那时的母校就是一所真正的大学，那些诲人不倦的老师不就是真正的大师吗？我想这是母校留给我们的最大财富，感谢母校。

大学毕业后，也许是深受母校老师们的影响，自己也拿过教鞭当起了老师，先后做了几年中专和中学语文老师。1996年，经在青海民院中文系工作的大学室友谷晓恒引荐并经考核，我来到母校中文系任教，这是我一生重大转折点之一，自己从没想到有一天会跟我仰慕已久的老师们共事，当一名神圣的大学老师。时光飞速，到了1999年，中文系在时任系主任李景隆教授的带领下根据社会发展需要开始筹建旅游管理专业，也许考虑到缺专业老师，系里就选派我到北京大学光华管理学院做了一年的国内高级访问学者，专修企业管理方向，那一年的收获可是非同小可，尤其是思想上的影响。回到学校后就和时任中文系副主任的马有义一同承担起了旅游管理专业招生、培养等具体工作，自己先后担任了旅游管理教研室主任、旅游系副主任、主任等职，同时担任旅游管理概论、导游业务等专业课程的授课任务。在旅游系工作期间自我感觉是最开心的一段时光，虽说当时困难很多，缺优秀的专业教师，缺应有的教学设备、实验室等，但是我们年轻的教学团队精诚团结，凭着一股不服输、敢闯敢做、自强不息的精神，主动加压，主动改革，主动出击，与各地旅游行政管理部门、各类旅游企业建立良好的合作关系，借力借智发展自己，并利用学校及专业自身优势主动服务于社会、服务于青海民族旅游，很快我们的旅游管理专业逐渐被社会所认可，走上了一条健康发展之路。后来，学校进行院系调整，不再设旅游系了，并将其合并至工商管理学院设为旅游管理专业，自己的职务也随之调整为工商管理学院党总支书记，但我仍是该专业负责人，所以发展壮大旅游管理专业的决心和思路依旧。

为进一步提升师资队伍质量，我们在原有基础上继续采取"内培外引"的措施。"内培"方面，派专业教师深入企业一线，提升教师专业实战能力；加强科研团队建设，强化科研能力，多出科研成果；多途径提升青年教师学历学识水平。"外引"方面，利用省上的人才政策聘请厦门大学旅游人类学家彭兆荣博导、教授作为学校第一位"昆仑学者"，担任我们专业的带头人，帮助并加快提高我们教学团队建设及整体实力；吸纳行业优秀专家进课堂做我们的兼职教师。在不断发展的同时，根据省情并依托学校学科优势，进一步凝练专业特色与发展方向，持续深化与行业合作发展的办学模式，几年努力下来取得了不少优异成绩，年轻的旅游管理专业被教育部评定为国家级特色专业，为学校争得了荣誉。2012年旅游管理专业成功入选青海省人才"小高地"建设单位，我也被评为旅游业领域领军人，后来党校又申请到了旅游管理硕士点，办学层次不断提升。再后来，随着学校的发展和组织上的安排，我到文学与新闻传播学院任党总支书记一职，与旅游专业似乎有点渐行渐远，莫名的失落时隐时现。但无论怎样，自己对旅游管理这个专业的那份爱、那份执着未曾改变，至今我仍然从事的是我非常喜爱并愿意为之奉献余生的旅游管理专业的教学及研究工作。术业有专攻，母校的发展使我有了自己专攻的专业，这何尝不是一种缘分，既是缘分便应珍爱才是，更何况旅游管理专业使我有了更为广阔的天地，也使我感觉到了自身存在的意义和价值。所以我要再次感谢母校。

我是幸运的，在母校学习期间遇到了一批德高望重、学术精湛、无私奉献的好老师。在回到母校工作期间又碰巧参与了一个新专业——旅游管理专业建设发展的整个过程，并且遇到了一批热爱旅游管理专业，乐于奉献、共患难的好同事。更为幸运的是，还遇到了不少有思想、有魅力、有追求的好领导，特别是时任青海民族学院院长的王作全博士、教授，因为在他身上你能感觉到作为一名领导者不可或缺的优秀品质，即敏锐的洞察力、战略的眼光、创新的思维以及对事业孜孜追求的精神。

2013年，对我来说又是自己人生的一大转折点。这一年，因个人身体等原因毅然离开了我曾经学习工作近21年的母校，告别家乡，道别亲人，只身来到了陌生的六朝古都南京，调至南京旅游职业学院任教，这时的自己已接近知天命年龄段，也好，此时出来，少些烦恼，乐对余生。

从青藏高原到江南水乡，从本科院校到高职院校，应该说跨度不小，尤其对我这个土生土长于青海的蒙古族人来说更是需要有一种勇气。其实我在想，一个人在一个地方待得时间久了未必是好，走出去换一种活法未尝不可，人生短暂，有时需要挤出时间来丰富自己的阅历，经历对于每个人来说也是一笔难得的宝贵财富。古人尚且将行万里路与读万卷书同等看待，何况我们这些身处21世纪的从事旅游管理专业的人呢。

　　环境在变，岗位在变，工作方式乃至思维方式多少都在发生着改变，但不变的依旧是对故乡的眷恋和对母校那份感激的情怀。自到南京工作生活以来，无论多么忙，几乎每天都不自觉要打开母校的网页浏览一番，这一习惯一坚持便是六年多，可以说我是从千里外的屏幕的一端见证着母校的点滴发展。在南京工作期间，激励我不断努力的依旧是母校严谨治学、乐观豁达、自强不息的精神，凭此精神我致力于青海民族旅游研究，其间成功申报一项以研究青藏高原民族旅游为主题的国社基金课题，现已顺利结项。入选原江苏省旅游局专家库成员，两次派我到西藏拉萨、新疆伊犁等地区为当地旅游从业人员讲学。尤其是在2015年，我和我爱人曹娅丽教授发挥我们的资源，牵线搭桥，使南京旅游职业学院入围原文化部（现为文化和旅游部）、教育部、人力资源和社会保障部联合组织实施的中国非遗传承人群研培计划项目的培训实施高校行列。项目伊始，我们凭借南京旅游职业学院在烹调工艺与营养、酒店管理等专业方面的优势以及功能齐全、设备先进的众多实训室为青海果洛藏族自治州培训藏餐非遗传承人群，为他们"强基础、拓眼界、增学养"。后来将培训范围扩大到青海省的西宁、黄南藏族自治州、海南藏族自治州等地，每年次培训30人，由于培训形式新颖、培训针对性强且具有可持续发展等特征，该项目深受非遗传承人群及地方政府的欢迎，截至目前，已持续进行了近5年，效果非常明显，有力助推了果洛等地区民族旅游业的高质量发展。此外，也是通过我们的牵线搭桥，从2018年起，南京旅游职业学院每年都会拿出近20个涵盖各重点专业的名额投放青海省进行统一招生。所以现在每当在校园见到从青海招来的各民族学生，师生间彼此就感到非常亲切，我们因能为家乡做点有益的事而感到欣喜。兴许是母校的领导和同事感受到了我的一份情怀，2019年，母校旅游学院院长马延孝一行专程来南京看望我，在谈及学院发展时他们提出很希望我能为该专业的发展再做点事，不久，便收到母校聘我做旅游学院客座教授的正式邀请，当我来到母校从学校党委书记薛建华手中接过聘书时，感到十分激动，我知道这是母校对我的信任与关爱,这既是荣誉当然也是一份沉甸甸的责任,它将激励我不断为之奋斗,我也将竭尽所能,以此回报母校的培养之恩。

邱平伟,男,蒙古族,中共党员,生于1964年,青海海晏人,1985年毕业于青海民族学院,教授。

难忘的记忆
——回忆在预科部的六年学习生活

沙日才

来自五湖四海的兄弟姐妹

1980年,来自青海广大农村和牧区的我们,一起来到青海民族学院预科部学习,成为预科复校以来的第二批学生,编为初一(1)班。全班40余人,有藏族、回族、蒙古族、撒拉族、哈萨克族等青海所有少数民族学生,真可谓是名副其实的民族大家庭班。班里来的都是小学应届毕业生,年龄最大的十四五岁,最小的只有十一二岁。第一次离开父母的我们,自理能力极差,好在学校和老师像父母般给予我们无微不至的关心和照顾,使我们渐渐长大,学业有成,毕业后走向社会成家立业。四十一年,弹指一挥间,许多往事随风而去,如过眼云烟,唯有在青海民族学院预科那段六年的初高中学习生活,既是没齿难忘的春秋岁月,又是烙印心坎的深刻印记。

青海民院预科部,位于西宁市城东郊区曹家寨,方圆几里全是庄稼地。学校是座孤岛,占地面积约50亩,有两三栋教学楼,最高为四层,应该是砖混结构,学生宿舍多为两层砖木结构的筒子楼,老师宿舍多为平房,地板和大梁、檩条都是木制的。无论是平房还是楼房,都没有自来水和暖气,取暖需烧煤,是那种大块机砖,又重又硬。整体来看,学校建筑应该是20世纪五六十年代的,有些平房甚至更早些。好在学校操场比较规范,有足球场、篮球场、排球场等,当然全是露天的,也是简易开放的。学校绿化比较好,杨树、柳树等树木茂盛挺拔,各种各样的鲜花竞相开放,但印象最深的还是随风飘香的丁香树。

那时学校的标志性建筑当数建在校中央的八角亭。它青砖绿瓦,木格门窗,地基有几层阶梯那么高,周围有护栏,亭子四周树木茂密,亭子夜间灯火通明,是同学们读书记单词争先恐后抢占的好去处，也是大家休闲散心、谈天说地的最佳场所。所以，从青海民院预科部毕业的学生，多少都会有一些与八角亭有关的难忘记忆。八角亭，是我们一群人对一个时代的记忆，也是一个时代对一群人的念想。凡是从这里毕业的学生，总会有几张黑白照片，或合影或单照，背景都会是亭亭玉立的八角亭。据说许多从青海民院预科部出来的学子，毕业后同学建群名皆为：八角亭。

以我们自己的方式，怀念我们的岁月。
以我们自己的情感，记录我们的往事。

那个时候，没有手机和微信，我们只能通过书信还有公共电话和家人联系，也没有所谓的快餐文化，能吃上一碗热气腾腾的尕面片和刮碗子是我们最幸福的事情。当然，那个时候更谈不上飞机、高铁、动车这样的交通工具，如牛负重般的公交车是我们出行的工具。但是在那个物资匮乏的年代，却留存着我终生美好的记忆。

三十年前，我们从青海广阔的农村、牧区聚居在青海民族学院预科部，开始令人难忘的初中、高中阶段的学习生活。那时，我们从三江之源、西海戈壁，从祁连山下、河湟谷地远离父母，告别故土来到了西宁古城、湟水河畔。母校的老师给予我们母爱般的温暖和关怀，同学们彼此更是情同手足。在曹家寨的绿色田埂边，在八一路微弱的路灯下，留下多少难忘的倩影和故事。还有红旗照相馆的影像，东郊电影院的欢笑……

三十年后，当我们轻轻打开发黄的毕业合影，唤醒封尘三十年的美好记忆，凝视照片中熟悉而稚嫩的面孔，仿佛找回了三十年前学习和嬉戏的踪迹，细细品味珍藏三十年的同窗旧事，激起我们无限的思念和牵挂情怀。然而，三十年风霜雨雪的洗涤和沧桑岁月的磨砺，使我们更加深刻体会到同学的情最浓，同学的意最真，同学的爱最无私……来吧，亲爱的同学们！无论你在雪域高原，还是在戈壁边疆，无论你在繁华都市，还是在异国他乡，带上你成功的喜悦与我们分享，带上你壮志未酬的感叹与我们交流……

十年一觉古城梦，昔日少年今何在？
莫道前景似江河，且把人生当酒喝。
一杯清茶，凝聚着沉淀三十年的那份天真与纯洁；

一盏美酒，饱蘸着积蓄三十年的那份深情和感恩。

为了重温那段刻骨铭心的岁月，为了彼此牵挂和思念圆梦，让我们相约在金秋十月，让我们相聚在古城西宁。

以上是三十年同学聚会时，我代表同学聚会筹备组写的邀请函的部分文字。

2016年，同学三十年聚会，我们去看望了母校，也拜访了部分仍健在的老师，他们已是耄耋之年，八角厅早已不复存在。我们走进了一间教室，按上学时的座位坐下，与自己的同桌重温过去的岁月和情景。如今，学校及周边已是高楼林立，全然没有当年的感觉了，留下的是母校快速发展带来的自豪和骄傲。

当初的我们或许是因为从小离家的原缘故，同学之间感情深厚、情真意切。其间，有许多十分有趣的故事，至今难以忘怀。一个来自海西州格尔木的哈萨克族同学，有人叫他：努尔兰别科，也有人称他为：岗斯舒里蒙。他年龄小，汉语表达不是太好，很少与人说话交流。就这样，一个人两个名字，怎么叫他都应声。至于一个人为什么有两个名字，大家也不问，以为是哈萨克族的特殊习惯吧。大概过去两三年了，彼此之间熟悉了，他的汉语也有了长足的进步。一天，他很郑重地声明：他只有一个名字，即努尔兰别科。至于那个岗斯舒里蒙，是当时有人第一次问他的名字，他说了，别人却没记住，又问了第二次、三次，他不耐烦地说："刚才说了嘛。"结果是因发音不准，误以为是：岗斯舒里蒙。他也解释不清，只好听之任之将错就错。一个人的名字误叫两三年后才得以澄清。人生往往就是这样，一个难以忘怀的故事,实在是找不出更多的、更好的、更深的、具有现实意义的理由。然而，对于上了年岁的人来说，却更值得回忆和记录。

难忘恩师梁淑华夫妇

梁淑华夫妇都是四川人，是预科部的老师。梁淑华老师，瘦小、短发、圆眼、语速快、方言浓，是我们的数学老师兼班主任。在我的记忆里，梁老师容易着急生气，批评教育我们的时候她的"川普话"比较难懂，但数学课却讲得通俗易懂，连我这个数学逻辑思维混乱的人，数学成绩在班里也是中上等。她的爱人周老师，年龄似乎比她大很多，腿脚还有点毛病，却想不到是个体育老师，而且篮球技术好，当教练战术更是了得。

我们这个班果洛、玉树的学生占多数，海东和其他州县的学生相对较少，但学习基础好，成绩占优者居多。梁老师针对我们班同学来自农村和牧区、学习基础参差不齐、接受能力不同等实际情况，因材施教，耐心授课，使我们来自牧区的学生数学成绩进步明显。同学们若生病了，梁老师更是会给予无微不至的关怀和呵护。多年以后，许多当时生病的同学还念念不忘梁老师亲自下厨做的"病号饭"，也是若干年后才知道这叫"鸡蛋醪糟汤"。当时，改革开放初期，国家经济尚在恢复阶段。学校住宿及伙食条件都比较紧张，食堂饭菜以土豆、白菜居多，偶尔见些肉，早餐是苞谷粥和窝窝头。小时候在牧区，我只知道苞谷粒是乡上干部喂马的马料，熬成粥还可以喝，而且还不怎么难喝。当然，现如今已是高质量生活的营养餐。

上初二时，有次放寒假回校，听到一个噩耗，对我们视如己出、关怀备至的梁老师在四川因病医治无效，抛下三个未成年的孩子和人到中年的周老师，永远离开了她所热爱的从教20年的讲台。梁老师的不幸离世，使很多同学都流下了伤心的泪水，也使许多同学的数学成绩，乃至人生前途都发生了重大的变化。有一个中途被迫劝退的同学，30年后曾对我不无遗憾地说："如果不是梁老师走得早，我也不可能沦落到现在这个地步。"我相信他说的是真的，我更相信一个好老师对一个学生一生的影响。因为，原本数学还可以的我，高考时的数学成绩简直难以启齿。

两位老校长的故事

1958年，青海民族学院预科班成立，从此，拉开了青海民族预科教育的序幕。"文革"结束后，成为西宁市第十六中学，是初中至高中六年制中学。记得第一任校长是从西北民族学院调任的叶旦老师，也许是缘分，1953年叶旦是西北民族学院预科班的班主任，我父亲就是他的学生。按现在的观点看：叶旦老师是一个很传统的校长，工作一丝不苟、任劳任怨。几个学生在学校打闹，折损了几根树枝。他就把树枝捆绑后挂在树上，并附一张纸条：同学们，请看损失！当时，包括我在内的很多同学都认为这种"认真"近似于迂腐。殊不知世界上怕就怕"认真"二字，共产党人恰恰就是这样的"认真"，他们默默无闻地工作，坚持不懈地探索，始终如一地认真，最终取得了伟大的成就。在我的记忆里，这位校长永远身着藏蓝色中山装，帽子也是蓝色的，戴副眼镜，背着双手，每天早晚在固定的时间内视察校园一圈，这似乎成了不变的规律。

上高一时，第二任校长叫徐富龙，他个头很高，穿一件米黄色的风衣，据说是个复员军人，可能是因为口才好，喜欢在大会上讲话。现在想来，听校长口音应该是个南方人，因为，他偶尔说的几句青海土话听起来很蹩脚。

荣誉至上的初一（1）班

我们这个班刚到学校是初一（1）班，毕业时是高三（1）班，一直是大名鼎鼎的体育强班，因为全班同学视集体荣誉至高无上，而能体现集体荣誉感的莫过于体育比赛。从州县上来的学生体质普遍较好，再加上州县牧区的篮球普及率高，所以我们班男女生球技都是可以的。根据梁老师安排，在体育教研组周老师的亲自训练和技术指导下，短短一个月，初一（1）班篮球队横扫整个初中年级，甚至可以直接和高年级预科班抗衡。班里年龄较大的学生杨洛、杨春林、仁钦、俄保，还有我本人都是班级篮球队的主力队员，蝉联了几届冠军已不记得了。足球本是民族班的弱项，但短短一年后进步很快，上初二时候已是进入决赛级的球队了，我们班的后起之秀如阵正海、梅松、白明等不仅是班级顶梁柱，而且还是校足球队的主力。女同学当周吉、韩文英、赵玉清、谢梅莲等组成的篮球队、排球队基本上横扫全校无对手。那时，中国女排第一次拿世界冠军，全国学校排球热风靡一时，我们的对手也只是高一个年级的民族班。所以，篮球、排球、足球，三大球类，无论男队女队都是冠军争夺的强队之一。

每年"六一"举办的全校运动会，是最激动人心的时刻。田径赛场的运动健将，亦属我们班最多。如杨洛同学不仅打破学校二十年的手榴弹投掷纪录，他还是100米短跑冠军。杨洛、董才让、扎白等获得了4×100米接力的冠军，努日加是全校标枪冠军等。除了体育运动，还有每年元旦的歌舞比赛，班级间所排练的节目是相互保密的，在正式亮相前谨防泄漏。娜孜古丽、白花吉、卡样等美女舞跳得很好，可谓婀娜多姿、翩翩起舞。男同学当属江玉建和阵正海的藏族舞姿潇洒豪情，当然，我也凑合。班级后墙基本上是"全国山河一片红"，挂满象征各种荣誉的锦旗。

记得初二时，班里挑选品学兼优的同学，作为奖励到乐家湾机场看飞机。其实是乘坐飞机，那架飞机很小，军绿色的，只能乘六七个人。那次，与我一块乘飞机的同学是：后来成为著名教育家的久美坚参、现任海西检察院副检察长的梅松、同仁市法院副院长晓明、玛沁县政法委副书记杨洛等人,飞机在西宁上空盘旋一圈落地了。也许是因为紧张,那天,对飞上天空的感觉并没有什么特别的印象,可在回去路上有关飞机机型及用途的争论,至今难以忘怀。有人说是喷洒农药的飞机,也有人说是教练机。我是第一次见飞机,自然没有发言权。事隔近40多年了,对我而言,至今没有搞清楚,到底是用来做什么的飞机,但40年前我乘坐过飞机,这点是不容置疑的。

各个领域的业务骨干

高二时,全校共有4个班参加高考,学校在为第二年的高考筹备召开动员大会。坦率地说,很多老师不看好我们班,也曾有老师评价:四肢发达者,头脑必简单。大家都心知肚明,说的是哪个班。但我们的任课老师却不这么看,我们班的特点是课堂气氛活跃,发言积极。幸运的是,当时,西宁市第十六中学是远离市中心,交通偏僻的乡村中学,自然成为"文化大革命"中从四川、上海等地下放来的、优秀中学老师的集中点。

记得临近高考时,任课老师通过私人关系,从上海、四川等地找来各种复习资料,给我们人手复印一份。对民族班学生的格外照顾和偏心,也曾引起"普通班"学生的不满和嫉妒。通过预科四五年的学习、生活,来自果洛、玉树的同学学习成绩都有明显的进步。唯一的遗憾,当时参加高考,少数民族学生可在英语和藏语间任考一门,我们班很多藏族同学选择了藏语文。但是,原来的州县学校藏语文教学水平不一,部分学生没有基础,只好从小学开始学起,所以,六年预科藏文知识,也就是小学水平,高考成绩可想而知了。

那个年代,预科毕业生很受所在地机关单位的欢迎。在牧区州县上,高中毕业即可安排工作,很多同学因家庭等原因,高中毕业没有参加高考,就回去参加工作了,后来都成了金融、税务、公安等部门的业务骨干。参加高考的同学,考上了北京师范大学、中央民族大学、西北民族大学、青海民族学院等,令人骄傲的是:那年我们班高考升学率在百分之八十以上,远远高于其他班级。其中,现任中国社会科学院民族研究所的所长扎洛,已是闻名中外的藏学专家,果洛久美坚参私立学校校长久美坚参,是著名教育专家,曾荣获"中华慈善奖"等众多奖项。当然,我们也不会忘记,因历史原因迁徙至新疆维吾尔自治区的哈萨克族同学娜孜古丽、库立坚、努尔兰别科等。我们这个班的同学,后来在各行各业都是当仁不让的业务骨干。

从预科毕业的学生中，确实不乏仕途风流的优秀人才，后来在州县上担任独当一面的主要领导者为数不少。对此，我们虽在表面上不以为意，但在暗地里还是认真地总结了一下，最后得出一致的结论：这和当年初一（1）班的班风和个性有关！仰天大笑出门去，我辈岂是蓬蒿人！

关于母校，我曾经写过一首题目为"忆八角亭"的小诗，曾发表在《青海日报》江河源文艺副刊上，内容如下：

忆八角亭
——给母校青海民院

八角亭
思念 并肩或交替
在岁月的空间
掠过往事如梦的印迹
花季正当妙龄
春雨后的莲花
露珠纯净透明
含苞待放的少女
现如今在哪里？

亭台楼阁的倩影
怀春少女的娇羞与依恋
遥望北斗之星
最难忘 初次的相约
临别回头的
处女之吻
至今还在心头战栗不已

八角亭
每当打开发黄的影集
黑白照片人群里
在莘莘学子毕业典礼的合影里

我最先寻觅的不是自己
而是你的双眸

处女之作
是初恋的日记
尘封已久的秘密
此生永不解密
因为 密码的另一半
永远攥在你手里

曾朗读《荷塘月色》
青春年少的我
现如今可还在思念
八角亭的往事？

沙日才，男，藏族，青海玛沁人，20世纪80年代先后就读于青海民族学院预科、青海民族学院汉语言文学系。

母校永远在我心中

王聚宝

今年，我的母校青海民族大学将迎来建校74周年，而我求学时所在的法学院也已建院40周年。现在回想起来，能够进入40年前的青海民族学院学习法律，出于偶然，也是必然。1982年5月的某天下午，我在西宁毛胜寺的某条山沟里被人劫走了身上仅有的5元钱。于是，我便萌发了今后要从事法律工作的强烈愿望，希望可以通过自己的所学所获帮助到有需要的人。

1982年高考结束后，我的成绩通过了本科录取分数线，而我却一门心思想学法律，因1970年末党和国家刚刚推开了法治重建的大门，1982年高校招生中法律专业极其稀少，报考竞争激烈，我担心会失去机会，在失望中看到青海民族学院政治系招收一个法律班，却是大专学历。思考再三，我仍决定填报该专业，但高中班主任和家人都认为，按照我的成绩报考省外本科都已经够了，报本省的又只是个大专学历，感觉太吃亏。而我本人固执地认为：管它本科、大专还是中专，只要能学法律我就心满意足了。所以在填报志愿时，我就把第一第二志愿全部填成青海民族学院政治系法律班，最后顺利地成为这个班的学生。

当时的青海民族学院正在进行基础设施扩建，大门、教学楼以及两边的教研楼都刚刚建成不久，校园里还遗留着许多没有清理干净的建筑垃圾，学院南边也没有围墙，是一片农田。我们进校后的头两年，每周下午都有2—3次的劳动，清理垃圾、植树绿化、装扮校园。

我们这个班的学生是非常幸运的，由于我们是青海省历史上首次开办的法律高等教育班次，因而在入校四年的学习中，受到了学校以及青海省公检法司等相关部门的高度重视和关怀。当时，学校通过多种渠道把20世纪五六十年代从北京政法学院、华东政法学院、中国人民大学等院校毕业且有丰富法律实践经验的人才，采取调入或者外聘的方式使其成为我们的授课老师，师资力量绝不弱于其他高校的法律院系，犹记得当时的老师有张景明、韦齐、刘振一、陈仁福、王书容、张含光、杨自元等，还有资深法医康继盛；同时协调西南政法学院、西北政法学院把即将毕业的优秀学员分配到我校担任教师，他们是李育林、谢艳、张学国、张慧丽、王慧玲等。现今著名的民商法专家王作全博士担任我们的哲学教师，原青海省人民检察院反贪局局长杨捷担任文选与写作课教师。遗憾的是30多年的岁月磨砺，还有一些学者如犯罪心理学教师文理仁、法律逻辑学教师等已经记不太清楚了。

入校后，因为我们这个班虽然是大专，但招生都是按照本科分数线录取的，学校告诉我们，如果愿意上本科可以转到其他本科院系。在那个全民思法的年代，同学们都怀着立志从事社会主义法治建设的激情和责任，全班40位学生，没有一个人转系或者转专业。

学习生活紧张而愉快，教师认真教，学生努力学。三年的时间，我不仅学习了法律专业学生必须要学习的课程，而且还学习了很多法律专业不常开设的一些课程，如犯罪侦查学、法医学、擒拿格斗等，这也是我们在后来的办案过程中能对各种证据特别是公安机关的侦查报告、法医报告等敏锐洞察，并能发现一些问题的原因所在，这也成为我们首届法律专业学生的独有优势。在这里值得一提的是《国际法》的授课教师庄本先老先生，他精通英语，在政治学、现代国际法方面造诣较深，评定成绩时他会考量每个学生抄写他的讲稿的认真程度，那时候没有复印机，自习课上，学生们都在传抄庄老师的《现代国际法》讲稿，同时，在课堂上，他会时不时用英文讲述，这也许是我们这个班的学生普遍对国际关系比较敏感且对英文学习兴趣浓厚的原因吧。

三年的学习快要结束的某天晚上，我们突然接到通知，去教室开紧急会议。会上宣读了教育部根据青海民族学院1982级政治系法律班的入学成绩、师资配备、课程设置、在校表现等情况，批准由三年大专改为四年本科的批复并成立法律系。这真是一个鼓舞人心的消息，但同时也带来一个问题，剩下的一年学什么？学校经过商议，决定对前三年学得比较薄弱的课程、知识点重新学习。经过这一年的学习，我们的各门课程基础更加牢固，尤其是对于理论性课程的理解更为深刻，我们这个班的学生可以骄傲地说我们比其他班次的学生专业功底更加深厚，这也是我们这个班的学生在此后的工作中，能够较好胜任工作的重要原因。我们应该感谢那个年代，感谢母校的培养，感谢学院的领导、老师和学生之间的团结互助。

在母校学习的四年，我们的班主任一直由秦木措老师担任，她对每一个学生都很关心爱护。那个年代绝大多数学生都没有住过楼房，教室在四楼，每次打扫卫生擦玻璃的时候，秦木措老师担心学生们恐高，有安全隐患，不让我们做，都是她亲自站在窗台上擦，千叮万嘱我们要注意安全。她也仔细了解了每一个学生的家庭和生活情况，要求同学之间要关心关爱、互帮互助，四年学习生涯结成的友谊、形成的风气一直影响我到现在。

在母校的这4年，我不仅学到了扎实的专业知识，还学会了如何为人处世，在思想政治方面也同样得到了提高。1985年我在乐都县人民检察院实习期间，李育林、张学国等人到实习点看望，问我为什么一直没有写入党申请书？我回答说我进民院才入的团，也不是班团干部，觉得自己达不到标准。他们对我说，关键是看自己有没有向党组织靠拢，有没有积极追求进步的思想意识，如果有，就要递交申请书，这样便于党组织进行引导和帮助，也有利于自己世界观的改造，更便于自己的进步。于是，我在实习期间向党组织递交了入党申请书，毕业前也光荣地加入了中国共产党。加入党组织后，党组织在帮助我正确地认识事物，客观地把握事物的本质和规律，对站位的提高、形势的判断、问题的解决等方面都起到了积极的作用。感谢在法学院期间有那么多的优秀教师和那么多友爱的同学，他们是真正的良师益友，让我感动不已！

我是一个不大安分的人，学习上没有太高的追求，但却有自己的一些兴趣爱好。在校期间，我经常利用课余时间捣鼓一些无线电技术，帮同学们修理收音机等一些小电器，又与其他同学租赁了刑侦教研室的摄影、冲印设备，组建摄影小组，拍照冲印，在锻炼技术的同时，挣点零花钱。暑假期间，我就到建筑工地勤工俭学当个临时工，寒假则留校看守宿舍，在法学院的学习生活可谓多姿多彩、丰盈充实。

母校4年的学习生活，对我从1986年参加工作至今30多年的人生具有重大的影响，无论是我在党校从事教育工作、第一批下海创办合作制律师事务所，到国企以及后来的民营企业、上市公司任职，还是先后参与教学、诉讼、非诉、国企改制、资源整合、并购重组、公司上市等工作，都能高质量完成，这都得益于母校的培养，得益于法学院恩师的教诲，得益于四年来打下的法学基础，这些专业基础、人生感悟至今仍深深地影响着我。

青海民大法学院建院40年以来，培养了大批的法律专业人才。这些人不仅在青海的公检法司及其他部门和行业发挥着重要作用，在外省也发展得很好。仅就我们这个班而言，我所知道的在沈阳、深圳、海南、云南工作的同学，可以和其他院校的法律毕业生同台竞技，也都成为所在单位部门的精英与骨干。

青海民大法学院地处中国西部的青藏高原，在自然条件上不占优势。但从我的学习生活经历和后来近40年的工作中所接触到的后续毕业的法学院学生来看，我个人感觉民大法学院也有她自身的优势，一般能够坚持下来的教师都有一种信仰，他们在教书育人上更认真、负责，学生们也因自我感觉基础弱而更加发愤图强。当前，我们国家进入了中国特色社会主义现代化建设的新时代，在如何抵御金钱和欲望的诱惑上，如何在守正创新、为民司法中保证公平正义，母校的老师们用坚定的信仰和炽热的忠诚坚守着自己的初心和使命，这是多么的难能可贵！党的二十大报告指出，全面依法治国是国家治理的一场深刻革命，关系党执政兴国，关系人民幸福安康，关系党和国家长治久安。实现中华民族伟大复兴的中国梦需要法治来保驾护航，实现"六个现代化新青海"建设需要坚强有力的法治保障。因此，母校在培养法律人才方面责任重大，民大法学院的未来也任重道远。真诚地希望我的母校能够不忘初心、秉持真心、坚定信心，为青山绿水、金山银山，为青海的高质量发展、高品质生活，为全面建设社会主义现代化国家培养出更多德智体美劳全面发展的优秀法律人才！

值青海民族大学建校74周年、法学院建院40周年之际，谨以此文祝愿母校未来更加灿烂辉煌！

王聚宝，男，蒙古族，中共党员，生于1964年7月。1986年7月毕业于青海民族学院法律系。

难忘的青南支教岁月

扈生彪

2009年仲秋，我刚到青海民族大学教务处不久，省上给学校安排了顶岗支教的任务。所谓顶岗支教工作，既是响应党和政府的号召，也是大学生成长成才的内在要求，在缓解农牧区学校师资短缺现状的同时，也减轻市县教育行政部门在教师配置使用方面的压力，为基层教育注入新鲜血液，从而促进基层教育的发展。

接到任务后，学校把它作为有效服务社会、深入了解基层、磨炼学生意志、提高学生能力、增强教学效果的重要载体，迅速成立了顶岗支教工作领导小组，下设办公室，让我兼任办公室主任，我顿时感到茫然无措和空前的压力。青南牧区地域辽阔、交通不便、通讯不畅，加之分配给我校支教的9个县是青南牧区偏远之地，气候严寒、海拔偏高。基层学校的基本情况怎样？他们需要哪方面的教师？学生分散下去后基本的生活条件和安全措施如何保障？我校500多名师范生来自全国各地，40%左右的学生来自外省，他们下去后能适应当地社会环境并融入当地文化吗？这是一场攻坚克难的支教战役，不能打无准备之仗，知己知彼，方能百战不殆。带着一系列问题，经请示校领导同意后，从机关、院系抽调人员，分三个小组，分赴玉树、果洛、黄南进行实地调研，我带一个小组去了玉树。

路　上

初冬时节，天高风寒。我们一大早从西宁出发，途经贵德匆忙进餐，然后备了点零食，飞驰向南。茫茫雪域，辽阔草原；炊烟袅袅，帐篷点点；牧马悠悠，牛羊懒散。一路上，时而风雪交加，时而天空放晴。雪后初霁，强烈的紫外线伴着耀眼的日光透过稀薄的空气射进车窗，令人头晕目眩，昏昏欲睡。

几个人替换司机，轮流开车，除了必要的休息外，车轮滚滚，马不停蹄。没过多久，肠胃就被抖空，于是大家顺手抓起干粮、水果，边走边吃，及时补充能量。

穿越海拔4800多米的唐古拉山口时，车不减速，并没有感到特别的不适。

日落前，已抵近目的地。眼前一条清溪蜿蜒流淌，两岸山石陡峭兀立，漫山遍野的苍松翠柏迎风傲雪，这与荒漠无边的草原形成了鲜明的对比，顿时令人惊叹无比！置身其中，仿佛荡漾在祁连山脉的云水之间。

黄昏时分终于抵达目的地——结古镇。

此后几天，我们每到一地在当地县教育局同志的热情陪同下分别走访了治多、曲麻莱、扎多等县的若干基层学校，在询问中了解了实情、掌握了情况。

想起走访完成治多县有关学校的当天，本打算住宿县城，由于快到年底，州上考核组成员住满了县招待所的房间，我们按图索骥，来到当地另一家最好的旅馆。白色的棉布门帘上油迹斑斑，四面墙壁经长期烟熏火燎，显得黝黑一片，床上的彩色绒毛地毯已分不清它的颜色。屋内奇冷，一个大烤箱占据在中间，死气沉沉，只有当客人留宿的时候，才由服务员生牛粪火取暖。

住还是不住？环境差一点倒是不怕，关键是要随时添加牛粪，一旦火灭，迅速降温。一行四人中已有人产生明显的高原反应，身体不适。如果再被冻感冒，病情加重，后面的工作难以开展。于是果断决定打道回府，连夜赶往州上。一路上道路崎岖，沙路坑坑洼洼，时而在草原的便道上疾驰，时而在山路上盘旋，幸亏是越野车，否则很有可能在半路上抛锚。午夜时分，终于抵达州府。

次日，稍作休整后前往杂多县。汽车在蜿蜒狭窄的山路上踽踽前行，个别路段上积了薄冰，对面来车时要停车礼让，否则无法会车。山下是万丈深渊，峡谷中江水滔滔，侧目俯视，令人毛骨悚然，一旦出事，后果不堪设想。

最后走访囊谦县，这是我第一次去囊谦县。一路上山峦起伏，山坳里大小寺院星罗棋布，红墙绿瓦随处可见。澜沧江清澈见底，缓缓流淌。草原和农田交织在一起，大小山脉纵横交错，峰峦重叠。这里海拔相对较低，当晚头疼的感觉基本消失，第一次睡到天明后才醒来。就这样，一个多星期后我们顺利返回。

牵　挂

顶岗支教，最牵动人心的是学生的安全问题。一旦感冒医治不及时，极易引起脑水肿，最有效的办法是往低海拔之地转移。

一次，果洛某县一学生生病住院，带队教师在电话里焦急万分，说学生情况不太好，让我们赶紧过来。情急之下，我们分别给州教育局局长、分管教育的副州长打电话，务请他们保证学生的安全。最后我把电话打给州医院院长，院长说我们教师的心情可以理解，但此类病症他们见得多了，暂时不会有危险，待病情稳定以后再往西宁转。听了院长的话我才如释重负，并在电话里安慰自己的老师。虽然该教师缺少基层工作经验，但对学生认真负责，对待工作一丝不苟，后来被当地教育部门和我校评为"顶岗支教优秀教师"。

当然，也有工作经验非常丰富的教师。有一次，囊谦的一位学生病重，当时是数学院的两位教师带队，其中一位曾经是我带的硕士研究生，他们与驻当地维稳的武警部队取得联系并得到部队医生的初步诊治后，果断地把学生送到临近的四川某县医院，病情很快得到控制。

牧区地广人稀，学校分散，路途遥远。有些学校离县城有上百公里的路程，甚至不通电，没有信号，通讯受阻。有些内地家长联系不到自己的孩子，心急如焚，时常把电话打到我们办公室。面对此情，只能耐心解释，及时与带队教师取得联系，让学生到县城与家人电话沟通。

支教工作逐步正规化以后，每次学生下去除配备带队教师外，另派两名教师和一名校医，护送学生到州上，然后静观几天，若各县有不适应的学生及时带回西宁。

一次，我随学生到果洛，某县其中的一名带队教师是我系的教授，走之前他有点小感冒，到了州上的第二天病情不见好转，他说一点小感冒没啥事，打点针就好了。我说，不行！随我们回西宁。第三天，我们一起从果洛州出发返回西宁。这名老师来自陕西，第一次到大草原，非常兴奋。刚开始他还在车上说说笑笑，没走多远，低头无语，迷迷糊糊，昏昏嗜睡。我们把他夹在后座中间，将我和另外一个人的大衣裹在他身上，但还能感觉到他的身体在发抖。我们便一路狂奔，马不停蹄，下午到达日月山时，他才醒来。我们直接把他送到省医院，他在医院里面待了十几天后才出院。其间，校领导到医院看望他，他感慨地说，这次下去彻底改变了他对牧区孩子们的看法，生活在雪域高原，来到西宁读书，非常不容易，表示今后还会再次下去带队，也一定会全身心地投入到民族教育事业中。身在病榻，且经历了一次生死考验，这是他的肺腑之言。后来他出院后动情地对我说："这次多亏了你，否则后果不堪设想。"我说："这是我应尽的本分。"随着时间的推移，他确实成了数学院教学与科研都非常出色的教师，曾被评为我校首届教职工"进德修业之星"，没过几年，便走上了学院领导岗位。

知识分子要融入社会、深入基层，才能了解省情、国情，进而树立起正确的人生观、世界观和价值观。有时读万卷书，不如行万里路，一次亲身感受与体验，可能会改变对某些事物的固有看法。

还有一次，我们从果洛返宁途中在海南藏族自治州同德县境内马路边看见一所小学校，低矮的围墙、简陋的校舍、空旷的院落，犹如大漠中的驿站，孤零零地坐落在大草原上，显得格外宁静。

本县也是我们的支教地域之一，但人数相对较少，不知该校有无我校学生，于是车停门外，走进校门。门口碰到一位女孩，身姿矫健、脸庞微红，穿着白毛衣和牛仔裤，浑身上下散发着青春的活力。一打听，没有我们的实习生，但她本人就是我校的毕业生，也是该校教师。同为民大人，且相遇在异地，双双都比较激动，她热情地把我们迎进她的宿舍。房间不大，但陈设整洁，干净利落，锅碗瓢盆一应俱全。通过寒暄了解到，她家在东北某市，作为特岗教师考到该校，已执教一年多了，目前能听懂简单的藏语。她说，学校师生对她很好，她也眷恋这块土地，热爱这里的孩子，待特岗期满后，还想继续留下来。面对如此卓越的学生，我们的勉励之言似乎显得苍白无力，在精神境界层面她已经超越了我这个老师。我们没让她去打扰学校领导，临走时把车上仅有的几瓶水和一点零食硬塞给了她，在凛冽的寒风中互相道别！

一个东北城市女孩，千里迢迢来到青南牧区，扎根草原，播种薪火，挥洒汗水，她是雪域草原上的格桑花，是民大培养的在民族地区下得去、留得住、干得好、靠得住的优秀学子之一，她的未来人生必定灿烂辉煌！

感　知

随着支教工作的不断完善，每次实习途中我们都会组织相关人员深入牧区各个实习点开展慰问。因此，几年下来我的足迹踏遍了青南地区的许多县乡村社。

第二次去囊谦的任务是慰问学生，没有初次那么急切紧迫。五月的草原，草长莺飞，鲜花满山，牛羊成群，溪流潺潺。路上虽然车马劳顿，但大自然的景色把身体的疲乏早已抛到九霄云外。只可惜当时我不谙摄影，没有更好地用相机去记录青南草原大自然的美景和学生实习生活的点点滴滴。

囊谦县素有"玉树小江南"的美誉，这里森林密布、草场茂盛，牛羊游荡在远山的白云间，宛若人间仙境。这里也是青稞、小麦的种植地。囊谦县有悠久的历史，特别是藏传佛教文化底蕴深厚，全县分布了100多座寺院，有些寺院在全国都享有很高的知名度。

开展顶岗支教实习是推进教师教育改革、提高教师培养质量的重要举措。在人才培养模式、课程体系等教学改革中，加强师范生的教育实习，提高学生教育实践技能是关键。针对传统教育教学模式的不足，顶岗支教实习就是以学生的实际需要为出发点，以全面培养学生的实践能力为基本要求的一种创新。一个学期的实践教学，使实习生们不仅取得了宝贵的教育教学经验，还对教师的职业价值有了更深刻的领会，缩短了今后正式走上教师工作岗位的磨合期。

往事如烟，再回首已过多年。通过十多年的不懈努力，青海民大顶岗支教实习工作取得了一系列的丰硕成果，在师范类人才培养模式、专业建设、课程设置、教学内容、教学方法、师资配置等方面进行了全方位的改革。顶岗支教实习工作是推动教师教育改革、强化师范生实践教学、提高教师教学质量的有力举措。在奋斗的年代就要像雄鹰一样展翅飞翔、搏击长空，要游历和体验不同的人生。顶岗支教工作不仅使我丰富了阅历、开阔了视野、拓展了人生，还锤炼了能力、升华了境界，对此我受益匪浅、终生难忘！

走进青南，面对辽阔的草原和洁白的雪山，仰望纯净的蓝天，顿时心胸变得博大，心灵得到净化。当往事一幕幕浮现脑海时，心中充满了感恩和笃定。

扈生彪，男，中共党员，生于1957年，教授。曾任青海民族大学教务处处长。

"骄子"年代
——回忆我的大学生活

乔华藏

我是在经历了五年的小学学习、三年的初中学习、五年的务农和两年的高中学习后，才步入了大学的校园。因为经历特别，所以感受也同样特别，其中感受最深刻的就是从一个农民向"天之骄子"转变的自豪和感动。"金色的阳光，芬芳的花坛，迎接我迈进民院的校园"，听着这相当于校歌的旋律，我满怀喜悦的心情，抱着对知识的渴望，于1984年9月踏进青海民族学院的校门，开始了为期四年的大学生活。

20世纪80年代，求知是大学生活的主旋律，校园处处都弥漫着浓浓的书香气息。那时学生学习都非常认真也非常刻苦，虽然我们对每门课的喜好程度不一样，但我们会尽力学会弄懂每一门课所涉及的基本知识，因为我们认为对不同知识的学习就是锤炼自己的基本功，同时我们还会借阅相关的辅导教材，加深对不同学科内容的理解。当然，老师讲课也非常认真。那时有些学科还没有统一的教材，特别是政治理论处于不断地发展完善之中，老师们就凭借自身的知识储备和参考资料，结合日新月异的改革实践，自己编写教案，尽量把最前沿的科研成果和最新的理论知识传授给我们。那时老师给每个学生写期末评定时都会有"学习认真踏实"这几个字，这可不是格式化的评语，而是实事求是的客观评价。那个时候少有浮躁之风，作弊在当时看来是不可能而且让人感到羞耻的事情。近日，有意识翻看了当时几个学期的学习成绩登记单，我们全班48位同学，绝大部分同学各个学科的成绩都在高分位，没有一个不及格的。考场和平时上课的教室布局一样，学生们紧挨着坐，谁也没有意识偷看别人一眼。也有少数同学成绩会稍低一点，但他们宁愿努力追赶，也绝不会借助作弊的方式自欺欺人。

对于那个年代的我们来说，改变单调精神生活的渴望要远远大于改变贫困物质生活的冲动。除了阅读所学学科涉及的一些知识拓展性书籍外，加深对教学内容的理解，主要依靠当时流行的一个阅读习惯，就是阅读大量的中外文学名著，这个习惯对于我们拓宽视野、开阔眼界，提高思想素质和道德修养的作用是直接而显著的。那时图书馆阅览室的位置永远是紧张的，我们经常轮流去抢位置。吃完饭几乎没有人待在宿舍里，去处自然是阅览室。在这种浓厚的学习氛围下，同学们的学习成绩也自然不错。图书馆的各种中外名著非常紧俏，要排队预约。记得那个时候，我们寝室住了7个人，晚自习回来，大家谈的都是一些政论书籍和文学名著读后感，议论的都是一些理论问题。我们在大量涉猎不断更新的知识中完善自己，在广泛的交流中提升自己，我们对求知的态度用"如饥似渴"这几个字来形容一点都不为过。那时的大学生活简单而纯真，同学们的学习目的只有一个，那就是求知，没有什么功利性的动机。我们的一切求知方式，除了课堂教育之外，都是自觉的学习行为，没有人给我们提出要求，更没有人监督。我们的世界观、人生观和价值观，就是在正常的课堂教育和大量的阅读求知中树立起来的，我们从单纯关心个人的前途发展转向把个人的命运与国家和社会的发展紧密结合起来，进而树立起强烈的社会责任感和历史使命感。充实强大自己，为"四化"建设作贡献，是我们当时的人生目标。这绝不是口是心非的口号，而是我们当时的奋斗动力。我们崇尚理想，崇尚信仰，认为祖国培养了我们，我们就应该服从祖国的需要。记得当时在讨论老山前线战事时，同学们都是那样激情澎湃，不少同学表示在祖国需要时会毫不犹豫地走向前线。虽然这只是一个闲谈的话题，但也从某一个侧面反映了我们这一代大学生的思想境界。

记得那时商品经济的大潮还没有荡涤大学校园，所以，校园如同一片净土，非常安宁。同学们的思想也很单纯澄澈，大家之间的交往也很真诚友善，虽然那个时候的物质条件没有现在这样丰富，但大家的精神生活却很充实。我们全班40多个人就可以组织一台像样的文艺晚会，虽然班上的文艺人才不多，但大家的集体荣誉感很强，总是想方设法聘请外面的教练进行文艺节目的排练，当然那个时候的教练不需要付报酬，负责接送就行。演出没有音响设备，我们就用一支笛子配合拍桌子，完成了一段舞蹈表演的伴奏。虽然物质条件有限，但我们每个人都会交班费，当我翻开当时的班费支出记录时，上面显示1987年，我们班组织的一场有系领导和任课老师以及全班同学参加的元旦晚会总支出仅为226.5元，但晚会会场的布置却很隆重，晚会的内容也很丰富，师生们都玩得很开心。院系组织的演讲比赛、歌咏比赛等全校性活动，我们班都积极派出强有力的队伍参赛，并取得了较好成绩。此外，我们班还是一个体育强班。全班48位学生中，参加全校田径运动会的运动员就有25人，我们班有院系足球队中的守门员和前锋主力，还可以单独组织一支足球队和市县的中学老师们开展友谊赛。我们甚至为了补充班级活动经费，自主在校内开展勤工俭学。当然，这一切都是靠全班同学较高的思想素质所表现出来的强大凝聚力和团队意识来支撑的。

大学期间，最让我难忘的是大学生活对我个人能力的培养和提升。四年的大学生活，我有幸成为班长，这给我搭建了一个提升组织能力和社会实践能力的良好平台，主持每周一次的班会使我在短时间内语言表达能力得到迅速提升；参加演讲比赛、歌咏比赛等活动锻炼了我参与群体活动时的定力和从容；组织各种班级活动，极大地提升了自身的统筹协调能力和处理复杂问题的能力。班干部的工作在表面看来就是服务同学的一项工作，却使我收获了宝贵的人生财富，并受益终身。

在完成大学四年的学习任务后，我毅然决然地选择到最艰苦的地方干事创业。一个基本的认识是，越是艰苦的地方越能锻炼人。在填报毕业志愿的时候，我填报的三项志愿都是果洛。在毕业典礼上听到院长点名称赞我的这种行为时，我感到无比光荣，临别我也留下了"为母校争光"的誓言。"时代的列车，奔腾的巨浪，带我们走向建设的前方"，同样唱着这首歌，我们豪情满怀地走出校园奔赴社会。当时，"成就一番事业，体现人生价值"就是我们的人生理想。严格地说，在走向社会的几十年里，我并没有实现"为母校争光"的诺言，但我在政治上严格要求自己，思想上积极上进，工作上尽心尽力，在组织的培养下茁壮成长，为地方经济发展和社会进步作出了应有的贡献，至少没有给母校丢脸。因此，不论在什么情况下，我都能理直气壮地说"我是青海民院的学生"。

有人说大学是人生的黄金时代，回想起那个年代的大学生活，我们没有辜负那个宝贵的人生成长的黄金时期，我们充分利用了学校所提供的各种学习资源，无比珍惜求学的每一分每一秒，竭尽所能通过各种方式汲取知识的营养，增强独立思考的能力，促使自己形成正确的思想观念，全方位地充实和完善自己，为以后的人生发展奠定了良好的基础。因此可以说，大学是成就人生的基础平台，珍惜了大学生活，你就拥有了创造精彩人生的可能。如果说人生是一本书，那么大学生活便是书中最美丽的彩页；如果说人生是一台戏，那么大学生活便是戏中最精彩的一幕。在大学，你获得的不仅仅是知识的丰盈和能力的提升，更是人生最宝贵的一笔财富。大学是追求梦想的起点，是一幅空白画卷，等着你用智慧和双手描绘属于自己的七彩青春。追寻梦想的过程是苦涩的，需要艰辛的付出和不懈地努力，但只有经过磨砺的人生才会拥有丰富的内涵，只有舞动思想和知识的翅膀，才能在人生的海洋里自由翱翔。

乔华藏，男，藏族，中共党员，生于1962年8月，青海互助人，1988年毕业于青海民族学院政治系。

怀念那曾经逝去的岁月

周恩明

江河源头，悠悠学府，青藏高原开华章。进入21世纪以来，作为新中国成立的第一所民族院校和青藏高原上的第一所高等学校，青海民族大学带着党和国家赋予的特殊使命，抢抓机遇、与时俱进，实现了跨越式发展，取得了辉煌且显著的成绩，而我作为一名教职员工，有幸参与其中，并在这里度过了幸福且充实的教育生涯。今年，我光荣地退休了，作为一名热爱民大的老教师，我会经常回学校看看，一如既往地关心、支持学校的改革发展。每个人的成长都不是一蹴而就的，那些读过的书、走过的路、遇见的人以及看过的风景，都会带来收获和感悟。回顾在民大工作的几十年，拼搏与收获同行，欢笑与感恩同在，那些逝去的难忘岁月，时常在脑海中回荡，在眼前浮现。

38年前，22岁的我正值青春年华，从西安体育学院毕业后分配到了青海师范高等专科学校（后面称为"师专"），并在那儿工作了18年。当时校址在西宁市城东区八一路72号（曹家寨湟水河南岸），占地120亩左右，即现在的青海民族大学西昆校区。

1984年7月中旬，当我来校报到时，正好学校放暑假，接待我的是值班老师潘伟和人事处的丁玉兰老师，随后，我又去见了体育教研室主任刘克彪老师。学校给我的第一印象是：大门口的两棵大榆树枝繁叶茂、苍劲挺拔，校园环境优美、绿树成荫，校舍整洁雅致、温馨舒适。一进校门，迎接我们的是一条笔直的短马路，马路两边各有一处砖砌成的小花园，旁边的树木参天耸立。马路以北约20米处，是一个砖砌圆形的花园，每逢春夏之交，花园里牡丹盛开，阵阵芳香扑鼻而来，师生在此处合影留念的很多。花园后面是两层的红色办公楼，还有部分校领导在家属楼办公。那时学校条件较差，冬天没暖气，天一冷就要安装煤球炉。

记得当时的师专有中文系、政教系、英语系、数学系、物理系、化学系等，在校学生五六百人，教职工两百余人。时至今日，依然能想起的老中青教师有王迹、郭增芳、王宗、严定国、杨世杰、张永成、孔庆尊、巩启中等。时光远去，有些人已离世或已进入耄耋之年，目前可能都已退休了。这些老师不仅德才兼备，教学经验丰富，还多才多艺、一专多能。他们满腔热血、文采飞扬，更是经历过漫长而特殊的时代磨炼，他们就是我们心中的楷模。现在，我依然清楚地记得陈泽老师，他虽满脸沧桑、身体瘦弱，甚至左眼失明，但目光充满了坚毅，精神极为矍铄。

那时我在校团委工作，时常因学生活动与陈泽老师联系。记得有一次要参加在青海电视台举办的大学生歌咏比赛，同时进行现场节目录制。由于时间紧，在前期排练准备时，我就想请陈泽老师手风琴伴奏。当时陈泽老师的教学任务繁重，又担任中层领导干部，我怕他工作忙可能不答应，但是一见面跟他说明情况后，他就愉快地答应了。后来才知道，我们演出合唱队里有很多是他教过的学生，参加演出的事他早就知道了。他说："学生的事就是老师的事，再忙也要为了学生。"陈泽先生就是这样一位德高望重、为人宽厚、尊崇仁义的长者，他的谦和，他的风度，时至今日仍历历在目。老教师们对学校厚爱非常，对学生开展的活动常常给予无私的帮助和指导，每每想起都令我深受感动，这种诲人不倦的精神，实在是令人感佩之至！我永远感恩他们。

在学校和老师的用心培养下，出现了很多优秀的学生，如"全国教书育人楷模"杨毛吉，他们毕业后心怀梦想、扎根基层，在教育园地栉风沐雨、辛勤耕耘，为基层教育事业的发展奉献了青春和力量。

后来，随着改革开放的不断深入，全国高校纷纷调结构、扩规模、稳增长、快发展，在省委省政府的安排部署下，2001年，青海师范高等专科学校并入了青海民族学院，使民院的办学空间得到了拓展，办学规模进一步扩大。因此，我在民院又工作了20年，成了学校建设的参与者和发展的见证人。

两校合并后，根据组织安排，我先是到外语系工作，后来又调整到体育系工作，重归老本行。2007年，学校派我去广州观摩全国第九届大学生运动会。2011年下半年又派我到天津大学体育部挂职学习，让我对大学体育有了新的认识。学校很重视体育工作，组建代表队参加各类比赛并喜获佳绩，同时提出了"走出去，请进来"的建设思路，聘请上海体育学院刘兵教授为"昆仑学者"。在刘兵教授的帮助下，我们连续四年派出赛自华、王海林、张海靖、殷生宝四位老师到上海体育学院进修，教师的科研能力得到进一步提高。我带着逯克胜教授、殷生宝教授参加全国学术会议，选派冯云、李增民、夏宏三位教师出国出境参加学术会议和培训学习，开阔了眼界、提升了能力。李增民教授、逯克胜教授、殷生宝教授相继成功申报国家社科基金项目。2017年冯云教授被评为全国体育先进工作者，在天津第十三届全国体育运动会上受到了习近平总书记的亲切接见。

2009年4月15日的那一天，学校举行了隆重的青海民族学院更名为青海民族大学大会，实现了几代民大人的夙愿。当日，晴空万里、春意盎然。民大人聚集在东序校区运动场，主席台高朋满座，全体师生盛装坐在运动场人工草坪上，共同见证学校这一"高光时刻"。从此，青海民族大学站在了新的历史起点，师生精神面貌焕然一新，学校各项事业呈现出无限生机与活力，许多重点工作取得了历史性突破。

2019年7月，组织上将我调整到工会担任常务副主席。根据学校安排，校工会以模范职工之家建设为载体，精心组织开展了丰富多彩的文体活动，积极参与校园疫情防控，代表学校关心关爱教职工，为他们发放生日蛋糕、结婚生育补助等，热心暖心的举措不仅营造了干事创业的良好氛围，还获得了教职工的认可与好评，充分发挥了工会"桥梁纽带、帮助服务、参与促进、活跃凝聚"的作用。

记得有一次我在接待中组部博士团来校调研考察时，其中一位带队的清华大学博士在座谈会上说："前面我们看了青海大学、青海师范大学，我感觉最有底蕴的大学是青海民族大学。"我听了满脸自豪，是的，我是民大人。

一路走来，我见证了校领导一棒接一棒的踔厉奋斗，见证了为民院艰苦奋斗的一批优秀中层干部，见证了一代年轻干部的砥砺成长，还见证了一大批青年学者成长为专家教授、学科带头人……

一路走来，我目睹了这所与新中国同龄的高原学府已成为一所现代化生态园林式学府，目睹了学校在学科建设、人才培养、科学研究、基本建设等方面取得的显著成绩，目睹了一批批优秀学子满怀热情投身到祖国的建设中，目睹了学校的社会影响力和美誉度不断攀升……

70多年来，青海民族大学走过了艰难而曲折的特殊历程，然而，无论办学道路多么艰难、办学环境多么艰苦，在党的坚强领导下，学校始终坚守信念、薪火相传、牢记使命、担当责任，形成了独具特色的办学理念和大学文化。学校的光辉历史一直激励着我，学校的坎坷经历也始终感染着我，让我从中收获了坚定不移的信念和感恩奋进的力量。

我有一首诗《你鼓舞了我》是这样开始的：每当我心情低落，我的灵魂如此疲惫／每当麻烦接踵而来，我的内心苦不堪言／然后，我会在这里静静地等待／直到你出现陪我坐在一起。／有你的鼓励，所以我能攀上高山／有你的鼓励，所以我能横渡狂风暴雨的大海。／当依靠着你时，我是如此坚强……／因为你的鼓舞……让我超越了自己。

如今青海民族大学翻开了崭新的一页。习近平总书记曾两次视察青海，提出了青海发展的新理念。就这样，我们亲爱的民大处于难得的发展战略机遇期，她牢记习近平总书记的殷殷嘱托，不断铸牢中华民族共同体意识，持续培养来自民族地区、服务民族地区的各民族人才，她还将进一步展翅高翔、大展宏图，为全面建设社会主义现代化国家、全面推进中华民族伟大复兴的青海篇章作出民大贡献。

东风浩荡满目春，踔厉奋发正当时！只愿深深眷恋的青海民族大学在党的二十大精神的指引下，自信自强、守正创新，踔厉奋发、勇毅前行，迈着铿锵有力的步伐前进，扬帆远航续写新的辉煌。

周恩明，男，汉族，中共党员。曾任青海民族大学工会常务副主席等职。

母校是我成才的摇篮

荣增举

想起母校,恩师的教诲,同窗的友谊,美好而短暂的大学生活,有些记忆仍然历历在目;谈起母校,难以忘怀在母校工作中,领导的栽培和同事的助力;写起母校,有说不明的工作情怀,也有道不完的育人故事,还有自己成才的喜悦。基于校报栏目的需求,那些在母校学习和工作中,对我影响最为深刻的难忘记忆便如潮水般浮现在我的脑海,往事鲜活如初。

带工资上大学

报到的第一天,我和张生庆一同住进西一楼二层宿舍楼套间里间的下铺,每间六人铺,室内摆放着一张长桌子,四把木制方凳。他是甘德县畜牧局的干部,我是来自全国人均收入超万元、平均海拔4500米,以及全县人口不足万人的玛多县委机要室的干部。下午,我和张生庆漫步在校园周边的人行道上,一边张望着曹家寨农民种的一片接一片的绿油油蔬菜,一边交流着各自的工作,畅谈上大学的想法,以及未来的志向。晚上,我们自带饭盒前往教工食堂排队打饭,食堂供应的有面条和炒菜,我俩吃的是炸酱面,味道确实不错。

谈起大学生活,第一个想到的就是李建军老师,他是我们政治系1986级干部大专班的第一任班主任。他年轻开化、活泼开朗,在学生管理上强调自我管理、自我教育、自我服务。他也是我们《世界近代史》课的老师,对于近代历史的人物、事件、年代等内容都非常熟悉,上课严谨认真、一丝不苟。虽年龄长我几岁,比年龄较大同学小20岁,但是大家都非常尊敬他。第二任班主任是朱永馨老师,当时系党总支书记是马昌英老师,在调整班主任时介绍道:"朱老师是学校的优秀班主任,'党史'教研室的骨干,是学生受欢迎的好老师。"为带好我们班,《中共党史》第二学期的课也调整由他讲,党支部书记也由他亲自兼任。朱老师最大的特点，一是认真，二是细心，三是用心。在班级管理上，他对我们的思想、学习、工作和生活情况了如指掌，恰适进行个别谈话或思想交流。对我们学生党员要求更为严格，尤其在出早操、早晚自习上，强调要发挥带头作用。他上课时，中共党史与毛泽东思想相结合，时常朗诵《毛泽东选集》的相关章节，要求我们买《毛泽东选集》，精读《中国革命和中国共产党》等重要文章。《中共党史》课第一学期是孙欲声老师主讲的，他的教学风格深受大家的好评。上课前，他先在黑板上默写名人名言，讲一段励志的故事，然后再正式开讲。他的讲课特点是宏观、系统、信息量大，比如在讲鸦片战争时，系统阐释鸦片战争为何是近代史的开端，也用事例诠释林则徐为何是放眼看世界的第一人；在讲五四运动时，既谈青年爱国运动的来龙去脉，又讲其历史意义和现实意义。同时，讲前沿的问题比较客观和理性。南文渊也是我们班最受欢迎的老师之一。他讲授的课程是《科学社会主义》，印象中没有教材，他便以专题的形式，既讲授马克思科学社会主义方法论，还大量介绍日本等国家经济社会科学发展的趋势、特征，听得最过瘾的是他自身对于促进我国政治经济社会发展的相关问题的深入思考。课后，他与我们交流的也很多，既了解我们的工作，也鼓励我们的学业。期末考试是开卷，针对性强，要求也高，每人要提交一篇实地调查报告。我至今对此调查报告记忆犹新，即《玛多县草场退化问题的调查——以草原站推广人工种草为例》，毕业后，又进行了补充和修改，后被玛多县委宣传部《工作通讯》采用。南老师倡导的行动研究，可以说使我终身受益。对于陈志强老师，我的印象也是深刻的。第一次接触是在校园内的象棋摊上，我还有朱鹏、高明森等同学，与他对垒三盘，都被他杀得片甲不留。同时，从小喜欢理科的我，对他讲的《形式逻辑》课特别感兴趣，所以，每次都是作业完成快，考试成绩优。

《写作》课上，张世俊老师讲到动情之处，或者有磅礴大气之势时，总会将范文抑扬顿挫地一口气背诵下来，比如，在讲解毛泽东同志亲自撰写的《人民解放军占领南京》新闻通讯稿件的写作时，就是这样的。他时常来我们班，与大家一起上早自习，有时批改我们的作业，有时与我们交流如何提高公文写作能力的问题。在母校学习期间，我利用课余时间阅读了图书馆里的一些文学书籍，还买了当时最热门的书籍进行阅读，如《随想录》《改革与新思维》《后工业社会的来临》等，并认真研读了《毛泽东传》《资本论》等相关专业书籍，同时印象较深的就是聆听朱永馨、李宁宁等老师们的精彩讲座了。每次聆听朱老师的西路军专题讲座，我们班同学是最积极的，大家自带小板凳，早早抢占学校小礼堂的最佳位置。他的讲座精彩纷呈，对于西路军的时代背景交代得十分清楚，既有世界格局的讲解，又有中共面临生存抉择的深度分析，更为精彩的是他对于西路军女战士留存在青海以及她们生活状况的介绍，既有具体翔实的资料辅证，也有生活场景等照片的展示。李宁宁老师关于弗洛伊德的专题讲座，他对梦的解析、儿童性的启蒙等内容的讲解都让大家兴趣盎然，学校小礼堂的每场讲座都座无虚席。总之，短短两年的大学生活，在我心中留下了许多珍贵的记忆，不仅汲取了许多有益的知识，也坚定了我执着追求、勇于进取的信心。

榜样的力量具有潜移默化性

又是九月丰收的季节，我回到母校的预科办公室工作。曾经和现在的预科都是辉煌的，20世纪60年代、80年代预科毕业生是包分配工作，现在是全省大预科，而我工作的五年期间是低落转型期。回忆当时的工作情景，好似去年播放的电视剧《突围》中的一句台词："哥，您指哪儿，我就打哪儿。"然而，对我帮助最大的莫过于编写《预科信息》，草拟各类报告以及较为重要的稿件，加之石国正老师都要逐字逐句地认真修改，这令我受益匪浅。

1995年底，我又到了新的工作岗位。有一段时期，党委组织部领导空缺，学校党委班子的选举工作、党建工作的典型材料等都由我负责草拟。校党委书记邵德山同志对我草拟的稿件，经常召集宣传部昝登龙、穆殿春部长进行"会诊"，有时党委副书记赵世忠同志也来参加。他总是笑着说："'三个臭皮匠，顶个诸葛亮'，来，听听小荣的汇报，大家提出修改的意见和建议，好让他再完善。"邵书记语重心长地对我说："你要提高理论水平，仅凭自己的小脑瓜，写出来的材料是不行的。"我从一次又一次的"会诊"中，懂得理论学习的重要性，掌握了公文写作的一些方法。郑明辉同志是我们的部领导，部里重要的材料或者政策性强的文件他都自己动手撰写，对于我们草拟的文件，也是认真把关，从不懈怠。同时，他善于挖掘部下的潜能，在基层党组织建设、干部年度考核中，率先运用量化考核方法，尤其是在发展学生党员时，结合我校学生的实际推行量化考核，并以考核结果确定入党积极分子的名单。比如，对于青海籍生源学习成绩的量化，不以班级人数来计算，而是以班级青海籍学生人数的比例来核定，使积极上进的少数民族学生被吸收到党员队伍中，在学校党组织的大熔炉内得到进一步的历练和成长。在"三讲"教育活动期间，工作小组分工不分家，成员间互相帮助，大家一起加班加点，尤其是加班至夜间加餐时，总是他掏钱，从不让下属买单，更别说用公款吃饭了。

现在回忆起来，我所遇到的领导的思想品质和工作作风，至少有两点影响了我：一是工作中充分发挥团队的力量，二是廉洁自律能守住底线。在社科部、政治学院、文学院负责行政和学生、党建工作中，无论是院系党总支、党支部、学生班级获得省教工委先进集体，还是团总支、团支部、大学生社团被团省委授予荣誉称号，都与思政干部的共同努力是分不开的。在办自学考试班、中小学思政师资培训班时，有徐世和主任的带领，有张光军、杨虎得、米永存同志的协作，还有李加才旦、张兴权、苏雪芹、马文祥、谢天山、景朝明等老师的助力，通过近200万元的创收，及时弥补了教师福利和专业教学资金的不足。更为值得肯定的是，我在创办青海天泽社会工作服务中心这一省级社会组织机构时，得到了社工专业教研室老师的无私奉献，在申报近300万元中央和省级财政购买社工服务示范项目的过程中，我和袁金霞、徐世栋、朱韶晖等老师与我们社工班的毕业学生，也就是机构中心主任全永亮同学等一道，深入城乡社区调查研究并讨论服务对象的需求、设计具体目标、策划服务内容、评估过程和预算经费支出等项目申请书的内容。在项目获批后，我们主动承担督导任务，从而使农牧区和城乡结合部的留守老人、留守妇女的社工关爱帮扶服务项目取得了长足的进步，尤其是留守困境儿童社工关爱帮扶服务项目，既赢得了服务对象的好评，又得到了当地政府的认可，更提高了青海民族大学的声誉。同时，为社工专业学生的实习提供了良好的实训场景，也为社会工作和政治学与行政学、思想政治教育、汉语言文学等专业学生提供了志愿服务的机会，既提高了学生的综合能力，又解决了他们上大学的部分费用。在我辞去中心理事长时，为机构留下了近20万元的节余资金，为青海天泽社工中心的良性发展奠定了基础。

从职员成长为教授

2000年7月，我被提拔为社科部直属党支部副书记。社科部没有学生，主要承担全校"两课"教学任务。年轻的我开始步入老师的角色，也成为毛泽东思想概论教研室的一名教师。为了讲好课，我认真聆听徐世和老师讲的每一节课，精读了《思想政治教育》期刊中关于如何讲好毛泽东思想概论课的专题文章，还认真研读了胡绳的《从鸦片战争到五四运动》，以及其他学者编写的《中国共产党简史》等相关著作。当时主管教学的副校长何峰一见我就问："你上的什么课？我要听你的课呀。"我便回答："我上的课是毛泽东思想概论。"他说："噢，上课不能毛毛躁躁，我要听你的课。"在领导们的督促下，经过自己的努力，再加上在母校学习期间的积淀，讲课这个关总算过了。同时，何峰副校长也是我们单位的联点领导，他不时地说："社科部没有专业不好，要想办法申报自己的专业。"2003年,由我负责申报的社会工作本科专业获批。因缺少师资,在领导们的支持下，我先后前往复旦大学、北京工业大学社会工作学系单科进修，较系统地学习了社会工作专业课程，这为我2015年晋升为社会工作教授奠定了良好的基础。

社会工作学科是一门既有社会学、管理学、心理学，又有政治学、生态学、生物学等相关理论的交叉学科，是特别注重实践性的学科。基于此，进修后，我在西宁市城中区上滨河路社区蹲点一个多月，开展本土性社区工作的调研，利用顶岗支教机会驻班玛县一个学期，进行寺院养老、民族教育等问题的田野调查，同时带社会工作和其他专业的学生进玉树、到黄南、去海南、走西宁和海东地区，开展社区服务和社区发展、机构和居家养老、青少年学习和就业等议题，还有涉藏地区生态移民、工程移民生计转型与发展，城中村失地农民养老等问题的实地调查，对农牧区留守困境人员的关爱帮扶和发展问题进行行动研究。行动研究，我的理解是集教学、研究、服务和反思为一体的由行动者研究的方法。对于我而言，可能与其他专业的教授最大的不同点在于服务社会，尤其是服务青海困难群体的社会工作专业化、职业化的服务。基于此，2015年我成为中国社会工作教育协会民族社会工作专业委员会副主任委员，2019年被推选为青海省社会工作协会会长。

对于高校社会工作专业老师而言，我有几点体会：一是教学与科研是一个问题的两个方面，缺一不可。社会工作是为弱势困难群体提供服务的专业，那么对人所处环境的分析，或者探索人与环境互动中出现的问题是专业化服务的前提条件，所以研究是为很好的教学积累素材，教学又是为学生系统地掌握解决问题而传授的理论知识和技能方法。二是培养党的人才和国家栋梁之材，"又红又专"是根本。但无论是"又红"还是"又专"，读无字之书和有字之书，同样重要。比如，我所发表的30篇学术论文，其中2011年发表在《社会工作》（学术版）上的《地震异地复课高中生需要——以玉树106名学生为例》论文，是与2009级社工班马永虎等7名同学，以及社工教研室的全体教师，组成玉树地震复课生陪伴团队，提供课后辅导、心理疏导、能力提升等社会工作专业化服务长达一个学期，此成果是由我与李莉娟老师、闫龙同学共同署名的，还有《社区老年日间照料中心存在的问题与对策——以青海西宁市为例》等论文，也是在学生的参与下完成的。出版编著3部，其中《民族地区社会工作——青海探索》中的实务部分，个案工作、小组工作、社区工作方法采用的案例，全部是我指导学生的实习案例，再由我们的教师加工修改而成的。主持省级以上的课题3项，其中，《青海老年社会工作研究》中的藏族地区老人需要，以及养老服务的政策实践部分的调查，也是有学生参与其中的成果。简言之，凡是参与社会实践的毕业学生，无论是考入党政系统的公务员，还是考入事业单位的职员，或是进入社会组织机构的负责人，他们都成为部门的好干部，单位和机构的优秀员工。三是学生对于专业的认可，需要老师的引导和精心培育。让学生在理念上认可较陌生的专业是有难度的，也是需要一定的过程。但是只要我们努力而认真地引导，或者我们的老师脚踏实地做出榜样，或者让学生在社会实践中感受到成功的喜悦，相信学生会喜欢上自己的专业的。比如，社会工作专业的学生考研问题，无论学校面向全国招生，还是本省招生，抑或是本省藏族民考民招生中，凡是进入社会工作专业的同学，入学时，有一半的同学不认可自己的专业，但是经过老师们的引导和自身的体验，在毕业时，每届班级的考研率最低的也有9%，最高的可能接近20%。这在全校除藏学院外，其他学院或专业可能是无法比拟的。

　　农历壬寅年正月，我收到一封贺信，里面写道：金牛昂首高歌去，玉虎迎春敛福来。值此2022新春佳节到来之际，教育部学位与研究生教育发展中心向您致以节日的问候！衷心感谢您对全国专业学位水平评估工作的大力支持，感谢您为推进专业学位高质量发展所作的贡献。它也许是对我长期以来钟情于社会工作专业教育的一种肯定吧，也是我在母校给予的平台上成长收获的一份认可。

　　最后，我以《青海民族大学赋》中的一句话："感世事移宫换羽，思伟业拓风开雨，培学子矫如腾龙，育佳士俊如游麟"，作为本文的结束语，衷心祝愿母校在新时代跻身于"双一流"大学之中。

　　荣增举，男，汉族，中共党员，教授，生于1962年，青海乐都人，1988年毕业于青海民族学院政治系。

倾注真情育英才　留有余香润自心

童成乾

2020年底，年近花甲的我依依不舍地告别讲台，离开了耕耘大半生的教育工作岗位。回想自己成长的路和平淡却充实的教育生涯，心中滋味可谓百感交集，其中不免对近40年的职业生涯带给自己的较为充实的精神生活感到满足。欣慰的是，专业的修炼使我能自然地接纳离岗之后的一切，也能像往常一样主动迎接人生新阶段的挑战。如今回首望去，分享感悟，吐露真情，心底里期望学校发展更上一层楼，也希望自己的未来常与健康和快乐相伴。

顺势顺水　心怀感恩

我的童年和少年虽然家境贫寒，但岁月留给我的是幸福和快乐。之后成长的历程再次证明我是时代的幸运儿。改革开放之初，各行各业百废俱兴，我国教育事业迎来新机，在高考升学竞争极为激烈的社会环境中，我顺利跨进了大学的门槛。当时考上的是师范学院，学的是学校教育专业。四年的学习享受到了国家对师范生给予的优惠政策，不仅不收学杂费和住宿费，而且每个月还有20余元的助学金，因此，家庭的贫困并没有给我的学习和生活带来任何困难。1985年大学毕业后，我被分配到青海师范专科学校工作，成为一名真正意义上的人民教师，并在该校工作了17个年头。2002年4月，青海师范专科学校实质性整合到青海民族学院(现为青海民族大学)，随后又在民院工作近20年后离开了自己热爱的工作岗位。工作期间，各级领导的深切关怀，前辈和同事们的真诚相助，一批批学生的勤学奋进，使自己在温暖和谐的环境中不断成长，工作能力逐步提升，生活条件不断改善，随之得到了一名普通教师被领导肯定、同事认可、学生信任的各种福报，稳步地走过了自己的职业生涯，最终又回归到平淡的生活当中。这一切，由衷地感谢党和国家的好政策创造了几十年的和平环境，让我们这一代人可以安居乐业，投身于自己热爱的工作和事业。

尽职尽责　倾注真情

　　自古以来，教师肩负着重要的社会责任和历史使命，通过教书育人的工作培养各级各类合格人才，传播社会思想和创造社会价值，传承人类优秀文化和社会文明，其劳动成果影响着青少年的心灵，事关年轻一代的未来和千家万户的幸福。身为教师，由于职业本身的特点和岗位职责要求，必须以高度的责任感和强烈的工作热情教好学生。参加工作后，我带着内心的朴实、善良和纯真，以主动积极的工作态度和诚实友善的处事风格，虚心向老教师学习，向身边的优秀教师看齐，并且善于躬身于学生，不断学习专业知识，积累教学经验，干一行爱一行，尽最大努力干好自己的本职工作。由于自己的真诚和踏实，深得教研室5位老教师教学上的帮助和生活上的关爱，深感"小家庭"的温暖。不幸的是，参加工作后的四五年时间里，三位老教师相继去世，两位先后调离本地，我成了固守教研室的"老教师"。在这种工作环境中，完成6个教学系的心理学和教育学教学任务遇到很大的困难。为了解决难题，我除了完成相应的教学任务之外，在学校主管部门的支持下，走东跑西，邀请师大、教育学院等教师助力我校的教学，最终度过了那个困难时期。随后，陆续入职的几名年轻教师和我并肩同行，不断进取，携手努力，短时间内站住了讲台，并且站稳了讲台，显现出教学团队的活力。师专整合到民院之后，我们在更宽广的工作空间里，上下齐心协力，开办了应用心理学专业，先后建立了基础实验室和应用心理实验室，同时整合3所学校的教师资源，在完成应用心理学专业教学任务的同时，承担全校教育专业的心理学和教育学课程的教学任务，兼顾社会工作、思想政治教育等专业相关课程的教学，并拓展到思想政治教育、教育学原理、学前教育、民族教育等专业硕士研究生的教学。

　　当业内人士问起"你的专业方向是什么"时，我总显窘迫和尴尬。在自己的教育教学生涯里，学校的需要以及学生的需求总是提前给我划定了工作方向和内容要求，很少按照个人愿望和兴趣爱好进行深入的思考和研究。37年的工作历程中，最初的十几年我承担师范教育各专业学生的心理学和教育学公共必修课教学任务。2006年之后，依照学校学科建设和专业发展的要求，先后承担了本科生普通心理学、社会心理学、心理咨询的理论与技术、人格心理学等专业主干课程的教学，兼之心理学、教育学、家庭教育学、中小学生心理辅导等公修和选修课程；承担思想政治教育和教育学专业硕士研究生的现代教育学、人格心理学专题、教育学原理、学前儿童的心理发展与教育等课程；兼任中国民主同盟青海民族大学支部主委、副主委10余年，并在校大学生心理健康教育中心工作10余年。与此同时，根据社会的需要，利用自己的专业优势，面向公务机关、科研机构、学校、部队、企业、监狱、农村宣讲心理健康，培训中小学教师，开展社会服务。在一切工作或活动中，本着初心，履行责任，倾注真情，尽我所能，努力做好每项工作，让自己的内心收获安宁和平衡。

团结合作　同舟共济

大半生的工作过程中，我不得不点赞我的团队，它是我人生难得的幸运和机缘。刚参加工作时，同一教研室的老教师们对我关心和照顾备至。他们经历了种种磨难和生活之艰辛，每个人都在"文革"以前或"文革"之中下放到中学，拨乱反正之后重新回到原工作岗位。对于刚刚大学毕业参加工作的我，几位前辈不论参加相关学术活动或各种研讨，还是开展课题调研，都会带着我一同参与。有位前辈在生命逝去的前几天还躺在病床上给我传授他的学习生涯和科研认识，这对我形成实事求是的科研态度产生了十分深刻的影响。在生活方面，他们对我更是倍加关心和照顾。那个时候我是单身，遇到周末或闲暇时间，前辈们常叫我到家中吃饭。由于他们的年纪和身体状况，每次遇到扛煤气罐、拉煤搬煤等体力活时，我也尽量跑在前面，帮他们做些力所能及的事情。这种小环境让我感受到了家庭般的温暖，领悟到做人和做学问的重要性。在他们的引导和行为影响下，我的专业能力得到了较快的提升，并在后续的工作中主动帮助和关心后入职的年轻教师，打造了一个不断进取、团结和谐的小团队。

进入21世纪后的20年里，教研室虽然年轻教师居多，但值得庆幸的是，我们小团队的活力、工作状态、教学效果和科研成果走在了同龄教师队伍的前列。老师们奋发向上、积极沟通、主动分担、互帮互助、团结协作的精神，不仅为学校教学质量的提高、影响力的提升添砖加瓦，也为教师自身业务能力的提升、专业水平的提高以及个人晋级升职带来了良好的效果。我本人虽然兼任教研室主任近20年，其教学效果、科研成果远不如同在一个教研室的年轻教师，但我始终为有这样一个团队而自豪，甚至大言不惭地炫耀自己"弱将手下有强兵"。如今，我虽然离开了自己的工作岗位，但我们之间的联系和沟通始终未减，这种亲密无间的同事关系，也成了我新环境中乐观生活的精神动力，使我的人生依然充满阳光。

值得一提的是，我是一名民盟盟员，在兼任基层支部负责人的十余年里，在民盟青海省委的带领下，和教育委员会的委员们一起组成团队，利用业余时间先后对我省中小学布局结构调整、农村义务教育、职业教育、高等教育、研究生教育、生态环境保护、精准扶贫等主题进行重点调研，形成的调研报告多次为省委、省政府的决策提供了有力的依据，充分体现了民主党派成员"出主意、想办法，做好事、做实事"和"帮忙不添乱"的初心。

流连忘返　寄予厚望

2021年新年伊始，学校人事处、师范学院党总支为我举行了感人的荣休欢送仪式，这一场别开生面的告别会，使我感慨万千，记忆犹新。不论是领导们充满关切的话语，还是同事们依依不舍、喜笑颜开的祝福，都让我深受感动、情难自已。说真的，我的一生从记事开始到离开工作岗位，几十年的生命历程中从未有过对生日的记忆。小时候由于家境贫寒，没有过生日的条件，家里的兄弟姐妹谁都没有享受过生日的待遇，哪怕是单独吃一碗可口的面条或者煮一个鸡蛋都不行。后来生活条件虽然不断好转，但过生日的念头总会被淡化。在以后的生活中，这种观念即便是孩子过生日，我也习惯于简单待之。然而，学校和学院为我举行的欢送仪式填补了我人生的缺憾，至今回想起来仍历历在目，感人心扉，让我永远在内心深处感谢学校、感激学院领导和我至亲至爱、同甘共苦、一同前行的同事们！

如今，我作为一名改革开放40多年来学校发展的见证人和发展成果的受益者，回味学校伴随着新时代伟大祖国的建设步伐，在发展中国特色社会主义的历史进程中，目睹和切身体验民大在专业发展、学科建设、师资队伍、教学条件、校园环境等方面产生的巨大变化，身为一名离岗教师，为之骄傲和自豪。即将落笔之时，衷心期望学校在党和政府的正确领导和大力支持下，办学实力和办学水平进一步提高，办学条件持续改善，教学管理和后勤服务不断优化，教学质量和成效稳步提升，校园环境更加美化，真正使学校成为人民满意的现代民族大学。

童成乾，男，汉族，生于1963年8月，青海乐都人。青海民族大学原师范学院心理学教授。

再忆民大
——湟水河边的母校

郑恒萍

前几天应邀来到了母校，只见菁菁校园生机盎然、书声琅琅，枝叶随风翩翩起舞，朵朵鲜花竞相绽放，让人不禁陶醉其中，也让我的思绪飘至34年前……1986年的秋天，20出头的我怀着无限的憧憬来到了母校，在这里畅想着美好的未来，追逐着五彩的青春。物换星移几度秋，而今再次置身于美丽的校园，一幕幕往事浮上心头。

我与母校的缘分

这几天西宁的雨绵绵不绝，在我的印象里好像只有江南，才有这样缠缠绵绵的阴雨。不同地方的雨，有不同的感受，也蕴含着不同的文化，而我就是在苏南的一座普通小城长大的。

在物资匮乏的年代，每一个人都是时代的烙印。记得我小时候，家家户户都在为每天的生计烦忧。我的母亲也是，经常为家里的一日三餐、柴米油盐发愁，拮据的生活让我自小便明白父母的辛劳和生活的不易。

在我上中学的时候，一周只能回家一次，带够一周的干粮再回学校学习。十几岁时，我一度想要放弃学业，因为我在家里排行老大，觉得有义务要为母亲分担家事，以免她过分操劳，甚至想好了辍学以后的人生规划。那段时间，我买了些养鸡的书籍，梦想着日后拥有一个自己的养鸡场，可以提前为父母分忧，扛起养家的担子。只是买了养鸡的书还没看上几天，我的中学老师就找到了我，并多次语重心长地劝我继续学习。他说我是一个很有潜质的女孩子，不应该在这样的年纪过早放弃学业，也许可以考上大学，改变自己的命运。老师的话虽然不多，但是每一个字都很有分量，也许在这儿就埋下了我与母校的缘分吧。虽然，这件事已过去了很多年，但当时的情景还是会在我的眼前浮现。

20世纪80年代，大概是三四十年前了，父亲为支援西北铁路建设，作出了一个改变我人生轨迹的决定——我们全家从苏南小城搬到了兰州，后来因为工作需要又定居青海。那时候的青海真的是风吹石头跑，地上树很少，生活条件很是艰苦。从此我的生命里有了大漠孤烟，长河落日；从此姑苏成昨日，西出阳关无故人。

1986年我参加了高考，以优异成绩考进了当时的青海师范高等专科学院（后合并到原青海民族学院），学的是物理专业，可我并不喜欢。于是，带着高中时代对物理的偏见找到了当时的班主任张玉凤老师，申请转到别的专业，没想到被她拒绝了。更没想到的是，物理在此后会成为我一生追求的事业，伴随至今。

物理是一门实用主义学科。上至导弹飞机火箭，下至日常生活起居，都无时无刻不蕴含着物理知识。只是说起物理这样理工科的学问，人们会下意识地想到头发蓬乱的男同学留着小胡子拿着粉笔写字的画面。说起20世纪80年代的女大学生，人们可能会想到一个捧着《红楼梦》的女青年哀叹贾宝玉和林黛玉之间的爱情故事的画面。很难想象，一个风华正茂的女大学生拿着工具修理各种电子设备，写着复杂的物理公式，并一直坚持了30余年……

人的命运可能就是在一念之间。如果当初没有人劝我，我不知道现在会是在哪里，可能早早蹉跎岁月，无知无觉地过了半生；也可能经营有策，发家致富。但我很庆幸，十几岁的年纪里选择了继续求学这条路，让我的生命变得厚重而丰富。

难忘的大学生活

在母校求学期间，我积极参加演讲比赛、辩论赛等各类校园文化生活，还担任学生会学习部长等职务，不论是专业学习还是参加各类活动，自己大学生活的每一天都过得丰盈充实。那个时候，我觉得我们的任课老师如冯克江、潘伟、张湘洁、白晓、韩亚兰等不仅知识渊博，而且都兢兢业业、认真严格。我尊敬崇拜他们，也想成为他们那样的人。在学习中，做物理实验是我最喜欢的事情，虽然每一次做实验之前，实验老师都要求我们做很多诸如撰写预习报告、画图之类的准备工作。我记得当时有一个组装晶体管收音机的实验，两个同学为一组，互相配合组装收音机。那场面那情景至今历历在目，由于焊接原件时太认真了，以至于衣服袖下不知何时被烙铁烫了两个洞都不知道。我们按照之前准备的实操步骤，经过一个星期仔细认真的焊烙，收音机终于组装成功了，经过调试，真的收到了青海人民广播电视台的节目，那种成就感真的是又激动又开心，让我真切体会到了物理专业的乐趣。后来，我把这个收音机作为毕业礼物送给了当时在青海省公安厅工作的伯伯，伯伯一直小心翼翼地保管着。30多年过去了，伯伯逢人还会骄傲地提起收音机的往事，据说到现在仍然能接收到三个调频。我还记得刚进校的第一个元旦，白晓老师让我们每人用编程制作一张明信片，我就做了一个熊猫打字的明信片。虽然编程很枯燥，但当自己的作品展现在面前的时候，却很有成就感，这也许就是学理科专业学生的幸福感。

那个时候，学校特别注重培养学生的综合素质，提高学生的实践能力，而且对学生开展了一系列思想政治教育活动，以增强服务社会、报效祖国的责任感和使命感。1988年的秋天，物理系大四的师兄师姐要出去实习，学校又从大三的学生中挑选了7名同学提前开展专业实践。考虑到部分同学听不懂地方话，学校还贴心地给每个小组安排了本地学生当翻译，就这样，我和我的同学们分别编排为水利调查组、社会实践组、教育走访组等来到了循化县的积石镇，主要开展水利资源和教育现状的调查。

20世纪80年代的循化，山川优美、风景宜人，河岸果实累累、花木葱郁，可是人们的生活条件却很艰苦。给我印象很深的是，当地的水利资源比较匮乏，虽然积石镇旁就是黄河，但河水浑浊，人们饮用水资源紧张。为了满足生活用水，当地村民每天早早地把水挑回家，等泥沙沉淀以后，上层的水当作饮用水，中间的水用来盥洗，最后沉淀的泥沙倒掉，我是第一次见到这种饮水方式。

我们到积石镇的第一天，镇上的广播就开始欢迎我们。当时还给我们发了粮票，到了用餐时间可以把粮票拿给村民，这样就可以解决吃饭的问题。村民们热情好客，拿出家里最好的食物招待我们，并坚决不收我们的粮票。我记得一个老伯对我们说："你们是大学生，有文化，有知识，同我们不一样。"他那质朴的语言、真诚的眼神，直到现在我都忘不了，我也在心里暗暗发誓，一定要学有所成。

有一次，一位种瓜的老伯说他的收音机坏了，收听不到节目了，让我们给看看。我检查了一下这台收音机，发现只是电池没电而已。于是到附近杂货店里买了新的电池，安上之后收音机便可以正常使用了。老伯高兴得一个劲儿感谢我，说是我把收音机修好的，还切开了很多西瓜让我们吃，特别的淳朴热情,想起那时的情景,我的心中就充满了感动。

实践期间,我发现当地农村对孩子的教育,尤其是女孩子的教育不够重视,家人不会主动送她们上学,认为女孩子早晚要嫁人,不需要读书识字。我曾经试着去劝说她们的父母,但被婉言谢绝了。社会实践结束后,我们结合整个实践过程的真实感受和所获资料撰写了一份实践调查报告,这份实践报告得到了学校的肯定和好评,并在学校社会实践总结大会上进行了交流,我也被评为优秀社会实践学员。

此次社会实践让我对青海有了更多的认识,对民族地区的教育也有了更深的了解。我也经历过贫穷,经历过饥饿,但不得不说我比那个时代的很多人都要幸运,因为我自小便接受了正规的教育。正是因为这样的幸运,我总觉得自己有更多的义务和责任去贡献自己的力量,去帮助那些远没有我幸运的人,或许我可以用我的力量让更多的人像我一样的幸运。

自那以后,我就有了一个淳朴的愿望——当一名人名教师,就像我十几岁的时候打算放弃读书时,把我重新带回校园的老师一样,正如母校里那些敬业奉献的恩师们那样,通过教书育人让孩子们的明天多一些色彩、多几分厚重、多几重选择。我希望通过自己的努力,让越来越多的孩子回到学校接受教育。

1989 年的那个元旦,是我们在母校过的最后一个节日了,同窗好友即将各奔前程,开辟新的人生征程。所以那天晚上,我们在一起包饺子,每个人都把自己最深的祝福和最不舍的情意包在了这个小小的饺子里,大家一边幸福地吃着不同形状的饺子,一边回忆那美好而又难忘的大学生活。饭后,同学们在湟水河边或吟诗诵词,或放声高歌,以表达最真挚的同窗情谊和最难忘的大学生活,即便性格内向的同学在那天也说了很多伤离别的话。我们的任课老师也强忍眼泪,依依惜别。直到现在,那个元旦的聚会情景仍然历历在目,每每想起,心中就充满了对母校的无限热爱和对恩师同窗的无限怀恋。

充实的育人生涯

毕业以后,我坚定地选择了物理教师这个职业。1989 年,我被分配到德令哈铁路中学任教。后来由于局部调整,2004 年,我被选调到德令哈市第一中学任教,这一干就是 12 年。2015 年,海西州高级中学成立,我又调到海西州高级中学任教,直到今年 4 月份退休。

德令哈蒙古语是"金色的世界",是海西州政府所在地,是海西州政治、教育和科技的中心，内有柏树山、黑石山水库、外星人遗址、怀头他拉岩画、"褡裢湖"等知名景点，还有享有天空之镜之称的茶卡盐湖，可是当地的师资力量和教学资源却不能和内地相提并论。那里的孩子非常热爱学习，时时处处充满着对知识的渴求，并取得了优异的成绩。记得我所带的物理课外兴趣小组在青海省第 26 届科技创新比赛中分获一等奖和三等奖，在第 28 届青海省科技创新比赛中获得优秀社会实践奖。还有许多孩子凭着自己的努力考进了浙江大学、中国科技大学、南京大学、北京理工大学等双一流学校。他们用自己的不懈努力改变了人生的命运，走出了德令哈，走出了青海，走向了自己向往的地方。

我热爱教育，喜欢和充满活力的学生在一起。他们取得的每一份成绩，我都发自内心地祝贺他、鼓励他，并以他们为荣。现在的我虽然退休了，但我依然发挥余热，给有需要的学生开展课业辅导。因为我知道，是他们让我在那简单而又充实的育人生涯中感受了爱的真谛，体会了教师的快乐。

在我的教学生涯中，我常常思考到底什么是教育。通过 30 多年的从教生涯，我觉得教育就是一份爱的事业，没有爱心便不能施以教育，因为爱心是连接师生的桥梁和纽带，是学生敞开心扉的金钥匙，是教育的润滑剂、催化剂和黏合剂。我觉得，一位优秀的教师，她的一个眼神、一个动作便能春风化雨般地影响学生，所以，我一直是这样想的，也是这样做的。能作为一名人民教师，我由衷地感到幸福和幸运。

为了使自己更上一层楼，我自费订了许多物理教学杂志和参考书，时时不忘给自己"充电"，并利用假期休息的时间，前往华东师范大学和北京师范大学学习，回来后把自己的心得和感受跟同事们分享交流。30 多年的教学生涯，我前后多次被评为海西州优秀共产党员、德令哈市优秀教师、海西州"十佳班主任"、海西州"学科带头人"、"青海省骨干教师"、"全国模范教师"、"全国中小学优秀班主任"等，并被选为青海省第十三次党代会代表，2019 年还作为教育界的代表参加了中华人民共和国成立 70 周年的国庆观礼活动……这每一份荣誉的背后，都与母校的悉心培养是分不开的。

记得 50 周年校庆的时候，母校给校友们发了邀请函。我与昔日的同窗和师长亲手为学校缝制了一面锦旗。当我们毕业 17 年聚会又一次回到母校时，母校发生了很大的变化。曾经的班主任带我们重游了校园，并向我们介绍了母校发展的点点滴滴。校园里的学子们依然风华正茂，挥斥方遒，就像当年的我们一样，豪情万丈，激情满怀。每次想起母校，我都充满了感恩和怀念之情，感谢母校给了我成长的翅膀，让我可以自由自在地翱翔；感谢母校给了我实现梦想的力量，让我可以追逐并实现自己的教师梦；感谢母校改变了我的命运，让我的生命丰盈充实、无怨无悔。不论我今后走到哪里，母校永远是我的精神支柱，是我的动力来源，是我最心安的家园。

郑恒萍，女，汉族，生于1968年9月，江苏沛县人，1989年毕业于青海师范专科学校物理专业。

岁月深处的记忆
——在青海民族大学学习生活侧记

张永平

早春三月，人勤春早。青海西宁正是万木葳蕤、百花含苞待放的美好季节，青海民大党委宣传部的苏部长打来了电话，送来了母校老师对学子的问候。她亲切问询我现在的工作生活情况，多么熟悉的声音，多么温暖的话语，母校的关怀瞬间让我心潮澎湃、百感交集，那一刻，我居然有些情绪上的慌乱和失语的感觉，过往的点点滴滴涌上心头，母校的一草一木、恩师的谆谆教诲、同学的深厚情谊仿佛就在昨日，此时此刻，我才真正相信了岁月不老这句话，一切显得匆匆忙忙，一切又显得从容不迫，生活从来没有亏待我们，只要足够努力，诗和远方永远等待着辛勤耕耘的人们。

一

20多年前的9月，那是一个收获的季节，我从西宁大通的一个山沟里走出来，脸上写着稚嫩和羞涩，背着简陋的行囊，在父亲的带领下走进了青海民大的校园。一进校门，我立刻被富有民族特色的教学楼、一排排修剪齐整的树木、姹紫嫣红的花朵、干净整洁的宿舍区、待人友善的教授、活泼可爱的同学感染到了，我暗下决心，一定要把所有的时间用到学习与思考上，不辜负家人的期盼和老师的培养，争取成为一个对社会有用的人。忙碌的学习生活让人充实而自信，无论走到哪里，我都牢记母校的教诲。那时候条件相对艰苦，学校每个月补助几十元的伙食费，家里补贴30元左右的零花钱，条件好的同学也不超过一百元。由于没有手机，同学们联系家人要到电话亭或邮局打电话，收到邮寄的生活费，还要跑到很远的邮局取钱。衣服被子全都自己洗，周末的宿舍楼窗外晒满了衣服、被子，有风刮过的时候，如同飘扬的旗子。大多数时间，尤其到了周末，同学们基本上都去图书馆看书，并且早早去抢座位。记得有一位年龄稍大的女老师像慈祥的母亲，默默守护着大家，令人印象深刻。四年的大学生活，磨炼了我的意志，丰富了我的生活，大三时我还当上了班干部，加入了党组织，理想信念更加坚定。除了完成基础学业，我还阅读了大量的经典著作和学术期刊、文学杂志、各类报刊，为今后的工作打下了良好的逻辑思维和文字功底，也汲取了许多宝贵的人生经验。我学的是汉语言文学专业，有一次，教授古典文学的彭书麟老师组织大家讨论《红楼梦》中的林黛玉和薛宝钗人物形象，男女同学分成对立两面激烈争论，面红耳赤，难分高下，韩立彦同学还激动地哭了，她说："我就是喜欢林黛玉。"可惜，像林黛玉一样，她的命运多舛，英年早逝，在同学心中留下了永远的伤痛。在学习钱钟书《围城》时，我记住了一句话：城里的人想出去，城外的人想进来。当时不太理解，现在完全理解了其内涵，文本虽然指向爱情方面，但与生活息息相关，那就是无论是谁，都要坚守自己内心世界的独立性，生活不易，要好好珍惜当下。记得有次我在体育课上踢足球时嘴唇受伤，班主任找了一些治疗的药，他的爱人还熬了小米粥、蒸了白馒头让我吃，所以伤口恢复很快。就这样，爱心陪伴我成长，也让我对他人多了一份爱心。

马钧老师满腹经纶，他的文学理论课广受学生欢迎，无论开办讲座，还是课堂教学，都有大批粉丝追随，没有人打瞌睡，大家积极参与讨论、发表意见，每一堂课都收获满满，尤其是国内外的前沿文学理论让人如饥似渴。他还组织大家捐出自己的藏书，在校园里让同学们轮流借阅，共享全民阅读之美。由于教授们的悉心培养，毕业之际，已有七八位同学在省内外报刊发表文章。在全院开展的《平凡的世界》书评活动中，我们班有三人获奖，我是其中之一。多年以后，我在陕西西安工作，有机会去延川县路遥故居参观，时空转换，心绪难平，无论是生活本身，还是文学启迪，我都深深地感受到苦难对于青年人成长的磨砺是必不可少的。有的同学研究民族文化小有成就，有的同学也借此走上了心仪的工作岗位，如今在省、县级广播电视台，市级宣传部，省、州级报社，三江之源的广大教育战线，省市县行政、企事业单位等都有昔日同学忙碌的影子，大家几十年如一日默默无闻地做着贡献，为母校青海民大增光添彩，也为自己的人生书写华丽篇章。

二

24岁风华正茂。1996年6月，我被组织分配到县级广播电视台工作，单位领导和同事给予我非常大的关怀和帮助，在宿舍紧张的情况下，腾出办公室让我住。由于没有食堂，所以两人置办炊具自己做饭，第一顿饭手忙脚乱的，没有放盐，显得十分滑稽，现在回想起来忍俊不禁。由于我待人诚恳，刻苦学习专业知识，加之文字基础较好，很快成为广播电台的主力军。我担任记者编辑，采写了大量的新闻稿件，在省市县广播电台播出，在青海日报、西宁晚报等媒体发表，担任撰稿的三集电视专题片《北川春潮》在青海电视台播放，反映青海种牛场发展历程的纪录片《走出大山》、反映民族宗教题材的纪录片《吉祥的祝福》在县电视台播出，均受到一致好评。与此同时，我也笔耕不辍，加入市县级作协，文学作品如散文《黄河岸边的村庄》《故乡物语》《二哥的西部》《蛙声灯影里的村庄》，小说《红鸟》《韩兵轶事》，诗歌《彩陶土地》《与马共舞》等，研究民族文化的《大通土族山村变迁纪实》《朔山脚下的藏族村庄》等在青海日报、西宁晚报和《中国土族》《青海湖》《雪莲》《老爷山》等报纸杂志上发表，收获满满。如今随着网络的发展，我也不甘落后，开通微博记录岁月的印痕，在今日头条、百家号上撰写文学、体育、生活、摄影等长短文图2000多篇，多年来笔耕不辍，记录精彩瞬间，弘扬社会正能量，更有一种不服老的干劲，因为时代大潮汹涌澎湃，每个人都不能浑浑噩噩过那种没有追求的"躺平"生活。

俗话说，没有努力是白付出的，你所付出的所有努力，终将在未来的某一天得到回报！的确，随着时间的推移、生活的积累和成绩的取得，自己也被组织选拔到更加重要的岗位上工作，在县级广播电台工作八年后，我成为县人民政府的专职秘书之一，工作服务对象变了，生活体验更加丰富，广阔天地大有可为，我的脚步也迈得更加坚定、勤快和务实。

三

28岁的黄金年龄，我有幸成为县政府工作人员，还没来得及品尝成功的喜悦，工作的压力却扑面而来，早上7点左右赶到办公室打扫卫生、整理文件、撰写领导讲话稿、准备召开各种会议、会后第一时间形成会议纪要……领导下基层，我用心做好各种服务工作，周末几乎没有休息的时间，同时，还要用大量的时间陪领导出差、调研。但我心无旁骛、毫无怨言，唯一感觉对不起的人就是妻子，她承担了大量的家务，尤其对老人的照顾，对孩子的教育，事无巨细，但她一如既往地任劳任怨，繁重的家务没有压垮她，她的工作也没有耽误，作为校友和妻子，她的付出是我事业向上发展的强大支撑。我们也算是民大校园结出的爱情硕果之一，爱是甜蜜的，但它建立在相互陪伴和信任之上，无私的付出不用心心念念地回报，它是一辈子的幸福相伴。

岁月蹉跎，不忧不惧。自己清楚，只要你足够努力，掌声和鲜花就会来到。就像所有从青海民大走出来的校友一样，我的人生也蹄疾步稳，32岁成为乡镇党委副书记、纪委书记，六年后成为乡镇正职，在一个小县城，这样的经历还算过得去，用老百姓的话来说就是有出息了。但我没有满足于当下，仍然时时刻刻努力工作，谨言慎行，铭记母校的教诲，立志做一个对社会有用的人。记得温家宝同志曾说过："群众利益无小事。"在乡镇工作期间，我和同事们积极调整农业产业结构，在脑山地区搞规模养殖，在公路沿线搞蔬菜种植，同时鼓励剩余劳动力输出增加收入，同时，我还经常到省市县对口部门争取项目资金，实施道路硬化、修建村级活动场所、改造危房，帮助中小学改造校舍，控辍保学，这些举措得到了群众的一致好评。记得有一年元宵节之际，我和县就业局的几名同志带领十辆大巴车，满载打工的农民兄弟姐妹远赴河北保定，一路上风餐露宿，苦不堪言，由于低温冰冻，几辆车在定西路段熄火几个小时，寒冷和饥饿袭来，有一位妇女还哭了。经过千难万苦，终于到达厂区，打工的村民十分感激，离别时还抹起了眼泪，现在回想起来，百感交集。在道路硬化中，有的村民不理解，围攻施工人员，耽误工期，乡镇领导不分昼夜做群众工作，工程得以顺利施工，当通路仪式上鞭炮声响起，内心激动万分，为老百姓办实事办好事，再累再苦也值得。有一年春季植树造林，也有群众不理解阻挠，我和乡干部做了几个小时的思想工作，口干舌燥，顾不上吃饭，造林绿化任务很重，拖延就会影响全局，基层公务员的辛苦可见一斑。但民间流传这样一句话，在广袤的青海大地，尤其是艰苦边远地区，青海民大的学子最能吃苦，无论做哪种工作，如公务员、教师、职工，都有一个共同特征，那就是吃苦耐劳，能与群众打成一片，他们发扬"五个特别"的青藏高原精神，也发扬"人一之，我十之"的奋斗精神，成为一个又一个合格的社会主义建设者。

四

天道酬勤，学习使人睿智。回首近三十年的风风雨雨，我最大的感受就是每天都在学习，如果不学习，就会消沉，人的思想就会生锈。在乡镇工作的八年里，我利用两年半周末和晚上的时间读完了省委党校的在职研究生社会学专业课程，学会了一些新的工作方法，如田野调查法、社会分层法、优化农村组织、社会网格治理等，对工作有很大裨益。漫漫长夜，有人在虚度人生大好年华，而我却在宿舍里潜心读书、专心写作，一些质量较好的调研报告、文章在省市县媒体上刊登，自己也多次被评为省委宣传部《党的生活》优秀通讯员、《中国土族》优秀撰稿员、西宁晚报等报刊优秀通讯员，一些数据、案例较好的文章被学术期刊转载、收录。每年给自己规定一些必读篇目和数量，日积月累，有许多心得体会，在单位文化大讲堂中推广运用。对于历史的研究是近十几年的重点，习近平总书记说："领导干部要读一点历史。"我先从《中国通史》读起，泱泱中华大地，上下五千年，作为华夏儿女，要了解历史，以史为鉴，知兴替，借古鉴今。我对明清史较感兴趣，也曾到明十三陵、河北承德、北京故宫等地参观了解，每天过得都很充实，不读书便觉得空虚。话说回来，现在有些学生过度依赖电脑、手机，生活中对纸质书籍很少精读，青年学子应回到中华优秀传统文化的继承与弘扬上来，日常生活中多阅读一些国学精品，如《论语》《古文观止》《中国大历史》等，还要读一些经济金融类书籍，如《政治经济学》《资本论》《国富论》等，当然真正读懂很难，但古人说开卷有益，不管怎样，总能收获不少。在培养理想信念层面，我们学习一些爱国主义经典作品，如读毛泽东诗词，苏轼、辛弃疾的诗词，长篇小说读《苦难辉煌》《朝鲜战争全纪实》等，古典哲学读明代王阳明《传习录》、清代曾国藩《曾国藩家书》等，他们虽然生活在不同时代，但他们修身治国齐家平天下的思想一直受到人们的尊敬和研学，让人向上而生、向善而行，始终有正确的三观。

叶芝说："当你老了，头发花白，睡意沉沉，倦坐在炉边，取下这本书来。慢慢读着，追梦当年的眼神。"青春年华应风采飞扬、激情满怀，积极面对一切困难险阻。习近平总书记说：青年兴则国兴，所以，作为新时代的青年人要明白肩膀上的社会责任和人间道义。

孔子说：三十而立，四十而不惑，五十而知天命。2010年，在全省省直机关副处级干部遴选中，我以优异的成绩和丰富的基层工作经历被组织选拔到省委部门工作。我知道机遇与挑战共存,不忘初心,从零开始,从未懈怠,组织工作标准高、要求严,经常加班到天亮,也踏遍了西宁、海东、玉树、果洛等市州的山山水水,与基层干部共同谱写组织工作的新篇章,也认识了一大批好同事好朋友,包括母校的校友,到现在还互有联系。全省基层组织建设一年一个脚印,力争上游,得到了上级党组织和组织部门的认可。我的人生步入中年,但自己的上进心和学习的动力仍然很足,工作从来不落在别人的后面。正因如此,现在的我敢于挑战自己,从党政机关到省属企业工作,再到如今的央企工作,从山里的放羊娃变成了大学生,从记者变成了公务员,从公务员变成了央企高管,不管到哪里,我都有自己崇高的理想和追求,不虚度年华。一切都是努力拼搏的结果,一切都是最好的答案。

感谢青海民大,赐予我知识的力量,哺育我走向成功的彼岸;感恩青海民大,在这里遇见良师益友,让我一辈子铭记不忘。唯愿青海民大更加灿烂辉煌、前程似锦,为国家和民族地区培养更多优秀人才,为社会发展进步作出更大贡献。

张永平,男,藏族,中共党员,生于1970年8月,青海大通人,1994年毕业于青海民族学院汉语言文学系。

勿相忘 勤挂念
——忆母校

周 加

1995年6月，在一个充满夏意暖阳的日子里，携行李，一步三回头，从西四楼步行至学校大门口足足走了30分钟，在留恋、回忆、不舍和即将跨入社会的忐忑期待中，慢慢走出了大门，告别了让我永不忘怀的4年大学生涯。

青 涩

1991年9月，作为新生入校，是一种新奇、不安和期待。虽说大家来自不同的地区，素未谋面，但毕竟年轻，不到两天性格外向的同学与好多同学已然成了朋友，而性格内敛的尚在小心翼翼的试探中接触着同学。入学伊始，由于来自地区不同，生活环境不同，为了增强安全感，同学们也在不自觉中，自然而然选择了自己的小圈子，如，西宁市的在一块儿，州县的在一块儿，农村的在一块儿……如此，在班级的管理中就出现了许多问题，作为班长的我，也是头疼了很长一段时间。幸亏那时的我们都还单纯，也很义气，交了心就会有回报，在一些点滴事情上的合理运作，维持了全班城镇与农村同学间的某种平衡。

学 习

学习是本职，是首要的任务。从大一起，所有的同学都暗自努力，谁都想在学末的考试中一鸣惊人，以此证实自己的实力，提升自己在同学心目中的地位，这种努力的行为自大一开始便一直延续到大四毕业，始终深深地激励着全班同学，也使得全班39名同学在不同的工作岗位上奋力实践着自己的人生价值。学习使我们不断汲取知识，懂得做人的道理，这离不开各位敬爱老师的谆谆教诲。至今，我都能清晰地忆起彭书麟、蒲汉明、李中流、丁玲、孙盛杰、马成俊、祁生贵等老师的音容，从诸子百家到唐诗宋词、程朱理学再到中外文学、马克思主义哲学，正是在老师们认真地传道授业下，以及在生活学习中的点滴帮助，最终凝聚起了我们努力和奋斗的目标，这也让我们毕业后奔赴各自工作岗位时，心中有底。尤为可贵的是我们是一所民族院校，同学有汉、藏、蒙古、回、撒拉、土、满等不同民族，在一起四年的学习生活使大家产生了兄弟姐妹般的情谊。39名同学中，有那么几个来自农村的同学在对待学习的态度上至今让我钦佩，他们是阿进录、麻生辉、阿占仁等，且不说每天的正课他们从来没有请过假，就是每晚的晚自习也总有他们的身影，也许是来自农村，在西宁并无亲友，所以每个周末或在教室或在图书馆都能看到他们孜孜以求、如饥似渴的身影，当然也有不少女同学亦是如此。有时，晚自习后，回到宿舍也能听到舍友们讨论学习中遇到的问题。虽说我们当时也年少，也有大孩子的顽皮，但总的来说，这种好的学习风气四年来一直保持和坚持了下来。

成　长

学习上有老师们的倾心相教，倾囊相授，虽说当时的老师均是资深教师，但在四年相处中老师与同学们亦师亦友，师为传道，友为做人。四年中，有许多同学或多或少得到了老师们默默的帮助，有物质上的更有精神层面的，正是通过老师们点滴的浸润和春风化雨般的持续关怀，才使得同学们在四年中逐渐树立起了坚定而远大的人生目标和正确的人生观、价值观，这为我们今后迈向社会各个阶层、投身各个行业，实现正能量的人生价值奠定了坚实的基础，也为我们奋力前行树立了强大的自信。故至今我为走过许多的路而未偏移，深深感念着母校的校训和老师们的言传身教，感谢你们！

友　谊

与老师的友谊是一种互相尊重而高尚的友谊，与同学的友谊则是兄弟姐妹的情谊。四年中通过文艺汇演、演讲比赛、篮球、足球比赛等活动，一次次拉近了彼此的距离，从刚入学的青涩矜持到后来的知心知底、嘘寒问暖、默默支持，再到为了集体荣誉而抱头痛哭、重振精神，无一不证明了我们相亲相爱、彼此珍惜的深厚情谊，与初入学时已有了根本的变化。转眼四年即将结束，同学们也将学成步入新的起点，犹记得全班同学在校门口合影，自觉手挽手，彼此相互依靠，每每看到这张合影，心中依然是那么的温暖和感动。同学们，很想你们，你们都好吗？

回首三十年，对母校依然是深深的眷恋，母校的发展在让人惊艳的同时，也让一个时刻挂念她的校友深感自豪与骄傲！我们的人生能与民大相拥，此生无憾。我们充满感恩，时时想念青海民大，我们将秉持在学校获得的为人之道，继续坚定地走下去。

谢谢，我的母校，我的青海民族大学！

周加，男，藏族，生于1971年10月，1995年毕业于青海民族学院中文系。

我的成长经历

才项多杰

我是1995年青海民族大学少语系本科毕业后留校任教的,还没来得及确定自己的主攻方向就要上讲台,给本科生讲《藏族民间文学》课程。由于本科生给本科生讲课,缺乏必要的教学锻炼和经验,虽然心中底气不足,但当时少年气壮,无所畏惧。一上讲台,就一味地讲究所谓的"口才",滔滔不绝地讲起来,想到哪里就讲到哪里,也没关注教学内容是否充实、准确,教学方法是否得当,教学效果是否理想等。如今回想起来,真有点"初生牛犊不怕虎"之感,但我想这也是很多从教人员都曾有过的经历吧。

从教三年后,为响应学校提高青年教师学历的要求,更为了拓宽自己的专业知识面,1998年考入青海民族学院藏语言文学专业硕士研究生,主攻方向为藏族古典文学。2001年7月硕士毕业后,本该承担与自己专业有关的课程,但由于当时没人承担汉藏翻译课,就把我临时分配到了翻译教研室。从那时起,开始了我的汉藏翻译教学生涯,先后承担《翻译理论与实践》《汉藏公文翻译》《汉藏文学翻译》等课程的教学任务。2007年考入西南民族大学民族研究院,攻读民族学博士学位。由于专业跨度大、基础薄弱,学期论文的写作、博士论坛,以及学位论文的撰写及答辩等,都一律要求用国家通用语言来完成,这对一直主攻藏语言文学专业的我来讲,是个极大的挑战,同时又是一次难得的机遇。通过三年的努力,我对民族学专业有了初步的了解,汉语水平也得到了较好的锻炼和提升。2010年顺利毕业返校,同年晋升为教授。在本人的再三提议下,将《文化人类学》首次设置为藏学院研究生选修课,我也毅然承担起了该课程的教学任务。开课十几年来,每年都有学生选课,而且反响也越来越好。从2012年起,学院文学方向本科班中也开设了《文化人类学》这门课,这使我倍受鼓舞,也更加坚定了继续向这一方向努力奋进的信心!从那时起,我的主攻方向就定为汉藏翻译和人类学这两门学科了。

从教20多年来，我一直秉承"以教促研、以研促教"的原则，在做好平时教学工作的同时，努力钻研专业知识，认真进行科学研究，尝试性地发表一些原创性学术论文。多年的付出和坚持，终于收获了教学和科研两方面的一些成果：先后荣获全省高校青年教师教学竞赛优胜奖等3项教学奖，完成校级教研项目1项；在《中国藏学》等刊物上用藏汉双语发表40余篇论文，出版译著3部，教材4部，专著3部，10余篇论文获得省级、校级各类科研奖；至今主持完成国家社科基金重点项目1项、西部项目1项，校级科研项目2项，现主持国家社科基金重点项目1项，2017年获得青海省人才办"高端创新人才千人计划"拔尖人才培养项目，同年入选青海省文化产业专家库专家；2021年获得青海民族大学教职工"进德修业之星"荣誉称号（科研类），2013年起被聘为藏学专业硕士研究生导师，至今培养藏学专业硕士研究生10余名，2020年被聘为藏学专业博士生导师。

现结合20多年教学科研生涯，谈一些自己不太成熟的点滴经验。众所周知，翻译是一门实践性极强的学科，为此，本人一方面广泛阅读国内外有关翻译学说的理论书籍，刻苦钻研翻译专业知识，努力提升自己的翻译理论素养；另一方面加强翻译实践锻炼，及时提炼有关汉藏翻译方面的理论知识和方法技巧，以便在教学中使用。在教学中始终将"实践"作为重要环节来抓，给学生多安排翻译实践任务，通过学生自己动手，在具体实践中发现自己的弱点，明确自己的主攻方向，针对性地提高原语或译语的水平。总结二十几年的翻译教学经验，就是一句话："贵在实践。"唯有实践，才能提高学生的原语和译语水平，才能提升学生的翻译理论修养，才能提高学生的翻译动手能力。

对藏学院大部分学生来讲，《文化人类学》是一门新开设的课程，他们首次接触人类学这门学科，对这门课程的性质、内容、研究对象等了解很少。因此，在具体教学过程中，我尽量以简洁、生动的语言，通俗易懂地介绍文化人类学的基本概念和理论，并结合具体的文化事象和社会实例，简明扼要地阐述文化人类学的基本原理和研究方法。为了上好这门课，更为了将该学科基本知识与研究方法应用到藏族社会文化的调查研究中，本人首次将《文化人类学理论学派》（夏建中著）译成藏文，并于2015年由北京民族出版社出版，受到广大读者的一致好评。结合教学需求，撰写完成《文化人类学概论》藏文版教材，于2016年由青海民族出版社出版。该教材是国内第一部用藏文撰写的文化人类学教材，填补了目前国内外无藏语文化人类学教材之空白，得到了社会各界的广泛赞誉。上述两部教材，现作为全国各民族院校通用教材在使用，社会效益良好。

多年的教学实践，催生了本人40余篇论文和7部教材专著。在这些科研成果中，《藏族翻译理论批评研究》可以说是本人多年努力钻研的结晶，也是本人专业学科代表作。该专著是2013年获批国家社会科学基金西部项目"藏族翻译理论批评研究（批准号：13XYY023）"最终研究成果，2017年由甘肃民族出版社出版后，受到社会各界的一致好评，尤其在从事汉藏翻译教学的全国各民族院校中得到广泛的应用，先后被青海民族大学、西北民族大学、甘肃民族师范学院等单位作为本科生、研究生汉藏翻译教学参考书在应用，社会效益良好。我们知道，如今从事汉藏翻译的民族单位和翻译人员较多，而大多数人的精力投放到翻译实践上，忽略了对藏族传统翻译思想的挖掘和对其他民族翻译思想的吸纳。本专著就是对这一学术空白的尝试性研究成果，填补了藏族翻译学术方面的许多空白。在广泛阅读和比较古今中外翻译理论名著思想的基础上，借助翻译学、历史学、文化发展史等理论视角，运用现代翻译批评思想和手段，批判地考察和总结了藏族传统译论思想精髓，准确阐释了其内涵。将藏族译论放入它产生的历史文化语境中去理解和阐释，从整体论角度对其进行了反思、质疑甚至批判，给具有理论价值的翻译命题及学术观念赋予新的理论意义，充实和丰富了东方译论的多元文化内涵，服务新世纪的翻译实践。以"历史+特写"的方法，聚焦藏族历代翻译宗师，梳理译论长轴，浓缩藏族古今翻译名家思想之精华，彰显了藏族传统译学之异彩。

艰苦努力地付出，总会尝到意想不到的喜悦，《藏族翻译理论批评研究》2020年荣获教育部第八届高等学校科学研究优秀成果三等奖。该奖项是目前国内人文社会科学领域最高层次、最具公信力和影响力的奖项，全国高校普遍将其视为哲学社会科学领域的最高荣誉。获此大奖，使本人喜出望外，同时也是一大鼓励，鞭策我在今后的教学科研征途上，坚定信心，勇往直前，去迎接更加辉煌的明天！

从1995年毕业留校任教以来，我一直在青海民族大学教学一线上拼搏努力，其间从未调换或离开工作岗位，教学科研一直是我的本职工作和责任所在。从教27年，我亲身见证了青海民族大学的发展历程及巨大成就，尤其感受到学校对每位教职工无微不至的关怀和所提供的成长平台。从一名普通教师成长为教授、博导，都是在母校支持和帮助下通过自身努力实现的。总之，我的成长，离不开母校——青海民族大学的培养和支持，更离不开各位恩师的栽培和教诲。借此机会，谨向我的母校和恩师们表示崇高的敬意和衷心的感谢！

回顾成长历程，心中充满感激之情；面对未来前景，心中满是憧憬和信心。决心在以后的工作中，忠实党的教育方针，强化师德修养，提升教研能力，争做一名"四有"好老师，更好地报答母校的养育之恩，绝不辜负母校对自己的期望和要求，为党的教育事业而奋斗终生！最后，衷心祝愿青海民族大学的明天越来越好，早日建设成为青藏高原上的现代化一流民族大学，为祖国输送更多更优秀的各民族高层次人才。

才项多杰，男，藏族，中共党员，生于1973年9月，青海同德人，1995年毕业于青海民族学院少数民族语言文学系，博士研究生，现为藏学院教授、博士生导师。

桃李沐春阳

让奋斗成为青春最亮丽的底色

冯元智

今年9月的开学季,应母校邀请,我十分荣幸地作为校友代表在新生开学典礼上发言,向母校汇报我的思想和工作情况。一楼一馆皆回忆,一草一木总关情。再次回到母校,走进东序校区的大门,走过文华书院、英华楼,路过夏晨广场、磐石广场,步入文实校区,让我感受到了母校天翻地覆的变化,也找回了些许青春回忆。我是1993年考入青海民族学院,也就是今天的青海民族大学,怀揣着对未来生活的无限憧憬和对今后大学生活的美好期待开启了我的大学之旅。4年间,老师孜孜不倦地教诲,同学之间的友爱互助,校园生活的丰富多彩,教会了我许多做人做事的道理和方法。离开母校已经整整26年了,26年来"进德修业,自强不息"的校训和"团结、勤奋、求实、创新"的校风一直伴随着我的成长,帮助我校准了努力的方向,培养了做事的态度,树立了自强不息的精神。

每年新生的到来,让母校的每个角落都充满了欢声笑语,他们是大学校园一道靓丽的风景,跟当初的我一样,怀着对梦想的执着和对未知的渴求,离开家乡、离开家人,踏入了大学的校门。迎面而来的一张张新面孔,让我仿佛走进了一个陌生的世界,相信这些新生的内心也充满着新奇、忐忑、希望和种种梦想。《论语》中说道:"不愤不启,不悱不发。"在这里,我想结合自身26年的工作经历和4年大学生活,从进德、修心、治学三个方面分享一些自己的人生感悟和体会,与学弟学妹们共勉。

进德为始,做品格高尚的人

青海民族大学的校训是"进德修业,自强不息",讲的首先就是做人的修养和德行。大学的使命在于为时代造就杰出人才,青海民族大学立足青海大地、扎根青藏高原，培养了众多优秀人才，先后涌现出以改革先锋杰桑·索南达杰等为代表的一批优秀学生和众多省部级、厅局级领导干部和享受国务院政府特殊津贴专家、正高级专业技术人才等，他们在各行各业、各条战线上恪尽职守、奋发图强，为经济发展、社会稳定、生态保护等各项事业作出了重大贡献。我毕业后有幸在组织部门工作多年，组织部的干部大家习惯将其称为"组工干部"。组织部担负着发展党员、培养干部等重要职责，承担的工作量很大，工作标准很高，要求也很严格。所以，对"组工干部"无论是品德还是工作能力等方面的要求都是很高的。我在西宁市委组织部工作了整整十年，毫不夸张地说，十年间几乎每年三百六十多天都在加班，在部长和处长们手把手的帮助指导下，在同事们的鼓励和陪伴下，自己一点点成长，慢慢地从一个"门外汉"变成了标准的"组工干部"。当然，为此我也付出了很多，因为天天盯着电脑赶稿子，特别伤眼，没过几年就戴上了眼镜，常常伏案工作，经常不能按点吃饭，落下了颈椎病和胃病。说真的，组织部的工作很辛苦，我有时候在想，大好青春留在组织部了，这么拼命工作值不值当。但是回头一想，那段岁月反而是我人生阅历中最充实也最幸福的一段时光，正是那段艰难岁月，让我学会了很多很多。修身齐家治国平天下，作为新一代民大学子，希望你们志存高远，以修身为始，注重德行的培养和内在品格的塑造，坚守内心的净土，在进德的过程中走向成熟，实现人生价值！

修心为上，做胸怀宽广的人

大学之大，不仅仅在于校园之大，而是在于其心胸的博大。青海民族大学正是这样一所海纳百川、兼容并包的高等学府。大学生活中，你们不仅会遇到不同地域、不同民族和文化背景的老师和同学，更会经历各种先进思想、新奇观点的争鸣与交锋。不同的文化代表着不同的阅历，而不同的思想则代表着不同的人生境界，正是因为这些不同的存在与交融，大学才真正成就了其创新的使命。儒学大师王阳明说过：欲成大器者，需修心。你们要做到强大内心、纯粹至诚、脚踏实地、谦逊积极。胸怀有多宽广，未来的路就有多宽广。我离开象牙塔，在社会上摸爬滚打了 26 年，算是经历了一些人和事，一路走来，有过开心和喜悦，也有过委屈和难过，甚至有时因为太过煎熬，想过当逃兵，但最终都还是咬牙坚持了下来。修心为上，做胸怀宽广的人，就是希望我们每个人既要仰望星空，也要脚踏实地，不能好高骛远，急功近利，首先要做好眼前的事，滴水石穿，日积月累，才能成就大业，才有望实现抱负。我曾经的舍友，也和朝气蓬勃的你们一样，是一群散发着青春活力的"毛头小伙"，现如今都跟我一样成了"油腻大叔"，但大家在各自领域都小有成就，这得益于母校的悉心培养，得益于长久以来相互的鼓励和支持，也得益于自己的坚持和执着。在大学，身边的同学都将是你的兄弟姐妹，你生命中最宝贵的青春年华，将与他们一起度过。所以，希望你们在收获知识和能力的同时，也能收获信赖和友爱，并彼此成为未来事业中最可靠的伙伴和多彩人生中最真诚的朋友！

治学为本，做知行合一的人

大学是一个人才聚集和成长的地方。大学不同于中小学，老师更多的会充当引路人的角色，所以我们必须自主学习、探索和实践。对于你们而言，学习不仅是知识的传承与积累，更是开启智慧与创造新知的探索。在开拓进取的道路上，你们将领略到探索与创新的无限乐趣。在单位里也一样，爱读书、好学习的人永远受人尊重，因为他们博览群书，知识储备丰富，他们熟悉业务、经验丰富，他们处理工作的方法灵活、效率高，处理事务往往能够取得事半功倍的效果，这些人是一个单位不可或缺的业务骨干，自然就成了一个单位重点培养的对象，他们的自信和能力就来自于对知识的渴望和孜孜不倦地学习，"书中自有黄金屋，书中自有颜如玉"，他们用实际行动给了这两句话最好的诠释。我最早在湟源县公安局刑警队工作，之后一直从事组织工作，可能是性格使然，也可能跟工作经历有关，刚到市体育局工作时，很不适应那里的工作节奏和办公环境，很多同志办公桌上堆满了各种早期的文件和发黄的报刊，大家干事创业的积极性不是很高，但经过一年的不懈努力，现今，无论是办公环境，还是干部的工作状态都在悄然发生变化，大家想干事、能干事、干成事的热情日益高涨，同志们对未来也充满了信心和希望。古今中外的历史彰显了这样一个真理：事有所成，必是学有所成。梦想以学习开始，事业以实践起步。知行合一，就是理论与实践、学习与思考相结合的过程。在此过程中，要学会不断地完善自我，追逐梦想。

作为一位老学长，我很羡慕你们，羡慕你们在这个美好时代拥有的无限可能和机会，羡慕你们能够站在我曾经追逐梦想的地方自由起航，希望你们能把握分分秒秒，为自己的人生打下坚实的基础；希望你们学会独立思考，独立生活，独立承担责任；希望你们选择宽容，收获快乐，直面挑战；希望你们在这里可以实现梦想，进而超越自我，以大学学习生活为人生新的起点，创造属于你们的美好未来。

有些事情，我们年轻的时候，无法懂得；当我们懂得的时候，已不再年轻。人生天地之间，若白驹过隙，忽然而已。同学们，人生是幅画，有人丹青妙笔著华章，有人老猫涂鸦误时光。人生是出戏，有人凯歌高奏，韵味悠长；有人滥竽充数，黯然退场。人生要活得漂亮，活出尊严，最好的方式是努力奋斗，成就一番事业。你们今天步入高等学府，就是为将来成就事业打基础，试想不奋斗，你的才华如何配上你的任性？不奋斗，你的脚步如何赶上父母老去的速度？不奋斗，世界那么大，你靠什么去看看？

最后，祝母校的明天高歌猛进续华章，祝所有的学弟学妹奋楫争先创佳绩。

冯元智，男，藏族，中共党员，生于1972年。1997年毕业于青海民族学院数学系。

重回母校　追忆青春年华

马兴盛

2020年9月的一天上午，我，一位早已步入中年的社会大叔，再一次站在了青海民族大学的校门口。门口值班人员警惕地上前询问道："你找谁？若有事要进，请先登记！"我答道："这是我的母校，20多年前我从这里毕业，今天约了当年的同学校友回学校看看。"值班人员原先严肃认真的语气瞬间柔和了，"噢！好、好！麻烦您在这里登记一下，毕业20多年了，学校变化挺大的，应该转转。"我微笑着穿过那古朴的校门，看到五六个人正聚在一起说说笑笑，入耳的笑声爽朗而熟悉，那正是曾经的同学。"唉！"的一声叹息，大家似乎忽然想起了什么，齐刷刷地转过身来，激动地相互指着，"噢吆，你胖了！""哈哈！你瘦了！"此刻，年龄已被遗忘，大家拉手的拉手，拥抱的拥抱，相互调侃着、感慨着，仿佛是一群失散多年的亲人久别重逢。20多年如白驹过隙，岁月在大家容貌上留下的痕迹让彼此间的感情更加深厚了。

稍许，一位年轻干练的女老师带着几位学生向我们走了过来，微笑着介绍道："各位学长好！我是青海民大的团委书记，得知你们要回母校看看，校领导本要亲自接待的，但因公事繁忙，特委托我来迎接学长，并一再嘱咐要接待好大家。"紧接着，校团委书记为我们一一敬献了哈达，那甜美的笑容让我们瞬间有一种回到家的温暖。

随后，团委书记带我们参观校园。漫步在这熟悉而又陌生的校园里，书记边走边讲解母校的发展和取得的成就。看着一栋栋崭新而极富现代化特色的建筑：雄伟的图书馆、恢宏的体育场馆、宽敞明亮的学生宿舍楼……大家由衷地感到母校发展之快、变化之大、成绩之多。感叹之间，大家的思绪不知不觉被拉回了20多年前："这里以前是球场，我们那会儿最喜欢在这儿打篮球了。""这里是开水房。""你那个时候经常帮我们班的同学打开水啊！""那边应该是我们的宿舍，走，去看看。"大家簇拥着，迈着轻快的步子，似乎一下子都年轻了。原来的位置，那栋青色的老旧宿舍楼已经不在，取而代之的是一栋崭新的充满青春朝气的学生公寓。隐约间那首熟悉的校园民谣似乎回响在耳边，"你问我几时能一起回去，看看我们的宿舍我们的过去，你刻在墙上的字依然清晰，从那时起就没人能擦去。"

一路走，一路看，很快我们来到了校艺术团的舞蹈排练厅，这是一栋十分宽敞明亮又极具艺术氛围的艺术殿堂。看到我们进来，一群充满朝气的学生迅速起立，用雷鸣般的掌声将我们迎到主席台入座。书记郑重其事地介绍道："今天，这几位学长时隔20多年后，又重新回到母校，让我们以热烈的掌声欢迎各位学长的到来！"瞬间掌声雷动，一种游子久离归家的感觉触动着我们每个人的心。书记继续说道："这几位学长曾经代表我们青海民族大学（原青海民族学院）、代表青海省参加了当时的全国大学生文艺汇演，并拿回了四个奖项。其中舞蹈《祝愿》荣获全国一等奖，为我们青海争了光，为青海民族大学争了光。今天是个不期而遇的特殊日子，因为当年舞蹈《祝愿》的原班人马重新回到了这里，现在有请几位学长讲话。"看着台下那一张张年轻的面庞和一双双热情的眼睛，忽然回想起当年的我们，相仿的年纪，充满青春的话语，怀揣美丽的梦想。经常在台上长篇大论的我们竟然一时语塞，不知该说些什么，最终，大家都说了些鼓励的话语，希望同学们用优异成绩为学校争光，把经典舞蹈《祝愿》继续跳下去。接着是汇报演出，品尝着舞蹈队员们用自己并不宽裕的零花钱购买的糖果和矿泉水，看着年轻的舞蹈队队员在台上热情地演绎着《祝愿》，一种叫家的幸福感温暖着我们，几位女同学甚至情不自禁地哭了。

走出排练厅，我们来到了校史馆。在那里我们看到了1996年在北京获奖时的奖状和奖杯等照片，那一瞬，大家都兴奋不已，急忙上前在照片中寻找当年的自己，同时也让年轻的学弟学妹们在照片上对比寻找我们，一时间欢声笑语飘荡在校史馆里。看着展馆内那一件件镌刻着学校发展历史的展品，大家感慨道："学校没有忘记我们，各级领导也记着我们，我们有照片留在校史馆，当年的努力和付出值了。"这时一位年轻的同学背着一把吉他走了过来，"听说各位学长当年自编了一首歌曲，能不能给我们唱唱？我们也想体会下你们当年的激情和向往。""好，那我们就试试，虽然已经过去多年了，但歌词我们大都还记得。"大家围在一起，旋律响起，轻声地和着唱着"大地迎来无边冬季，孤独的我将何去何从，在你的大眼睛里，有我难以忘却的恋情，你走了就这样走了，你走了一去不回头……要走你就潇洒地走，人生本来有春也有秋，失去你我也并不是一无所有。"

是啊，大学有许许多多的事值得去做，许许多多的梦想值得去奋斗，许许多多的失落值得去感悟。当有人问起，你在青海民族大学学到了什么？我会郑重其事地告诉他们，是包容和自信，我们这个大家庭里各个少数民族都有，大家相濡以沫，亲如兄弟姐妹，大家一起训练，一起拼搏，一起奋斗。我想，这也是母校留给我们最大的、能够终身受益的财富。

谨以此文送给我敬爱的母校——青海民族大学，祝愿母校的事业蒸蒸日上，也祝福那些为青海民族大学的发展不懈奋斗、扎根青海的建设者们身体健康、扎西德勒！

马兴盛，男，汉族，生于1973年10月，甘肃临夏人，1997年7月毕业于青海民族学院管理科学系。

致1996年的那个春天

潘苗苗

1996年五四青年节,北京保利剧院里,来自全国各地的大学生们齐聚在此,共同期待"全国首届大学生文艺汇演"的颁奖结果。

此刻大家都在猜测名次,我们对自己的实力是毋庸置疑的,但是整个参赛过程中,来自青海的我们知名度太低,被边缘化,甚至经常被误认为是青岛的,有点让人哭笑不得。

组委会突然来通知,让我们选派人上台领奖!难道我们真的拿到名次了?这么说最少是第三名!大家都异常兴奋!要知道从初选到今天,全国有几百所大学参与其中。而我们学校的舞蹈《祝愿》能代表青海省参赛,一路披荆斩棘、过关斩将,背后付出了多少汗水和努力,此刻已经无法找到一句准确的话语来表达了……

1995年深秋,舞蹈队队员经过专业老师严格的层层选拔,全体参赛队员名单终于敲定。得知自己将有机会代表青海大学生去北京参加比赛,大家都非常激动!这颗希望的种子从此在每个人的心中开始疯长!"我们有可能去北京?这怎么可能?全国有那么多大学!不!为什么不可能……"

1995年冬,学校决定全体参赛队员全面停课、停假,开始魔鬼式的封闭训练,男队员甚至轮流吃住在练功房。所有队员都是普普通通的大学生,从未经过专业的舞蹈训练。所以,一切都要从枯燥和"残酷"的基本功开始训练!跑步、开肩、压腿、下腰……每天从早上6点半到晚上9点,日复一日……每个动作重复多少遍已经记不清了!

民大的深冬,学校食堂二楼就是队员们的练功房,没有扶杆、没有大镜子,大家就想尽办法找来一面镜子,每个人轮流对着镜子抠动作、抠细节。《祝愿》这支舞蹈,体力消耗非常大,特别是高潮部分的甩袖、翻转、跳跃……整支舞跳下来不亚于跑了2公里。为了达到尽善尽美的效果,大家一遍又一遍地苦练,衣服湿透了一层又一层，晚上训练结束回宿舍的路上，寒风凛冽！很多队员们在这种高强度的训练下，纷纷病倒，有的感冒发烧，有的浑身起了大片大片的风疹……可没有一个人叫苦叫累。因为大家心中的那颗种子已经不知不觉长成参天大树，并且彼此交织，蜕变成为"希望森林"。

在这片"希望森林"里，每个人怀揣同一个梦想——为学校、为青海赢得荣誉！对，我们想赢！在整个排练、集训过程中，大家相互鼓励、帮助！不知不觉舞蹈队变成了一个"吵不散、爱不够"的大家庭，所有人单纯又执着、善良又可爱！以至于24年过去了，我们依然保持着这份热烈而美好的"亲情"！

所有成功的背后都不简单，就在《祝愿》日渐成熟的时候，封闭训练使我们落下了很多课程，错过了考试，错过了假期。学生当然还是以学习为重，得知学校要求我们必须参加补考的通知后，每个人训练之余还要抓紧时间补课、复习，参加补考。白天特训，晚上熬夜苦读！很多队员不但没有荒废学业，还取得了优异的成绩。

1996年初，我们毫无悬念，以全省第一的排名，顺利拿到了赴京参赛的入场券。开心之余，大家开启了更加刻苦的训练模式！

1996年4月底，我们激动地登上了开赴北京的火车，两天两夜的车程对于好几位从来没坐过火车的队员来说仿佛是一场"梦幻之旅"。旅途开始，大家兴奋地在车厢里唱跳起欢乐的"队歌"，藏语的、蒙古语的、流行的、民族的……我们积极快乐、朝气蓬勃的"民大精神"吸引了整个车厢的旅客一起参与进来，连餐车的大厨都跑过来"凑热闹"。

学校的经费有限，但是从我们14个队员开始封闭训练到赴北京参加比赛，无论是伙食还是生活的其他方方面面，学校都尽可能地给予我们最大的支持和照顾！不过，两天两夜的硬座之旅还是非常辛苦的。特别是到了晚上，大家都东倒西歪，无处安放困顿的身体！有的男队员找张报纸席地而卧，有的甚至爬到了行李架上。晃晃悠悠地坐了两天两夜，到达北京的时候，大部分队员的脚已经肿得穿不住鞋了。有的队员到达北京两三天后还有"火车漂浮感"。

但是，这些都不能阻挡我们想要争取好成绩的决心！抵京第二天，大家就开始强化训练，一丝一毫也不敢懈怠。彩排当天，效果不甚理想，因为各种原因，知名度太小的我们，没有得到太多的关注，灯光舞美也不尽人意。但是我们用实力征服了组委会！在我校老师的积极争取下，及时对舞台效果做了调整，对我们正式比赛起到了很关键的作用！

比赛如期而至，所有人的心情兴奋中夹杂着小紧张，全体成员以最饱满的热情、最佳的状态整装待发！

音乐缓缓响起，随着草原最原生态的藏族女高音，大幕缓缓拉开，五个女生高举巨型哈达的出场造型就赢得了台下观众的阵阵掌声，随着男生潇洒不羁，热烈奔放的加入与女生柔美的舞姿完美融合，刚柔并济的舞蹈跌宕起伏、层层递进，无论是小高潮还是最后收尾的大高潮，整支舞蹈赢得了台下十几次的热烈掌声。舞台上的我们也倍受鼓舞，越跳越好，每个人都发挥出了最佳水准！下台以后，大家兴奋地拥抱在一起，激动得又唱又跳，幸福之情溢于言表。此时的我们，名次已经不重要了，因为我们表现和付出了最真诚的态度和最刻苦的努力！此刻，完美回报！

思绪还在萦绕，北京保利剧院的颁奖典礼却已经接近尾声，青年演员夏雨作为主持人开始揭晓最后的奖项："获得首届大学生文艺汇演一等奖的是：青海民族学院舞蹈《祝愿》！"

台上台下一片掌声雷动，我们尖叫着、高举双手跳跃起来，周围的一切瞬间虚幻了一般。最终我们一举拿下了表演、编舞等4项全国一等奖！

岁月如梭，24年过去了，此时此刻的我，回忆到此处心又开始狂跳，微笑挂在嘴边。据说截至目前，无论业余还是专业比赛，我们仍保持着青海省最佳"战绩"。

离校以后，多少次梦回舞台，和队友们再跳《祝愿》！这份情结必定注入我们的血液，一生相伴，直到永远，青春无憾！

致青春！致1996年的那个春天！致大力支持我们的母校，致老师：团委马德明书记、珊措老师！致所有的队友们！

1996年5月4日，我校代表青海大学生赴京演出归来时，校领导与演出团学生合影留念，庆祝本次演出荣获的4个一等奖。

潘苗苗，女，满族，1999年毕业于青海民族学院管理科学系。

犹忆大学的那段时光

张 诚

看着父亲乘上 2 路公交车，缓缓地离开，我发现我已经站成了民院校门口的第三只石狮子了。今后 4 年时间，我将和两只石狮子一起，陪伴这座象牙塔了。

说真的，这两只石狮子比门口保安还尽职，目不斜视，表情严肃，纹丝不动。每次进出校门，我总会仔细看它几眼，生怕有人掰断了它的脚趾，磕破了它的体肤。高大气派的校门，就应该配有这样威严的狮子，有它们蹲守，学校就会安然无恙、乘风破浪！

母校虽占地面积不大，却是别致精巧。校内有国内知名的专家学者在这里辛勤耕耘，所以学习和学术氛围非常浓厚，再加上图书馆卷帙浩繁的藏书，让我觉得自己仿佛是从小溪闯入大海里的一条小鱼，不知所措，只能小心翼翼却又如饥似渴地汲取养分，不断地充实自己和提升自己。在图书馆里，对于怎样抢占座位，怎样摘抄笔记，怎样搜集资料撰写毕业论文等，我想不必多言，因为大家的情况大同小异。在这里，我想分享下大学生活里其他难忘的趣事。

大一时，由于精力和体力均很旺盛，我就报了武术练习班。教练是一个姓申的老师，虽不善言辞，但拳脚了得，曾获得过全省花式拳第二名。每周一、三、五清晨，我们老早就起床去跑步、热身，随后申教练给我们教招式动作。先是陈式二十三式太极拳，之后是劈挂拳、长棍、软刀等。我练得虽然不够到位，却也像模像样，在外行眼里，那可是一套一套的。我们在学院运动会开幕式上，表演了太极拳、耍了长棍，那喝彩声是一浪高过一浪。最令人激动的是，只要是表演武术，我们头上就会系红色飘带，把结绾在耳旁，2 寸长的红带在耳边飘来飘去，威风极了，仿佛自己就是一个英雄侠士一样。表演完了，不肯把红带子解下来，还要在班级队伍里窜来窜去，接受他们羡慕的眼光。

周二、周四早晨，做完操，离早饭还有 20 分钟，便到操场东边的篮球场，那儿一帮大爷大妈在跳广场舞。我就跟在他们身后学，几个早晨就学会了，一般是24步现代舞，转转头，弯弯腰，扭扭屁股，捶捶腿。我跳的虽然比不上最前面那个领舞的大爷，却比我旁边几个高一级的男生好多了。班里有同学看见了，讽刺我说："练武术没的说，可年纪轻轻却跳老大爷的舞。"我没有反驳，依然故我。我一直记着领舞大爷那个早晨给我说的话："跳舞不分男女老幼，就是一个强身健体的作用。"到如今，20多年过去了，我依然喜欢唱唱跳跳，大概就是受了那时候的影响。

周末，我们州县上的同学一般不回家，除了学习、看书和逛街，就是踢足球。那时的足球场是土场，哪敢想象有个绿茵场地。一二十个小伙子在土场上奔跑。现在想想都觉得后怕，要是万一摔了跤那还了得。但那时不怕，带球突破，长途奔袭；飞身铲球，阻止单刀；高高跃起，争抢头球。一个赛似一个，都是铁打的身板。有一次，和1994级踢球，一位学长在奔突中遇到阻挡，摔了一跤，下颚触地，导致当场骨折，请假回家休养了一个学期，回来后，脸部严重变形。这样严重的结果丝毫不能减少同学们热爱足球的兴趣，土场地上，依然会看到雀跃奔跑的身影。

2019年暑假，我们大学同学毕业20年聚会。重游母校时，经过扩建后的足球场边，看到10来个学生在绿茵场上踢小场足球，一来一去，流畅自如，传球到位。曾经的体育委员马同学说："那时候踢球，球落到地上，你根本判断不了会向哪个方向反弹。"又有同学说："可惜现在踢不了了，老胳膊老腿的。我们那时候要有这么好的条件，说不准一个个都成了梅西、C罗、姆巴佩了。"大家都哈哈地笑了。

大学期间，如果平时什么事情都没有，我们就坐在图书馆前面的一方草地上闲聊，或者轮流唱歌，唱的是《小芳》《涛声依旧》或《伤心太平洋》；讲笑话，讲的是《西厢记》里张生翻墙如果摔断了腿会怎样，罗密欧如果说中文，他会怎么向朱丽叶表白等。什么都不会的就念段课文，几个女生会大声地纠正读错的字和前后鼻音。因为是夏天，有的男生直接穿着一条背心，有的不好意思，就在背心外面披一件西装外套。现在想想，确实有些滑稽，但那时候，我们没有一丝一毫的拘谨与尴尬。有一次，一位同学腋下的背心开了一条缝，王同学淘气得很，用手指轻轻一拽，背心差点就被撕通了，但那同学也不生气，反倒自己撕了个彻底，还说这是他的马褂，皇帝赐封的马褂。一直到我们的小聚会结束，他才跑到宿舍换了下来。

有人说，人的一生中最丰富多彩的生活应该在大学时候，而我们那时的校园生活稍显单调，但有一些小火花迸发出的精彩也颇值得回忆。夜幕降临时，你如果在木球场或者操场边听到有人低声弹着吉他，小声唱着"谁娶了多愁善感的你，谁安慰爱哭的你，谁把你的长发盘起，谁给你做的嫁衣……"这必定是李同学无疑，不过他的胆子还不够大，总是在离女生西四楼稍远的地方唱歌。胆子大一些的，勇敢些的，敢于表白的，就在西四楼女生宿舍下唱。当你听到有人唱"我曾多少次梦见你啊姑娘，梦见你那美丽的笑脸，看着你的信件，唱着你的歌，歌声是那么样的凄凉……"这准是王同学。虽然十天半月见不了梦中人的面，也说不准会被楼上泼下来的水淋一身，但他依然故我，对象没追到手，吉他技术却是日渐见长，在毕业晚会上还弹了两首呢。

最后，我想说说临毕业那学期发生的一件记忆犹新的事儿。那是快毕业时，看到同学们为自己的前途忙前忙后，似乎都有了眉目，我感到很失落，因为我连个门儿都没找见。一个晚上，马同学陪我出去，在学校门口小卖部买了一瓶六元钱的"光屁股"互助大曲，马同学不喝酒，只有我喝了。从蹲有两个石狮子的校门口拧开瓶盖，到教学楼拐弯处，不到200米，我就把一瓶酒喝干了，也没像电影里的人立即倒下，而是在马同学惊讶的目光中顺利返回了宿舍，又去了趟卫生间，猛吐几口，返回来就倒头睡下了，一直睡到了第二天上午10点半，头依然晕晕乎乎的。之后，每次同学们聚会喝酒时，我都会炫耀这次经历，看他们或惊讶或疑惑的表情，沾沾自喜，自豪无比。说不准，我现在也算可以的酒量，就是那时候锻炼出来的。

离开母校已经21年了，但在母校学习生活的难忘经历却时常出现在我的睡梦中，我的脑海里，勾起我无数的思念，时间越久，越觉得记忆犹新。也许现在，在母校的某条小路上，还会看到我们留下的浅浅足迹；某个角落里，还会听到我们唱过的歌曲；某个教室里，还会有我们曾经奋斗的身影……那些难忘且又美好的大学时光，岂是只言片语能够说完的，大大小小的、长长短短的、深深浅浅的，都在我的记忆深处留着、藏着、显现着。偶尔翻出来晒一晒，也能生出亮丽的光辉，让我的日子不至于空虚，生活不至于单调。怀念我的大学生活，怀念曾经的青春岁月，怀念那里的一切一切……

张诚，男，土族，青海贵德人，1999年毕业于青海民族学院汉语言文学系，现为中学高级教师、青海省作家协会会员。

在基层锻炼成长

李顺成

回想起自己的成长历程,虽然有一些波折,但总体上可以说是"一帆风顺",我想这与党的培养是密不可分的,与母校的教育是密不可分的,与领导同事的关心和帮助是密不可分的。

2001年7月我从青海民族学院毕业后,有幸被组织上选调到黄南州泽库县多福顿乡党委工作。当时的心情既兴奋又复杂,兴奋的是就要从校园步入社会参加工作了,复杂的是牧区那里的条件有些艰苦也有许多困难。但想想既然组织上信任我,自己又是党员,还是学生干部,便下定决心一定要去,并且要好好工作,不能辜负母校的辛勤培育和恩师的谆谆教诲,于是我怀着不安的心情坐上了开往泽库县的汽车。由于当时正在修路加之天天下雨,去往县委组织部报到然后再到乡上报到的路途整整走了两天时间,到县上和乡上的情景现在我还历历在目。当时泽库县基础设施建设还是很落后,到了县上后我还以为在哪个乡上,听司机说已经到了,我还有点不敢相信,一个县的建设水平还不如老家发达的乡镇,可想而知乡上的条件也不会好到哪儿去,心里一下子凉了大半截。幸好组织上照顾我们这批选调生,多数分到了条件较好的乡镇。我去的多福顿乡就在阿赛公路边上,是去往泽库的东大门,这是一个纯牧业乡,藏族人口占总人口的98%以上。到乡上报到后,给我分配的工作是乡党委秘书,想想自己学的是化学,现在要让我干文秘,加上对藏语一窍不通,头皮发麻,但既然组织上安排了这项工作就要努力干好。我一方面从基础学起,一方面积极向领导同事请教,并努力学习藏语,工作慢慢有了起色,虽说质量不高,但也能起草一些文件了。在领导和同事的帮助下,一干就是两年,经过自己的努力,工作也慢慢被领导和同事们认可了,藏语的基本日常用语也学会了一些。

虽说这两年过得比较艰难,但我的内心是快乐的。当时的条件比较艰苦,乡上海拔高,没有食堂,没有电视,手机不通,办公条件差,生活习惯不同……

但我还是幸运和幸福的，因为有组织、有同事们的关心和帮助。当时到乡上没有住的地方，是一个好心的藏族同事把他的床让给我，他和另外一个同事挤在一张床上，我们三人住在一间破旧的房间里；在工作上和生活上，同事们也都尽量照顾我，做我的翻译，我也经常到同事家"蹭饭"；去村子里开展工作也尽量给我安排近一点路好一点的地方……令我感到欣慰的是，后来乡上的干部和群众很多人都说："小李就跟我们的人一样！"这说明我已经融入了这里。

2003年7月，由于工作需要，经组织考察，我被调到县委组织部工作。能到县上工作，又成为一名组工干部，我内心充满了欢喜，同时也在心底暗暗下决心，既然组织信任和需要我，我一定要努力干好工作，决不辜负组织的期望。到了新的工作岗位，一切重新开始，我认认真真学习、诚心诚意请教、踏踏实实工作、时时刻刻严格要求自己，逐步进入了工作角色。由于工作需要，我经常到各乡镇下乡，在组织部工作的两年时间里，我去过全县很多村子，对县情也有了一定的了解，同时也熟悉了组织工作。

县委组织部是一个和睦的大家庭，这里给了我温暖，也促使我进步。组织部有7名干部，其中就有汉、藏、土、回、撒拉5个民族，但大家心往一处想、劲往一处使，相互尊重、相互帮助，从来没有发生过不愉快，单位的各项工作在县上是走在前列的，好多部门都羡慕我们单位。由于工作需要部里经常加班加点，但大家毫无怨言，经常是领导和我们一起加班到深夜。在部里我除了从事干部管理、基层组织建设等工作外，主要从事文秘工作。在工作上，部领导手把手地教我，反复修改起草的文件材料，工作上的进步是明显的；在生活上，部领导和同事们尽可能地帮助我，让我这个远在外地且没有亲人的单身汉，觉得这里就是我的家。鉴于我的工作成绩和组织需要，2005年6月，我被提任为团县委副书记，是当时县上较年轻的科级干部，我知道这绝非我一个人的成绩，主要是组织培养的结果。

2005年10月，我到黄南州委组织部工作，2007年10月到省委党校工作。这期间自己在工作上有了一些进步，职务也从科级变成了处级。我先后从事了文秘、副处长、处长和驻村第一书记等岗位工作，无论在哪一行干什么工作，我都始终牢记自己的使命和职责，勤勤恳恳、任劳任怨。记得在联点扶贫村当第一书记时，由于我们是第一批驻村干部，万事开头难，为了让乡亲们早日摆脱贫困，让全村走上富裕，我带领驻村工作队在村两委的全力配合支持下，通过制作宣传标语、横幅、召开党员大会和入户走访等方式对扶贫开发工作进行深入细致的宣传，不断提高广大群众的思想认识；对全村贫困户逐户进行精准识别复核，采取"五看法"对每户家庭的人员构成、住房情况、耕地面积、收入情况、存在困难和发展潜力等方面进行深入细致的摸底；最终研究制定出了全村扶贫规划、基础设施建设规划、产业发展规划、"八个一批"脱贫规划等，积极带领村民脱贫致富，各项工作稳步有序展开。据不完全统计，驻村以来，共落实新农村建设、畜生养殖、油用牡丹种植和村道硬化等各类项目资金460余万元，所驻村2017年顺利通过省级验收，退出贫困村，贫困户全部脱贫。

虽然自己在工作中取得了一点成绩，但这些都是母校和组织教育培养的结果。回想自己的成长过程有几点很深的感触。

一是优质良好的学校教育是人生起步的基础。在青海民族学院读书期间，老师们经常语重心长的教育我们要扣好人生的第一粒扣子。我从小在农村长大，深知能到大学读书有多么的不容易，所以我认真学习、积极参加学校组织的各项活动，从未有过一丝一毫的懈怠。后来，经过自己的努力我获得过奖学金，还担任过化学系团总支副书记和学生党小组组长。我清楚地记得系主任吴启勋、副主任包锦渊、系办公室主任祁仁增和班主任梁永欣等各位老师，他们就像对自己的孩子一样对待我们，无论在学习上，还是在生活上都给了我很大的帮助和教导。每当我遇到困难和疑惑时，便经常找他们或倾诉或请教，他们总是认真地倾听，并耐心细致地开导我，还手把手教我如何开展党务管理、学生管理以及各类集体活动等，让我不仅收获了书本上的知识，还积累了一定的工作经验，以至于我一个理科生从事行政工作不怎么感到困难，他们既是我的良师又是我成长的益友。我能从基层普通的工作人员一步步成长为处级干部，都是学生时代打下的基础，正因为有了各级组织和各位老师的时时教导、处处培养、事事关心，才有了个人如今的发展进步。

二是坚定不移的理想信念是干好工作的关键。无论在乡上还是在县上工作，我感触最深的是当地干部对工作的那种执着和理想信念的坚定。在乡上工作的时候，有的藏族干部不怎么会汉语，有的曾长时间在乡上工作，有的甚至从参加工作到退休都在乡上，但在工作上他们是全身心投入的，对待老百姓就像是自己的亲人。我问过，是什么让他们一直坚持在乡上工作的。他们的回答很朴实：因为我是一名国家干部。他们没有华丽的语言，只有默默无闻的工作，因为他们心里装着老百姓，他们时刻不忘组织对自己的关怀和培养。当时，我在乡上工作时也心灰意冷过，也后悔抱怨过，但正是有他们对我的激励，使我坚定了留在那儿扎扎实实工作的决心，我决不能辜负"选调生"这一光荣的称号。

三是宽广包容的胸怀是做人做事的根本。我刚到乡上没有住的地方，给我让床的是乡上的武装干事华旦，他和人武部长住在一间房里，但当看到我没有住的地方，他二话没说就把我的行李搬到了他们房间，当时我的眼圈是湿的，但华旦说："你在这儿没有亲人，我们是当地人，一切事情都好解决，你就把我当成是你大哥，我的床就是你的床。"我知道在他们心里没有民族之分，只有同事、同胞。在工作中，我也发生过这样、那样的失误，可不管是领导还是同事都能帮我指出，我也在工作中向领导提出过一些建议，他们也能虚心地听取。后来，我每每向他们表达我的感谢之情时，他们却说："不用感谢我们，希望你以后也像我们这样帮助需要帮助的人就行了。"这些事、这些话对我来说终生难忘。

四是吃苦耐劳的敬业精神是成长成才的前提。在基层工作最让我敬佩的就是干部的吃苦耐劳精神，正是有了这么一些党员干部，各项工作才向前推进，我们党的事业才有了今天，个人也才有了成长和进步。我印象最深的是我们乡上的副乡长切吉布加，有年冬天他去查看草场上的黑土滩，当他骑着摩托车走在冰上时，突然冰面下塌，连车带人掉进了冰冷的水里，乡上干部劝他赶紧回去换衣服，可他说都快到了看完再去，说完抬出摩托车继续往前走，等回到乡上他的腿已经冻成了"冰腿"，他的脚也冻伤了，但他无怨无悔。像这样爱岗敬业的事情在基层实在太多太多了。想想基层党员干部的那种敬业和吃苦耐劳精神，我想我们没有不好好干工作的理由。

从母校毕业参加工作已 20 年了，其中在基层工作的时间虽然短暂却让我受益良多，不仅让我丰富了人生阅历、结识了良师益友，还学到了道理真知，找到了差距不足，真的是感触颇深，如同母校对我的教育一般，这将是我一生的财富，也是我前行的不竭动力。

李顺成，男，土族，中共党员，青海门源人，2001 年毕业于青海民族学院化学系。

我和我的大学

王怀成

每个人在成长的不同时期都有不同的梦。漫漫人生路上,"追梦——圆梦"周而复始,贯穿着整个人生,我亦如此。

1997年9月,秋风吹拂,河水荡波。我离开故乡,只身来到陌生又向往的城市——古城西宁,走进青海民族学院预科部,开始了自己的大学生活。短短一年的预科生活,我很幸运遇到了很多优秀的老师,他们学识渊博、爱岗敬业、为人和善、品德高尚,让我学到了知识、丰富了见识、领略了人生。1998年9月,我正式成为母校数学系的一名学生,至此,开始了我为期四年难以忘怀且回味一生的本科学习生涯。

大学是人生的蜕变期,每一个人都在不断成长。我深知,青海民族学院是我人生的转折点,让我拥有了一个新的开始。犹记得,初次走进青海民族学院这个充满生机的校园时,我的第一感觉就是好美——雄伟的大门、茂盛的柳树、鲜艳的花朵……错落有致,仿佛来到了一个精心设计的"花园",让你忍不住想用一生去热爱它。虽然那时候的青海民族学院还没有更名为青海民族大学,校园也没有如今这样大的规模,看不到高大的建筑、种类繁多的花木和雅致的亭台,但是,一树一草一花,足矣。我兴奋地体验身边的新鲜事物,每每散步在优美的校园里,看着各族学子在畅谈梦想、在遨游书海、在挥汗如雨……此情此景,总会让我有些莫名的激动。

我记得那时候全校师生只有3000多名,专业也没有现在这么齐全,但学校一直都有非常优秀的师资,有的是从事多年教育工作、教学经验丰富的老教师;有的是大学或研究生刚毕业就走上工作岗位、走上讲台的年轻教师。他们敬业、善良、谦恭、务实,以高尚的师德、爱生如子的赤诚之心、诲人不倦的品德、春蚕吐丝的自我奉献精神,培养了一批批德才兼备的人才,为青海乃至民族地区教育事业的发展作出了特殊的贡献。

李银奎老师是我大一的班主任，大二的时候班主任换为马海成老师，遇上他们，是我们全班同学一生的福分。这两位老师，给我们留下的最深印象是博闻强识、思维敏捷、平易近人、古道热肠，虽历经生活的磨难，仍淡然闲适。同学们都认为他们的讲课风格很特别，带有一些神秘色彩，让我们一下子接触到了数学史上的大问题和大猜想，从而产生了浓厚的学习兴趣。即便是毕业二十年后的今天，同学们相逢后还是经常聊起两位老师丰硕的成果和桃李不言的伟岸。

我所在的数学系全班共39名同学，大部分来自省内各州县的农村。在这个藏、回、土、蒙古等多个民族组成的大家庭里，我们共同学习、生活了1400多个日日夜夜。"一朵孤芳自赏的花只是美丽，一片相互依恃而怒放的锦绣才是灿烂"，在青海民族学院求学期间，我深刻地体会到了这句话的真谛和内涵。不论是在生活上，还是学习上，我们相互尊重、相互帮助、相互关爱，既有天南地北的高谈阔论，也有彻夜不眠地倾诉心声。在课堂上、在操场上、在校园周边的田埂上、在湟水河畔的东郊公园里，我们读书、踢球、郊游、办篝火晚会……一幕幕洒脱飘逸的青春倩影至今历历在目。同学间没有地域之别，大家用真诚和真心诠释着青海民族学院"听高峰八宇乐山乐水齐奏和谐曲，看沧海角天宜兄宜弟同添敦睦谊"的和谐诗篇。

大学四年里，我始终牢记北大校长蔡元培勉励北大学子的这句话，因为大学生活的主线就是学习。在实现中华民族伟大复兴的征程中，大学生没有理由松懈，相反，应在学习与生活的磨炼中承担更多的社会责任。所以这个阶段的学习是迥然不同于以往的，它赋予了学习者更大的自主性和更广阔的思维空间，同时对学习者提出了更高的要求。在这种模式下，要求学习者必须有明确的学习目标，有更强的选择辨别能力和自学能力。对于这个方面，我至今感谢在母校那几年的求学生涯、在这期间的历次挫折与收获，使我真正懂得了如何进行自我学习，怎样有选择性地开展学习，提高自身自学能力和学习效率。

"善行者究其难，善学者穷其理。"说起母校最能陶冶人的地方，那无疑是图书馆。母校的图书馆藏书很多，作为青海民族学院的一名学子，自然是占尽先机，你只需办一张借书卡，各类藏书任你借读。我和学长学姐、学弟学妹们基本每天都畅游在知识的海洋，尽情地汲取知识的营养。图书馆的工作人员特别爱岗敬业，他们热爱知识、热爱读者、热爱图书馆管理工作，经常给我们推荐新书好书。所以，在母校我不仅收获了书本上的知识，而且母校严谨踏实、求实创新的治学氛围也潜移默化地影响着我的学习与思维，这是我在母校学习期间的最大收获，也深深地影响着我一生的发展。

俗话说，穷人的孩子早当家。由于家庭拮据，我常常会为每个月几百元的生活费而发愁无措。所以，我很早便走上了勤工俭学的道路，利用学习生活的课余时间开展了跑促销、做中介、卸煤车等大量社会实践活动，以此换来微薄的收入。同时，我和民和的一位同学在班里开了当家教的先河，在母校求学期间，我先后辅导了近50名小学到高中不同学段的学生，其中也带出了一些大学生，受到了家长和学生的一致好评，一声"王老师"一直叫到了现在……这些社会实践活动，其实也是对所学知识的一种巩固和加强，不仅拓宽了我的视野，还增长了我的见识。

犹记得刚进入数学系时，李银奎老师就动员我们入党，在系里各位老师的热心帮助下，我在第二学期就光荣地加入了中国共产党，成为数学系最年轻的学生党员。此外，我先后被选为副班长、班长，之后，又先后担任过数学系学生会副主席、校文学社社长和广播站播音员等职务。直到2002年7月大学毕业，我顺利地走进青海武警总队，正式步入部队的大熔炉，八年的军旅生涯，让我再度得到了锤炼和提升，为我今后的人生打下了扎实的基础。

2010年初，我积极响应国家号召转业到地方工作，在青海省政协经济委员会从事工业领域内的节能和资源综合利用及节水等工作，一干就是12年。这期间，我一直坚持学习再学习，不断提高自身政治素养，讲政治、强担当、干实事、求实效，为全省节能降耗和资源综合利用贡献了自己的力量。所在单位被评为先进处室、先进基层党组织，本人曾多次荣获先进个人、优秀党务工作者等荣誉称号。2015年至2017年，挂职黄南州同仁县副县长的两年时间里，我主动进位、积极担当，充分发挥省直部门的统筹协调作用，先后为村、乡、寺院等协调2700余万元帮扶资金，助推同仁县各领域脱贫致富，受到同仁县委县政府的肯定与好评，连续两年考核被评为优秀。这一切成绩的取得，都离不开母校的栽培，离不开李银奎、马海成等恩师的悉心教导。

"感世事移宫换羽，思伟业拓风开雨，培学子矫如腾龙，育佳士俊如游麟。"今天，当我在工作岗位上回首阔别了二十余年的大学校园生活时，崇敬感怀之情油然而生。二十余年里，我对我的母校——青海民族大学始终充满了感恩与怀念。二十余年里，不论是在军营，还是在转业后的工作岗位上，我始终牢记母校的培养和恩师的教诲，而且深深地感受到，只有严格自律、脚踏实地、认真工作，才不致辱没母校和恩师的望名，为此我常常心存自警，这也是我多年来不敢懈怠、谦恭待人、绝少论议是非的原因之一。作为一名民大人，我深信，在新的历史征程中，母校一定会人才辈出代代强、桃李满园扬四海！

王怀成，男，藏族，生于1978年，2001年毕业于青海民族学院数学系。

心系其民　乃成其大
——我与民大的情缘永续

星金梅

回忆是对往日美好的珍藏，打开尘封的记忆，穿越时光的隧道，在母校四年的学习生活让我学会了在失败与成功中收获人生的成长，在独处与交往中发现更好的自己，在聆听与诉说中获取宝贵的友谊……很幸运自己能在青海民族学院认识很多亲切又博学的老师，结识很多真诚又优秀的同学，是他们让我的大学生活充实多彩，使我的生活充满了自信、快乐和幸福的元素。四年时光荏苒，一生情缘永续，我与母校的缘分要从求学之路说起……

感恩悦纳
母校开启求学之门

人的一生总要面临诸多抉择，紧要处的选择往往能改变人的一生。至今想来，我仍感恩在我无助时母校为我开启的那扇门，那扇通向阳光、通向希望、通向梦想的门。

出身于寒门的我，求学路漫漫。记忆中，在我很小的时候，妈妈就体弱多病，家里所有的重担都是爸爸一个人扛。上初中时我努力学习，一心想着毕业后考上中专便可以早日工作，减轻家里的负担，结果在初三预选时我落榜了，没有资格参加中专考试。我伤心落泪，曾一度想要放弃学业去打工。后来，因厂里改制，爸爸所在的车间效益不景气，面临下岗，再加上长期积劳成疾和油漆的毒性，爸爸住进了医院。哥哥上技校，我读高中，弟弟读初中，家里用钱的地方特别多，生活过得尤为清苦。每当因精力不够导致学习成绩倒退时，我就想放弃求学，可是看到爸爸那鼓励的眼神，我又会重新振作起来，发奋图强。有付出就会有收获，经过苦累的高中三年，我终于考上了大学——青海民族学院（现更名为青海民族大学），开启了我人生的新阶段。

在收到青海民族学院送来录取通知书的那一刻，我们一家人喜极而泣。1998年9月，我背上行囊在爸爸的陪同下前来报到。犹记得当时的校园鲜花盛开，学长学姐们热情地帮我们新生完成入学手续的办理，并送我们去宿舍。班主任李老师和蔼可亲，同学们善良真诚，是母校的悦纳，给了我成长成才的平台，给了我内心的温暖和奋进的力量。

感念师恩
母校助力求学之路

进了民院门，就是民院人。在我的记忆里，母校有着家一般的温暖，老师们都毫无保留地把自己的学识、才华和满腔热血奉献给学生，使我们的求学之路走得无比踏实和快乐。

为了缓解生活的压力，大一时我加入了校学生会的勤工俭学部——家教服务中心。我和学长们利用周末时间去宣传，我也如愿找到了第一份家教工作。对我来说，这份工作不仅能糊口，还可以锻炼能力。

清晰地记得大一暑假时，我为了积攒大二的学费，整个假期都在勤工俭学，校领导还在教学楼里给了我一间小屋子便于吃住，这解决了我生活中的一个难题。有次爸妈到学校来看我，我用我勤工俭学挣的钱请他们吃了饭，给他们买衣服，带二老逛公园……虽然吃得简单，衣服也不是很贵，但是能看到他们满脸幸福的笑容，我就无比地开心。学校提供的勤工俭学机会不仅够支付学杂费、生活费，甚至还能有一点点结余以贴补家用、孝敬双亲。由于我们家教服务中心的成员踏实肯干，热心积极，工作效果显著，且收费低，所以得到了社会的认可和好评。大学四年里，我给很多同学介绍了家教工作，让他们也得到了锻炼和提升的机会。大学期间我没有申请过贫困补助，因为我想把贫困补助留给更需要的同学。

贵人之恩，没齿难忘。我在勤工俭学的过程中遇到了很多好心人，其中一位先前在民院工作（现已退休）的老师因工作忙没时间督促孩子学习，导致孩子的学习成绩并不理想。我就利用晚上和周末休息的时间耐心辅导这个孩子各门功课，帮助他提高成绩。这位老师对我关爱有加，把我当女儿看待，出差会给我买衣服，我回家时会给我带好多好吃的给家里人，让我再一次感受到了母校给予我的关怀和照顾。她还常常用"寒门出贵子，逆境出人才"这句话鼓励我，让我更加坚定了努力学习的信心。她的这种无私帮助直到我大学毕业。

大三那年的一个周末，当我打算去干家教时，噩耗传来，最可亲可敬的爸爸永远地离我而去。当我赶到家中时，甚至都没能看上他最后一眼。从此，妈妈失去了好丈夫，儿女们失去了好爸爸，年迈的奶奶失去了好儿子，整个家庭失去了支柱，我们全家陷入了巨大的悲痛之中……子欲养而亲不待，作为子女，我没有好好地照顾他、陪伴他，没有好好地跟他谈谈我的学习生活，没有好好地给他分忧解愁，我总想着等我大学毕业工作了，爸爸妈妈就可以享福了。山高可攀，海阔可越，塌了的路能够修复，断了的桥能够重建，熄灭了的灯能够重新点燃，唯有失去的亲人是再也无法挽回的！爸爸的去世成了我永远无法弥补的遗憾和心头挥之不去的隐痛。记得爸爸下葬那天，班里派了几个同学来家里看望我和妈妈，这让伤心欲绝的我觉得自己并不孤单，因为母校的老师和同学都在背后默默地关心我、支持我。当我拖着疲惫的身心回到学校时，系主任和班主任都安慰我、鼓励我、关心我，让我振作精神努力学习，以成就更好的自己。

师指一条路，烛照万里程。大四下学期，还记得实习开始时数学系王主任带我到初三（一）班的情景。当时的我，显得非常拘谨，是他的平易近人、和蔼可亲消除了我初来乍到的窘迫。记得有一次新课讲解，我没有把概念讲清楚就让学生解题，导致课堂效果不佳。下课后王主任严厉地批评了我，他对我说："好老师是台上一分钟，台下十年功的磨砺。数学是严谨的学科，容不得半点纰漏。"是老师们的言传身教让我深切体会了"走上三尺讲台，教书育人；走下三尺讲台，为人师表"的师德理念，让我感悟到"愿将心血化春雨，随风潜入育桃李"的教育灵魂，让我感受到要做好班主任工作真的不容易！实习生活是我踏入社会的第一步，在这条道路上，是王主任还有数学系的老师们见证了我的成长与进步，是他们让我认识到了自己的优点与不足，是他们让我少了一分稚气，多了几分沉稳。

春华秋实，落叶不会忘记根的情怀；岁月流逝，我也不会忘记母校恩师们对我的培育和关心！

感恩有你
母校激励教学领航

进德修业、自强不息，母校的这种精神始终激励和指引着我奋勇前行。

2002年大学毕业后，我怀着对教育事业无比崇尚的神圣情感，追随着恩师的脚步，走上了三尺讲台。从那时起，我就立下了"当园丁培育百花，做黄牛无私奉献"的誓言，并为自己定下了"干一行、爱一行、精一行"的工作准则。

工作过程中，我以恩师为榜样，始终秉承着母校的优良传统，以高度的责任感和强烈的事业心对待这份神圣的职业。我刻苦钻研教材、订阅报纸杂志，从书本中汲取营养，不断提高自身教书育人的本领。我致力于用活教材，把教育理念和教学实践密切结合起来，并虚心向校内外的同行们学习，努力提高教育教学质量。在不断地学习、反思和积累的过程中，我的教学水平得到了提高，并赢得了家长、学生、同行的肯定和赞扬。

精神需要传承，爱心需要传递。在担任班主任期间，我将母校给予我的温暖和力量转化为对学生的无私关爱，真诚对待每一个学生，就像我的恩师待我那般，用心和学生沟通交流。我尊重每一个学生的特长，尊重每一个学生的情感，尊重每一个学生的个性。我认为，只有教师心中有"阳光"，才能"照亮"学生，只有爱心育人，才能爱满校园。我曾经教过一名学生，他性格孤僻，不爱说话，经多方了解后才知道这位同学来自农村，家庭条件非常不好，因此很自卑。我了解情况后，主动找他谈心，并在学习、生活上给予他更多的呵护和关心，并鼓励他一定要通过自己的努力去改变现状，追求梦想。点滴的关心与爱护，驱散了他心里的忧郁，他变得活泼开朗起来。最终在我的鼓励和帮助下，他成功考取了华北电力大学，毕业后，又在自己的工作岗位上实现着人生价值。

母校是德行、专业、精神之集大成者，作为母校的一分子，我在工作中也认真践行着校训精神，树立了终身学习的理念，并自强不息、一路领航。作为全市高中数学兼职教研员，在"互联网+教育"的大背景下，我注重自身教学素养提高，积极参加全市"智慧课堂"大教研活动，并与大家一起学习、内化新课程核心素养，彼此分享实践经验，互帮互助、教研相长。我先后参加了骨干教师培训、新课程改革培训、专兼职教研员培训等，并作了题为《凸显核心素养 构建高效课堂》《立足常态教研 打造特色课堂》《着眼核心素养 探寻备考策略》的交流报告，将所学成果与全市高中数学教师分享。为了丰富校园文化生活，激发学生学习数学的兴趣，2019年5月，在市教研室的大力支持和指导下，我与高中数学教研员一起组织举办了格尔木市"数学文化与趣味数学"知识大赛，得到了广大同行的一致好评，取得了良好的效果。

一朝在民院，永为民院人。感恩母校，给柔弱的心以力量，给无助的家以希望，给迷茫的人以信念。在您的培养下，千千万万学子早已长成栋梁，造福桑梓。一代代民院人会将母校的优良传统和高尚品格播撒到祖国大地的各个角落，他们会心系其民，乃成其大。在这里，衷心祝福母校在新时代里继续造就民族精英、培养国家栋梁，为民族教育事业的发展作出新的更大的贡献。

星金梅，女，土族，生于 1979 年 8 月，青海大通人，2002 年毕业于青海民族学院数学系。

千里守望　心手相牵

魏建国

天津大学和青海民族大学山海相隔的距离被两校用真情、真心、真爱的帮扶热情无限拉近，秉持着立德树人的初心使命和科教报国的家国情怀，天津大学发自内心的真帮实干，为对口高校注入了巨大的"智力"能量，共同谱写了一曲新时代东部高校支援西部高校共同发展的崭新篇章。

——题记

欲将壮志寄青海，明月何曾是两乡

从海拔不到 5 米的天津大学来到海拔 2200 米的青海民族大学，已有六个年头，真的不算短了，这是我在天津以外生活最长的地方了。耳边依然记得第一次到青海，民大领导说："一日青海行，一生青海情。"当时还只是入耳，觉得这是好听的好客之词。六年后的今天，才真真切切地体会到什么叫"一生青海情"。45 到 51 岁是人一生职业生涯的黄金年龄。我的黄金年龄有幸留在了青海这个美丽的地方。在"两边跑"的日子里，儿子常常调侃说："爸爸就是一个隐形侠。"有人问时光倒转再让你选择，你还会来吗？有志者奋斗无悔，我还会坚持我的选择，尽我所能为西部地区的教育办点实事，为青海的发展提供更多的高素质人才，为民族地区社会经济发展略尽绵薄之力。

志不求易者成，事不避难者进

一年之计，莫如树谷，十年之计，莫如树木，终身之计，莫如树人，人才不会自然而然地产生。计算机相关人才很难从东部引进，只能靠青海自身培养，我们把计算机学院人才培养目标确定为：面向青海省、面向民族地区，培养"留得下""用得上""靠得住"的人才。在领导的支持下，我们整合学校传统的计算机、物理电子信息化、数学等学科，积极打造新型交叉学科。通过不懈努力，2018年获批建设青海省内唯一的信息安全本科专业，在培养网络信息系统安全管理与运维、安全风险评估与检测、数据安全保护等方面的网络空间安全高素质人才上填补省内空白。与此同时，服务青藏地区持续稳定发展的国家战略任务，针对网络空间治理、网络安全监管、舆情分析等高层次人才引进困难的现状，2021年建设青海省内唯一的网络空间安全一级硕士点，开启自主培养青藏高原网络安全紧缺人才之路。2020年获批建设青海省内第一个人工智能本科专业，积极培养机器学习、自然语言处理、图像处理等方面的分析、开发和应用人才。开创了青藏高原人工智能人才培养之路，推动实施"智能与计算学部"改革，以人工智能技术为核心促进通信、材料、物理、化学等学科的快速创新和知识发现，推动数学、民族学、教育学、传播学等学科的内涵变化，拓展法学、经济学产生新的研究方向，最终形成"人工智能+X"的复合专业培养新模式，培育出产业及技术需要的创新型人工智能人才。

学院推动本科一流专业建设、新工科建设工作。通过不懈努力，2020年网络工程专业获批国家一流本科专业。2021年天津大学和青海民族大学共同协作的教学成果"西部需求牵引西东部共建人工智能实践教学模式与平台建设的探索与实践"获评青海省教学成果二等奖。

积土而为山，积水而为海。要想培养本地能用得上的人才，就要建立实验平台，青海民族大学计算机学院建立了青海省第一个网络攻防实验室、第一个工业机器人实验室，建立了天津大学、青海民族大学智能感知与安全联合实验室，引入天津大学技术优势充实民大计算机科研实力，在2020年获批国家民委人工智能重点实验室。通过这些平台的打造，民大计算机人有了自己发展的舞台，同时也为青海省相关技术的发展提供了平台，承担了青海省"双创"企业人工智能培训等工作，推动青海省创新创业及数字经济建设。

在为西部发展培养人才的过程中，尤其要注重将教学与科研、工程实践相结合培养学生的专业实践能力。2017年青海民族大学与天津市大学软件学院签订了"卓越实训"合作办学协议。民大组织9个专业的70余名学生赴天津市大学软件学院开展为期一年的免费实训，有力地推进了教学改革，提高了人才培养质量，促进了学生创业就业，让学生开阔了视野，丰富了知识。这些举措看得见、摸得到、落了地，有力地促进了民大学生的专业实践能力培养工作的开展。

功以才成，业由才广。在创新创业方面，学院致力于学生创新创业能力的培养，在计算机相关学科学生培养方案中，创新实践学分占到总学分的近40%。近年来，学院学生创新创业团队在"挑战杯""三创赛""蓝桥杯""网络安全技能大赛"等一系列国家级、省级赛事中获奖。学院先后获得"大学生小平科技创新团队"荣誉称号，中国国际"互联网+"大学生创新创业大赛银、铜奖，全国大学生就业创业人物事迹展第十五届"中国大学生年度人物"入围候选人等一系列荣誉。

理念先导，激发创新。为了让老师们了解学科前沿动向，强化学术交流研讨，先后在青海民族大学举办了2017年"教育部产学合作协同育人高峰论坛"、2018年"软件工程论坛及夏季课程"、2019年"中国计算机学会第一届语音对话与听觉专委会年会"、"第十五届全国人机语音通讯学术会议"、2022年"第八届国际人工智能与安全"等多个大型会议，各方院士、专家齐聚青海民族大学"传经送宝"，累计参会人员达1000余人，在青海省内反响热烈。

通过举办对口交流会，为民大与天津大学教师间结对子，将东部的教学、科研理念引入到民大，激发本地教师的教研、科研积极性，带动了一批年轻教师在理念上有了提升，在科研能力上有了大幅提高，同时也为天津大学更多的教师提供了通道投身到西部建设中来。通过一系列举措，2018年终于实现了民大计算机学院国家自然科学基金零的突破。2020年针对民族地区教育需求开发了第一台听得懂藏语的教学机器人，服务涉藏地区基础教学，推动中华民族共同体教育，助力国家通用语言推广。其核心技术成果"汉藏智能语音交互关键技术及应用"被认定为国际先进。

浩渺行无极，扬帆但信。天津大学与青海民族大学教师之间有着广泛的交流渠道。民大老师到天津大学深造，提高师资力量。通过对口支援政策搭建的桥梁，民大计算机学院有了第一名博士师资，并于2020年从天津大学返回民大工作。

潮平岸阔催人进，风正扬帆正当时

教育对口支援工作是缩小东西部高等教育差距、实现教育公平和受援高校高质量发展的重要途径，而人才帮扶则是对口支援的智慧源泉。功崇惟志，业广惟勤。天津大学在校领导的带领下，各部处、各学院都不遗余力地起到推动作用，让民大和对口支援高校之间不以山海为远。各部处都为对口支援做了大量工作，从他们的身上折射出对教育事业的情怀、对立德树人工作的温度、对教育初心使命的热度，他们无私付出的真心、真情、真爱是对立德树人使命的践行，在帮扶工作中用实干锤炼党性、磨炼意志、砥砺品行、担当作为，始终坚持用习近平新时代中国特色社会主义思想武装头脑、指导实践、推动工作，为助力教育扶贫、推进新青海建设贡献了智慧和汗水。

魏建国，男，博士、教授、博导，天津大学未来技术学院副院长，教育部网络空间安全教指委委员，曾任青海民族大学校长助理、智能与计算学部执行主任、计算机学院院长（挂职）。

难忘的大学生活

方占彪

2001年9月10日，我怀着无比激动的心情一大早就带着行囊奔赴日思夜想的大学——青海民族学院（现为青海民族大学）。坐在车里的我一遍遍地摸着包里用硬卡纸做的录取通知书，一遍遍地在脑海里琢磨着进入大学后该如何与人打招呼，如何与老师同学见面，如何做自我介绍……直到站在了校门口，我依然在琢磨，依然在心里反复排练，但跨进大门的那一刻，眼前的场景让我发现之前的种种顾虑都是多余的：有一群高年级的同学围着我，很热情的打招呼，主动帮我拿行李，带我去所在的专业报名点，非常细致地引导我填写相关信息、提交资料和缴纳学费等。然后两位同学带我去宿舍楼，在经过留学生公寓时我很惊讶地问："这里还有留学生？"带路的同学骄傲地说："是呀！咱们学校有很多国家的留学生呢。"于是从那时起我就对母校有了一种非同寻常的敬佩感。

大学生活就这样开始了，它让我拥有了人生中最有激情的四年时光，也为我今后的发展奠定了基础、指明了方向。大学时光对我来说既是新鲜的，也是苦涩的，因为这是我生平第一次远离家乡，踏上求学之路。如今，我已经毕业十七年了，今天再回忆大学校园生活，一切仿佛昨天发生的事情，依然历历在目、鲜活如初。

报到当天下午，我便兴致勃勃地走遍了校园的每个角落。这里有布局合理的教学楼、庄重典雅的图书馆、温馨舒适的餐厅，还有特别宽敞的运动场、郁郁葱葱的绿地和枝繁叶茂的各种树木。接下来的几天，全新的学习生活让我有点迷茫和焦虑，没有了昔日熟悉的朋友、没有了高中繁重的课业负担、更没有了高考倒计时……在这个梦寐以求的象牙塔里，如何才能实现自己心中的美好梦想与青春抱负，如何作为才能不辜负父母的期盼？为此，我经常独自在校园里徘徊思考。回到宿舍，脑海里也经常浮现高中那紧张而忙碌的生活，我在问自己，过去日日夜夜挑灯夜战冲刺高考不就是为了今天进入大学校园吗？当初为了冲刺高考搏击梦想的那股劲呢？梦想既然已经实现那为何又如此彷徨？就这样，我一直在思考、在寻找。

有一天晚饭后，我在夏晨广场散步，欣赏着藏学院学生跳的锅庄舞，意外发现宣传栏里有一张很醒目的海报，内容是当天晚上在学术报告厅举行校长与大学生面对面的活动，于是我便带着好奇前往那个报告厅。

那天晚上，虽然我没有勇气举手提问，但我相信我是听得最认真的一位新生。当时校长分享了他的求学经历，我不敢相信他来自祁连山脚下，曾在煤矿工作过，后来考取了大学，还去日本早稻田大学留学读了博士。这个过程虽然用短短的几句话就能表达清楚，但我相信那是一段非常艰辛的求学之路，听得我心潮澎湃，真后悔没拿上本子记录下来。校长还告诉我们，大学生活是新鲜的，但不能只顾着放松，而应该更加紧张、精彩、充实才是，或许这是人生路上最后的校园生活，之后将面对就业、生存等诸多现实问题。正是那场讲座让我如梦初醒，使我深受触动。回到宿舍已经很晚了，而校长的讲话还在耳边回响，那一夜我失眠了。经过思考，我决定必须要尽快适应大学生活并转变角色，尽早确定与大学相适应的学习生活方式，认真规划未来的职业生涯，让梦想从这里扬帆远航。从那天开始，我内心深处的彷徨和焦虑便悄然远去，迎来的是多姿多彩、充实而艰苦的四年学习生活。

随后，学校很快便安排了军训任务，所有的新生被分到各个小分队中，这是我人生第一次参加如此正规的高强度训练。经过一段夜以继日的军训生活后，我发现自己虽然瘦了好多，但心里却非常充实，也变得更加乐观自信了。最后，全体新生高喊着嘹亮的口号，迈着整齐的步伐，伴随着《军中绿花》的合唱，结束了那段难忘的军训。

到了10月份，开始正式上课，我便更加勤勉努力，每天畅游在《现代文学》的海洋里，跋涉在《咬文嚼字》的道路上……但好景不长，外地出现了"非典"，青海也受到影响。那段时期，我像往常一样每天坚持读书，有时也会和同学们一起在宿舍聊天。虽然闭校管理很严格，少了以往有趣的校园生活，但与高中相比，我还是很享受当下的大学生活。只有经历过那个用地狱来形容都不为过的高中学习阶段，才能在大学里释放我们曾经被束缚的天性和爱好。也正是因为这个时期的校园生活让我好好调整了自己的状态，我发现我真的适应了大学生活，不仅找到了努力的方向，学习生活也更加有条不紊，不再像刚入校时那样彷徨与无助，内心的平静让我的脚步更加沉稳。从此，我开始用专属日记记录自己的学习生活，并尝试着发表"豆腐块"一样的"诗"。

进入大学二年级上学期，一切都按部就班的往前推进。学校当时正在迎接国家教育部本科教学工作水平评估，为此我也在悄悄地努力改变着自己。大二的上学期开始，我便彻底爱上了阅读和写作，很多时间里我除了上课便是到图书馆看书。对此我特别感谢母校的图书馆，它不仅提供了丰富的学习资源，还让我开阔了眼界、增长了知识、汲取了营养、获得了自信。于是，每天的读书和写日记，成为一种无所拘束的心灵宣泄，而《河湟草》这本学生社团的刊物也成为我锻炼和提高的舞台。

有人说大一是"彷徨"，大二是"呐喊"，大三是"伤逝"，大四是"朝花夕拾"。我不太相信，便随手找来一本《河湟草》刊物通读，第一印象觉得内容还不错，甚至有些喜欢它了，于是便努力成为它的一分子，并积极去与它约会。在我成为《河湟草》文学社的一名普通编辑后，就有了一个大胆的想法，即这个刊物不仅要在校园发行，还要努力让它走出校园。于是我便风风火火地努力为它申请刊号，在往青海人民出版社跑了整整一个夏天之后，最终给办下来了。我激动地将新一期刊物推广到省城其他高校的兄弟社团，后来也不断被邀请到他们那儿去参加文学论坛，再后来我和我的伙伴们开始策划办一次纪念刊物，经过一年风风雨雨的准备，最终于2004年10月18日成功出版了《河湟草》二十周年纪念刊物，因此我也被中国校园文化报社评为全国优秀社长，这是我毕业之前送给母校的最好礼物。现在回想起来，《河湟草》文学社其实成了我们这一群叛逆孩子的牵挂和寄托，也给血气方刚的我们提供了一个成长舞台，很多同学不再逃课或是陷入彷徨、焦虑等不良情绪之中。每一期《河湟草》出版时我都欣喜若狂，捧在怀里就像是抱着新生的婴儿，然后穿梭于学校行政楼和中文系办公楼，迫不及待地送到老师们的办公室里。这不是为了证明什么，而是作为一名中文系的学生，我们热爱文学、热爱写作，一篇篇小短文里有我们的心声和呐喊，也有我们的寻找和慰藉，我们要把这份热爱与大家一同分享。

岁月如歌，似水流年。大学毕业已经十七年了，这几年在踏上新的征程之际，总会想起曾经走过的路。四年的大学生活，酸、甜、苦、辣尽在我和《河湟草》的约会中，我愿称其为"民大梦想"，因为它记录了我成长的点点滴滴，更多的是给予了我和我的母校收获的喜悦。

现在回头望去，我心中最大的遗憾就是在学业上没能得到继续深造的机会，在写作上没能与《河湟草》继续保持联系。作为民大人，现在对于我来说最重要的就是把握好今天、谋划好未来，努力创造有价值、有意义的人生，并常回母校看看，感受她深厚的底蕴和温暖的怀抱，找寻曾经的青春足迹和奋斗历程。借此，分享一首曾经写过的诗，纪念逝去的年华，也祝福母校的明天越来越好。

写在《河湟草》二十周年那一夜

描绘校园风云
回顾岁月沧桑
回眸真情瞬间
追求校园动态
珍藏我们共同的感动和记忆

二十年前，沐浴在改革开放的暖流，《河湟草》呱呱坠地而初试啼声，弹指间二十年匆匆而逝。

二十年间，《河湟草》从牙牙学语、蹒跚学步的婴儿长成了健壮活泼、血气方刚的青年。二十年间，他走走停停，停停走走，但始终在前行，并未真正停止。

二十年间，我们的田园——我们每个人"团结勤奋、求实创新"的这座古老学府发生了天翻地覆的巨变。

二十年间，虽然道路艰难坎坷，但日益丰富多彩的校园文化不断盛放，赫然呈现在我们的面前。

这二十年，是值得回忆的二十年；这二十年，是波澜壮阔的二十年。这二十年是我们共同在创造财富。

对于历史的长河来说，二十年只是稍纵即逝的一瞬。对于一个人的生死荣辱、悲欢离合，一个故事的一唱三叹、千曲百折，二十年只是其中的朵朵浪花和丝丝涟漪。在母校的悉心教育和用心培养下，我们《河湟草》的历届办刊者始终坚守文学初心，一如既往地忠实履行着自己的职责，实践着自己的文学理想，追寻着一个文学爱好者的光荣与梦想。

逝者如斯夫，岁月激荡。作为母校大家庭中的一员，作为耕耘者和收获者，作为时代的鼓手和歌者，我们深信，今后的日子里，在校领导和学院领导的正确引领下，《河湟草》将更好地"展示河湟文化，铸就精神家园"，以更加绚丽的姿态活跃在校园文坛上，以更加宽阔的胸怀与广大文学爱好者手牵着手、肩并着肩去捕捉青海民大丰富的校园生活。

　　回眸望去,我们在这片无数学子辛勤耕耘、挥洒汗水的校园里留下了一行行窄窄的脚印,而前方,崎岖的路正在无限延伸。今后的每一个日子,都将是一支鲜红而又醒目的接力棒,我们将把它一程又一程地传递下去……

方占彪,男,回族,中共党员,2005年毕业于青海民族学院汉语言文学系。

二

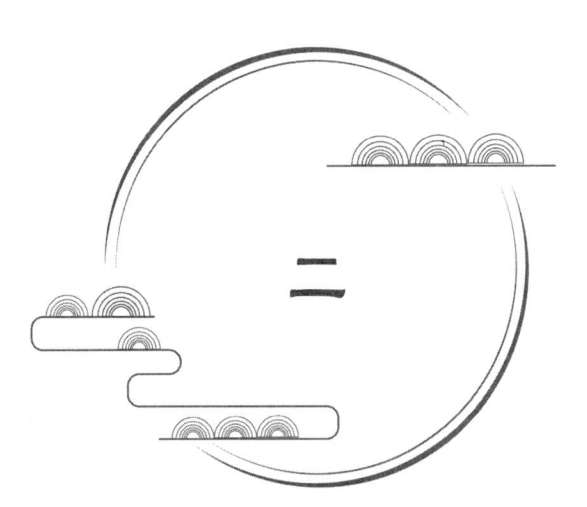

温柔敦厚　古今文章
——写在《李文实手稿》九卷本正式出版日

程　凯

2024 年是李文实先生诞辰 110 周年、逝世 20 周年，先生的音容笑貌时常在眼前浮现，让我忍不住想诉诸笔端。恰巧近日，青海民族大学马成俊学友告诉我，《李文实手稿》九卷本已正式出版，闻此很是欣慰。1985 年，我在青海民族学院（现青海民族大学）李文实先生身边学习工作时就有过为李先生整理旧稿的冲动，因学识与能力不及终未有果。2020 年，兰州大学焦若水教授寄来李先生文集《黄河远上》，已令我爱不释手，时常翻阅以怀旧思人。如今，这九卷本一整套的先生手稿终于公开面世，怎不令人惊喜！

能有机会在李文实先生身边学习工作是我难得的福缘。20 世纪 70 年代初，我和父母在柴达木盆地香日德农场生活时就曾听说过这里有个种田放羊的"大学者"李文实，当然，那时我还只是个懵懂少年，也未曾与李先生谋过面。1981 年在青海参加高考后我又因身有残疾遭多所高校拒收，而幸得青海民族学院收留，在汉语系旁听。刚入学，就常听到"李先生、李先生"的各方推介。值得说明的是，"李先生"不仅是在我们学生中的尊称，也是整个 20 世纪 80 和 90 年代的青海民院师生乃至整个青海学界对李文实先生的专属尊称。现在回想起来，我很幸运，有幸能在那个年代的青海民院读书，在李先生身边求学。

那时的青海民院真可谓大师云集，除了闻名遐迩的李先生和少语系夏日东这样的一代宗师，仅汉语系就有程祥徽、张振亚、祝宽、我的研究生导师胡安良教授，还有叶元章、冯育柱、侯吉子等。在我们的记忆中，讲话带有浓厚青海方音、在校园背着手微驼着身躯、时而哼着河湟小曲，温柔敦厚、温文尔雅，为人慈祥和蔼、忙忙碌碌的李先生无疑是当时校园里特别的"人文景观"。

最难忘李先生为我们讲解校勘学、目录学的情景。他讲课几乎不看讲义，开讲便娓娓道来，仿佛泉涌，文献典籍、诗词章句，信手拈来，旁征博引，令人折服。李先生对古典文学史上的一些"悬案"和涉及的相关历史地理问题，都能提出新的见解，或引导我们思考可从哪些方面和途径进一步研究破解。李先生引导我们从掌握重要的文献目录入手阅读典籍，他说学研不仅悦己，更能服务社会。李先生注重言传身教且身教重于言传，课堂上下常常教导我们写文章动笔前要做到严密构思，尽量养成一气呵成写文章的习惯。我们中的许多人潜移默化受到李先生的影响，树立了从事学术研究、服务社会的理想。尤其难忘李先生为我们开设"《诗经》与《楚辞》比较研究"课时的情景，一首《周南·关雎》竟可以一连从句读到训诂再到释义讲上几堂课而仍令人充满期待。更难忘的是他虽蒙冤系狱数十年，却从不抱怨，更不改对学术的孜孜以求，以至耄耋之年依然思绪千里、笔耕不辍。

他的代表作《西陲古地与羌藏文化》及自序，最能反映李先生"学识博洽，文笔流畅"（1945年初顾颉刚先生对还是大四学生的李文实的评语）的突出特点。李先生研究文史尤其历史地理，"殆都是运用实地考察与文献记载相结合的方法"（史念海评语），以地名古今之变与古语方言考证考索古今汉文记载地名，尤其是西北古代地名时都遵循"名从主人"的原则，从羌藏语出发阐释过去学者遗留下来或悬而未决的问题，厘清了不少前人因欠缺民族语文素养和西北方音知识"望文生意""硬"诠释西北历史地名的缺漏。这无疑部分归功于李先生生长于河湟多民族交融地区，娴熟藏、蒙古、撒拉语，高中时还专门学过两年藏语的经历。据学友杨正刚介绍，李先生晚年还时常向藏语文专家询问请教，并将询问和思考结果呈现于他的研究考证之中。

李先生开辟了中国历史地理研究的一个新局面，尤其为研究西北历史地理和民族交往、交流、交融史开辟了重要的学术路径和方法。他的《"少年"漫谭》和《"花儿"与〈诗经·国风〉》等力作，文笔隽永如行云流水，堪称"当代《国风》"，最能反映李先生深厚的学术功底和生于西北、深耕社群、善于观察、勤于思考的优良学风，以及他关心劳苦大众、热爱生活的价值追求。特别是李先生从"花儿"与"少年"形成过程的历史研究中所折射出的中华民族共同体意识形成与发展的辩证唯物史观，对当下西北民族史研究与传播具有重要意义。

仍清晰记得，1994年春节前后，恰逢李文实先生80大寿，我刚好回西宁探亲，为表达对李先生的祝福，我与同为青海民院汉语系1981级的同学马成俊、马钧、阿忠荣、杨正刚等人，共同商请青海书法大家李海观先生题写一幅字画以示恭贺。题写什么合适？几人思前想后一致认为，李先生给我们讲读《诗经》

时常引用的一句话"温柔敦厚，诗教也"最为贴切，最终以"温柔敦厚，古今文章"作为对李先生 80 寿辰的祝福。想来，这也许就是我们这些学生对李先生的追忆和需要继承的品学吧！

感谢马成俊教授秉承李先生之遗风与同事潜心多年编就《李文实手稿》的壮举，同样还要致敬青海民族大学和青海人民出版社这种为前人立言、"为往圣继绝学"、为来者开坦途的责任担当。

谨以上述文字怀念李文实先生并恭贺《李文实手稿》出版。

程凯，男，汉族，中共党员，生于 1964 年 11 月，山东邹平人。1985 年毕业于青海民族学院汉语言文学系。现为全国政协第十四届常委、中国残疾人联合会第八届主席团主席。

文章千古事　杏坛传佳话
——庆祝《李文实手稿》出版发行

马顺清

　　光阴似箭，物换星移。近日，青海民族大学隆重举办《李文实手稿》九卷本新书发布会，我由衷地感到高兴，向新书出版发行表示真诚的祝贺。

　　李文实先生1979年开始执教于青海民族学院，我当时是学院1979级中文系的学生，也是最早聆听先生授课的学生。1983年毕业离开母校，迄今已整整40年了，弹指一挥间，往事忆犹新。先生学识渊博、德艺双馨、奖掖后进、诲人不倦、德高望重、桃李满园；先生急公好义、古道热肠、宽厚仁爱、谦逊质朴，是师者楷模、道德典范；先生历经磨难、淡泊宁静、从容不迫、襟怀旷达，是学业导师、人生灯塔！当年先生授课情景，至今历历在目。先生为我们教授中国古典文学，出口皆典、字字珠玑、句句箴言，领读锦绣华章、咏颂诗词歌赋，娓娓道来，引人入胜，许多篇章至今还能吟诵，都是当时先生解疑释惑、旁征博引、循循善诱形成的难以忘怀的记忆。

　　当年先生教授先秦、汉魏晋南北朝、唐宋、元明清四大段约三百多学时，从"文学史"和"作品选"两个方面主讲，"文学史"与"作品选"的比例大致为1∶3，以文学史为经络，以经典作品为基础。先生将中国文学各阶段发展演进的过程和特点，文学发展演变的一般规律、传统继承与发展轨迹和作家作品分析讲解得条理清晰、文脉赓续，让人兴趣盎然、回味无穷。授课过程中，先生在内容上主要讲难点，语法上侧重讲规律，重点讲解作品的时代特征、思想内涵和艺术魅力。先生对古文经典，要求精研细读、背诵默记一定数量的散文和诗词作品，以增强鉴赏文学作品的能力。先生为了让学生掌握经典文学作品的时代背景、思想精髓和艺术特征，时常布置学生写出心得体会，并且仔细审阅、认真批注，对其中优秀心得，慷慨激励、予以嘉许，让同学们愈发兴趣浓厚，争先恐后。每忆起上述片段，恍若昨日，使人心怀眷恋，先生授之以渔教学法实为教育的真谛。在《李文实手稿》中，收集了先生笔墨隽永的手写教案，倍感亲切。先生从1979年写到2004年，历时25个春秋，我想这就是先生传道授业解惑的秘籍法宝。先生对弟子在做人为学核心特质上的熏陶和影响，不是一段简单文字就可以叙写清楚的。我们感恩母校，首先钦佩的是当时学院领导之胆识和慧眼，邀请尚未获得平反的李文实先生执教学院中文系，先生以鸿儒大家之风教学和著述，毕生育才文章让人高山仰止、景行行止，学院以先生而骄傲，学子因先生而自豪；其次是当时先生身体力行的严谨求实教风、因而形成的浓厚学风、教学相长、以学为本，启迪思维、激发才智、学懂弄通的学习氛围，让我们从汗牛充栋的国文经典中取其精粹、去其糟粕，使学习成为博闻强识又学而不厌的愉悦过程，这正是先生留给我们的宝贵遗产和教育之魂魄所在。

　　文章千古事，杏坛传佳话，衷心祝贺《李文实手稿》出版发行，祝青海民族大学越办越兴旺！

　　马顺清，男，回族，中共党员，生于1963年1月，青海西宁人。1983年毕业于青海民族学院汉语言文学系。现为天津市人大常委会党组副书记、副主任。

在李文实先生影响下学习和研究青海地方史

王化平

我并不认识李文实先生，也无缘听他讲课，我对青海地方史的兴趣，是在李文实先生学术作品的影响下培养起来的。

1984年大学毕业后，我在同学的影响下来到青海，被分配在省委党史研究室工作。20世纪80年代初的中国史学界，在学科体系建设方面并不十分成熟。我所在的山东大学历史系只有历史专业和考古专业，历史专业也没有更详尽的学科区分。中国通史的教学是必备的，其他专业史、地域史（比如边疆史）等均无专人研究和教学。中国通史讲授又以中央王朝的政治为主，每个朝代都是从轻徭薄赋、休养生息到土地兼并、民不聊生，再到矛盾激化、农民战争，新的朝代诞生后又是一个新的轮回，了无新意。上学期间对那种枯燥乏味的周期式朝代史是极其不感兴趣，好在学校会安排一些学术讲座，比较感兴趣的是兰州大学历史系赵俪生教授的讲座，他从井田制度讲起，大谈周朝的经济制度，偶尔也谈谈西北边疆的历史。赵教授本是山东大学历史系教授，因故到兰州大学任教后，对西北地区充满了感情，但他也没有讲过民族史、边疆史。大学毕业前夕，我报名到青海支边，因从未来过青海，想找一些有关青海的资料，始终未能如愿。毕业前夕，有老师叮嘱我，到青海后关注一下边疆史、民族史，因当时我对历史研究并无太大兴趣，只是口头答应而已。

到青海以后，因为工作的缘故和专业的原因，我也会翻阅当地的学术报刊，无意中读到了李文实先生的几篇论文，顿觉耳目一新。后来又有目的地收集了一些，遂对青海地方史产生了浓厚的兴趣。在我的印象中，李文实先生的著作有以下特点：一是才华横溢，文采斐然。李先生的文章有明显的那个时代学者的共同特征，搜罗汇集，旁征博引，无论是正统史籍还是笔记野史，都能信手拈来，着实让人佩服。二是文笔细腻，叙事清晰。李文实先生喜欢在论证中详细记叙当时当地的地形地貌及事情原委。记得在一篇关于敦煌和莫高窟的文章中，李文实先生从敦煌的地理环境讲起，细述莫高窟周边环境和历史脉络，印象深刻，有如亲临。三是逻辑严谨，力求准确。从当时的文章中可以看出，李先生对暂无把握、尚无定论的问题，必多方求证，或检自古籍或求证达者，直到论述清楚为止。四是古今对照、藏汉互勘。李先生文章最大的特点，是用古藏语、古羌语、古鲜卑语，甚至吐火罗语，对勘古代地名，不仅纠正了很多错讹，而且搞清了很多历史事实，比如对三危、赐支、敦煌、张掖等地名的考释，让人有振聋发聩的感觉。毫不夸张地说，李文实先生开创的用少数民族语言对历史地名的考据和互勘，是青海地方史研究的一大创举，对青海历史研究产生了广泛影响。

当然，我对青海地方史的兴趣是有限的，并没有因此走上专门研究地方史的道路。没想到的是，这些兴趣，竟为我以后的工作增添了诸多助益。

2004年3月，受组织委派，我到黄南藏族自治州担任州委常委、秘书长，两年以后又转任州政府副州长，主管文化旅游等工作。2004年6月，黄南州委、州政府召开全州旅游发展大会，在审阅会议文件时，我提出把热贡文化作为黄南州重要的文化旅游品牌，这得到了州委书记郭汝琢的支持，把热贡文化作为政府的品牌写入州委、州政府文件。担任副州长后，我开始全力谋划热贡文化发展问题。工作之初，遇到的最大困难是热贡文化的定位问题。众所周知，同仁、尖扎地区是河湟文化的重要组成部分，只是处于河湟地区的边缘。要想打造热贡文化品牌，必须与河湟文化作一定的切割，需要讲清楚热贡的含义、历史、地域、文化资源的种类和文化特点。为了搞清楚这些问题，我重新翻阅了李文实先生的《黄河九曲新考》。在这篇文章中，李文实先生不仅把黄河九曲定位于隆务河（保安大河）流域，而且对热贡的历史进行了考察，认为汉代的榆谷、明清时期的捏工，都是热贡的不同译名，由此把热贡的历史上溯到2000多年以前。经过翻阅史籍，我发现宋代也有热贡的记载，名叫"一公"。用李文实先生的办法，对榆谷（汉）、一公（宋）、捏工（明清）、热贡（现代）4个名词进行考察，尤其以青海方言读之，4个词汇的发音竟然惊人的一致，始信先生的考据功夫确有独到之处。对于热贡的含义和地域范围，李先生认为热贡是上川的意思，这与今天藏族学者认为热贡是指"（河的）上游那块地方"又是惊人的一致。按照李先生的考据，热贡（榆谷）最初指贵德、尖扎、同仁等地，后来地域范围逐渐缩小，局限于同仁、泽库地区。我在研究中发现，热贡（榆谷）

一词最初所指称的区域，涵盖了青海境内的黄河谷地，后来却逐渐缩小。但直到现在，藏族学者仍把尖扎、循化等称为下热贡。2007年，我们在申报热贡（国家级）文化生态保护实验区时，就有学者提出应该把循化（下热贡）包括在内。当时为避免跨行政区域所带来沟通协调上的麻烦，我们拒绝了这个建议。从以上内容出发，我写了《保安古城记》，以保安古城为线索，梳理了热贡地区的历史，并对热贡文化的特点作了如下概括：热贡文化是青海历史长期发展的文化结晶，有深刻的文化内涵，有丰富的表现形式和广泛的群众基础，具有广阔的产业发展前景。对热贡文化的内涵概括为热贡文化是以藏族文化为主体，多民族文化和谐共存的文化；热贡文化是以藏传佛教文化为主体，多宗教文化和谐共存的文化；热贡文化是以本土文化为主体，本土文化与外来文化和谐共存的文化。经过这样的概括和总结，奠定了热贡文化的学理基础。经过我们的努力，2008年申报成功热贡（国家级）文化生态保护实验区，2009年将热贡艺术成功申报为联合国教科文组织人类口头和非物质文化遗产名录。这在当时，都是极具创造性的工作。

2010年4月，我离开黄南，调任省政协副秘书长，一年后转任省政协常委、省民族和宗教委员会主任。其间的一次偶发事件，我再次从李文实先生的文稿中获得助益。几年前，省内学术界围绕都兰古墓的归属问题发生过一次争论，当时有文化学者撰文，力证吐谷浑多次退保的白兰即是如今海西的巴隆。事情发生后，我再次翻阅李文实先生《白兰国址再考》，再次叹服于先生考据的严谨和论据的充分，确信白兰地望绝不可能在海西。

总之，李文实先生开创的以汉族和少数民族语言对勘而研究历史的方法，的确是史学界的创举，对青海和西部地区的历史研究有重要意义，期待着有更多的后来人接续奋斗，取得更大的学术成就。

深切缅怀李文实先生。

王化平，男，汉族，中共党员，生于1963年7月，曾任黄南州政府副州长、青海省政协民族和宗教委员会主任等职务。

记我校"首席科学家"吴天一院士

邵德山

我和吴天一同志的友谊，始于20世纪60年代初期。1964年5月，他作为大学毕业的军医，被派到果洛公安支队直属一中队体验军营生活。为便于他开展工作，中队首长让他与我住在一起。我当时任中队上士，出于工作需要，住的是办公室兼宿舍的单人房间。我应尽的地主之谊是每天除保持室内卫生外，早晚用干牛粪把炉火烧旺保持室内温暖，烧好开水，方便他白天喝茶，晚上有热水泡脚。他出诊误饭，我就通知炊事班留饭或给他做面条吃。我很敬佩他吃苦耐劳的精神。果洛是全国最艰苦的地区之一，他在这里度过了高寒缺氧关，在物资供应贫乏，部队吃不到肉、蛋、青菜的条件下，他和大家一样吃的是酥油炒上海脱水白菜和河南红薯粉条。在完成医务工作外，他还积极参加中队的野外训练，和战士们一起摸爬滚打。其间，他以高超的医术赢得了干部战士和家属们的好评，州医院也经常请他参加疑难病症的会诊。他一天到晚总是忙忙碌碌、乐呵呵地工作着。这段时间，我俩相处得十分愉快。分别后虽然少有来往，但艰苦中结下的友谊始终没忘。

2022年6月20日，他被青海民族大学聘为"首席科学家""双聘院士""终身教授"。我俩在办公室见面时，他送给我两件礼物：一件是雕刻精美的大丫丫葫芦，寓意福禄寿禧，是对老朋友的祝福；另一件是价值1280元的《吴天一高原医学》专著，其意与我共享他科研成果的喜悦，可谓礼重情亦浓。他的盛情驱使我披览了其著作，并查阅了他的先进事迹，对他从军医到院士六十余年的拼搏精神有了新的认识。

他有坚强的党性和为党旗增辉的精神。他在长期的革命实践中，认识到中国共产党是伟大、光荣、正确的党。他遵照党章的要求，努力学习，积极工作，争当先进分子，并光荣地加入了党的组织。入党后，他坚持用先锋模范的标准要求自己，真正起到一个党员就是一面旗帜的作用。他在攀登科研高峰的路上，自觉履行入党誓词，听党话，跟党走，一不怕苦，二不怕死，吃苦在先，无私奉献，带领团队不断创造出新的科研成果，成为党培养的一代在医疗领域誉满国内外的科学家。在建党百年活动中，中共中央授予他"七一勋章"，他为党的旗帜增添了光彩。

他有"完全""彻底"为人民服务的敬业精神。他不但医术高超，而且还是位医德高尚的人。工作中，他以毛主席倡导的"完全""彻底"为人民服务和"救死扶伤，实行革命人道主义"为座右铭，从医六十余年，无论在单位坐诊或跋山涉水在野外考察，总以医者的仁爱之心，用手中的听诊器、手术刀，给数万各族人民群众解除病痛，从未出现过医疗事故。特别是2010年4月14日的玉树大地震，受灾面积达2万多平方公里，有2000余人遇难，1.2万余人受伤，10万群众无家可归。他不顾自己年逾古稀和多病的身体，毅然要求去灾区抢救伤病员。省卫生厅怕他出现意外不批准，他又去找分管副省长得如愿。他带领着14人组成的专家组，赶到灾区后，立即驱车先后到17个抗震救灾工作点开展工作。高寒低氧的玉树灾区，对于前来抗震救灾的各路大军是严重挑战，大家都存在不同程度的高山反应。他组织专家组，一边向救援人员宣讲高原疾病防治知识，一边现场指导医疗队对脑水肿、肺水肿患者进行抢救。他还发挥会讲藏话的优势，对灾区群众及时进行心理疏导。通过救援队伍的通力合作，为灾后3天内把3000多名重伤员全部运出灾区立下大功。他还结合玉树救灾实践，及时总结出高原地震医疗救援基本经验，荣获"全国抗震救灾模范"称号，人民群众亲切地称赞他为"高原生命的守护神"。

他有为科研献身的艰苦奋斗精神。1958年，和他同来支援青海建设的志愿军老战士，因不适应高原气候而病逝。他敏锐地意识到，随着青海的大开发，会有更多的建设者来到这里，防治高原病是一项刻不容缓的工作，从而激发他走上探索高原医学的科研之路。高原病在我国医学领域尚属空白。他经过不断探索，证实这是一种高寒低氧环境下的特发性疾病。流行性医学研究有其特殊性，要求对自然人群的普查率必须达到95%以上，才能准确掌控疾病分布和患病因素。他为完成肩负的使命，从带领团队开办高原心脏病研究所，到深入各地去做细致的调查研究，历时六十余年。期间，他曾经赶着驮仪器的牦牛，深入到雪山草地的牧民住地，逐户进行高原疾病普查。有时冒着零下30多度的风雪严寒，白天普查，晚上整理资料。他通过乘车、骑马、徒步，走遍了青海、西藏、甘肃、四川等四省区的大部分高寒地区，诊治过上万名患病的农牧民群众，搜集到大量的第一手临床资料。高海拔的山峰更是他必去的地方。他先后攀登过唐古拉山、昆仑山、阿尔金山、天山、安第斯山、帕米尔高原和珠穆朗玛，也涉足过可可西里无人区和西藏的墨脱。在果洛州的阿尼玛卿山考察中，他带领中国、日本考察队以及志愿者共132人登山调研。到达海拔6000多米处时，日本考察队因高山反应严重只好下撤。他为了使5年的准备工作不受损失，和考察队队友忍受高山缺氧的挑战，圆满完成了考察任务。青藏高原上每座山的高度和它对动植物细胞组成的影响，都在他的资料之中。山高人为峰。高山大川留下了他艰苦奋斗的足迹，也让他攀登上高原医学科学的高峰。有收获必有付出。在五十余年超乎寻常的调查研究路上，他因6次车祸，造成14处骨折，43岁双眼患上严重的白内障，右腿固定着13厘米的钢板，在实验舱内耳膜多处破裂，心脏过早地安上起搏器。对此，他无怨无悔地说："没有献身精神，哪能获取一线的科研资料。"这就是他献身科研的思想境界！

他有勇于创新和敢于担当的精神。他最先提出"高原医学"的命题并为此奋斗一生。经过五十余年的艰苦奋斗，他结合理论与实践对高原医学作出了全面系统多学科的科学论证，在高原医学领域独树一帜而名扬国内外。他的高原医学理论是经得起实践检验的。1999年国家实施西部大开发战略，而最具标志性的工程是青藏铁路建设。在铁路施工中，铁道部任命他为青藏铁路一期建设高原医学顾问，二期建设高原生理研究组组长。他不负众望，勇敢挑起这两副重担。针对青藏铁路建设中大群体、高海拔、施工期长的特点，他制定出"三高三低"急救方案，建立起一系列卫生保障制度。他从抓铁路沿线供氧站和高压氧舱建设的大事，到编辑和发放高寒缺氧防护知识手册的小事，均事必躬亲，抓住不放，一抓到底。铁路施工点多、线长、面广，产生疾病也呈多样化，他又建立了电话遥控联系制度，使病人及时得到救治。由于他通晓高原发病规律，掌握了防治主动权，从而创造出五年14万筑路大军，在海拔4000~5000米的高原上施工零死亡的世界奇迹，为青藏铁路建设作出了突出贡献，也为以后的川藏、拉日、拉林铁路建设提供了宝贵经验。

他有让科研成果走上世界为国争光的精神。科学属于全人类。他五十余年来的科研成果及其应用，得到世界有关科研机构和专家们的认可与肯定，尤其是创建的慢性高原病量化诊断标准，被国际高山医学协会定为国际标准，并命名为"青海标准"，这是他为人类高原医学作出的突出贡献。他除了在国内医学界担任多项重要职务外，还被挪威奥斯陆大学聘请为客座博士研究生导师。他还是美国科学进展学会会员、国际高山医学协会科学顾问、国际肺血管病研究所研究员。他还与美国、英国、瑞士、德国、法国、秘鲁、尼泊尔等11个国家的大学和科研机构进行合作交流。他为高原医学献身的精神，为世界同行所折服，为祖国争得了荣誉。

他有生命不息战斗不止的拼命精神。他接手国家"十三五"重点图书规划项目——《吴天一高原医学》出版任务时，已经是80多岁的耄耋老者，也是新病旧伤缠身的患者。心脏起搏器、腿上的钢板、严重的白内障，为他的写作带来了很多不便。他为了把奋斗一生的科研成果系统完整的留给后人，让青藏高原上的各族人民健康生活，以超人的毅力，在"三年日夜挥笔中"，完成了大部头的专著任务。现在正式出版的《吴天一高原医学》共35篇、100章、340万字，精装书秤重8斤，这是他"老骥伏枥，志在千里"的又一奇迹。恩格斯有句名言："一个民族要攀登科学的最高峰，就一刻也不能没有理论思维。"理论思维是科学家的基本功。他之所以能攀登上高原医学的高峰，正因为他具有缜密的理论思维能力和"一不怕苦二不怕死"的革命精神。

纵观吴天一同志立足青海大地、扎根青藏高原的工作轨迹，充分证明事业的辉煌在于艰苦奋斗。他拿起听诊器、手术刀是白求恩式的好大夫；乘车、骑马奔波在风雪高原上，深入群众、调查研究，是孔繁森式的好干部；攀登完青藏高原上的高山冰峰，是出色的登山运动员；坚持五年在青藏铁路施工现场，是扎实工作的实干家；走上国际论坛和大学讲台是德高望重的科学家和教授；身有新病又有旧伤，戴着起搏器、打着钢板，完成高原医学巨著，是中国的"保尔·柯察金"；走进人民大会堂，接受习近平总书记亲自授予的"七一勋章"，又是全国优秀的共产党员。他以实际行动践行着习近平总书记倡导的延安精神。

我有这样的院士朋友，深感欣慰和骄傲！

邵德山，男，汉族，中共党员，生于1942年，山东平度人。曾任青海民族学院副院长、党委书记等职。

为民族教育事业孜孜不倦
——记青海民族学院副院长戴金璞同志

包毓俊

金璞同志是安徽凤阳人，1936年参加革命，1942年加入中国共产党，1963年底从青海省军区调到青海民族学院担任副书记、副院长，主持学院全盘工作。院长由青海省委组织部部长韩洪宾兼任。

戴金璞同志来院后，对党的教育工作表现出极度负责的态度，他勤勤恳恳、任劳任怨、谦虚谨慎、平易近人、雷厉风行的军人作风给广大师生留下了深刻的印象。他认真执行"教育为无产阶级政治服务，教育与生产劳动相结合"的方针，做出了大量的成绩，组织师生学习抗日军政大学精神，并学唱抗大校歌，组织教师干部分期分批去部队学习锻炼，提高他们的任职能力。

学校当时设有中文系、政治系、数学系、少数民族语言文学系（内设藏文、蒙古文两个专业），并根据本省的需要办好以轮训在职民族干部为主的理论班、文化班，培养专业干部的翻译班，按照青海省委的决定招收为牧区社教运动培养积极分子的社教班等，使民院逐步成为一所培养少数民族干部的学校。

戴金璞同志特别重视学员的思想政治教育，狠抓学生的思想转变工作，亲自给学生讲政治课。为了提高社教班学员的思想觉悟水平，除了学习规定的教材外，还组织广大学员开展忆苦思甜及学雷锋活动。当时学院设有政治教研室，负责收集材料、撰写简报等工作，马诚同志时任教研室主任，把忆苦的典型材料写成简报发给各教学单位学习，对培养学生的艰苦奋斗精神和提高学生的思想觉悟水平起到了很好的作用，使来自牧区的少数民族同学深刻认识到国民党反动派、马步芳，反动牧主、头人等都是各族人民共同敌人的深刻道理，从而把他们朴素的阶级情感提高到理解和自觉执行毛主席革命路线与党的方针政策的高度，加深了他们对党的忠诚和热爱。当时西北民族学院还派干部教师前来学习我校的办学经验。

当时，社教班的学员绝大部分都不懂汉语，他们来校后首先要做的事情就是洗澡并换穿学校配发的整套新衣服，各班都配有懂汉藏双语的老师担任班主任，操心并指导这些学员的学习及日常生活。这些学员学习很努力，进步也很快，通过一年的学习，他们不仅能听懂汉语，还会说汉语。在学习汉字上，基本能阅读报纸杂志。

戴金璞副院长认真执行党的教育方针，把提高教学质量作为学校的中心工作。为此，他把主要精力都集中到教学上，经常深入课堂听课，参加教研组会议，亲自过问教材编写、制定教学计划、检查教学效果、听取教师建议，并与学员谈心，听取他们对学院各方面的建议，同时要求全院各单位积极配合，以教学为主，为教学服务，为学校发展奠定了良好的基础。

青海民族学院原址在湟水北岸的中庄地区，相当于现在的"西宁铁路机务段"，由于兰青铁路要修到西宁，湟水北岸校址被铁路局定为火车站和机务段的地点，所以学院于1958年搬迁到现在的校址曹家寨。戴金璞同志来校时，学院周围都是曹家寨、十里铺的庄稼地，只有孤零零的民族学院，院内只有3栋3层的楼房及20余间平房，其中一栋楼房用作办公室，一栋为学生宿舍，一栋作为教室，没有教学楼，平房提供给炊事员、汽车司机等工勤人员居住。当时全校教职工不到200人，绝大部分住在当时的"铁路四处"，即现在的南校区，教职工来回要经过农田、水渠等，很不方便。为了解决教职工们的住房问题，院党委作出决定，动员全院教职工及家属发扬抗大精神，自力更生打土坯盖房。劳动中，戴金璞身先士卒，同师生一样挽起袖子、脱掉鞋袜，打土坯、上房泥，背砖送瓦，样样都干，他还对大家讲怎样把草同土搅拌好，当时我也参加了修建平房的劳动。有人议论，据说戴院长在长期同敌人作战时，腿里还有弹片未取出，他用脚踩泥比年轻人还厉害，这件事到现在我还记忆犹新。戴金璞同志虽然主持民院的全盘工作，但在劳动等各方面处处发挥着带头模范作用。这次修平房从头到尾都是教职工及其家属干的，只请了两位工程技术人员，不到三个月的时间，修建了百余间平房，基本解决了教职工的住宿问题。

在1965年前后修建了学校最早的教学楼即现在的英华楼，以及4栋3层宿舍楼，其中2栋作为办公室之用，又修建了医务所，调来了几位医疗水平较高的大夫，开设了住院部，学生病了，需要住院治疗，可以享受病号饭待遇。

戴金璞同志在民院工作期间，保持和发扬了革命战争年代的那种革命精神，要求大家认真工作、实事求是、深入基层、关心学生的学习生活，各个教学班每月抽出几位老师跟学生同吃同住，及时了解学生对教学、伙食等方面的意见及其他问题。为办好食堂，改善学生的生活，学校抽调两名职工在校内闲置地上负责种菜，学生轮流劳动。为解决食堂剩饭剩菜的问题，大灶附近修了个猪圈，养着两头猪，在过节时宰杀为学生改善生活。当时在物资不宽裕的情况下，民院的伙食办得不错，戴金璞同志经常深入伙房查看饭菜质量，鼓励炊管人员一心一意搞好本职工作，为教学服务好。每年年终召开工勤人员座谈会，他总是到会场听听大家的发言。当时学院有个规定，就是放电影、观看节目时，礼堂前三排是工人师傅的座位。此外，对新调来的干部、教师，他不论工作多忙，总要抽时间亲自接见谈话，介绍学校的情况，并征询对办好民院的意见。他的这些高尚品质和优良作风，值得我们学习。

戴金璞同志在民院工作的几年，在贯彻执行党的民族政策和教育方针、培养少数民族干部工作上费了心血，做出了成绩，培养出了"又红又专"的少数民族干部。他经常深入教学第一线，切实解决了不少实际问题，在教学课堂、建校劳动、学生活动、大灶食堂等都能看到他的身影。他整日为学校工作操心忙碌，给广大教职工做出了榜样，深受教职员工的好评和赞扬。

包毓俊，男，生于1938年7月，甘肃通渭人，1963年到青海民族学院宣传部工作至退休。

土族文化薪火相传
——访鲍生海先生

吕玉明

鲍生海先生每年都会从西宁回到黄河岸边的故乡——民和回族土族自治县官亭镇鲍家村住上一个夏天。安静、温馨的农村生活让他和老伴感到惬意和舒心。鲍生海先生身体硬朗精神矍铄、耳聪目明。这位生于1932年的土族老人，今年已经89周岁了，据说他和老伴鄂桃花，如今是鲍家村这个土族大庄子里最年长的老人了。

鲍生海先生于新中国成立前，在官亭镇读完了小学，他就读的那所小学当时被称为"中央政治学校西宁分校直属官亭小学"，这所小学便是被俗称为"朱喇嘛"的朱海山先生所创办的，直属于南京国民政府教育部。时光飞逝，如今在三川地区，曾就读于朱海山先生当年创办的这所小学的人已经不太多了。

鲍生海先生当年在朱海山先生创办的小学里上学时，虽然无缘见到朱海山先生本人，但朱海山先生兴办教育、促进地方文明进步的事迹，早已深深地印在了他的脑海之中。像朱海山先生一样，为家乡、为民族办些事情，成了他心底深处的夙愿。可以说，直接得到了朱海山先生恩惠福泽的鲍生海先生，在适当的时机传承了朱海山先生的衣钵，继承了朱海山先生的遗愿。

鲍生海先生在官亭小学毕业之后，到河对岸的甘肃大河家读过一个学期的初中，之后又转到民和县师范读了一个学期，这是1950年的12月了。由于学习成绩优秀，他被选入在西宁举办的寒假培训班。中华人民共和国成立初期，由于急需各个方面开展工作的干部，在这些培训班里经过一段时间的培训，便可以走上工作岗位或者继续进修和深造。寒假培训班结束之后，鲍生海被选入了"青干班"三期继续学习，这个"青干班"的全称是"青海省青年干部训练班"，是青海民族学院的前身，开始的时候被称为"青海省人民公学"，之后又叫"青海省民族公学",1956年正式定名为青海民族学院,2009年更名为青海民族大学。鲍生海先生在青海民族学院创建之初就加入了这所高校教职工行列,为这所被誉为青海少数民族干部的"摇篮"、少数民族干部的"黄埔军校"的青海第一所高校的初创和发展,贡献过自己的一份力量。

在"青干班"三期学习了大约一个学期,由于急需干部,鲍生海和他的同学们就提前结业了,他被选中留校工作。在"青干班"三期的同班同学中,有后来曾经担任过青海省副省长的班玛丹增、著名的中医专家沙万祥等人。在新中国成立初期的一段时间里,"青干班"为党在农牧区开展工作,补充了大批当地的少数民族干部。在民族公学、在青海民院,鲍生海当过学生辅导员、班主任,之后从事行政工作,他辛勤并且努力地干好每项工作。曾经担任过省委副书记、省政协主席的桑结加,担任过省人大常委会副主任的著名诗人格桑多杰,都曾是鲍生海的学生,他们提起当年的班主任时,总是说鲍老师关心和爱护学生,给他们的印象颇为深刻,他们还以各种渠道了解了当年老师的现状,送上他们真诚的祝福。

在鲍生海担任青海民族学院党办主任、团委书记等职务之后,他为民和三川早出人才、快出人才发挥了特殊的作用。在20世纪五六十年代,高校还没有形成今天这样严格的招生制度,学校的自主性很大。同时,青海民院又承担着向北京、天津等地推荐优秀少数民族学生的职责,在鲍生海先生的协调和努力下,一批又一批的三川学子进入青海民族学院深造,而其中佼佼者又被选拔推荐进入北京师范大学、南开大学、中央民族大学等高等学府深造,可以说是开创了一个新的局面。据曾经担任过官亭中学校长的朱明山先生回忆,仅推荐入北京师范大学和天津南开大学就读的,就有朱明山、张忠孝、辛有建、祁维钧、马景寿、祁兴仁、马德林、贺添喜、张忠堂、闫喜庆、余世英等11人,其后推荐入中央民族大学就读的有何维统、鄂积恩等,为三川土族培养出历史上第一批高层次人才。当时青海民院的办学条件较差,招生数量有限,但鲍生海先生千方百计出主意、想办法,帮助院领导尽可能扩大招生规模,不断从民和、互助、乐都等县尽量多招收少数民族学生入学。他知道农家子弟上学的艰难,也深知朱海山先生当初在家办学的初衷,尽可能让农家贫寒子弟入学,就是为了改变这些学子的命运,报效国家,鲍生海先生在这一方面,像体育比赛中的接力者一样,接过了朱海山先生的接力棒。

当时辗转来西宁找鲍生海先生的,有考上没及时到校、延误报名的,还有没考上的,只要找到他,他都会想方设法接收和安置下来。到西宁找鲍生海上学，一时成了三川土族人家学子的共同愿望。实际上那时的青海民院有着各种层次的教育，开设的预科按不同的学习层次开设班次。据说当初从塔尔寺来了一个年轻的喇嘛，他身穿袈裟，守在青海民院门口整整等了三天，见人就说他一心想上学念书。鲍生海知道了这件事，赶忙找到他了解情况，了解到他具备一定的文化基础，就带他到招生处办理了入学手续，这位姓白的僧人是官亭镇先锋村的人，从民院毕业之后，成了一名国家干部。除了向北京等地的高等院校推荐优秀的少数民族学生，鲍生海深知今后家乡建设还需要各个方面的人才，他向郑州电力学校、西安电力技校等专科学校举荐人才，其中如王吉庆、宋璞、罗万录、白生义、英本等成了青海省电力系统最早成长起来的本土高层次专业技术人才。

经过鲍生海先生举荐而走出青海的学子中，不少人成了各自领域的杰出人才。以张忠孝为例，1965年毕业于北京师范大学地理系，曾担任青海师范大学地理系主任、教授，硕士生首席导师兼任青海地理学会理事长，是享受政府特殊津贴的专家，著有《青海地理》《青海旅游资源》《青海旅游指南》等多部专著，是青海省地理学科的学术带头人和青海省旅游研究的开拓者，对青海的旅游开发贡献颇多。张忠孝从北京师范大学毕业之后，被分配到新疆石油公司的子弟学校任教，在听到张忠孝想回家乡服务的愿望之后，仍然是鲍生海先生找到他的老朋友，时任青海师大党委副书记的刘若筠协调，使得张忠孝顺利从新疆调回青海，从事了原本在北师大学习的专业，张忠孝这位大专家将鲍生海先生视为自己生命中的伯乐。而何维统、朱明山等人在毕业之后直接回到了家乡，先后担任官亭土族中学的校长，为土族之乡的教育倾心竭力。这批学子中的鄂积恩，自愿去西藏工作，担任过西藏电视台台长；祁维钧，担任过原海东市文广局处长、民和县委副书记等职务。这些三川学子没有辜负家乡父老的期待，在各自的工作岗位上取得了成绩、做出了贡献。

鲍生海在青海民院工作期间，因工作勤奋努力，多次受到表彰，出席过全国农业农村先进集体、先进个人表彰大会，全国团代会等，受到党和国家领导人的接见。1965年初，"四清运动"中，鲍生海受到严重冲击，他被开除党籍、公职，遣送回原籍，从事生产劳动。

家乡以博大的胸怀接纳了鲍生海。听到他举家被强制遣返的消息，满村人都出来迎接，拉着架子车自愿帮忙搬运行李，并不顾及他当时的"戴罪"之身，这让负责押送他们一家回原籍的工作人员倍感惊讶，而又百思不得其解。据说，当时在鄂家村的鲍生海先生的丈人家生活条件较好，会收留一些无家可归的流浪者到家中寄宿，而每逢鲍生海先生到丈人家总会把自己身上的衣物换给流浪者，并将流浪者身上的衣服换下洗净，亲手去除流浪者衣物上的虱子，给大家留下了非常深刻的印象。

"赠人玫瑰，手留余香。"正是因为鲍生海先生这种对家乡、对乡亲们的特殊情怀和高尚品格，始终得到乡亲们的呵护和尊重。只要走在街上，总有相识者或者不相识的乡亲们同他打招呼，逢年过节，他曾经的学生们也会带着一包茯茶来探望他。在随后的日子里，鲍生海先生还当过村里的水电站的站长，最后还担任了生产队会计和大队会计，这不但减轻了他的体力劳动，还有较好的收入。土族人是厚道的，懂得感恩的，他们不会忘记为家乡、为本民族作出过奉献的人。粉碎"四人帮"之后，1980年，鲍生海先生的问题得到了"平反"，他被安排到省水利厅工作，直到退休。在鲍生海先生身处农村的15年间，他始终感受到家乡父老的这份沉甸甸的温情。

朱明山先生在他的文章中说，鲍生海对三川教育所做的工作是继朱海山先生后的第二个里程碑，而民间也说他是三川涌现的"第二个朱喇嘛"。对这些说法，鲍生海先生总是谦逊地说，他做的事情同朱海生相比实在是微不足道的，怎么能同朱海山先生相提并论呢？但平心而论，鲍生海先生确实是朱海山先生奠定教育基础的传承者、薪火传递者和精神接力者。正是他多年的努力，让三川土族在20世纪50年代便有了一大批高层次的人才，构建了三川民族教育的新的高度和格局。

吕玉明，男，土族，中共党员，生于1986年，青海民和人，现任职于互助县人民政府。

学海踏浪　勤奋一生
——悼念历史学家芈一之教授

贾晞儒

平常每隔几天我就要和芈先生通一次电话，互相问安，交谈学校的情况和个人的一些事情。这期间，往往是谈笑风生，互相勉励。但是，最近却一个多星期没有接到他的电话，我打电话过去，对方无人接听。后来我又打电话过去，一位女同志接了。我问："芈先生在家吗？"她回答说："走了！"我问："去哪里了？"她哀泣地说："他昨天就去世了！"一听此话，如惊雷轰顶，我一下懵了，不知说什么是好。我和芈先生在电话上交谈还不到两个星期，怎么人就没了？为什么这么突然，我想立即过去，但我腿脚不便，行走困难，只好给我的儿子打电话，让他尽快过去向芈先生表示哀思，并向其家人表示哀矜和安慰。

20世纪六七十年代，我和芈先生有过几次接触，只知道他是研究青海地方史的专家，却没有更多的交往。1983年底，我被调入原民族研究所工作，才开始有了频繁的接触，对他的学识、人品、工作作风以及生活习惯和为人处世的态度等都日益了解，并且建立起深厚的友情。可以说，在做学问、干工作以及生活态度上，他都是我学习的楷模，是我的"良师益友"，从他身上我学到了很多东西。如果说，我在民族研究所有一定成绩的话，那其中就有芈先生的心血。

我一到民族研究所，就有许多同志主动向我提出各种意见和要求，其中最重要的就是关于民族研究所的教学任务和科研的关系问题，科研项目制定以及挑选学科带头人和培养学科骨干"后继人才"的问题等，尤其是芈先生。他以"地方民族史研究室"主任的身份，组织本室年轻学者阅读《清实录》《明实录》等我国历史文献典籍，摘录有关青海、边疆地方及民族社会历史的有关资料，分类编辑成册，内部刊印，供本所教学和研究人员使用及参考。此项工作用了近三年的时间，既培养了年轻学者阅读历史古籍的能力，又扩大了历史视野，为他们后来的教学和研究工作打下了扎实的基础。接着，他又最早提出了民族研究所设立"地方民族史硕士点"和培养年轻人的问题。在他的努力之下，我校首次成功申报地方民族史硕士点，实现了我校硕士点的"零"突破。由于他以身作则，严谨治学，不但激发了他本室所有青年人"甘坐冷板凳"刻苦求学的精神，而且也影响和推动了全所砣砣以学、精益求精的学术风气的形成。

芈先生是20世纪50年代初响应党的"支边"号召，从工作、生活条件比较优越的西安来到了原青海民族学院政史系工作，并在杨兆钧教授（1965年调往云南大学）的带领下开始了漫长的青海各民族历史、社会、宗教信仰及民族问题的田野调查和研究工作，参与（部分主笔）《东关清真大寺内幕》《青海民族学院十年史》《青海民族团结史》等著作的撰写工作，特别是到了1962年初，学校批准政史系成立"民族史编写组"，并委派芈先生担任秘书，时为青海省第一个民族研究机构，从此，他就在这个科研领域里砣砣经营了47年。在这47年里，芈先生历经无数坎坷和磨难，特别是在"文化大革命"中成了"牛鬼蛇神"，接受"革命群众"批判和监督劳动改造。但即使如此，他始终没有改变一名知识分子的爱国爱党之心，在折磨人的夹缝中，仍不忘为民族教育事业和科学研究做一些力所能及的事情。在他"劳动改造"的那些日子里，常常被派往农场下田劳作，在校时，他常打扫校内卫生、清运垃圾、清理库房等。有一次，在清扫库房的时候，意外地发现了他们曾经不畏寒暑，历尽艰辛，踏遍青海大地跋山涉水搜集的大量材料却被当作"封、资、修毒草"散乱地扔在地上，他冒着被批斗的危险悄悄地收拢起来，用废纸包好存入他原来的办公室的档案柜里，才幸免遭焚。后来芈先生利用这些资料，并参阅有关史籍编写了《青海地方史略稿》，打印成册做教材使用。改革开放初期，他又将此稿修改充实成为专著，更名为《青海地方史略》，供青海各高校当教材使用。40多年来，他在学海里扬帆破浪，带出了一大批优秀的史学学者，为国家史学队伍，特别是青海史学队伍的建设做出了不可磨灭的贡献。如今，他培养出来的研究生大多数都是国内一些高校和科研单位的"顶梁柱"。例如：魏新春现在是西南民族大学的教授、博导，秦永章是中国社科院民族学与社会学研究所研究员，李丽是中央民族大学教授、曾任该校博物馆副馆长，周新会是青海省人大常委会办公厅副主任，贾伟、韩喜玉是我校民族学与社会学学院教授，李臣玲是青海大学青海社会研究中心主任、教授等。在他的主持和带领下，亲自执笔并指导青年学者撰写了《青海蒙古史简编》《黄河上游地区历史与文物》《西宁历史文化》等。这三部著作，在当时是国内唯一的版本，特别是《青海蒙古史简编》，弥补了青海蒙古史研究的空白，为世人第一次系统、全面地展示了青海蒙古族在青藏高原700多年来为青海社会、民族团结进步和社会发展所作的辉煌成就和历史贡献，使艰辛奋斗、推动青海社会发展的蒙古族被世人所了解和重视。除此之外，他个人以身作则，默默耕耘，探赜索隐，在学术道路上树起了一面旗帜，截至2008年，他已发表史学论文193篇，出版专著《芈一之民族历史研究文集》《青海地方史略》《青海历史概况》《撒拉族简史》《青海少数民族》（主编，多人合著）《青海民族史入门》《撒拉族社会政治史》《撒拉族史》《青海省志·民主党派志》等著作，此外，还编辑出版了《撒拉族档案史料》《撒拉族史料辑录》《明实录青海史料摘抄》等史料汇集，为后来人的研究和学习提供了大量的珍贵资料和论著。可以说，我校民族研究所（现在的民族学与社会学学院）的发展、进步和芈先生的勤奋工作、开拓创新是分不开的，他不仅为我们民族史的研究踏出了一条基础扎实的大道，也为学风建设、科研水平提升做出了榜样。

芈先生为人处事比较低调，从不声张，是一位"默默无闻"的开拓者、耕耘者，他在自己的书房门上挂了一块"知不足斋"的木牌，以示警诫自己；他时时感到盛世之年，时不我待，理当拼搏，不能蹉跎岁月，一心扑在了培养研究生和科学研究上，顾不得别人说些什么。他说："我这个民族史研究室主任不再把工作重点放在整理史料、撰写论文上，而转移到培养高级人才，扩大学术队伍，服务社会，共同前进。重点是，一是把研究生培养好，把这个专业办好提高；二是把'自古史学不趋时'的知识为社会文化等系列工程建设做好服务，学以致用，使死知识变成活学问。"他十分感慨地说："我的精神世界更扩大了！"（见芈一之《雪泥鸿爪录》）由于他的声望和学术影响，国内许多单位邀请他或者派人来研究所请他授课。例如，1984年他受聘于西安陆军学院，1985年6月又为该校学员讲授《古代战例》一个学期，六个战例，为青海省军区编写《军事地理》提供了三篇文字资料，并从当年9月1日起，先后三次在省人民礼堂为团省委组织的千人团干部大会做《我爱祖国，我爱青海》的讲座，后又在省团校做了一次讲座，受到了省有关领导和社会各界的好评。为解决省界纠纷，他废寝忘食，搜集、整理史料提供给省有关部门，为社会稳定、民族团结做出了重要贡献。故此，国务院授予他"全国民族团结进步先进个人"荣誉和"享受国务院政府特殊津贴专家"称号。

在这些荣誉面前，芈先生不骄不躁，依然在史学的领域里默默耕耘、探索求实。对于那些隙风冷语，他从不在意，依然故我；对于那些褒奖之言，他当作鞭策，尽力而为之，专心史学和教学工作，甘为人梯，为后人留下了丰厚的学术成果，也给我们留下了做学问的真谛。正如他说："韩愈讲过的两句话，'业精于勤荒于嬉，行成于思毁于随。'一生用之不尽。……录此，寄语后学不应忽视。"可见，他常以此名言教育自己的弟子，同时这也是他一生做人做事的座右铭和学术生涯的总结，必会启迪后人不断前行。

今天，他安详地离开了我们，他的"安详"是因为他的一生活得坚实，活得充实，活得有内容。尽管经受过风雨飘摇的乱世，受过不少的委屈和困苦，但在"春风来了，等闲识得东风面，万紫千红总是春"的时代，他的学识才华得到了充分的发挥，实现了他为中华民族的振兴做出了他的最大奉献的目标，他满足了，他可以十分坦然地告别自己的亲朋好友和弟子们！但他的音容笑貌似乎还在教室里，在报告厅里，在他的弟子们中间映现着，回荡着……

呜呼哀哉！
史海觅音处，时见先生影。
物在人去今，何处再相逢。

贾晞儒，男，汉族，生于1936年，陕西蓝田人，语言学家，青海省优秀专家，青海民族大学终身教授。

年老唯余丹心在　愿为孺子吾属牛
——悼念恩师芈一之先生

李　丽

芈一之先生97岁仙逝，安详，圆满。

我和爱人秦永章是芈先生招收的中国民族史专业、青海民族史方向的首批硕士研究生。1985年秋，我们有5位同学进入了青海民族学院（现青海民族大学）民族研究所（以下简称民研所），回想起跟随芈先生读书的经历，倍感幸福。

芈先生带我们时已经61岁了，但他精力充沛，事必躬亲。先生上课很有教授"范儿"，微胖，头发全白，但面庞红润。他声音沉稳，略带一些河南家乡口音。每次来上课他都穿着整齐的中山装。他常说："为师就应当冠必正，纽必结。"课堂上的芈先生非常严肃，甚至有点不苟言笑。他一讲课就是一上午，小教室里，我们5人分2排坐在台下，就在他的眼前，边听边记，我们的字写得很快，但他居然能看出我们写字的问题。他说我写字"会""令"不分，另一位同学"王""五"不分，开始我有些不服气，觉得先生过于严苛，但当我们看过芈先生的教案后，都被他的手书折服了，厚厚的讲义都是一字一格手写的，笔画清晰，字体清秀隽丽，尤其看先生的板书，简直就是一堂书法欣赏课。

20世纪80年代，我国刚刚恢复研究生培养时间不长，民族史研究的后备力量不足。因此，芈先生对加强青海地方民族史研究有很强的紧迫感。他多次对我们强调要多学科交叉学习，不能瘸腿走路，告诫我们避免知识短板的局限。他亲自为我们设计课程体系，聘请校内外专家给我们讲授民族学、考古学、青海历史文献、河湟文学等多门课程，还为我们讲授了有关青海土族、撒拉族、蒙古族等各民族历史的主干课程。对他的教学理念当时我们还不理解，只是认为先生敬业，不懈怠。后来读到先生自传里的一段话，我们才明白了他的良苦用心。他写道："师生贤契，为师之道，为学之道，学术体系，学科结构，芈先生希望我们能够建立广博深厚的学术功底，为此他早早带领我们进行科研"练手"。先是在当时的《青海民族研究》（试刊）上开辟出青海地方史专栏，给我们定好系列题目，由他亲自把关，每期帮我们发表几篇短小的史论文章，提升我们的科研写作能力。他对我们的基本要求就是严谨，"不能有硬伤"，所有引用的史料都要找到原著核对。有了这些历练，后来我们在读研期间都参加了他主编的《黄河上游地区历史与文物》的写作，也都发表了论文。我的毕业论文写的是有关明代"西海蒙古"在青海的活动，论文写好后诚惶诚恐地拿给芈先生看，没想到先生流露出笑意："写得还不错。"因此我也有幸参加了他主编的《青海蒙古族历史简编》。

两年后我们毕业实习，芈先生请了民研所的两位年轻教师带队，我们沿着古丝绸之路从西宁出发，一路乘坐长途班车，途经临夏、夏河、兰州、天水、西安、武威、张掖、酒泉、敦煌，再经柴达木盆地返回西宁。芈先生虽然没有带我们出行，但给当时学界的友人兰州大学的杨建新先生、甘肃民族研究所的马通先生、西北大学的周伟洲先生亲自写了介绍信。我们带着芈先生的手信，一路拜师求教、访古探幽，收获颇丰。

我们毕业去外地工作以后，芈先生始终与我们保持着亦师亦友的关系。2009年6月，我和爱人收到芈先生寄来的自传《雪泥鸿爪录——"知不足斋"主人的人生历程》，扉页上先生亲笔题字："门墙多秀士，相识青民院，支边五十年，共赞昆仑山。"还附着一封信，信中谆谆教导我们："学好历史，温故知新知古今。今后历史将带你们去思存。历史无情又有情。无情在变化，有情在文化。"每次有出差的机会，我们都会去看望芈先生，芈先生会高兴地与我们叙旧，鼓励我们努力为学。

芈先生生活简朴，不抽烟不喝酒，没有任何不良嗜好，也不山南海北地出差或旅游。对于强身健体，芈先生有自己独到的看法："世上没有不老药，顺其自然度天年。"芈先生有写春联笔墨之乐的雅好，20世纪90年代中期，每逢春节，他开始自撰自写门联从未间断。1996年（丙子）春联："读书读活书读益世书，做人做好人做高尚人。育才为乐"；2001年（辛巳）春联："陋室不陋诗书相伴淡泊康顺，华屋何华天人共乐宁静祥和。书苑呈香"。几十年来，他家里所有的陈设几乎没变，时光的指针好像也从没动过。他居住的还是学校的家属楼，墙裙上还涂着绿色的油漆。他说不折腾，搬家会把资料搞乱了。芈先生特别珍爱自己的图书和资料，所有搜集的资料都编目成册，图书安放得井井有条，如果有人借阅一定要做好登记。

我们毕业前夕，先生写了一首诗："舌耕笔耘复何求，为国育才志已酬。年老唯余丹心在，愿为孺子吾属牛。"芈先生惜时如金，做学问是他的人生理想。他是著名的民族史学家，但他常说自己"就是一个读书人"。他唯一的愿望就是在有生之年能够安心做学问、教学生。他的书房门上方挂着一方小小的牌匾，上面写着"知不足斋"，取义于《礼记·学记》中"是故学然后知不足，教然后知困"，勉励自己学而不厌，孜孜前进。

芈先生对学术的敬畏、热爱、执着、严谨，始终潜移默化地影响着我们，成为我们建立自己学术品格的基础。他坚持中国优秀的史学传统精神，讲课中大赞秉笔直书的"史笔"，并从古代历史事件中总结出经验教训，以史为鉴。他在一首"史学难趋时"的小诗中说："四十年来民族史，功夫深处独自知。寒灯风雨更漏下，自古史学难趋时。"当年，我们这批硕士研究生大多都继续考博士研究生深造，后来又陆续进入大学任教或走上不同的工作岗位，但几十年过去，我们依然怀念那耳提面命的求学时光，那是我们选择人生道路的重要阶段。

感谢芈先生带领我们走上为学之路。如今我向先生再做最后一次汇报：我们一生为师，是按照先生的叮嘱为学为师的，我们实践了先生的治学理想。

李丽，女，满族，生于1959年，河北人，本科及硕士研究生均毕业于青海民族学院。

芈一之：传灯宿志 学界楷模

王十梅

书香门第　邺下少年

1924年3月，芈一之先生出生在安阳城东15里洹水之阳的东曹马村。

安阳简称殷、邺，是我国著名的历史文化名城，素有七朝古都之称。这里深厚的文化底蕴，滋养了芈一之先生的一生。

芈姓是我国古姓氏之一，是楚国王室之姓。安阳的芈氏是当地的书香世家，芈一之先生祖上曾出过很多进士、举人和秀才。出生于这样的家庭，芈一之先生自小就耳濡目染，读书勤奋。

芈一之先生少年求学时，正是抗日战争时期。当时国家动荡，百姓流离失所，学校时常因乱停学。在这样的情况下，芈一之先生一直坚持学习，辗转于各个私塾和学校。

1938年至1940年，芈一之先生在当地私塾读书。其间，他背诵和默记了很多国学经典著作，如《论语》《孟子》《古文观止》等，这些典籍为他打下了坚实的国学基础。

芈一之先生在他的回忆文章中记述了他的求学生涯。因为战乱，他曾西上太行，流亡后方。当时，他就立志一定要读大学，为祖国发展作贡献。

支边西宁　扎根青海

20世纪四五十年代，许多知名学者和大学毕业生怀揣着报效祖国、建设西北的理想和热情，来到了青海，芈一之先生就是其中之一。1958年，芈一之先生成了青海民族学院（现青海民族大学）的一位老师，此后他便扎根在了青海。

当时的青海非常落后，连几栋像样点的楼房都没有。芈一之先生初到青海民族学院时，学校连教室都没有，几百名师生吃住都在帐篷里。下雪的天气，大家就在帐篷里上课。虽然当时条件艰苦，但是芈一之先生和他的学生都非常快乐。

芈一之先生生前回忆，当年在青海民族学院教学，连吃水都是一件困难的事情。学校没有水井，更没有自来水，老师和学生每天所需的水，都需要大家到湟水河中挑。当时的湟水河河水混浊，有时水面上还会漂浮着羊粪蛋儿，小蝌蚪也在里面游来游去。师生们只好先将挑回来的水静置沉淀后再饮用。

在这样艰苦的条件下，芈一之先生毫无怨言，兢兢业业地教育着每一位学子。其间，芈一之先生从青海民族学院调任到了青海师范学院（现青海师范大学）任教，无论在哪里工作，芈一之先生都恪尽职守、孜孜以求。

我省著名文化学者朱世奎先生是芈一之先生相交四十多年的好友，在他的书架上，摆放着几本芈一之先生赠予他的书籍。书的扉页上，都有芈一之先生遒劲有力的题字："朱世奎先生阅正 芈一之。"

朱世奎先生说："芈一之先生为人和善，治学严谨，是我见过的最勤勉的学者。多年前，每次我们在一起聊天，聊到一些他不太了解的青海历史或民俗时，他都会拿出随身携带的小本子记录。"

探青海地方史　究少数民族根脉

1978年，改革开放的春雷惊醒了长城内外、大江南北。青海是一个多民族地区，要发展便离不开各族人民的共同努力。此时，研究本地的民族和民族史就显得尤为重要。

1979年，芈一之先生调回了青海民族学院，开始筹建民族研究所，并担任研究生导师。1980年，民族研究所成立，设置了民族历史教研室和民族理论教研室，之后根据需要逐步成立了语言文字、民俗、民族学、人类学、宗教学等教研室。

朱世奎先生说："芈一之先生治学非常严谨，他的所有观点都来自他的实地调研。当时，青海的交通不便，但他总是不辞辛劳，一次次地前往循化、化隆、互助、民和、门源等少数民族地区考察调研。"

在半个多世纪的教学生涯和学术研究中，芈一之先生用自己的如椽巨笔写下了600多万字的学术著作，考证了许多青海世居少数民族的历史。但他的研究也不仅仅局限于民族史，他对青海地方史的研究也取得了丰硕的成果。

芈一之先生的许多研究成果淹贯文史各科，其中，《撒拉族简史》《撒拉族史》先后获青海省社科优秀成果一等奖，受我国著名民族学家费孝通先生邀请撰写的《黄河上游地区历史与文物》被四川省评为1995年度最佳图书奖。

如今，他的专著早已成为了解青海民族文化与历史的权威之作。

春满杏坛　育各族英才

在外人眼中，芈一之先生是一位博闻强记的学者，在学生眼中，芈一之先生是一位质朴的老师。在长达六十余年的高校教学工作中，芈一之先生培养了数批优秀专业人才，这些专业人才在省内外高等院校和学术机构中正在发挥着重要作用。

青海民族大学马成俊副校长就是芈一之先生的学生之一。他说："芈一之先生是一位教学严谨、师德高尚的大家。他对民族研究所的发展，对中国民族史专业的建设和学术梯队的形成作出了奠基性的贡献。"

中国社会科学院民族学与人类学研究所研究员秦永章与爱人中央民族大学民族学与社会学学院博士生导师李丽也都是芈一之先生的学生。在谈到家师时，秦永章先生说："芈一之先生一生谦虚认真，热爱学术，著述宏富，教书育人，奖掖后进，他的人品学识深为学界和学生们敬重。他的去世，不仅是青海民族史学界的重大损失，也是我国历史学界的重大损失。"

青海民族大学宣传部有一段芈一之先生生前的采访视频。视频中，芈一之先生满头白发，但精神矍铄。他说："作为一名教师，在学校要以育人为本、学术为魂，要教好学、搞好研究，必须要把自己放端正，在认清研究方向的同时，也要打好自身的功夫。"

芈一之先生的书斋名为"知不足斋"，语出《礼记·学记》中"是故学然后知不足，教然后知困。知不足，然后能自反也；知困，然后能自强也。故曰：教学相长也。"多年来，芈一之先生以此警醒自己不断学习。

2011年3月，芈一之先生将自己珍藏的3647册（本）专业图书资料赠予青海民族大学，他认为："'人生也有涯'，反观往昔学人藏书流失可惜，倒不如给它们找个好去处，继续为学人服务，在家人的支持下，赠藏于我曾经工作了几十年的民族学与社会学学院，真乃落叶不是无情物，化作春泥更护花。"

半个多世纪的教学生涯、六十多年的学术研究，芈一之先生的学术建设令人敬仰，他低调淡泊的立德态度更是让人感叹。

　　民大这样评价芈一之先生的学术人生："欲知大道，必先为史。您用如椽巨笔书写西海各族根脉魂灵，艰危不避，劳怨弗辞，坚持文化传灯宿志，化为学府永恒风景。"

王十梅，女，汉族，现为青海日报社记者。

不灭的心灯
——怀念恩师冯育柱先生

马光星

冯育柱老师走了，永远地离开了这个世界，以后再也见不着他了。但是，作为他的学生，他的音容笑貌却时常映现在我的眼前，使我难以忘怀。

青海民族大学是我的母校。我于1973年进入民大汉语言文学系学习，毕业后留校任教九年。我所打下的学业基础，乃至选择文学创作，较早地搜集和研究地方民俗文化等，可以说成长经历中的一段重要时期，都与在母校期间的生活和工作有着很大的关系。民大是培养少数民族人才的摇篮，老师们对学生进行学识、志向和品格等全方位的培养，使莘莘学子受益终身。时间长了，生活中许多无关紧要的琐事，逐渐会从记忆的屏幕上淡化或者完全消失。可是，有些事情，哪怕是一个小小的细节，至今历历在目，始终难以忘却。譬如，令我敬仰的冯育柱教授，他对我的谆谆教诲，使我一生都难以忘怀。

上学期间，冯育柱老师给我们讲授的是文艺理论课程。他讲课深入浅出，旁征博引，深受同学们的喜欢。他还经常举办学术讲座活动，邀请诗人或者作家给学生们谈创作经验，交流写作体会，给我们领会文艺理论的基本含义以及培养写作的爱好和兴趣都带来了不少的启示。我写的第一首诗并在当时的学报上发表，就是受了诗人常江的影响。常江在地质部门工作，是在文坛上颇有影响的诗人。我听了常江的讲座后，除了激起对他的崇拜，还尝试着诗歌创作，跌跌撞撞的创作路就是从此开始起步的。我发表的那首诗的标题是《给一位藏族学员》，以诗的语言讲述我的一位藏族同学刻苦学习的情形。我记得诗的开头是这么写的："夜已深，万籁俱静。可见那教学大楼，灯火仍在通明。是谁呀，一直闹到深更……"我写出诗稿后，通过冯老师的介绍，找到常江请他指点。在他的鼓励和帮助下，我的诗作才得以问世。

在我当时的印象中，冯老师的爱人在小峡附近的一个部门工作，离学校很远，几个孩子年龄尚小，无法摆脱家庭生活的拖累。冯老师白天忙于教学，为了照顾家庭，他早晚还骑个自行车来回跑，显得很疲惫。然而，当冯老师一站在讲台上，面对着他的学生，他的声音很洪亮，精神十足。他那庄重的神情中透出的坚毅和信心感染着我们，激励着我们。在我们毕业前夕，系里要求我们写论文，参与社会实习活动。我写得很糟糕，内容浅薄，表述也不够清楚，就向冯老师请教。冯老师把我叫到他的办公室里让我一遍又一遍地修改，他却亲自上食堂给我打来了热饭热菜。那是老师对学生手把手的教导，是发自心底的对学生的关爱。

冯老师平时很少考虑自己的得失，一直保持着节俭朴素的生活习惯。可是他舍得把钱花在购书上，把精力耗费在教学和资料的查找上。在他的书房里，四周满是高高的书架，书架上排列着数不胜数的珍贵书籍。冯老师对工作的严肃认真，对学生的严厉，对教学的一丝不苟，是出了名的。在学术界和文艺界，冯老师的名望很高。可以说，他这一生的全部付出，都是为了教学和研究。他的眼睛高度近视，乃至发展到几乎双目失明的程度；他的晚年，还身患其他疾病，这些都与他长期的伏案工作，过度地透支体力有关。当我们同学聚会，谈起大学生活时，一提起冯老师，大家对他依旧充满钦敬之情。

冯老师从工作岗位上退下来时，他的视力已经很差了，连走路都得有人搀扶才行。可是他对省内主要作家的创作情况却十分关注，他通过收听广播，与作家交谈，甚至让他爱人给他诵读作品，来获得信息，了解作品内容。在省文联召开的本土作家井石的小说作品研讨会上，我们特意邀请他出席，针对一部厚厚的长篇小说《麻尼台》，他在发言中从作品的文化底蕴、人物形象的刻画塑造、艺术形式的成功尝试等方面从容不迫地一一解析，令在座的作家学者们吃惊不已。一个已经无法阅读作品的人，竟能这般中肯而深刻地评价一部作品，这样的事，不是谁都能做到的。

在冯老师的许多科研成果中，他和于乃昌、彭书麟等几位专家主编的《中国少数民族美学思想研究丛书》，作为高等院校的教学必读书目，从1994年出版以来，其社会影响力和对读者的吸引力一直长盛不衰。这项具有开拓性的美学研究课题，较早地延伸到了一个新的美学领域，是运用马克思主义文艺理论和当代西方美学研究的新视角、新观点，同时结合民族学、文化人类学、文艺美学等多种方法考察、研究我国少数民族美学思想取得的新成果。新时期的文学转型，除了文艺创作向自身的转变，在艺术理论研究方面，也在寻求新的创新和突破。我国少数民族的文化遗产,以其多元性、丰富性和独特性,构成了人类文化的完整历史蓝图。因此,通过中国少数民族的美学思想不仅可以观照到整个华夏美学的丰富内涵和完整体系,而且可以领略到各民族团结、创造的历史经验;深入研究中国少数民族美学思想,对推动各民族共同创造社会主义审美文化和精神文明,有着不可低估的价值。冯老师在组织策划和编辑出版这套丛书中付出了大量的心血。

冯老师在学术研究方面所做出的贡献,还体现在他参与编纂出版的《中国少数民族文艺理论集成》等重大项目中。少数民族传统审美意识体现在他们特有的艺术题材和内容之中,反映了各民族"各美其美"的文化形态。这部书中所汇集的众多少数民族的历史文献记载的文艺理论和民间文学中所包含的文艺观,进一步丰富了我国文艺理论的宝库,也大大拓展了理论研究的视野。

我常去拜访冯老师,向他请教学术问题,从他书架上总能借到我所需要的书。虽然他时常在忍受着病痛的折磨,可他显得心境坦然,无怨无悔,似乎在他的一生中,除了对知识的追求,看不出其他的欲望和奢求。而他身上透出的那一份人格和精神的坚韧,并未受世俗的侵蚀而消损。他的思想,仍然在知识的海洋里徜徉。因为,在他的胸怀中,有一盏永远不灭的心灯在燃烧,在发光。不灭的心灯,是他的精神支柱,同时也在照亮别人。

马光星,男,土族,生于1953年11月,青海民和人,一级作家。

砥砺奋进　点亮心灯
——怀念恩师冯育柱先生

俞丽娟

德高望重的冯育柱先生已经永远地离开了我们。从此，民族文艺理论界少了一位德高望重的开拓者和领路人，而我也失去了一位重要的人生导师。每每回想起逝去光阴中与冯先生交往的点点滴滴，内心总是感慨万千，谨以此文来表达我对儒雅、博学、谦和、敬业的冯先生无比的崇敬与感恩之情。

冯先生于1957年自北京师范大学中文系毕业后主动来到青海民族学院从事民族高等教育工作，期间除外出进修与调往教务处工作的10年外，先生一直躬身于教学第一线，从事文艺理论与美学的教学与研究工作。2012年5月，青海省隆重表彰了32位有突出贡献的优秀老文艺家，冯先生是唯一一名受表彰的文艺评论家。表彰简介用精练的文字概括了先生的工作业绩和学术贡献："冯育柱，男，汉族，1933年出生，青海省作家协会第三届常务理事。业务专长为美学理论研究与教育，是青海省著名的文艺理论家。他在马克思主义文艺理论指导下，结合古今中外经典文艺理论、文学创作、美学理论的优秀成果，特别是我国少数民族丰富的、有独创性的文艺理论美学思想，建立起比较完善的有机的课程体系，培养了一批文艺理论工作者。同时，组织科研团队，发掘整理研究少数民族的文艺理论、美学思想的优秀成果，肯定深厚的文化传统，写成并出版了在国内同行中有一定影响的著作，如《美学十讲》《小说创作艺谈》和合著的《中国少数民族文艺理论集成》等。"

正所谓："桃李不言，下自成蹊"。先生从教36年，在人才培养方面倾注了许多心血，可谓桃李满天下。优秀校友们在感恩母校的文章中对冯先生追忆最多的便是"亲切和蔼""学识渊博""治学严谨""专业精湛""师德高尚""纯粹的学人"等，这些赞誉之辞不仅是对冯先生教书育人工作的肯定与褒扬，更是对所有为民大教育事业的发展做出贡献却"俯首甘为孺子牛"的前辈们的共同礼赞！尽管冯先生因视力急剧减退于1994年退休，却始终为汉文系及文学院的发展建言献策，默默付出。无论是2006年文艺学研究生硕士点的成功申报，还是2008年由学校主办、文学院承办的第十四届全国中外文艺理论学会年会的成功举办，都离不开冯先生的无私奉献。文艺理论教研室的教学与科研团队的发展，甚至教研室每一位教师的成长，都成为冯先生此后持续关注的焦点。对所有登门拜访的人，但凡有所求，先生必会尽心竭力地予以指导和帮助，用他的爱心、耐心和责任心为他人点亮心灯，用自己高尚的德行和朴实的言行引导我们在为学为师之路上走得更稳更远。

初识冯先生是在1996年的一次班会上，时任我们94级文秘班班主任的马成俊老师搀扶着一位个头不高、身材消瘦、简朴低调的老人进入教室，早已耳闻先生人生经历及学术成就的同学们立即起立并报之以热烈的掌声，双目几近失明的先生面带笑容用轻柔却无比清晰的声音开始了文艺理论专题讲座。为了让同学们更加清晰地掌握讲座知识，马老师依据先生的讲课思路用粉笔在黑板上书写出提纲，冯先生以其博学、睿智深深吸引了在场的所有学生，深入浅出的理论讲述让艰涩的理论顿时有了光彩，给我留下了难以磨灭的印象。

再见冯先生，是在2004年准备我的硕士毕业论文开题报告时，当我求教于恩师马成俊老师时，马老师向我推荐并亲自陪同我去拜访了冯先生。敲开门，通过狭窄的过道进入冯先生的卧室兼书房，眼前除了一张床和一张书桌，倚墙而立的书架上全都是书籍，端坐于椅子上的冯先生满脸慈爱，上扬的嘴角和轻柔的话语打消了我所有的顾虑，当时的场景使我的脑海中不断浮现出"孔颜乐处"四个字。在仔细询问了我的思路和想法后，冯先生认真思考并给出了极其宝贵的意见和建议，正是因为有了恩师们的悉心指导和无私帮助，我的毕业论文才能获得优秀，感激之情无以言表，唯有铭记于心。此后，我便经常拜访先生，请教科研、教学、生活等各方面的问题，先生总是热情接待。每当听到我的声音，冯先生都会轻柔地唤我的名字，先关切地询问近况，接下来便问"最近读了哪些书？""你有哪些思考与感想？"哪怕是在校园里偶然遇见，先生也会驻足问候关心我的成长。

最令我难忘的便是2007年暑假的一个下午，已然70多岁的冯先生在时任文艺理论教研室主任贾一心老师的陪同下来我家中看我，他说想了解我生活、学习的环境。作为一名普通教师，承蒙先生如此厚爱，我何德何能？又何其有幸！先生询问我收藏了哪些书籍？我顿时汗颜，与先生丰厚的收藏相比，我的藏书根本不值一提！先生讲了自己购书、读书、教书的心得体会，还说："为了讲好马克思主义文论，《1844年经济学哲学手稿》我先后读了有50遍！"当时我不太理解，后来翻看先生在《西藏民族大学学报》（哲学社会科学版，1983年第3期）发表的《关于马克思"美的规律"命题的思考》及其他学术论著，方才深刻理解先生严谨的治学态度和熟读精思对教研的重要性。让我惭愧且遗憾的是繁忙的工作和杂乱的家事使我有时疏于对先生的问候，除了帮忙做一些力所能及的事情外，我根本无力回报先生的知遇之恩。

  我印象中的先生自始至终都是亲切和蔼、恬淡寡欲的神情，哪怕是后来遭遇了许多磨难与困境，在他的脸上除了增加坚毅外，看不到任何消极的表情。尽管先生双目失明近三十年，但他一直都关注着学科发展的动向，每天都会让家人将购买或朋友赠送的书籍读给自己听。每次谈及文艺或美学问题时，耄耋之年的先生脸上便会流露出与其年龄不大相符的兴奋与激动，心中的敬意便会油然而生。我经常在想："假如先生没有患眼疾，文艺理论教研室在教学与科研共进的征途上定会创造出更加辉煌的业绩，中国少数民族文艺理论和美学研究领域就会有更多有价值的学术成果！"

  2021年6月1日凌晨，先生悄然离世。那日我在课间翻看学院群消息，突然看到一条信息：冯先生已于两日前仙逝，且留下遗嘱不开追悼会、谢绝亲朋吊唁。我不禁掩面而泣，讲台下的学生惊问缘由，我哽咽着说"自此以后，世间再无冯先生……"先生已去，但他的音容笑貌将永远铭刻在每一位对他心怀崇敬、感激之情的人心中。"高山仰止，景行行止。虽不能至，然心向往之"，冯先生严谨的治学态度和锲而不舍的探索精神将永远激励我们知难而进、砥砺前行！

俞丽娟，女，汉族，现为青海民族大学文学与新闻传播学院教师。

深切怀念恩师胡安良先生

安海民

2023年1月7日6时，接到启元老弟电话，说胡先生于凌晨2时22分在西宁不幸病逝。接着，多位同事、朋友发来青海民族大学讣告，沉痛悼念胡安良教授！惊悉噩耗，久久难以置信。不是约好了疫情过后小聚一下，怎么好端端的，说走就走呢？

1987年，我有幸成为先生门生，先生一直对我爱护有加，视我为爱徒，想起他温和慈祥的面容和幽默爽朗的笑声，悲痛之情塞于胸间，不禁泪如雨下。

先生1934年3月生于湖北武汉，1957年从北京大学中文系毕业，1958年志愿到青海民族大学任教，诲人不倦、著作等身，是我们景仰的"大先生"。

先生待人和蔼，讲课幽默生动，凡是上过先生课的，都有同感。先生的书法自成一格，晚年著有《至耕迹——胡安良篆隶书法作品赏析》。先生间亦写赋，尤钟情于撰对联，赋以《青海民族大学赋》最见功力，对联多为亲友所珍藏。

先生治学严谨，学术上颇有创获。早年曾师从王力、岑麒祥、商承祚等语言文字大师，自20世纪50年代初，先生就在语言学这块园地里辛勤耕耘着，即便是在特殊的岁月里也从未间断过。20世纪80年代后期，我做学生时，常见先生早上提着暖水壶进入办公室，下午6点以后才回到自己家里，那时候先生已经在语言学界有了名气，而精勤尚且如此，至今令人敬佩。一分耕耘一分收获，由青海教育出版社主动上门约稿出版的《词语漫笔》，不仅得到了读者的青睐，还得到了专家的好评。著名语言学家廖序东教授说书中论修辞的文章，是"以修辞的手法写论修辞的文章，读后感到很有兴味。……写语言学论文要达到这种境界是很难的。"

20世纪七八十年代，为了适应高校文科教材建设的需要，先生主动协助黄伯荣、廖序东先生编写《现代汉语》教材。教材出版后，廖序东教授曾说："他分工负责修辞部分的编写，把自己有关词语锤炼的研究成果编入了这部教材，使这部分教材具有一定的特色。他协助主编定稿，也做了许多工作，为这部教材质量的提高作出了自己的贡献。"

20世纪80年代以来，先生针对国内语言学教学与研究脱离我国语言的实际，甚至个别的语言研究者以西方语言的观点、概念、范式、标准来生硬地衡量、诠释中国语言，从而得出不伦不类、大而无当的结论的情况，先生提出研究中国的语言，特别是古代的语言，光靠外国的理论、方法是不够的，汉语有自己的特点、构词法、句法，光做平面的研究更是显得不够，得把古今语法结合起来找出路，此观点得到了我国著名语言学家周祖谟、殷焕先先生的首肯。于是，先生广泛涉猎美学、文艺学、绘画和音乐的相关理论及中国古代哲学思想，并借鉴这些学科的研究成果在语言学领域进行了拓荒性的工作。《老庄语言特征管窥》一文，从异义转品、似是若非、顶真续麻、首尾易位、缠纠交错等方面揭示出老庄语言的特征，进而阐明老庄语言风格的共同点和差异性，不仅显示了先生高超的语言分析技巧，从中也可以窥见先生对老庄思想的深入理解。《模糊思维与语言艺术》一文，论老庄语言对后代修辞学的影响，当为上文之续篇。此文运用美学、心理学、模糊思维的理论，就古今文学作品的修辞佳例论证语言艺术的模糊性、不确定性、广阔性和象征性，剖析入微，极见功力。《再论词语的锤炼》一文，讲寓繁于简、寓静于动、寓抽象于具体等锤炼语言的方法，不仅用例在同类文章中更典型，论述更精要，而且因为角度新颖、逻辑严密，曾引起汉语修辞界的高度重视。《从〈庄子〉里"息"字的多义性谈词义引申的规律》一文，是先生有关汉语词汇研究的大作，就"息"字的多种义项，结合先秦语言运用实际，首先考察其本义所在，然后确定其余为引申义，再从引申义中区别何者为横向引申，何者为纵向引申，以及其先后顺序，不仅条理井然，而且颇具启发性。要之，先生这一时期的学术研究，不仅面宽，取材丰富，论证周密，有创新的见解，而且对当时的汉语教学与研究作出了自己的贡献。

由于先生精通音韵训诂等学问，熟谙西方语言学，旁及先秦诸子之学，因此，在此后的二十余年间，他能够从语言学的角度研究"玄之又玄"的老庄及先秦诸子之学，且得之于手而应之于心，每触类而旁通，遂游刃而有余，从而在老庄学术研究方面，不仅新意胜义迭出，而且与后来出版的《言语的内察与外观》《幽默话语学》一起，颇示今人研究学问的准则，可谓贡献于学界者大矣。先生在语言学与老庄之学方面所取得的成就与贡献，就我所知，有以下几点：一为从我国语言特点出发，多角度、全方位地深入分析语言现象，提出问题，得出新见解,如《"之"字分解》《"之"字修辞功能》《修辞方式铸就的幽默》《古文词义辨析中的几个问题》《语言的艺术美》《论词语的锤炼》等是也;二为撷取老庄同时代人所用之语言,与老庄书中常用语言相互比较之,不仅发现先秦人运用语言的一般规律,而且凸显了老子、庄子语言及其学术思想的独创性,如《老庄语言观》《老庄语言特征管窥》《老庄表现风格同异论》《庄子语言人物的命名》《庄子用词三题》《老庄哲学著作的词汇框架》《交错体句式索解》等是也;三为从不同的角度,运用哲学、文学、美学等学科的知识,探求先秦诸子之学的微言大义,不仅能帮助人们消除对先秦诸子之学的种种误解及曲解,而且剖析了先秦诸子之学之所以成为中华经典的所在,如《"技进乎道"的哲思与艺术实践》《由语义干扰造成的对老子伦理观念的误解》《关于"简易"原则的哲理思考》《水与儒道哲学》《"见素抱朴"解》《论"意在言外"和"言外之意"》等;四为褒扬治学之旨在于古为今用、洋为中用。先生曾幽默地说:"现在人做学问,老是高喊在某处发现矿床了,至于矿是什么矿,蕴藏多大,价值如何,如何开采,并不做深入的研究和扎实的工作。"因此,先生严肃地说:"亘古通今,现代社会不能割断历史,任何一个民族的发展,都有其文化背景,包括人文的和科学的。这种背景越深邃、越浓厚,民族的凝聚力也越笃实、越纯诚。……了解我们的文化背景,弘扬传统文化,也就是要接受古人的信息并代代相传参考使用。而获得此种信息的信息源便是古书。目前的状况堪忧。"因此,先生著书立说,始终坚守博古在于知今之宗旨,进而做到学术上的融汇古今,如《莫把学术变邪术》《传统文化和广告语言》《教师语言的自控性》《〈庄子〉的崇尚自然与当今的环境保护》《〈庄周家贫〉随想录》《〈庖丁解牛〉启示录》《鸟兽虫鱼和书法性格》《近岁时髦语言折射的社会心态》等,尤其是2013年出版的《幽默话语学》,针对当今语言使用中的乱象,运用语义学、语用学、修辞学、文字学及社会语言学等各种语言学的方法对幽默的生成作了精辟的剖析,起到了正本清源的作用。

  先生研究语言学,研究包括老庄在内的先秦诸子之学,研究幽默学,其成就与贡献颇多,俱贯穿于《老庄语冰录》《言语的内察与外观》《幽默话语学》诸书中,当今学人自可取而参究之,进而当知我上面所说不至于大谬,而先生之学术,必将匡正当今学术界所弥漫的浮华学风,转而人人能臻于"修辞立其诚"的名山事业之域,则是自不待言的。

  先生曾不止一次地教诲我们说,文学和语言之间存在着一种本然的和常态的关系,文学必须以语言为媒介来表现,它是这种表现结果的产物和可见的形式。对语言媒介的最基本要求是，它必须在语法修辞上和言语上是正确的，然后才谈得上风格、情操、趣味和终极效果等。而论究"美"的语言，通常指的是"艺术语言"，即诗歌、散文、小说、戏剧等文学作品的语言，主要用来塑造艺术形象，表现风格、趣味、情操和终极关怀，表达作品的主题，深化作品的意境。因为艺术语言以人民群众的口头语言为基础，经过作者的加工、提炼、升华，因此，富于形象性和艺术感染力。它超越了直说和平常的境界，成为一种趣味和美的要素而存在。窃以为，先生此说初看平实，但道出了文学语言的本质特征，若与古今中外诸家相关之说相参证，是颇有深意的，当为颠扑不破的真理。亚里士多德说："文字的美在于它们所呈现的影像。"这话与《苕溪渔隐丛话后集·杜牧之》中的"此绝句极佳，意在言外，而幽怨之情自见，不待明言之也"异辞同理，都说明了"暗示性字面"引人入胜，促人联想。喜普尔说："莎士比亚的字面的神奇处，在于它的无限的暗示性，即通过一个简单的词而放射着生命和意义的力，这种生命和意义是移进了字典之后就不能保留的。"这就是说，莎士比亚的字面是因为具有暗示性才成为诗的。这种字面暗示多端，借以激起人的联想并促进诗的本能和机能。又，刘勰的《文心雕龙·隐秀》里说："夫心术之动远矣，文情之变深矣，源奥而派生，根盛而颖峻，是以文之英蕤，有秀有隐。隐也者，文外之重旨者也；秀也者，篇中之独拔者也。隐以复意为工，秀以卓绝为巧。斯乃旧章之懿绩，才情之嘉会也。"大意是说："隐"的含义是字面意义之外的言外之意；"秀"指作品中有特别挺拔而又鲜明突出的语句。这同"暗示性字面"的理论何其相似！先生毕生致力于语言的通达与美的研究，深谙隐秀之妙用，故为文能做到文采飞扬，出言成章而幽默诙谐。我们常说，要诗意地生活。诗意生活的一项重要指标首先是再现灵魂的语言要美，先生所著《言语的内察与外观》《幽默话语学》等为文用心所在，便不难晓喻了。

中国文人自古以来就相当重视语言的文学性，并把此作为文人与野老村夫的区别。《论语·宪问》说："子曰：'为命，裨谌草创之，世叔讨论之，行人子羽修饰之，东里子产润色之'。"孔子关于"草创""讨论""修饰""润色"的语言观，代表了古人心目中语言的修辞观——文学是神圣的事业，因而清人曾国藩有"五不写"原则：苟作、循物、惑俗、欺心、不可以示子孙。孔子还给后人留下了两句名言：一是"言之无文，行之不远"；二是"辞达而已矣"。此后的中国文人，使以此作为文学创作与沟通交流的金科玉律。杜工部有言："语不惊人死不休。"王国维说过："'红杏枝头春意闹'，著一'闹'字而境界全出；'云破月来花弄影'，著一'弄'字而境界全出矣。"古人将吟诗赋文称为"雕龙"，主张"平字见奇,常字见险,陈字见新",要求"意胜"等,都说明有教养的文人都在自觉自愿地维护着语言的文学性与崇高性。胡先生家风优美,国学底子深厚,痴迷于汉字的排列组合和汉语结构的无穷魅力而长期乐此不疲,并把语言文字的高度准确与美感作为毕生的追求目标,因而"入之愈深,所见愈奇",发而为文就给人诸多美的享受。大凡读过先生文章的人都知道他在驾驭汉语言艺术技巧方面,已到达了炉火纯青的地步,但却很少有人知道他之所以能达到如此的高度,并取得辉煌的成就,是与花功夫"心领神会"先贤绝妙辞令分不开的。换句话说,先生的文章之所以写得美妙且耐读,是因为有个精神在内,这就是"继承而不泥古,创新而不离其宗"。

先生永远地离开了我们,他的著述,他的人品精神,将永远地存留于人间,共三光而永光!

安海民,男,汉族,生于 1964 年 10 月,甘肃秦安人,1990 年 6 月毕业于青海民族学院。现为青海师范大学学报编辑部副主编。

一代大师　风范长存
——深切缅怀胡安良先生

陈化育

敬爱的胡安良先生于2023年1月7日永远离开了我们,"青海痛失汉学家,民大怀念胡先生"。这是一位网友发的微信,也充分表达了我的心情。此刻我怀着十分崇敬的心情缅怀先生,您为语言学的传播与发展作出了卓著的贡献,向您表示崇高的敬意和深切的怀念。面对您的遗像,我要表达的是,您既是一位受人尊敬的当代著名语言学家,又是我敬爱的师长。

您是中国语言学家王力先生的学生,根深叶茂,本固枝荣。1957年,您从北京大学毕业后被分配到青海民族学院汉文系任教,秉承着王力先生的治学精神和期望,您来到当时尚有荒芜之意的高原,并义无反顾地扎下根来,将大好的青春年华和学术生命都奉献给了这片热土。王力先生的精神、高原的磨炼,使自强不息成为您身上的主色调,这为您以后在语言学事业上的发展奠定了深厚的基础。

您来到高原之后,并没有被高原反应、饮食不适所打倒,而是夜以继日地辛勤耕耘,在语言学领域的学术探索一发而不可收,成果等身。您不仅对语言学的研究十分深入,而且涉猎广博,您的研究包括语言、历史、哲学、训古、文化、民族教育等等,在许多领域都展示出了很高的造诣。您出版了《胡安良文集》《老庄衍论》《老庄冰语录》《词语漫笔》《语言的内省与外察》《幽默词语言》等著作,特别是对老庄哲学、语言学的研究,受到了学术界的高度好评。由于您在语言学方面的建树,赢得了母校与社会的广泛赞誉与充分肯定。在北京大学校友会发布的2019年表彰奖励名单中,您荣获了"北京大学优秀校友"荣誉称号,并应邀赴武汉出席北京大学校友会第九届理事会第三次会议、第十三次校友工作研讨会、2019年北京大学全球校友论坛。

您继承导师中国语言学家王力的衣钵，使语言学薪火相传、后继有人，您开设了《现代汉语》《先秦哲学文选》《国学概要》《庄子研究》《传统文化概要》《老庄语言研究》《古代汉语》《语言修辞》《古代汉语语法与古书校读》《文字学与书法》《篆书习作》《传统文化概述》以及《幽默语言学》等课程，为语言学等汉学文化的广泛传播、深入发展奠定了坚实的基础。为表彰您在教书育人、学术研究方面的丰厚贡献，您荣获全国优秀教师、享受国务院政府特殊津贴专家等荣誉。您被誉为当代著名语言学家可谓实至名归。

此外，您为推进语言学等汉学文化的发展不遗余力，作出了突出贡献。青海地处祖国边境，1929年才建省，文化教育相对滞后，汉语言有自己的独特性，以普通话为基础的汉语言在学术交流与研究上有一定的障碍。先生您俯下身子，认真研究，通过与青海籍师生的交流和讨论，总结出了以普通话为基础的汉语言交流不畅通的主要原因，推动了汉语言高原特色的研究。

从总体上看，青海的汉语方言，由于历史上人口往来迁徙频繁，形成各民族互助共处的格局，构成了青海汉语的独特风格，其语言、语法都很特别。比如青海方言说的"风搅雪"，"风搅雪"的意思是汉语中夹杂着藏语、蒙语的现象比较普遍。您即着手整理用标准汉语交流的教学方案，极大地提高了语言学的教学水平。

青海世代定居的民族有汉族、藏族、蒙古族、回族、土族、撒拉族。其中藏族、蒙古族有语言和文字，回族无语言、无文字，土族、撒拉族有语言、无文字，创制文字未果。如何使有语言有文字的少数民族尽快学习掌握汉语，先生您创设语言教学环境，为他们尽快掌握汉语言也作出了应有的贡献。

自改革开放以来，您为语言文学事业的发展更是投入了全部心血。您受多家单位聘请为其讲学，如青海省社会科学院、青海省委党校、西宁市委党校、青海师范大学等，青海师范大学更是邀请您讲授了具有较高难度的《古代汉语》《先秦哲学文选》《语法修辞》等课程。您深入浅出的阐释、精彩纷呈的讲授和平易近人的话语，受到了大批学子的追捧，播下了颗颗壮实的种子，使语言学这朵美丽之花在西部大地上尽情绽放。特别值得一提的是您参编的教材《现代汉语》，发行量突破5000万册，其影响力和传播力可见一斑。

不论身处怎样的环境，您都宠辱不惊、高风亮节。

纵观中国五千年历史，中国文化的精神可以用"自强不息"和"厚德载物"这两句来概括。荆楚文化是悠久的中华文明的重要组成部分，在中华文明发展史上具有举足轻重的地位。荆楚文化自强不息的进取精神、海纳百川的开放精神，深深地影响着这片沃土。先生您出生在湖北武汉市，受到了荆楚文化等精神特质的熏陶，把荆楚文化筚路蓝缕和一鸣惊人的创业精神发挥到了极致。"天下惟楚有才""两湖熟，天下足"，良好的自然环境和自强不息的楚文化精神，为您后天的发展提供了物质基础和精神营养。先生您经历坎坷，但您虚怀若谷，高风亮节，您真正达到了北宋政治家、文学家范仲淹在《岳阳楼记》中所表达和追求的思想境界及无私情怀，"不以物喜，不以己悲，居庙堂之高则忧其民，处江湖之远则忧其君。是进亦忧，退亦忧"。从您身上体现了一代大师的高尚品格和政治追求。

先生您是德高望重的知名学者，是1956年就写了入党申请书的北大学子，是我党培养出来的第一代知识分子。20世纪80年代初，您担任青海民族学院汉文系副主任期间，您以母校北京大学校长蔡元培为榜样，铁肩担道义，四处访贤，八方求才，把当时还未做出结论的李文实先生大胆调入民院汉文系，并加以重用，使李文实先生在青海语言和文史方面成就斐然，就这样壮大发展了汉文系的教师队伍。您还积极创造条件，培养提高现有中文系教师队伍的教学和研究水平，取得了明显的社会效果。在职称评定上，您凭借在民族学院的学术威望，用北京大学评定职称的法度，严格把关，保证了职称评定的公正公平。当时，您还担任青海省高校口的评委，您还是坚持条件第一进行投票，维护了大学的尊严。

"繁霜尽是心头血，洒向千峰秋叶丹。"尊敬的胡先生，您是我永远怀念、永远崇敬的师长。高山仰止，风范长存。胡先生您心怀家国，治学严谨，六十五载如一日，为学术事业的发展和人才培养矢志不渝，您对学术永无止境的追求、研究与探寻精神，以及倾心育人的优秀品格将激励后人在新的征程上继往开来、乘势而上，为语言学的发展而不懈努力。

陈化育，男，汉族，生于1951年9月，甘肃临洮人。曾任青海民族大学教授。

怀念恩师胡教授

樊 华

一年前,我十分敬重的胡教授走了,他永远离我们而去了,我再也见不着他了,再也听不到他亲切的教诲了,再也听不到他爽朗的笑声了。那时候,我的心情无比沉痛,什么事情也不想做,心里想的都是胡教授。我不由自主地从书柜里找出张启元、李光耀共同倾心选编出版的《至耕迹——胡安良篆隶书法作品赏析》,面对它,仿佛面对恩师胡教授,格外亲切。我一页一页地细心翻阅,一页一页地仔细品味欣赏其中那充满诗情画意的高超笔墨语言和彰显大师风采的优美词联佳句。此时此刻,我仿佛与挚友启元他们欢聚一堂,共同感受大师的魅力,共同享受这独一无二的美好时光。

说起与胡教授最初的相识,这得由衷地感谢挚友启元。

那是在20年前,启元特意安排一次朋友聚会,使我一介布衣有幸与全国著名学者、语言文字学大师胡教授零距离接触。说实在话,在未见到胡教授之前,我心生惶恐,但万万没想到眼前的胡教授那么平和,而且风趣幽默、妙语连珠。这不但让我轻松愉快,惶恐感顿时消失,反而马上有一种相见恨晚、一见如故的无比亲切感。从此以后,我们不时相聚,相谈甚欢,那份心旷神怡难以言表,总是期待着下一次能够早日相逢。

拙作《啥也不是》文集要出版时,胡教授特意赠我一首《樊华知心》藏头诗:"樊圃冲破出宏域,华章登高超常伦。知水仁山游书界,心织笔耕享文名。"我自知受之有愧,但又备受鼓舞,倍增动力,更添信心。

后来我要出版书法集《愚耕集》,胡教授不但给书起名,而且还与启元分别写了序言,这对我又是多么大的鼓舞、关爱和支持啊!大恩难言谢,我只能将这份真挚的深情厚谊铭刻心中,努力用不断学习、继续求索的实际行动作为回报。

再后来,我退休离开西宁定居北京后,与恩师胡教授相逢见面的机会就十分难得了。每当想起胡教授，我就用家里的座机与他聊上几句。有时因写什么东西遇到难题，便向他电话求教，他总是亲切认真地答疑解惑。记得有一次，他觉得解答得不够周密，次日又来电话补充说明，真是诲人不倦、润物无声，让我感动之至，终生难忘。

每次与胡教授通电话，首先听到的是他轻松愉快的呵呵笑声和充满真情温暖的话语。听其笑声，听其言语，我觉得他健康无恙、心情愉快，遂免客套多余话。每次与他通话也就几分钟，直奔主题，言简意赅。我非常喜欢这种与人交流或通话的方式，更是非常享受这种简单纯真的惬意感觉。

2015年、2018年和2021年的夏天，我和妻受辛超和樊国旗两位忘年交诚邀，先后三次去西宁避暑。这期间，因地矿印刷厂惠芬厂长和原厂长张俊忠以及青海师大安海民教授的精心安排，我和妻有幸先后七次与胡教授以及众多好友欢聚一堂、谈笑风生，其乐融融、其情浓浓，让人永远难以忘怀。

素日，我和妻不时说起胡教授，也不时与家人和朋友谈论胡教授。每当说起他老人家时，眼前仿佛有一束光照射进来，让人倍觉温暖、倍觉敞亮，又仿佛一面旗帜在迎风飘扬，它指明方向、给人力量。

我和妻一致认为胡教授一定会健康长寿，一定会活过百岁。曾记得有一次我在电话里对胡教授说："等到你百岁生日时，我们给你好好祝寿！"他呵呵地笑了，笑得那么爽朗。当时我坚信，一定会等到那一天的。但万万没想到，我此生最为敬重的恩师竟然提前悄悄地离世了，这怎能不让我心生悲痛呢！

斯人已逝，然而我又在想，恩师虽然走了，但他永远活在我们心中，我们永远缅怀他！同时，我也坚信，胡教授到了另外一个世界，他仍不会孤独寂寞，同样会受到大家的尊重和爱戴，因为他心地善良、品格高尚、学识渊博、性情温和，而且风趣幽默。

我十分敬重的恩师胡安良教授安息吧！

樊华，男，生于1950年，甘肃临洮人。中国书法家协会会员。

追忆我的父亲王树中

斯 琴

日月如梭,光阴似箭。慈爱的父亲已经辞世14年了,虽天人永隔,一别经年,但忆起他那慈祥可亲的面容,爽朗开怀的笑谈,却恍如昨日,历历在目。适逢编写《青海蒙古百年史录》之际,依据有关史料、我的回忆及部分他生前朋友的所见所闻,现将父亲生平,主要是工作经历,应约撰文,追忆于后,以表达对父亲的深切怀念。

父亲王树中,又名博尔吉特·贡博策仁,1933年出生,系青海蒙古和硕特部南右后旗(托茂公旗)人。父亲于1949年在海晏县参加工作,曾任中共海晏县委宣传部干事,县供销社主任,1956年进入中央民族大学政治系学习,毕业后留校任教,1973年调动工作,返回家乡,在青海民族学院(现青海民族大学)从事民族民俗研究及教学工作,先后任讲师、民族文物及民俗研究室主任、副教授,是我省蒙古族第一个获高级职称的知识分子。1989年起任民革青海省委专职副主委,民革中央委员,青海省政协常委。

一、投身革命事业,开辟海晏商贸工作

1949年9月5日,青海解放。时年16岁中学毕业的父亲,以一腔少年热血,投身革命工作,参加家乡建设,在海晏行政委员会担任宣传干事(其间,1949年9月至1950年5月在青海少数民族青年干部训练班学习),后因工作表现突出,被提任为县供销合作联社主任。建政之初,经济萧条、民不聊生、物价飞涨、百业俱废,故党的一切工作以发展商贸工作为先。当时的商贸工作主要承担两项任务,一是组织货源为群众提供生产生活用品,主要有茶叶、盐、糖、布、铁木农具、铜铁瓷器皿、针线等数十种商品;另一项重要任务,就是要结合商贸工作,宣传党的民族政策,宣传建立社会主义制度的优越性。父亲以自己家

庭的影响力（我爷爷王本巴为青海蒙古左翼盟南右后旗镇国公，本旗扎萨克助理），在农牧民中积极宣传党的政策，开辟海晏县商贸工作，很快打开了工作局面。当时青海省民贸公司于1951年6月至1952年12月，先后在海晏、刚察、门源设立了供销站；在省民贸公司的大力支持下，父亲带领供销站的干部职工，深入海晏县的山山水水，在全县农牧区设立了五个供销服务站，在交通不便的边远牧区，则设立了流动贸易小组，给牧民群众带来了极大的购物方便。为了推动全县商贸工作的深入开展，进一步发挥商贸工作在维护社会治安稳定，促进经济和社会发展中的巨大作用，父亲亲自到省民贸公司联系，提出要在海晏县举办一次全县物资交流大会。省民贸公司领导答应给予支持。1953年9月，在海晏县举办了新中国成立后的第一次全县物资交流大会，各地国营商业及个体商人参加者130多户，成交额达7.01万元。这次物资交流大会的成功举办，得到了县委、县人委的充分肯定，也展现出了父亲的组织领导才能。1956年，父亲因工作成绩突出，经层层选拔，由组织推荐，进入中央民族学院（现中央民族大学）政治系学习，四年本科毕业后，品学兼优的他留校任教。

二、教学及民族民俗研究工作

父亲从事教学及民族民俗研究工作近30年，他治学严谨，诲人不倦，具有深厚的学识功底，积累了丰富的教学经验。在民族理论与政策、民族民俗学、青海地方蒙古研究等研究领域均有建树。合著出版了《土族简史》《青海少数民族》《民俗志》《青海民族民俗录》等专著；发表了《青海蒙古社会性质浅析》《在民族政策的光辉照耀下前进》等论文；完成了《托茂人考略》《解放前青海蒙古驻京代表》及社会调查报告《青海蒙古族》；参与编绘了《青海少数民族人口分布图》《青海民族自治地方行政区划图》和《青海蒙古族史简编》的编纂工作；历年编写教材、教学参考资料达100余万字，两次参加全国统编教材的编写工作。

青海各世居少数民族之历史虽可散见于典籍记载，但缺乏相关佐证文物，这是我省民族民俗研究中的一大缺憾，成为制约该领域学术研究的"瓶颈"因素。为填补这一空白，父亲在青海民院民族研究所工作期间，主持成立了民族文物及民俗研究室，并创办了民族民俗文物永久展览室（现青海民族大学民族博物馆）。调查、发掘并征集鉴定了400余件青海地方民族史方面的重要文献和1000余件青海少数民族民俗文物、图片资料。由他征集的文物，如：青海土尔扈特部南后旗扎萨克印、青海土尔扈特部南中旗扎萨克印、青海南左末旗扎萨克印、青海前（南）左首旗扎萨克印、青海西右前旗扎萨克印等五方蒙古族旗印鉴，驻牧地域地照、清乾隆皇帝赠给蒙古王爷的玉如意，（清）王公官服、武士盔甲及大量民族服装、首饰、日常生产、生活用品等支撑起了整个展览室，个别文物作为省级文物，成为镇馆之宝。在文物征集过程中，身为研究室主任的父亲倾注了全部的心血，他进牧区、下农村，四处奔波，多方搜集。父亲的同事哇么才让在《报春高原第一花——青海民族学院'青海民族民俗文物展览'评价》一文中记述："尤其是原民俗研究室主任王树中同志（蒙古族）对这项工作非常积极、热心、认真负责。他想方设法通过故友亲朋，征集到了许多民俗文物、历史文物，其中有些文物可以说是弥足珍贵的无价之宝。自然为此他吃的苦是最多最大的。1984年冬天，为给展览制作藏族、蒙古族皮袍，他到牧区购买羔皮。为赶时间搭乘一辆满载粮食的便车，傍晚涉水过河时车轮陷入冰窟窿，负重之卡车，进不能，退不得，想找人帮忙，伸手不见五指，抬头难辨东南西北；呼唤求援吧，旷野草原上哪有回音？'整整一个晚上，差一点把我和司机冻死'。王树中同志为国家征集了珍贵的文物，使其免遭失散于社会之厄运，为'青海民族民俗文物展览'尽了力，尽了心，其功不可没。"民族民俗研究室的建立及展览室的创办，填补了我省民族历史文物工作和民族民俗研究的空白，为青海世居少数民族研究提供了有力的实物及文献佐证，在我省属首创，该研究在国内亦属于新兴学科。父亲的工作为民院民俗学研究的发展奠定了重要基础。

在民研所工作期间，父亲提携后进，对年轻人关心有加，他的同事孕宝英在回忆起王老师对他研究工作及论文的指导时仍心怀感念。

父亲爱生如子，深得学生敬爱。在三年困难时期，他看到学生吃不饱肚子，就用自己的粮票换取面粉，做了面片，请学生到家里来吃饭。在中央民族学院任教时，曾有一位来自四川凉山的彝族学生，冬天没有棉袄，冻得瑟瑟发抖，他就将自己的棉衣送给学生，多年后，这位学生还专程来到青海当面致谢。三十年的从教生涯，父亲桃李天下，他的学生遍布全国及青海基层各条战线。每每赴外考察或下乡调研，总有热情的学生前来看望老师，深切感恩老师的培育之情。

三、投身多党合作，致力于统一战线事业

我的爷爷王本巴为青海蒙古族爱国民主人士，是中华人民共和国成立后

都兰县（现海西州）首任县长，青海省人民政府委员。为秉承其父遗志，父亲于1989年调任民革青海省委任专职副主委。

父亲在民革工作期间作为驻会专职副主委，主持机关全面工作。参政议政、民主协商是民主党派的重要职能。他首先从这一工作着手，调整充实了参政议政委员会，亲自选课题、搞调查，发挥集体智慧，在充分调研、反复论证修改的基础上，形成并提交了有价值、分量重的提案20余件。其中《开发水电资源，建设水电大省的建议》《柴达木开发及环境保护》《社会公德建设》《建立省民族民俗博物馆》《制止绵改滑坡的建议》等提案以及修复中山纪念堂、纪念塔的建议均为省政府所采纳或得到高度重视。同时，他还在党外人士情况通报会、协调会等会上，以认真负责的态度，积极建言献策，高质量完成了参政议政工作。

在民革组织建设方面，他以自己的威望和人格魅力影响，动员和推荐了一大批年富力强，具有中高级职称的知识分子加入民革组织。相继成立了青海民族学院、青海师范大学支部及省教育学院小组，有力提高了队伍素质，提升了整体参政议政水平。经他举荐的民革党员如马志伟、秦永章、马明良等人，有的成为省民革的栋梁，有的作为社科界知名学者在参政议政中发挥着重要作用。

为推进民革基层组织建设，父亲不辞辛苦，经常深入基层，鼓励引导基层支部加强同所在单位中共党组织的联系，在指导民革基层组织发展、培养、教育党员完成参政党作用等方面发挥了重要作用。在做好海外亲友工作，积聚统一力量、民革办学、扶贫济困、捐资助学、中山纪念堂整修、对台工作和海外联谊方面，父亲都做了许多让人称颂的实事。

统一战线工作需要以情感人，以理服人，父亲擅长团结同志、凝聚人心，身边的人钦佩他的渊博学识、儒雅稳重，尊称他为"教授级的干部"。他做党员思想工作，能达到春风化雨的效果。民革党员王作福曾作诗纪念他"公仆楷模何处寻，西宁城中王树中。离乡痛忍慈母泪，赴京乐怀赤子心。施政高原功化雨，悯贫绝宁爱国亲。泉壤邂逅王主委，北京春雨草原深"。在父亲的领导下，青海民革呈现出与时俱进的新面貌。

四、深怀民族赤子之情，为弘扬优秀传统文化做贡献

在民革期间，尽管政务工作繁忙，父亲仍念念不忘对青海民族文化的研究以及对本民族文化的发掘、研究和整理。他曾担任中国民族理论研究会会员、

青海分会理事、中国民族学会、民俗学会会员,青海江河源文化研究会理事,继续保持着对本专业的关注和研究。由他发起并参与成立了青海蒙古族研究会,该研究会旨在关注、研究青海蒙古族历史和传统优秀文化,保存珍贵史料,有助于其未来发展。在研究会成立之前,曾任青海省副省长的尕布龙同志在给研究会的信中写道:"会长一职,我建议由王树中同志担任,该同志是我省蒙古族第一个获高职的知识分子,熟悉青海蒙古史,有这方面的著作和论文发表,他的先辈及他本人又有相当的社会影响。因此,我认为由他担任本职殊甚相宜"。青海蒙古族研究会成立后,在搜集史料,整理传承蒙古民族优秀传统文化和蒙古语文学术交流等方面作了大量卓有成效的工作。父亲对这项工作热心参与和全身心投入,充分体现了他对本民族的热爱和赤子之心。

在百忙之中,父亲还对扎藏寺的保护和修复做了大量工作。位于湟源县的扎藏寺历史上地位显赫,是安多地区十三大寺院之一,扎藏寺施主为藏传佛教格鲁派护教法王固始汗,寺院为其汗府所在地。清雍正二年,青海设蒙古廿九旗,其中河北廿四旗蒙古王公府邸均设在扎藏寺。清朝及民国时期青海蒙古王公祭海会盟,该寺是祭海仪式完成后的会盟议事之处,故扎藏寺不仅是青海蒙古族宗教文化中心,而且是青海蒙古的政治活动中心,其在历史上的政治文化地位相当重要。但该寺在历史上几度毁于兵燹,显得破败不堪。为留存历史见证,保护文化古迹,父亲多方奔走,争取支持,动员其在台湾的亲友,发起募集,筹得巨款,于1994年完成了包括大经堂在内的寺院主建筑修复工作。在寺院修复工程进行期间,他凡事亲力亲为,从谋求所在地地方政府的支持、资金预算到建筑设计、工程施工,都能见到他繁忙的身影。扎藏寺的保护和修复,对保存历史,推动我省文化建设及旅游业发展具有重要意义。

父亲还对祭海会盟这一文化遗产的保护和申遗做了大量的、卓有成效的工作。

父亲性格直率,为人豪爽热情,待人诚挚,每有朋友遇到困难,必尽力在物质和精神上给予帮助。他为人重情义,其父过世后,庶母尚在,他也是经常前往探视,执礼甚恭。

父亲作为青海蒙古族中的优秀知识分子,其做人胸怀坦荡,做事兢兢业业。他深怀对家乡、对人民的热爱,为我省在改革开放中取得的巨大成就欢欣鼓舞,写下"巍巍昆仑山,浩浩江河源。由来征战地,如今绽新颜",表达由衷兴奋之情。父亲去世后,民革中央副主席周铁农、李赣骝、童傅,青海省委、省人大、省政府、省政协有关领导发来唁电或送花圈,以表达痛惜之情。时任青海省委统战部杜宗兰副部长在介绍生平时给予了"王树中同志生前认真学习马列主义、毛泽东思想、邓小平理论和'三个代表'重要思想，热爱共产党、热爱社会主义、热爱人民、热爱祖国，积极拥护党的路线方针政策；坚持中国共产党领导的多党合作和政治协商制度，高举爱国主义和社会主义两面旗帜，继承发扬革命先驱孙中山先生爱国、革命和不断进步的精神，在政治上、思想上、行动上同中共中央保持高度一致，在大是大非面前立场坚定、旗帜鲜明；他为人真诚善良、襟怀坦荡，作风正派、团结同志，是民革省委的好领导，是与中国共产党真诚合作的好朋友，也是我们党的好党员"的高度评价。

斯琴，女，蒙古族，中共党员，青海海晏人，1996年7月毕业于青海民族学院汉语言文学系。

铮铮风骨写春秋
——记撒拉族语言学家韩建业

马 伟

2010年12月29日，在京学习的我惊闻噩耗——韩建业先生离我们远去，一种难以言述的悲痛之情，瞬间笼罩了我孤独的心田。今天，回首如歌往事，许多情景仍历历在目，令人心潮澎湃。

淡泊以明志

在青海师范大学读书期间，一次偶然的机会，我在图书馆发现了一篇关于撒拉语的文章。文中撒拉语是用拉丁文字母写的，附有汉语的理论分析。在近四年的唐诗宋词、元明戏曲小说甚至巴尔扎克、雨果、普希金等西方文豪的中外作品学习之后，生平第一次读到自己的母语——撒拉语时，我感受到一种强烈的震撼、惊奇、喜悦、激动……都难以描述我此时此刻的心情。由于只有一本库存本，那本书无法外借，我就连续几天去图书馆将整篇文章工工整整地抄写在笔记本上，而这篇文章的作者正是青海民族学院民族研究所的韩建业先生。一个素未谋面的人，就这样永远走进了我的学海生涯中，成为心中一个不时向往的坐标。

大学临毕业，青海民院中文系的马成俊老师来青海师大进行岗前培训，他利用中午休息时间到中文系学生宿舍挑选好的苗子。交谈中，马成俊老师告诉我，青海民院民族研究所需要一名中文专业的撒拉族毕业生。后来当我带着自己撰写的关于撒拉族的学士学位论文去联系时，穿着一身天蓝中山装的韩建业老师负责我的面试工作。当时先生显得清瘦，但却十分俊逸，说话幽默而风趣，几句撒拉语让我倍感亲切。面试情景已过了近20年，但先生当时严肃的一句话却让我终生难忘:"做学术,需要有长期甘于寂寞的奉献精神;做撒拉族研究,需要有对民族的热爱之情。"现在,当我再次回想这句话时,我也有了更多的感悟。我想,这句话不只是对晚辈的鞭策之言,更是先生对自己一生的自律,也是先生淡泊明志、宁静致远,以微言大义书写民族春秋画卷的真实写照。

平凡一生路

1993年7月至1996年底,我度过了人生中一段很有意义的时间——和韩建业先生在一间办公室面对面工作。三年多的共事经历及后来十多年的交往,使我对先生的过去有了较为全面的了解。

先生于1934年10月出生于青海省循化撒拉族自治县清水乡阿什匠村,因家庭贫困,先生早年寄宿于舅父家中打杂,1944年舅父将他送进西宁昆仑中学附小学习,自此开始了他的求学生涯。1949年7月至1950年7月在西宁一中附小上学。1950年9月至1953年7月在西宁第二中学学习。1953年9月至1955年7月在西宁高中学习。1955年9月至1956年2月,因生活困难退学回乡,参加农业生产劳动。1956年3月在北京参加少数民族语言调查班学习,为期三个月。1956年至1957年7月,在新疆、青海参加民族语言调查工作,同年7月到中国科学院少数民族语言研究所工作。这段经历使先生有幸与我国一些著名语言学家共事,使先生对突厥语有了进一步的认识,语言学理论分析能力也有了很大提高。1961年至1966年,先生就读于中央民院语文系,学习维吾尔语。由于先生的撒拉语背景,学习同为亲属语言的维吾尔语,先生自然是进步很快,收获也颇丰。1966年至1968年5月,在中央民院待分配。1968年8月至1971年9月,在新疆财贸学校任教师,并做一些维汉翻译工作。1971年10月至1975年在西宁第十中学任教师。1975年至1979年8月在青海毛纺厂子弟学校工作并曾任副校长。1979年9月起在青海民族学院民族研究所工作,任语言研究室主任。1983年6月加入中国共产党。1986年被评为语言学副教授。1996年退休。先生还曾任中国突厥语研究会理事、青海省撒拉族研究会副会长兼秘书长、《青海民族研究》编辑、《中国撒拉族》主编等。2010年12月29日,于西宁溘然长逝。

铁肩担道义

先生平凡的一生其实并不平凡。

1956年，苏联科学院语言研究所突厥语专家埃·捷尼舍夫来我国调查突厥语言和帮助培训突厥语科研干部。调查撒拉语和西部裕固语是捷尼舍夫的中心工作之一，因此，他曾率团赴循化进行田野工作。由于苏联在当时社会主义阵营中的特殊地位，所以捷尼舍夫在循化的工作，包括在北京等地的工作开展起来都有非常便利的条件，连我国后来世界知名的突厥语专家耿世民教授当时也是在北京辅助他工作，韩建业先生自然也参与了辅助工作。先生描述其调查队伍"浩浩荡荡"。1966年捷尼舍夫发表了《撒拉语初探——论汉语对撒拉语的影响》一文，1969年通过博士学位论文《撒拉语的结构》的答辩，并发表在《东方学问题》上。在对撒拉语的调查研究中，其重要部分——音系整理工作曾得到了韩建业先生的热情相助。在捷尼舍夫正式出版的俄文著作中，他明确感谢先生对他研究工作的支持。

　　1958年匈牙利突厥语学家菇拉·卡库克来我国考察撒拉语，先生就曾在北京与这位突厥学家一同工作。卡库克未到青海调查过撒拉语，但却发表了一些关于撒拉语的文章，这与先生的工作是分不开的。2010年，笔者在一次国际学术研讨会上偶然遇到了卡库克的学生——匈牙利科学院的突厥学家 Imre Baski 研究员，他还提到先生对其老师卡库克的帮助之事。先生的工作，能得到国际同行的肯定与支持，不仅是先生个人的荣誉，还展示了我国民族语言工作者的良好国际形象。

　　作为研究人员，先生就这样屡屡对各方面都处于优势的国外同行给予无私帮助，不由让人钦佩其心胸之开阔、处世之达观。国外研究人员对撒拉语的关注，使我国民族语言学家产生了强烈的紧迫感和使命感。身为中国学者，却一味让自己祖国宝贵的文化资源由外人来挖掘，从而占领学术领域的制高点和话语权，实在是件令人痛心的事情。为了集中力量，发挥各自优势，我国学者林莲云和韩建业决定合作研究撒拉语。在无数夜以继日、争分夺秒地工作后，一篇沉甸甸的文章《撒拉语概况》终于在1962年正式发表于《中国语文》上，此文也因而成为国内外最早系统介绍撒拉语的学术文章。后来当先生给我讲述此段往事时，仍难掩其激动与自豪之情。是啊，作为一介书生还有什么比为自己民族和祖国争得荣誉更为骄傲的事情呢？

妙手著文章

　　先生将自己大部分的精力和时间都花在了对撒拉族语言文化的学习、挖掘、整理、研究等方面，他用手中的笔为我国民族语言文化的研究事业贡献出了自己的力量。

1962年，先生和林莲云研究员的合作成果《撒拉语概况》第一次比较全面地为世人揭开了撒拉语的神秘面纱，两万多字的文章从语音、语法、词汇三个方面对撒拉语做了较为详细的描述。这是当时在党和政府的关怀和领导下，在北京、新疆、青海等地学者联合调查的基础上，最后由两位学者倾力合作完成的一篇作品。文章虽然只是一篇介绍性文章，但当时无论是在政治方面还是在学术方面都有着重要的意义，并且为后来的撒拉语研究指明了方向、奠定了基础。文章还提出了汉语在撒拉语丰富发展过程中所起的重要作用，并指出加强撒拉语和亲属语言之间的对比研究，对进一步确定撒拉语在突厥语中的地位、了解撒拉语的历史演变、构建突厥语发展史等方面都具有重要意义。两位学者又合作发表了《撒拉语词汇概述》一文，对撒拉语的固有词、借词及构词法等作了描述和分析。

之后，两位学者以各自的方式对撒拉语展开了更为详细深入的研究。林莲云女士最终出版了《撒拉语简志》(民族出版社，1982年)《撒拉汉汉撒拉词汇》(四川民族出版社，1992年)等著作。而韩建业教授发表了系列关于撒拉族语言和文化的论著，其中代表性的作品有合著《撒拉族简史》(青海人民出版社，1982年)，语法专著《现代撒拉语》(以系列论文形式在20世纪八九十年代连载于《青海民族研究》《青海民族学院学报》等)、《撒拉族语言文化论》(青海人民出版社，2004年)、《青海撒拉族史料辑》(青海人民出版社，2005年)、《韩建业民族语言文化研究文集》(民族出版社，2010年)、合著《撒维汉词典》(民族出版社，2010年)等。

先生的著作已经成为研究撒拉族语言文化的重要参考书目，在国内外都产生了较大影响。语言学家贾晞儒教授在为《撒拉族语言文化论》作序时如是说："这是一本结构规范、缜密、完整，内容充分、翔实，科学合理的好书，它既有对撒拉族语言内部结构规律的分析、论述，又有对其种种文化蕴涵的分析和研究，通过对撒拉族语言内部规律的探讨和对其文化蕴涵的揭示，为我们打开了撒拉族民族心灵的窗口，使我们走近认识这个民族、熟悉这个民族，进而热爱这个民族的理性之路。"他还指出，此书无论在研究的深度和广度上都比原有研究大大前进了一步。

千里骨肉情

在和先生共事的日子里，他多次谈及在新疆撒拉族地区的田野调查情况，并时时流露出对当地同胞的思念之情。2004年8月，我和先生终于有了一同前去新疆伊犁调查撒拉语的机会。

从兰州到乌鲁木齐的火车上，先生一路上谈笑风生，不断追述1956年在新疆的调查工作情况。首先，他和同族同学韩维祯参加了伊犁维吾尔语的调查工作，后来，他们二人去伊宁县的撒拉村调查撒拉族及其语言文字的使用情况，时间约为两周。撒拉村坐落在美丽的伊犁河畔，当地几百户的撒拉族都是历史上因种种原因从青海循化迁过去的。短短的时间，他们和当地同胞便有了水乳交融般的深情厚谊。分别时的场面十分感人，大家共同的愿望是：希望下次能带来撒拉族文字。先生非常怀念青年时期的这段往事，因此，即使是70高龄、几千公里的长途颠簸也未能阻止他此次再访撒拉村。

而今，事隔48年，先生又要踏上撒拉村的土地了，又要见到朝思暮想的异地同胞了。近半个世纪的牵挂，从热血青年到银发老人，这是一种怎样的情怀啊？！望着窗外一望无际的戈壁沙漠，我的思绪也绵长悠远……

到达乌鲁木齐的当天下午，先生和我前去拜访他的撒拉族好友马耐斯老人。久别重逢，两位老人泪眼唏嘘、感慨万千。马耐斯老人当年69岁，生于伊犁，曾任新疆维吾尔自治区邮电管理处处长。其父亲为撒拉族，母亲为哈萨克族，因此他会说新疆撒拉语、维吾尔语、哈萨克语、汉语，还会讲一些俄语。他的撒拉语，我刚开始听起来不是特别清楚，可经过半个小时后，便能听懂，但和青海撒拉语在语音、语法上都有些区别。老人的爱人为河北人，两人之间用汉语交流，而当他们的二十几个子女和孙子们聚到一起时，马耐斯用维吾尔语交流，而他爱人用汉语交流。另外，经常照顾两位老人的、从伊犁来的侄女平时和马耐斯用撒拉语交流。马耐斯在任职期间，曾代表中国政府成功地与中亚五国、伊朗、土耳其、德国等十几个国家签订了亚欧光缆铺设合同。为此，老人几十次来往于这些国家之间，为中国和这些国家的电信合作作出了杰出的贡献。尤其是，老人与土库曼斯坦官员的接触中，双方发现撒拉语和土库曼语很相似，对此都很惊奇。当马耐斯被邀请出席在土库曼斯坦的土库曼人婚礼时，他被请求致婚礼祝词。他在用撒拉语祝福新人时，向他们介绍了撒拉族700多年来的发展情况。在场的老人们能听懂大意，听完之后都老泪纵横、泣不成声。土库曼斯坦人还向马耐斯老人赠送了土库曼服饰，老人将这些服饰带到循化，供亲朋好友观看。马耐斯老人是目前为止我们所知的第一位访问土库曼斯坦的撒拉族人士。先生和马耐斯老人有太多太多的话要说，但说得最多的还是关于撒拉族的事情。

在伊犁的撒拉村，先生虽没有专门的调研任务，但他仍然仔细了解当地同胞的生活、历史、语言、文化等情况。一些老人还记得48年前先生第一次来村里的情形。听说先生又来了，村里认识的、不认识的都纷纷请我们到家中做客，并盛情款待。问不完的事、说不完的话、请不完的客、唱不完的歌……所有的这一切都让我永生难忘。蜿蜒绰约的伊犁河自东向西勾勒出梦幻般的撒拉村，无边无际的肥田沃土赐予人们沉甸甸的希望，但更打动我们内心的是人们脸上灿烂而幸福的笑容，是撒拉村淳朴而厚道的民风，是那种置身于世外桃源的美妙感觉。短短十几天的时间一晃而过，先生和我最后也依依不舍地离开了村子，先生在田间地头的执着身影永远定格在我的脑海中，成为我人生中最为宝贵的精神财富之一。

难忘文字梦

新疆伊犁撒拉村老人对撒拉族文字充满深情的期待，当时全国各地轰轰烈烈的语言文字调查工作，使先生对本民族的语言文字工作产生了强烈的使命感和责任感。

1956年，还没等整个新疆地区维吾尔语调查工作结束，先生和另一名撒拉族调查人员韩维祯就向当时的第六调查队即阿尔泰语系突厥语言调查队写信，要求从队内再抽调两名人员，共赴青海调查撒拉语。他们的请求，经队部上报后获得了中央的同意，并安排白逢源同志一同前往青海，增援他们。在返回经过乌鲁木齐时，他们又见到由循化撒拉族干部韩克强、韩子蕃、何某（具体名字先生已忘记）等共同起草的撒拉族文字方案。这个方案是由北京中国科学院转至第六队部的，因此，引起了队部的高度重视，队部决定再派一名维吾尔族同志协助撒拉语的调查工作。

在青海省循化县和化隆县进行语言普查时，省民委和两县党政部门对此工作给予了大力支持，并抽调当地民族干部加强调查力量。1956年至1957年6月，调查组赴化隆县甘都镇的四合生、唐斯岗，循化县的苏只、街子、白庄、孟达、清水等地进行了为期半年多的调查。当时调查条件十分艰苦，许多时候都是靠步行或以骡马代步，但调查组克服种种困难，按计划完成了第一次的普查任务。根据调查材料，调查组基本摸清了撒拉语的音位系统、词汇和语法结构，并对撒拉族语言文字的使用情况也有了大致的了解。1958年，先生和林莲云女士又深入甘肃省临夏县大河家乡，调查当地的撒拉族语言及其使用情况。之后，两人撰写报告，提出撒拉语无方言之差，只分"街子""孟达"两种土语，并否定了鲍培、巴斯卡阔夫等国外学者将撒拉语列入维吾尔语方言之一的分类方法。

1958年，在北京召开民族语言科学讨论会，就各语言调查队所提出的调查报告、方言划分、语言间的相互影响及文字问题进行讨论。此次会议上，为少数民族创制和改革文字的各种方案也都先后确定。让先生感到遗憾的是，与会的循化撒拉族干部代表"不要求单独创制本民族文字"，因此，会议没有讨论撒拉族文字创制问题。

20世纪70年代末，历史翻开了新的一页。为了提高撒拉族人民的科学文化水平，加速撒拉族地区的社会主义现代化建设事业，受撒拉族干部群众的委托，先生于1979年研究并初步设计了《撒拉族拼音文字方案》。此方案是根据语言调查材料，国家相关语言文字规划精神，并依据撒拉族人民一致要求创制撒拉文的事实和现实需要而制定的。当时对这一方案的定位是：和土族文字一样，撒拉文是一种辅助文字，主要用于群众扫盲，小学低年级教育，民间创作，民间通信，广播宣传，记工记分，记录、翻译民间文艺以及帮助撒拉族人民学习汉语文等，其作用和使用范围大小依据工作情况和现实需要而定。方案中的正音规定为：1.语音学原则，即基本上怎么念就怎么写；2.形态学原则，基本做到读音发生变化，而拼写仍不变；3.历史原则，基本做到正字正音定型化。1982年，先生协助循化县举办了一期撒拉文学习班，承担了120课时的主要教学工作。据先生讲，培训效果非常好，学员学习热情高涨。在培训结束时，大家纷纷用刚学到的新文字记录民间故事、创作文学作品等。然而，由于种种原因，培训未能持续下来。先生每每提及此事，也颇感遗憾。

除了对撒拉语本体方面的研究以外，先生还是第一位从语言学方面论证撒拉族在历史上拥有自己文字的学者，这在撒拉族文化史研究方面是一个重大突破，也彻底否定了长期以来"撒拉族有语言无文字"的说法。他明确提出了"撒拉族人民在历史上使用过以阿拉伯文字母为基础的土尔克文——撒拉文"。所谓"土尔克文"就是以阿拉伯、波斯文字母为基础拼写撒拉语的一种拼音文字。19世纪时"土尔克文"在撒拉族群众中不仅用于宗教方面注释经文、翻译经典、进行并发展经堂教育，而且已成为社会通信、书写契约、记事立传、著书立说的应用文字被一部分人所掌握。至今，在撒拉族群众中还保留着一些用这种文字书写的有关历史、文学、宗教等方面的文献。民间收藏的《土尔克菲杂依力》（择要注释杂学）以及其他的文献如《朝觐途纪》《历代帝王年表》就是用这种文字拼写撒拉语写成的。其中《菲杂依力》是一部宗教伦理道德方面的专著，在（哈万德）老三大爷主持下，由（卡提布）鲁格曼毛拉写于光绪八年（惜该书年代已久，前面几页残缺不全）。这部手抄本不仅对研究撒拉族的宗教有一定参考价值，而且为我们研究19世纪撒拉族的语言和文化提供了重要材料，同时，也再现了100多年前撒拉族人民使用文字的情况。先生生前还一直从事着"土尔克文"的研究，并发表了相关前期文章。

过去当我曾向先生问起，作为《撒拉族简史》的主要作者之一，为什么在这本重要的书中出现"撒拉族有语言没文字"的观点时，先生告诉我，当时学术界还没有对撒拉族"土尔克文"进行过研究，不知道这是撒拉族自己的文字。后来，经过他的研究，并咨询了中央民院突厥语言文字专家胡振华教授等，才确认撒拉族在历史上拥有自己的文字。仅此一点，我从先生身上切实感受到了学术研究的艰难、道路的漫长以及学术研究服务社会的重要目标。

关于撒拉语的书写形式，先生曾多次说，撒拉族历史上是有自己的文字的。在20世纪80年代，在创制新文字时（当时还没认识到撒拉族原来有自己的文字），老一辈人喜欢阿拉伯文字母，年轻一代则倾向于拉丁字母。在广泛征求意见的基础上，主要基于当时的我国语言文字政策，才制定出了以拉丁字母为基础的撒拉族新文字。鉴于目前撒拉族文化发展趋势及现实国情，先生多次强调应该继续试用并加强研究会暂定撒拉语拼音方案的地位，在国家相关政策的范围内，做一些力所能及的文化保护工作。

现实虽然无奈，但先生在生命的晚年也始终没放弃过演绎文字的梦想。也许，只有梦想才能让人看到希望吧！

甘为孺子牛

1992年，先生和一大批关心撒拉族文化事业的仁人志士共同创立了"青海省撒拉族研究会"。一个民族的觉醒，首先是文化的觉醒。因此，研究会的建立是撒拉族整体文化自觉的重要标志，也是撒拉族文化发展史上的重大事件。

作为研究会第一届理事会副会长兼秘书长，先生从筹备学会成立起就做了大量繁重的工作。由于是公益性的民间组织，研究会经费拮据，没有专门的办公地点，许多事务性的日常工作是先生业余时间在自己单位的办公室完成的。学会也没有专门的工作人员处理办公室杂务，这些任务也自然地落到先生等个别人身上。1993年，当我初次参与研究会工作时，常见先生亲自撰写学会年终报告，和其他同事共同编辑、校对《中国撒拉族》刊物，组织一些学术工作会议。由于研究会是民间组织，内部人员关系松散，因此，协调各方人际关系并不容易。性格耿直率真的先生有时为开展研究会工作而往往吃力不讨好，受到了不应该有的误解甚至是谣言恶语的伤害，但先生为了顾全大局，在没有分文利益的情况下始终是任劳任怨、兢兢业业。作为一个松散的民间组织，研究会工作能坚持下来并取得今天的成绩，与先生等一批默默关心、支持并亲自投入民族文化建设事业的人士是分不开的。

  由于年事已高，2007年先生辞掉了所任副会长兼秘书长职务，但先生对民族文化事业的关心丝毫没有减少，还时常询问研究会日常工作，并经常给予一些建设性的意见。2010年9月，在我去北京学习前向先生辞行时，先生身体已大不如前。由于患有心脏病及气管炎，先生无法下楼活动，只能待在屋内，且呼吸困难，时时需要吸氧。尽管病情如此，先生却鼓励我好好学习，并再三嘱咐即使遇到困难也不要放弃研究会的工作。听着这些语重心长的话，当时我的眼眶里有点湿润的感觉。未曾想，这些话竟成了永别之言。

  而今，先生永远地离开了我们。在无尽的哀思之余，我的心中满是钦佩与自豪。钦佩先生做人做事的铮铮风骨，自豪先生耕耘收获的学术成就。先生甘为孺子牛的理想主义一生，不禁使我想起了鲁迅的一句话：吃的是草，但挤的却是牛奶。

  永远感谢您！

马伟，男，撒拉族，中共党员，生于1970年，青海循化人，现任青海民族大学文学与新闻传播学院党委书记、院长，中亚—土库曼斯坦研究中心主任，博士研究生导师。

回忆资深翻译家李钟霖先生

嘉央东措　肖安东　龚启德

原《青海民族学院学报》编辑部副主编、资深翻译家李钟霖先生于2023年1月28日22时03分在西宁病逝,享年87岁。他一生致力于藏汉文翻译事业,为藏汉文优秀文化翻译、交流、互鉴、传播和研究事业作出了重要贡献,给后人留下了大量宝贵的文化财富。他的逝世,是我们藏汉文翻译界的损失,学生们失去了一位可敬可爱的老师,藏汉文翻译界失去了一位翻译导师。

李钟霖先生生在旧中国,长在红旗下,积极求学,报效国家。1936年12月26日,他出生在青海省互助土族自治县红崖子沟乡星家庄村,10岁时到邻村下寨白马寺中心小学读书,中华人民共和国成立后于1951年3月18日到西宁市的青海民族公学(现为青海民族大学)求学,被编入儿童班学习。学校是实行供给制的公费学校,自此在五星红旗下幸福成长,并在母校从小学一直读到了大学毕业。1961年9月,李钟霖先生毕业于青海民族学院藏文系,并留校任教,是党培养的青海首届藏文系大学生。1962年10月,青海师范学院并入青海民族学院,改为青海民院师范部,李钟霖先生调到师范部艺术系开设藏语文课,1964年被评为"优秀教师"。1964年4月青海高校再作调整,师范部恢复为青海师范学院,1965年3月青海民族学院藏文系并入青海师范学院。1971年9月,李钟霖先生又随系调入青海民族学院任教。1978年他被国家民委抽调到四川成都参加《藏汉大辞典》编纂工作,1982年7月合成竣工后返回青海民族学院少数民族语言文学系任教。1982年编写《现代藏文文选》第1册。1983年5月份赴西藏拉萨市参加全国六所民族院校通用教材《现代藏文文选》1—4册审定工作。1984年8月调入《青海民族学院学报》编辑部担任编辑,1985年任《青海民族学院学报》编辑部副主编。1986年晋升为藏语言文学副教授。1990年被全国高校文科学报研究会授予"优秀学报工作者"称号。1999年任《青海民族学院院史》常务副主编。1997年任藏族《雪域历代名人辞典》副主编。2022年中国翻译协会授予李钟霖先生"资深翻译家"荣誉称号。

一生致力于藏汉文对照辞书编著，为文化交流互鉴架桥

李钟霖先生精通汉藏文，尤其熟知古典藏文、古典汉文，他的一生著书立说、书高等身，留下了大批具有极高价值的书籍。他所翻译的作品真正意义上达到了"信、达、雅"的翻译标准。文化是民族的血脉与灵魂，是国家软实力的重要标志，是国家综合国力的重要体现。同时，文化作为国与国之间、民族与民族之间、人与人之间交往、沟通、理解的桥梁与纽带，在对外交往中发挥着难以替代的作用。李钟霖先生就是一名优秀文化的传播大师。1977年他翻译出版了第一本处女作——革命回忆录《长征》，1982年由民族出版社出版，从此开启了他的翻译生涯。他一生致力于编纂、编著藏汉文对照工具书，在其治学生涯中编纂辞典2部，编著词典2本，互译、审定藏汉文著作22本，发表汉藏双语论文、文章近100篇，总字数达700万字，为促进藏汉优秀文化交流做出了贡献。

第一部辞典是《藏汉大辞典》（上、中、下三册）。1977年四川大学教授张怡荪先生向党中央写了封信，请求党中央批准、支持编纂《藏汉大辞典》。中央领导同志把这封信批给国家民委办理，国家民委安排四川省民委，四川省民委在四川成都市成立《藏汉大辞典》编纂组，李钟霖先生有幸被调去参加编纂工作，成为十大编辑人员之一。历时五年的艰辛工作，1982年7月份《藏汉大辞典》合成竣工，并于1985年由民族出版社出版。该辞书是我国第一部藏汉文双解工具书，也是一部藏汉文合璧的百科综合性大型辞书，收词53000余条，以一般词语为主，分基本词和合成词两大类。专业词语包括传统的"大五明"（工艺、医药、语言文字、因明、佛学）、"小五明"（韵律、诗学、藻词、戏曲、星象）、文学、历史和地理等门类，兼收有农牧生产、民族习俗等方面的专业词语，书后附有《动词变化表》《干支次序表》《藏族历史年表》以及藏族文化的彩色图片百余幅。该词典获得了吴玉章文学奖，于1985年第一次出版发行至今，受到广大读者的喜爱，不断再版重印，至今畅销不衰，重印了15次，累计印数达87301册，满足了一代又一代学习藏语文和藏汉文翻译工作者的需要，成为藏文学习者的案头必备书，是藏汉文化相互交流、借鉴的重要辞书。这本辞典起初有60名编辑人员，随着编辑工作的难度增大，有些编辑人员不适应工作的需要，逐步离开，最后只留有10名，李钟霖先生便是其中之一。

在《藏汉大辞典》编纂过程中，李钟霖先生结识了好几位精通藏文、汉文的大学者，从他们身上学到了书本中难以学到的知识，为后来从事藏文教学、翻译、学术研究、编辑工作积累了丰富的藏汉文知识。

第二部辞典是《雪域历代名人辞典》，李钟霖先生承担了翻译名人词条498条，审定全书80万字。1992年12月由甘肃民族出版社出版发行。

第三部辞书是他独编的《新编藏文动词词典》（藏汉文双解），1981年开始编纂，1984年完成初稿，中间一直反复修改，于2015年（当时李钟霖先生已79岁）由青海民族出版社出版发行。词典包括藏文动词的现在式、未来式、完成式、命令式之分，该辞书为藏语文教学、藏汉文翻译以及学习藏语文的中小学学生和社会上初学藏文者提供了查找和正确使用藏文动词的便利。本辞书收有藏文动词现在式词条1200余条，未来式、过去式、命令式副词条附其后，总共4000余条，古藏文动词200余条。本词典所收动词具有量多且准、义项区分切合词义、注释确切到位、例句精确优美等特点，例句收有3000多个，其中有原汁原味的藏语短句，有哲理深邃的藏族格言、民歌、谚语等，是学习藏语文的一部好工具书，有助于懂汉文且初学藏语文者尽快掌握藏语的语法知识，有助于藏语文教学、翻译、写作工作的开展，故堪称是一部藏族优秀文化荟萃的小文库。

第四部辞书是李钟霖先生独编的《新编藏文藻饰词词典》，编纂工作始于2015年，2019年（当时李钟霖先生83岁）由四川民族出版社出版。藏文藻饰词非常丰富，它几乎覆盖到了社会各项事务的方方面面，如在藏文古籍《藻饰词论·智者耳饰》中说道："佛陀佛子和弟子，三域世界都在内，六道众生均未遗。"意思是说藏文藻饰词涉及的范围极为广泛，其数量多不胜举，天上的日月星辰，雷电风云，雨雪冰雹；地上的江河湖海，高山平原，草木花卉，鸟兽鱼虫，五谷六畜；民间传说中的善神恶煞、妖魔鬼怪，在藏族智者惟妙惟肖、栩栩如生的藻饰下，赋予了形象生动的藻饰词异名。譬如：母亲称"给生路"，人称"二足"，蜂叫"六足"，蛇叫"无足"，鸟叫"翅行""卵生"，孕妇称"有情入胎"，飞机称"天船""铁鸟"等等。《新编藏文藻饰词词典》（藏汉文对照）全书分为四个部分，即名词及其异名、数词及其异名、藏历月份及其异名、藏历日期及其异名。全书共收名词主词条550余条，名词藻饰词副词条5500余条，数词主词条21条，数词藻饰词副词条90余条，藏历月份主词条12条，各个月份藻饰词副词条80余条，藏历日期主词条30余条，各个日期藻饰词副词条30条，是第一部汉文藏文对照的藏文藻饰词词典，是文化交流、借鉴的好辞书。

一生致力于民族文化翻译研究，为促进交流互鉴奉献珍宝

李钟霖先生一生致力于优秀文化的藏汉文互译，为民族文化的交流、互鉴做出了贡献。他80岁以后翻译出版和即将出版的格言有：《藏汉对照格丹格言诠释》于2017年9月（81岁）由四川民族出版社出版。《格丹格言》是颇负盛名的班钦·索南扎巴在四百多年前所著，其全名为《智愚辨别论具善格言白莲花束》，是继著名学者萨班·贡噶坚赞所著哲理格言诗集《萨迦格言》之后的又一部藏族文学名著。全书共125首，其中第28首为七言五句外，其他124首均为七言四句格律诗。一般前两句是作者对现实生活中某些现象的哲理性总结和本意的表达，后两句则是借用广泛流传于涉藏地区的民间故事、寓言和神话作为上句的譬喻，以使哲理更加形象化。《格言》自问世以来，迄今已有400多年的历史，仍然流传甚广，在广大藏族群众中产生了深远的影响，主要原因不仅是因为格言在塑造智者和愚者这两种不同人物形象时所提出的问题、阐述的道理等具有较强的说服力，而且在他的格言中所展现的艺术手法对藏族文学创作和研究有十分宝贵的价值。《格丹格言》论理深刻、比喻形象、语句精练，值得学习和倡导。《藏汉对照格丹格言诠释》一书对每首格言进行了逐一诠释，方便读者准确了解格言的含义。该书出版发行后，受到广大读者的青睐，十分畅销，一本难求。

李钟霖先生应青海人民出版社委托翻译和特邀审定了八大藏戏系列丛书，翻译出版的有《朗萨雯蚌》《苏吉尼玛》《文成公主》三部，审定的有《顿月顿珠》《智美更登》《白玛文巴》《诺桑王子》《卓娃桑姆》五部。八部藏戏已由青海人民出版社于2020年出版，2022年出版《中国藏戏：八大经典译集》。

李钟霖先生翻译出版的典籍、民间文学、外国文学有：《贤愚集》连环画10册（藏译汉），由甘肃民族出版社出版；合译《贤愚集》（藏译汉），由青海民族出版社出版；《菩萨行疏》、民间文学《阿克顿巴的故事》（藏译汉），由青海人民出版社出版。把汉文文言文、外国文学翻译为藏文的有《前出师表》《外国寓言十则》，刊登在《青海群众艺术》。

李钟霖先生已翻译完成并申请出版的格言诗译著有多部，这些均是2020年以后开始翻译的，也就是84岁时开始翻译、修改，86岁时完成书稿并交付出版社待出版，具体包括的译著有《龙树大师教诫篇》（藏汉文对照），这是古印度大学者龙树所著的《百智论》《智树论》和《养生论》三篇诗作。其中，《百

智论》主要论述世俗道德,是劝诫官员以国事为重、民为邦本的执政箴言,《智树论》是以教诫宰官刚直却邪、克己省身以及论述世俗风尚为主的世俗道德论著,《养生论》是为普通百姓讲述世俗道德规范的论著。《牟磐嘉措修身格言诗集》(藏汉文对照),作者用1020首诗苦口婆心地劝告官员要学习各种知识,加强道德修养,以民为邦本,以慈善为执政方略,保护百姓安居乐业。《树水喻格言诗集》(藏汉文对照),以树木和水为喻体创作了245首格言,表达了对人生、生活、民族的热情赞美和对美好生活的向往。《月喻等格言诗集》(汉藏文对照)包括《风喻格言》67首、《月喻格言》36首、《火喻格言》70首、《铁喻格言》63首、《宝喻格言》91首、《土喻格言》90首,共计417首。以风、月、火、铁、土、珍宝作为喻体,揭示事物的本质和特性,借以阐明人生哲理,劝导人们要完善自己,净化社会,勤奋学习,增长智慧,这对于继承和发扬传统美德具有重要的现实意义。

李钟霖先生一生致力于优秀文化的学术研究,留下了十分宝贵的学术成果。编著出版的研究藏族格言诗的论著《藏族格言文化鉴赏》(汉文版)于2003年12月由青海民族出版社出版,获省级二等奖。发表的研究藏族格言的论文有:《藏族格言诗中的从政观》《藏族格言诗中的审美观》《藏族格言诗中的治学观》《藏族格言诗艺术魅力》《藏族格言诗中的宗教观》《藏族格言诗中的幸福观》《藏族格言诗中的辩证观》《藏族格言诗文化审视》《索南扎巴和他的格丹格言》《龙树修身箴言辑析》分别刊登在期刊《青海民族研究》《青海民族学院学报》,《藏族格言诗中的智愚观》刊登在期刊《西藏民院学报》,《藏族格言诗中的伦理观》刊登在期刊《西南民院学报》,《论语与藏族格言诗》对比研究刊登在期刊《柴达木开发研究》,《论语与萨迦格言》刊登在期刊《西藏民族研究》。

李钟霖先生发表的研究民俗文化的论文有:《藏族年节钩沉》《土族宗教信仰与藏传佛教》刊登在期刊《中国土族》,《土族婚姻习俗礼仪全程扫视》《土族丧葬习俗》《土族民俗风情随笔》刊登在期刊《柴达木开发研究》。

一生致力于翻译服务和培养人才,满足了社会翻译需求

李钟霖先生应他人委托翻译的古典典籍、传记文学、方志、艺术、旅游文化方面的资料有:《莲花生本生传记》《菩提心颂宝灯》《往生教诫金刚梯》《殊胜乘瑜伽精要秘诀》《甚深静猛自我解脱中的灌顶正行有戏论宝瓶大灌顶》《甚深静猛自我解脱中的自行中阴》《甚深静猛解脱中的成就启门中等灌顶众生自我解脱》《中阴四魔之转变传授法》《上师精要法门》《本识荟论法》《道三聚法》《大密旧译宁玛派显密教法传承源流》《历代珠巴古钦传承》《大圆满秘诀铜文》《第四法嗣杰温白玛根卓南杰》《温仁波切除障法》《历代止贡巴传承上师》《山法金袋法》《三门三轮法》《大手印》《大圆满悟境精义元始怙主道次讲义智慧师》《藏族史及藏传佛教知识问答》《佛子行三十七颂》

《藏族绘画艺术史》，审定《彩绘大观》藏译汉部分；翻译年宝玉则旅行社委托翻译的旅游景点词条 5 万余字(汉译藏)、互助县旅游局委托翻译的旅游景点词条 8 万余字(汉译藏)。这些译文委托单位已作为自己的宣传资料印发使用了，有些还作为个人学习深造的资料。

一生治学严谨、痴迷翻译，赢得了翻译界的高度评价

李钟霖先生痴迷于翻译事业，常常废寝忘食。他翻译出版的第一本作品是革命回忆录《长征》，1982 年由民族出版社出版，从此拉开了其翻译、出版的序幕。从 20 世纪 70 年代后，李钟霖先生的大部分译著则是在退休后完成的。他对学术一贯执着，从未放弃过治学生涯，正是因为他夜以继日地"耕耘"于书斋，才完成了不少新作译著。他惜时如金，即使是在生病住院期间，为了不影响印刷厂师傅的排印工作，他忍受病痛的折磨，在病榻上完成了大量书稿的校对工作。就以藏汉两文近 70 万字的两部词典编纂工程而言，若不挤出时间和不具备废寝忘食的坚强毅力是不可能完成书稿的撰写与付印出版工作的。如西藏著名学者多吉杰博高度评价（汉译文）道："衷心祝愿佳莲花，智慧甘露味香醇，学子如蜂皆畅饮，才智增盈事业成。"藏族大学者士登尼玛评价（汉译文）道："在此文化知识的大江里，依仗汉藏两文任遨游，求索如同农夫润田地，主宰译业师名广传扬。"青海藏族学者三智才让评价道（汉译文）："一生中用汉藏两文单独编著两部词典的人在藏汉学者中较为罕见。"

人生有限，事业常青，人总不能枉活一生，应在自己走过的道路上留下几个深深的脚印。李钟霖先生常常随性地看看闲书。其实他所谓的闲书，就是不带任何目的、完全按自己的口味喜好选来看的书，其中以回忆录和传记居多。他的读书笔记就有五六本，每一本笔记都是一样的工整和翔实，即使是在晚年病痛的折磨下完成的笔记也都整齐划一。耄耋之年的他，只要有书看，他就能不吃不喝不动，有时看书看得入迷了会一直看到半夜。在那不甚宽敞的书房里，

有三面墙是书橱，书橱里自然是涉猎各种知识的各类书籍。看到李钟霖先生书橱里的汉语词典让人不禁肃然起敬，词典的四个角都被翻秃了，就如他老伴所讲，只要遇到生僻字需要问他时，他总是先予以读音和意思的讲解，然后必须翻开词典进行校正，由此可见其严谨的治学态度。

李钟霖先生治学严谨、一丝不苟，无论是写文章、翻译，还是为他人修改论文，都能做到精益求精，这一点不仅体现在对待自己的写作上，曾有读者读过他的文章后赞扬说："拙笔莫道随老去，新作偏映夕阳红，"同时也体现在为别人修改文章和审定译著上，既忠实原文又尊重译者的翻译风格，细心改译或重译和增加注释，从而获得了广大读者的好评，称赞他是"文通汉藏的译师""他所翻译的作品达到了信、达、雅的要求。""读了《藏汉对照格丹格言诠释》，那流利的译文使人犹如饮醇醪，有口角生香的艺术感受。"又如给别人修改的论文被某学术刊物发表并被评选为优秀论文时，作者写了对联并请书法家书写成条幅送到府上："七步八叉倚马才，千金一字登龙门。"

常有各地的老友新朋、男女老少登门拜访或打来电话，与他谈文学创作、文学翻译或文学评论，有来交流、请教、征求意见或者请求赐稿的，也有人把他当作活化石来研究的。曾经有一位年轻的老师请他指导文学翻译，正好遇到他在吃饭，见到陌生的讨教者，他立即放下扒拉了两口的饭，起身到书房给对方无私地指导，三个小时的指导时间结束后，他看着饭桌上的饭菜，问老伴谁的饭没吃？由此可见他的敬业奉献精神和朴实无华的高尚品格。

2022年中国翻译协会授予李钟霖先生"资深翻译家"荣誉称号的奖状被搁在李家卧室书架的最上层，不踮着脚、不经人介绍，几乎意识不到它的存在。比起奖状他更亲近的是书桌上的绿格白底稿纸、放大镜和一台看不出年代的台式电脑。退休后他的作息如钟表一样规律：早上9点左右起床，到阳台上做操；吃过早饭，开始看书翻译；午睡起来后，看看报纸。耄耋之年的他像个孩子，晚上7点先看完新闻联播，之后就"来劲"了，继续翻译，直到深夜。有时他会半夜里坐起，打开电灯，把梦里想到的东西写下，生怕第二天忘记了。走到任何一个地方，他对社会用字、春联、门牌名称，甚至是医院的科室介绍等等藏汉文文字都要进行琢磨与翻译，甚至提出修改意见。他的手边随处都有记事的本子，积攒一段时间后再整理入册，"我现在也不用功啊，一天才几千字。要是用功，早就不干了，只是觉得有趣才干。这也就是做自己喜欢做的事。"他经常这么说自己。

李钟霖先生曾在不同场合表达过自己"做一名藏汉文的桥梁"的人生追

求和为社会文化积累添砖加瓦的人生理想,这种追求和理想直至晚年仍不衰减。学者们常以"文通汉藏"称呼先生。先生虽然已离开了我们,但他留下的书稿,经过时光打磨,在岁月的长河里仍闪烁着光芒,照耀着后来的求知者。

嘉央东措,女,藏族,青海湟源人,现为青海省交通规划设计院公司党委办公室职工。

肖安东,男,汉族,甘肃秦安人,现为青藏铁路公司车辆段职工。

龚启德,男,藏族、青海湟源人,1984年7月毕业于青海民族学院少数民族语言文学系。

忆良师益友桑杰教授

何　峰

2023年2月27日上午惊闻桑杰老师去世，深感突然，十分悲痛。我们相识已有40多年，交情笃深，斯人虽去，音容宛在，许多往事常常浮现眼前。现撷取二三事略记于此，以表达对这位良师益友的怀念之情。

一、我校首届硕士研究生

桑杰教授早年就读于海南州民族师范学校并在家乡海南州贵南县参加工作，1979年考取青海民族学院藏缅语族研究生，成为青海招生培养的首届硕士研究生。作为改革开放后国务院首批批准的硕士学位点，学校招生管理严格，每3年招收1届学生，上一届学生毕业后方招收下一届学生，每届仅招数人，属名副其实的"精英教育"。学位点面向全校调配授课教师，记得当时有夏日东、多加格洛、李文实、马捷等相关专业的资深教授承担核心课程的教学。该专业的毕业论文答辩会堪称全校一大奇观，数百人的会场座无虚席，就连门外的走廊都围得水泄不通，与会者无论师生均可提问，学位授予实行严格的淘汰制。桑杰老师于1981年以优异成绩研究生毕业，荣获硕士学位，并留校任教。

在攻读硕士学位期间，他主要研究藏文修辞学，学位论文是《现代藏文修辞学研究》。修辞学在藏族传统文化中属于小五明，以古印度《诗镜论》为教程，训练方法主要是模仿其例句作诗，此著还长期扮演了藏族文学理论的角色。后来，有一些藏文论著问世并在教学中运用，但也主要是对《诗镜论》的介绍和解释。可以说，桑杰教授是用现代方法系统研究《诗镜论》和藏文修辞学的第一人。《现代藏文修辞学浅谈》全文共7章，除第一章绪论和第七章总结外正文共5章。第二、三、四、五章属藏族文学理论研究，分别就修辞与修辞学定义和诗歌与修辞的关系作了探讨，在梳理藏族古诗歌的基础上辨析《诗镜论》内容与藏族文学的关系，并对《诗镜论》作了质疑性研究。这4章引用古今中外不少著名诗人和文学理论家的作品、观点系统研究藏文修辞的诸多问题，不乏真知灼见，填补了藏族文学理论研究方面的诸多空白，有较高的理论价值。第六章集中系统研究藏文修辞，总结归纳30多种藏文修辞方法，分别定义并论述其特征与用法，一一列举藏族著名作家文学和民间文学作品名句为证，这部分内容具有很强的实用性和实践意义。

这篇硕士论文理论与实践相结合，深入浅出，旁征博引，引人入胜，在学界引起强烈反响，并且正式出版后成为研习藏族修辞学必读教科书，诚如其书名《开门神钥》一样，引领无数学子进入藏文修辞学殿堂，可谓功德无量！

桑杰教授精通藏汉两种语言文字，学术造诣深厚，科研成果丰硕，荣获多项奖励，深受社会各界广泛尊崇，尤其在教育、翻译、出版等领域享有很高声誉。他带领15人的团队主持翻译《现代汉语词典》，2021年出版前期成果——《现代汉语词典（汉藏词汇对照）》，在社会上引起强烈反响。全书共7万多词条，成为汉藏翻译较好的规范，也为藏族同胞学习国家通用语言文字提供了极大便利，深受群众欢迎。自20世纪90年代以来，他担任全国藏文教材审查委员会副主任委员，严格把关，确保藏文教材质量，为民族教育健康发展作出了重要贡献。

二、带领研究生赴西藏考察

桑杰老师于1984年担任少数民族语言文学系副主任，主管教学、科研和研究生教育。这一年我考上了青海民族学院藏族古典文学专业研究生，从此我们之间联系渐多。读万卷书与行万里路相结合，注重考察学习是我校研究生教育的一大特色。在校期间，学校先后安排我们前往塔尔寺等寺院和敦煌、西藏等地考察学习。1986年7月，桑杰老师带领师生一行10人考察西藏，这也成为我们接触时间最长的一次考察。学校主管单位省民委非常重视这次考察，致函西藏民委给予方便和支持，西藏民委提供车辆和人员服务保障，助我们圆满完成了为期20多天的各项考察任务。

改革开放初期，全国的交通、餐饮等条件都比较落后，西藏更是如此，考察工作很辛苦，从桑耶寺之行可窥一斑。桑耶寺坐落在山南雅鲁藏布江北岸，从拉萨至桑耶寺对面渡口不足100公里的里程需行驶一整天。这里的江面宽仅数百米，但乘小机船渡江仅在江心便行驶近1小时。桑耶寺附近没有餐馆，我们便在江边休息吃干粮,发现所带风干牛肉生了不少小虫,大家动手将虫子一一拣出来并小心翼翼地放生草丛后才食用。记得当时桑杰老师说:"拣虫子得仔细啊,一定要把它消灭在萌芽状态!"他这是借用"将私心消灭在萌芽状态"这一"文革"特殊术语,我们这些从那个特殊年代走过来的人懂得其意,于是会心地哈哈大笑,瞬间疲乏全消,津津有味地享用风干牛肉美食。

萨迦寺是此次考察的最远点。在参观宏伟壮阔的萨迦寺大经堂时,老师向萨迦班智达巨像抛献两条亲书祈祷诗句的长哈达,以表达对这位历史名人的敬仰,同时可能也有寻根念祖之意,因为他曾指着自己的高长鼻梁为证说其祖上是萨迦后裔。当时,适逢有一位西藏社科院甘南籍老专家在萨迦寺考察壁画,他得知我们是其安多老乡,便深入介绍了西藏壁画的历史和特色。桑杰老师趁机鼓励我们要向前辈学习,在西藏研究方面做出安多学人应有的贡献,给大家留下了深刻印象。

在西藏我们还考察了布达拉宫、大昭寺、哲蚌寺、色拉寺、噶丹寺等历史文化名胜和代表性寺院。这是我和同学们第一次到西藏,通过考察开阔了视野,个个收获满满,对我们圆满完成学位论文以及此后的藏学研究颇有助益。

可以说,我是此次考察的最大受益者。当时,我和我的老师祁顺来教授正在进行一项课题——编注《藏族历代文学作品选》,此次西藏考察还带有这方面的任务。考察结束后,我没有随大家一起返回,而是继续留在拉萨搜集藏族历代文学作品。返回青海之前,桑杰老师通过自治区民委给西藏相关领导和藏书单位打招呼为我提供方便,协调允许我以每天2元的房价继续住在军区招待所,还叮嘱其一位当时也在拉萨的亲戚给我提供尽可能多的帮助。我在拉萨又待了两三周,从罗布林卡藏经楼、布达拉宫古籍整理室等搜集到不少藏族文学名篇佳作,保证了我们课题的圆满完成,这还要感谢老师的关照和支持。

由于这次考察非常成功,此后少语系每届研究生都要赴西藏考察,成为惯例。

三、贡献人才培养和学科建设

青海自古人杰地灵,宗喀巴大师是青海最具代表性的历史人物,围绕大师展开研究具有多方面的意义。桑杰老师是改革开放后最早研究宗喀巴的青海学者,他的硕士学位论文依据其诗歌研究宗喀巴大师及其弟子对藏族诗歌流派的影响，深受文学史界好评。我在读研期间，因老师建议也加入宗喀巴研究队伍之中，在其指导下完成学位论文《宗喀巴诗歌特点及其成就》并顺利获得硕士学位。

进入21世纪，青海民族大学在宗喀巴研究领域始有标志性成果问世，祁顺来教授将宗喀巴代表性名著《菩提道次第广论》译成白话文并于2014年出版，更登教授在夏坝仁波且和杜清山、杜清波先生的大力支持下于2019年出版《宗喀巴师徒三尊文集（对勘本）》。2014年8月，学校成立集研究、教学、展览为一体的实体性教学科研组织——宗喀巴研究院，人员专兼职相结合，经费以学校投入和社会支持相结合。宗喀巴研究院的宗旨是：探究民族文化、产出原创成果、弘扬大师精神、培养优秀人才、注重学术交流、服务国家战略。值得一提的是，在拟定这一宗旨时我还与桑杰老师进行过认真讨论。在学校、塔尔寺以及夏坝仁波且、杜清山、杜清波等人支持下，宗喀巴研究院数次举办国内外学术研讨会，招收培养硕士研究生，还获批国家哲学社会科学基金重大项目、一般项目、冷门绝学项目等多项国家课题，并陆续推出了一些原创性研究成果，前期在社会上形成一定的影响。

青海民族大学的前身是1949年12月创办的旨在为涉藏地区新生政权培养干部的青海省青年干部训练班，她与共和国同龄共命运，在曲折中不断发展。以学科建设为龙头推动各项工作并尽快实现博士学位点零的突破，成为学校改革开放以来的一项重要目标。藏语言文学是学校自青干班以来延续至今的一门特色课程，经过几代人的不懈努力最终发展成具有鲜明优势的藏学学科，成为全校申报民族学博士学位点的一大支柱。

少数民族语言文学系是青海民族大学最早设立的系科之一，后来更名为藏学院，在几代人的持续努力下，现已成为学校藏学学科人才培养和科学研究的重要基地，长期以来在社会上享有良好声誉。桑杰老师自1979年至1991年在少语系学习、工作并担任系领导。1991年调到青海民族出版社，任藏文编辑部主任，兼任《章恰尔》杂志和《刚坚少年报》主编。为申报博士学位点，青海民族大学于2001年将桑杰教授引进回校，担任藏学院院长，直至去世他将自己的才华和心力全部贡献给了藏学人才培养和学科建设。期间，桑杰教授向学校推荐并说服其挚友——著名生态学专家洛桑·灵智多杰教授加盟学校的学科建设队伍，以顾问和客座教授身份带动学校教师产出《阿尼玛卿志》等一批藏族生态学论著，并为学校终获民族学一级学科博士学位授权点作出了特殊贡献。

鉴于学科特色与优势以及服务国家战略需求，2014年教育部批准青海民族大学与天津大学联合招收培养青藏高原特需高端人才，这也成为学校博士教育的开端。与天津大学联合培养博士共设6个方向，面向校内外遴选博士生指导教师，桑杰教授成为首批博导，并负责指导藏传佛教经典翻译与教义阐释方向博士研究生。2018年，青海民族大学荣获民族学一级学科博士学位授予权，包括桑杰教授在内的几代民大人接续奋斗的梦想终于成为现实。

桑杰老师，安息吧。

何峰，男，土族，中共党员，生于1956年12月，青海民和人，教授，藏学研究员，博士研究生导师，享受国务院政府特殊津贴专家，曾任青海民族大学党委副书记、校长。

师容常相思　师恩永铭记
——追忆恩师桑杰教授

侃　本

恩师桑杰教授永远地离开了我们。回忆和恩师之间的点滴往事，内心的波澜久久无法平复。

我第一次知道恩师姓名是在 20 世纪 80 年代初，那时我还在基层某校当汉语文老师，同时也正在接触藏语。有一天，我从藏文文学期刊《章恰尔》上看到一篇署名为桑杰的格律诗，由于当时自身水平有限，完全看不懂在说什么。据知情人讲，该作者是青海本土培养的第一批藏文专业硕士研究生，在青海民族学院当教授，博览群书、满腹经纶。自此，我便经常关注他的作品，尤其是他的硕士论文付梓成册后，我认真拜读了一遍，触动很大，感觉自己学到的藏语文充其量仅仅是皮毛而已。知道了差距，就有了目标。从此，我暗下决心一定要学好藏语文。

不久，我有幸到黄南民族师范学校学习藏语文。恩师的故居与我们学校之间仅隔几百米，而且我与他的弟弟还是同班同学，通过这层关系，我去过他们家里，了解了恩师及其家庭背景。有一次恩师回到老家，我得知后前去拜访。见到他眉清目秀、温文尔雅，话虽不多，但句句入骨，给我留下了深刻的印象。

1987 年暑假，我在青海教育学院聆听了恩师讲授的《写作概论》，课余和他有过几次交流。1989 年底，我调到省城某文艺杂志社当编辑，自此和恩师相见的机会便多了起来，经常在各种学术研讨会及图书审定会上相遇。多年来，我一直从事藏族民间文学期刊的编辑工作，青海民族学院少语系是我刊作者和读者比较密集的地方，我们经常与系领导沟通，时不时到校园里与各位老师或作者面对面交流，有时去班里和学生互动。彼时，恩师在系里从事教学工作，自然成为我们重点接触的对象，并就如何办好民间文学刊物，多次征求过恩师的意见。

1991年，恩师调到青海民族出版社工作，我们成了同行。每次去出版社办事，顺便与恩师打个招呼，有时会小坐一会儿，拉拉家常唠唠嗑。一次，恩师平心静气地问我："出版社一味地出版古籍太死板了，需要搞一些新鲜课题，你们年轻人思维活跃，有什么想法？"恩师突然这么问，让我一下子不知该如何回复，只能从自身的业务角度谈了一些民间文学类书籍的出版前景，说民间文学通俗易懂，受众面广，整理起来比较容易，而且我们编辑部有现成的资料。恩师欣然点头，随后便有了《安多民间文学丛书》的出版，而我也有幸参与了其中七本书的选编工作。

在青海省藏语术语标准化审定委员会里，恩师和我同为委员，且正好分在同一组，他是组长，主要负责审定汉译藏的名词术语，而我是副组长，协助恩师负责审定藏译汉的名词术语，从此，我们交流的机会更多了。因兴趣相投、爱好一致，我们无话不谈、言无不尽。

2001年，我们期刊的主管单位领导找我谈话，意思是作为省级刊物的负责人，没有藏文专业的正规文凭，不利于今后工作的开展，希望能弥补这一缺憾。我思虑许久，决定找恩师咨询。恩师设身处地地为我考虑，说："按道理你是高级职称，应直接考博，但我们青海没有博士点，到外地你又不方便，建议你考青海民院的中国少数民族语言文学专业硕士研究生。"他还向我透露，自己很可能返回民院工作，希望我们到时候在校园里见。

2002年9月，我如愿考取了青海民族学院硕士研究生，恩师也返回学校任藏学院院长，并如愿成了我的导师。第一次去拜访他时，我带了自己最新出版的译作《中国藏族文化艺术彩绘大观图说明镜》，这本书是我作为主译和审定者，历经四年的心血之作。导师将这本书从书名到目录、版权页、后记等认认真真看了一遍后肯定地说："内容庞杂、量大，着实不好翻译啊，你是下了功夫的。"导师还聊到他这次返回学院的目的及教学改革计划，并说对研究生要采取学分制，而我会是这一改革的最大受益者，因为我是编辑部负责人，完全脱产来学习不太现实。考虑到我自身的情况，导师鼓励我说："你参加工作二十年后又重返校园学习不容易，但也不必过于焦虑，努力把单位的事办好，同时也要顺利毕业！"面对导师的体恤和激励，我十分感动，至今回忆起来，还是觉得很温暖。导师到出版社的第一次改革计划是从我参与的《安多民间文学丛书》开始的，我是第一个尝到甜头的人，导师返回学院后的第一个教学改革计划则是从研究生学分制开始的，我又是直接受益者，也算是第一批受益者。

现在回想起来，导师对我的帮助真的是很多很多。

在以后的日常教学中，导师忙于公务，无法做到每周都能上课，但只要有时间他便会静下心来认真授课。每次上课他都从当下最热门的名词术语的翻译开始，在新词汇的翻译上导师确有其独到的见解，这既是他扎实的藏文化功底的体现，又是他多年积累下来的经验。面对每一个新词的翻译，导师不急于发表看法，而是再三思考，认真分析，等深思熟虑后再发表自己的见解，其严谨的治学态度可见一斑。而我也从导师身上学到了做学术贵在坚持、难在坚持、成在坚持的道理，只有如导师那样严谨务实、耐心细致、大胆设想、小心求证、脚踏实地、持之以恒，学术研究才会有丰硕的成果。

研究生毕业论文开题时，我首先提交的是《科技翻译中外来语的翻译问题》，其内容基本上是我受聘青海师大民族部期间，给本科生讲授科技翻译时遇到的问题及总结的一些经验。开题结束后，几位熟人私下对我半开玩笑地说："作为省级刊物的负责人，你的论文大家都在期待中。"言外之意是你在社会上有一定的知名度，经常修改别人的文章，这次该轮到我们来审你的论文。我经过再三思考后和导师进行了沟通，导师说："探讨科技翻译固然重要，但你前面做了很多有分量的翻译及研究，如《中国藏族文化艺术彩绘大观图说明镜》等，你都花费了巨大的心血，相信你能从中总结出一些经验，也能提出一些有分量的观点。再说你有能力驾驭这样的课题，该表现的时候还是要表现一下，让那些想看你论文的人过过瘾。"正是在导师的充分信任和不断鼓励下，我顶着压力用3个月的时间撰写了20万字的《汉藏佛经翻译比较研究》。

论文答辩结束后，导师建议正式出版，让更多的人来了解早期汉藏文化交流的真实情况，最后由中国藏学出版社出版发行。该书出版后得到了众多学术研究机构的关注和积极评价，尤其是西北民族大学、青海民族大学、青海师范大学等高校研究生翻译专业将其列为必读书之一。中国人民大学、清华大学、北京师范大学、新疆大学等高等院校，国家翻译中心等机构经常联系我，就汉藏佛经翻译的一些问题交换意见。《汉藏佛经翻译比较研究》之所以被学术界看好，完全归功于导师对我的信任和鼓励，还特例批准了我可以用汉文撰写。毕业后，导师和我经常在各类学术活动上碰面，导师总是关切地询问《汉藏佛经翻译比较研究》的后续研究进展情况。

导师退休以后我们见面的机会越来越少了，他主要忙于省级重大项目《现代汉语词典》（第六版）藏译汉的繁重工作。一次导师对我说："我们词典翻译非常需要像你这样能进行汉藏互译的学者，但考虑到你工作繁忙，而且你的工作非常有意义，我们忍痛割爱就不邀请你了。"2021年4月4日，我们在同仁市隆务镇相会，共同参加了《夏格登嘉措传记》的首发仪式，并且先后登台发言。在答谢宴会上，导师和我又被安排在同一包间就餐，等宾客们陆续离去后，我们单独聊了半个小时。导师对我的发言很满意，而且对我地方史的研究很感兴趣，问了一些相关的问题，并说这些应该早日写成书，对社会很有用。最后导师还热情地邀请我去他家住宿，说房子很大，就他一个人，晚上可以聊天。遗憾的是，我还要会见几个熟人，未能如愿，没承想这却是和导师的最后一次见面。

2023年2月27日，我在外地出差，从微信朋友圈里看到了导师去世的消息，久久难以置信，导师身体那么好，怎么说走就走了呢？

导师的人格魅力、师德风范、敬业精神是有口皆碑的。导师把自己的一生奉献给了党的民族教育事业，在教育战线上辛勤耕耘、努力进取，培养了一大批优秀知识分子。导师常年劳累奔波、殚精竭虑，以崇高的职业精神和精湛的专业能力，给我们留下了很多宝贵的精神财富。

愿导师不舍学术，乘愿再来！

侃本，男，藏族，文学硕士，青海循化人，2005年毕业于青海民族学院中文系。

我们的智慧勇师：随学桑杰先生三忆

完玛冷智

近日，受母校《青海民族大学报》编辑部邀请撰写回忆恩师的文章，但作为学生、晚辈，同时也算是翻译《现代汉语词典》的亲密战友，我很难提笔开篇，因为脑海里、心底里，总是反复浮现先生的音容笑貌。

2022年1月26日，先生身着藏装、打着领带，隆重而充满喜悦地参加《现代汉语词典》对照版问世恳谈会并作主旨发言……2023年2月26日，先生在深夜里悄无声息地带着这部著作尚未做完的遗愿离开了我们，离开了人世。这段时间，我总是反反复复纠结，前后只差一年，是这项工作量巨大的翻译工程拖累了您吗？想到此，我常常辗转难眠。

开放式课堂上和蔼可亲的师长

拜入先生门下，既是偶然，也是必然。2004年，我在省民委（宗教事务局）工作时有幸考入青海民族学院成为汉藏翻译专业的硕士研究生。面试时初次与先生交谈，我深刻感受到先生对汉藏典籍文献、文化传统以及翻译历史的融会贯通，特别是他对《论语》《三字经》《弟子规》等中华优秀传统文化经典著作的潜心钻研和独到见解，透过一问一提示便深深吸引了我，让我对眼前的这位老师充满了崇敬，也对民大充满了向往。

正式开课后，先生并没有马上传授那些深奥枯燥的翻译理论，而是以《论语》译析课程引导我们入门，这让我感到意外，后来才知道这是他"有意而为之"。正如课程言"译"加"析"，先生像是给小学生教课文一样，逐句领读、逐字讲解、白话阐释，并结合藏族传统文化历史中的一些概念、理念，深入浅出地阐释孔子思想，我本科读的是中文，学过《论语》，但从没有如此逐字逐句去深挖细究；先生还能自由穿行在汉藏知识领域，互学互通，多重对话，一堂课下来，我收获很多，真是喜欢极了。其他十几个藏学专业科班出身的同学，听得更是津津有味、赞不绝口，这就是先生的高明之处，也难怪让我意外。

为了提升翻译水平和翻译研究能力，先生安排每位学生自选《论语》篇目，可对照译本上讲台讲解，也可自己重新翻译，让学生充分表达个人见解，先生自己则坐在学生席，带头与学生交流讨论，最后再集体评课。一个学期下来，同学们对专业学习有了极高的兴趣，翻译能力也显著提升。

研究生第一个学期，先生多次鼓励我抓住学校提供的对口援助好机会，到南开大学做研究生访问学者，于是我去学习了一年，这让我开阔了视野、增长了见识。访学期间，我听说先生开了自己所翻译的《三字经》译析课程，传承中华文化，培育学生品格，提高翻译能力，使我对先生有了更深的理解和认识，那就是——三尺讲台，是先生最敬畏之处，从不怠慢。莘莘学子，是先生最珍惜的，从不忽视！

先生言，翻译是一种文化的交流和思想的交换。中华文化博大精深，汉藏文化同源同向，一定要双向掌握深层文化、了解传统精髓，如此，话语才能互通，翻译才能下笔有神。教学过程中，先生对应该如何把握人名地名、文化名词、政治术语、成语典故、俗语俚语等的翻译，哪里需要照原文，哪里需要再创作，哪些属于"信、达、雅"，汉藏两种语言在转换中要怎么对等处理，如何嫁接不同的传统文化，以及一些翻译理论和实践的抽象问题等，从翻译原则和翻译方法上，都极尽可能地以具体实例循循善诱。先生发挥对汉藏两种文化的广泛驾驭能力，满怀对中华优秀传统文化的一腔热情，精心培育了一批批促进汉藏文化翻译交流、传承中华优秀传统文化的知识分子。

师者，所以传道授业解惑也。我想，能给人指路，且能让人走上正道的人，是最合格的师者，是名副其实的人生导师。而我有幸遇到了！

负责担当的专家级学科带头人

我脱产读研后，转入青海省少数民族古籍整理办公室从事专业技术工作，时值全国上下调查民族古籍，编撰《中国少数民族古籍总目提要》。西宁及塔尔寺藏文古籍编目任务繁重，但西宁市没有民族语言文字和古籍工作部门。先生作为青海民族大学藏学院院长，又有出版社副总编、藏文室主任的工作经历，便迎难而上，带头承担了《中国少数民族古籍总目提要：藏族卷·西宁分卷》的调查编纂任务，最终有四卷本问世。塔尔寺古籍多是宗教和哲学逻辑类的，先生便借鉴吐蕃译经传统做法，组建团队翻译，多人共写一个词条，其中数千余词目是先生亲自审定的，很多重点词目则是先生自己编译的。先生是科班的编辑，对每个词条严格审核，一条不漏。约5000多页、每页4个词条的量，工作量之大可想而知。先生负责的西宁分卷是全国藏族卷中完成最早、质量最好的藏文古籍总目提要，为全国各地做好这次古籍文献家底普查提供了范本，为保护保存祖国浩瀚的古籍文化贡献了重要力量。

先生主导新词术语翻译审定工作，推动翻译工作与时俱进。青海省藏语术语标准化审定委员会是全国较早的新词翻译审定机构，以政治类新词术语为主，民委牵头协调，几家新闻单位轮流收集新词，集体翻译，集体审定，规范话语，紧扣时代脉搏，紧跟社会形势。先生多年来是这个委员会的主审，我参加过多次这样的会议，如果委员们意见不一致，最终靠先生拍板。据说，持续近20年，五省区教育领域各学科藏汉英三语对照词典，以及社会上一些知名的多语词典，先生都参与其中，是名副其实的"资深翻译家"，是21世纪初汉藏翻译的"头雁"。

《现代汉语词典》翻译的拼命三郎

师从先生之前，我翻译了不少文章，译得越多，遇到的问题就越多，面对不大理解的原文本，需要临时解决的问题也层出不穷。迷惑之时，先生却微微一笑，他不高谈阔论讲理论，而是鼓励我要"选好题、多动手，会自有体验，自能把握"。研究生毕业后，我返回原单位，此时，先生是青海省藏语术语标准化审定委员会首席主审专家，担纲新词审定工作，我有幸参与翻译，也深深体会了先生领衔推动汉藏翻译事业发展的高度责任心和艰辛付出。

翻译有原则，但没有标准；翻译有规则，但没有固定的方法，这是我在先生门下学翻译、做翻译学到的最宝贵的经验。先生总结吐蕃的译经传统，特别对《语合二卷》进行了深度探究，同时结合自身的翻译实践经验，提出了"译法灵活不拘泥"，无论个人翻译还是团队翻译，无论意译、直译、音译，还是移译、增译、减译，都要多种译法并用，大胆尝试。这一方法论的提出，为诸多文献语言的本土化等提供了无限可能，特别是对当下文学翻译而言更加实用。先生提出的"译法灵活不拘泥"，是在源语言和目标语同时精通的前提下才能运用自如的一种境界。这些在拜读先生有关《语合二卷》（声明要领二卷）翻译以及《<贤愚经>补译及其注释》等研究作品中窥知一二。正因为先生对汉藏翻译历史、中外翻译理论、文学翻译实践有着广泛涉猎和深度把握，才能通古论今、古今相通、运用自如，才能取得汉藏翻译方面的丰硕成果。

《现代汉语词典》翻译是一个重大学术工程项目，最令我难以忘怀的就是这部涉及7万个词条、不同义项达16万词目的大型文化交互融通工程。这项工作要求高且工作量巨大，很多人听后摇头作罢，但先生却迎难而上，从西宁有关部门初选了20人，几轮试译后最终敲定15人，戏称"敢死队"，实际上是在赞誉先生的"拼命三郎"精神。先生曾感言："一个国家的词典转化翻译首先要体现严肃性，这是基础。我们要做就一起做，且一定要做好！"

在具体实践中，先生要求队员要逐词翻译，不做随意删减，不避难就易，名曰"完整性"，这是"信"。因为现代汉语在现代藏语中的整体呈现、完整话语，必将对藏语语言体系产生巨大影响，因此团队也承受了很多学术压力。先生曾多次强调团队的定位，他说传统藏语的现代转型一直在探索和前行中，但境内、境外路数形态各异，要适应国内话语，搞好国内翻译，就要向《现代汉语词典》靠拢，传承中华优秀传统文化。如果我们做好了，必将对建设各民族共有精神家园产生重要的政治意义和现实意义，其社会文化价值也无法估量。《现代汉语词典》是全文翻译，力求做到从始至终的"准确性"，不丢失现代汉语的深层结构和叙述习惯，不改变词性等，连典故成语也采用异化法保留汉语来源的面貌，要给藏语受众提供一个全新的语文样本。这一工程的完成，对在藏语母语者中推广普及国家通用语言文字、增强中华文化认同、铸牢中华民族共同体意识有着最直接和重要的意义。为了圆满完成这个工程，团队15人在先生的带领督促下，甘坐冷板凳，敢啃硬骨头，埋头苦干九年都从不抱怨、从不喊累。

词典翻译的过程是漫长和艰辛的，每一个词条都要经过先生敲定，可谓工作量浩大，尤其是专有名词、生物名词、科技名词、成语、典故、谚语、古文、文献书名等的翻译非常不统一、不规范，原先多采用了解释性翻译，并不是一个词。先生要求全部按词翻译成词，四字成语翻译为四节结构，对等翻译，不拖泥带水，既要有"简洁性"，也要讲"实用性"，这就加大了工作的难度，但大家觉得这个非常重要，便咬牙逐一攻克。先生事必躬亲，承担了所有译名的最终审定任务，凡疑难问题均提交到全体会议进行讨论。九年多来，各种有记录的专题会、讨论会、研讨会多达160余次，平均每月开会1.5次，先生总是不厌其烦地反复修改，追求精益求精。在这一漫长的工作中，先生从一个只会用手机通话的人变成了一个微信高手，各种探讨、督促经常通过微信来完成。

我所负责的那部分翻译，先生曾不计其数地与我单独沟通，仅单独面对面集中指导翻译、修订就有4次，多轮修改后，我的译词既有个性，也与整个词典风格相统一。对于所有团队译者来讲，先生的严谨、博学、敬业和毅力是我们永不停步的动力和军号！很欣慰，当《现代汉语词典》第一部出版发行以来，有评价说：词典具有新、全、准的优点，坚持完整性、准确性、简洁性、实用性原则，符合辞书编纂规律和新时代文明生活要求，实现了汉文和藏文在现代语境中的深度通融，形成了汉藏语言珠联璧合的话语新格局。这是对先生孜孜不倦、持之以恒的最好回报，也是我们收获的最宝贵的精神财富。

先生甘于寂寞、淡泊名利、严谨认真、潜心治学的高贵品质和致力于中华文化深度交融的高尚风范必将和《现代汉语词典》一起流芳千古。

感念吾师！

完玛冷智，男，藏族，2007年毕业于青海民族学院藏学系。

为党旗增辉奋斗不息
——访"光荣在党50年"纪念章获得者邵德山同志

青民轩

为庆祝中国共产党成立100周年，推动党史学习教育走深走实，学校专访了"光荣在党50年"纪念章获得者邵德山同志，让师生从老党员的经历中汲取奋进力量、激发爱党爱国爱校情怀。

记者：我知道在纪念党的百年华诞之际，您获得了一枚"光荣在党50年"纪念章，除此之外，我想了解下您还获得过什么荣誉？

邵德山：在这次活动中，我有两个收获，一是获得了"光荣在党50年"纪念章；二是我撰写的《党的理论与实践创新铸成百年辉煌》一文，获青海省延安精神研究会优秀论文奖。至于过去的奖项，我也说不清楚，都装在箱子里，我拿出来，请您过目。

记者：您的这个行李箱看起来很有年代感，应该跟随您很多年了。我们看到这里面放的是整整齐齐的荣誉证书和多枚军功章、纪念章，还有几本相册。我知道，这一份份荣誉证书、一张张旧照片记录了您为党旗增辉自强不息的奋斗历程。这里面还有时任军委主席邓小平同志授予您大校军衔的命令，青海省优秀军转干部，青海省高校优秀党务工作者，青海省离退休先进个人，全国、全省关心下一代先进工作者等，这些荣誉充分展示了一位永葆革命本色的老战士，以忠诚于党和人民的实际行动，在风雪高原上谱写出的一曲艰苦奋斗的战歌。

记者：请介绍下您是如何保持党员先进性的？

邵德山：党的先进性是由党的无产阶级历史使命决定的，要保持党员的先进性，就必须自觉按照党章的要求去做。党章严格规定，只有先进分子才有资格申请加入共产党的组织，就是先当先进，再进党门，先进性是入党前必须具备的条件。进了党的门，就是党的人，在党组织的培养下，要树立共产主义的人生观，在人生路上，只有加油站没有歇脚亭，为了党的事业，生命不息，奋斗不止。我作为基层党委书记，就要自觉践行领导干部的相关要求，尽职尽责抓好"班子"、带好队伍、管好干部，并传承党的优良作风。工作中，要充分发挥好党员的先锋模范作用、党支部的战斗堡垒作用、党委的核心领导作用，以"无功便是过、平庸就是错"来要求各级干部，争创出一流的工作业绩，不断为人民立新功。"三个作用"发挥好了，单位的工作就会搞得有声有色。

记者：您作为一个拥有56年党龄的党员，您的人生轨迹是什么？

邵德山：我的人生轨迹可以用五句话来概括——

出生在全国最苦难的时候。我于1942年出生于山东平度，当时正是抗日战争最为艰苦的岁月。在抗日战争胜利后，国家又经历了解放战争，在革命胜利前夕，蒋介石卷走了国家大量财富，老百姓生活苦不堪言，全国人均寿命只有35岁，被毛主席称作为"一穷二白"的国家。

就读于全军最高的学府。北京政治学院的前身是"抗大"，现为国防大学。在这里，我提高了军政素质，认识到马列主义的真理性、社会形态的规律性和军事政治工作的科学性，大大提升了工作中的思维能力，使我受益匪浅。

工作在全中国最艰苦的地方。我所在的果洛军分区位于青南地区，地处青藏高原，被称为"地球第三极"，平均海拔4200多米，年均气温在$-2℃\sim4℃$，高寒缺氧，是全国最艰苦的地区之一。在这里，我同战友们为果洛地区的和谐稳定、藏族同胞的幸福生活保驾护航，整整工作生活了30年。

转业到全省最有影响力的单位。青海民族大学创建于1949年12月12日。学校始终立足青海大地，面向民族地区，肩负党的教育工作和民族工作的双重使命。建校以来，学校先后培养了10多万名各民族优秀人才，他们为建立和巩固新生的人民政权，为青海的革命、建设、改革事业作出了重大贡献。我能到这样的单位工作深感荣幸。

退休在新中国最好的历史时期。党经过百年奋斗，让中华民族从站起来、富起来到强起来，我是新中国的亲历者。我为成为伟大、光荣、正确的中国共产党中的一名党员而感到无比自豪。我是在新中国最好的历史时期退休的，退休后主要从事延安精神研究宣传工作，为发扬党的优良传统、继承红色基因做了些力所能及的工作。

记者：您的军龄和工龄加起来一共有44年，请您谈谈这么多年工作的体会或者经验？

邵德山：回顾在领导岗位上 30 多年的工作经历，我认为当好一名党的领导干部必须把握以下四点——

在政治上高举"一面旗帜"。旗帜是方向、是信仰、是力量。作为一名共产党员，要提高政治站位，高举马克思主义中国化的毛泽东思想、邓小平理论、"三个代表"重要思想、科学发展观和习近平新时代中国特色社会主义思想伟大旗帜不动摇，这是党性的最高表现，要坚定不移、始终如一、矢志不渝。

在思想上发扬一不怕苦、二不怕死的精神。作为军人，这是忠于祖国和人民的最高思想境界；作为党员，这是党性修养的表现。

在工作上坚持"三个标准"。要爱岗敬业、团结奋进、求真务实、锐意进取，工作成效要经得起上级的检查、经得起群众的评论、经得起实践的检验。"三个经得起"标准是领导干部对党和人民赋予权力的敬畏。

在作风上践行"七字格言"。要坚持做到"跟上、靠下、抓自己"。"跟上"就是坚定不移紧跟党中央的战略部署，以党的方向为方向，以党的意志为意志，自觉在思想上政治上行动上同党中央保持高度一致；"靠下"就是要认真贯彻执行党的群众路线，把自身置于群众之中，要相信、依靠和发动群众，把党的路线方针政策变成人民群众的自觉行动；"抓自己"就是要强化自律，坚持严于律己、宽以待人，始终做到吃苦在先、享受在后，把党的先进性和纯洁性体现在工作中、落实在行动上。

记者：回首往事，您认为最幸福的事是什么？

邵德山：什么是幸福？欲望的实现就是幸福。在军队，按照毛主席提出的"军队是一所大学校"的要求，在党委统一领导下把干部、战士培养成军地两用人才；在院校，在"班子"和教职工的共同努力下，牢记"为党育人、为国育才"的使命，每年为国家输送上千名合格人才，当他们在不同的战线上发挥了骨干带头作用时，我感到很有成就感和幸福感。

记者：您在工作中的座右铭是什么？

邵德山：服从。作为军人，以服从命令、听指挥为天职，理解的要执行，不理解的也要执行，并在执行中加深理解；作为党员和领导干部，按党章的要求必须践行"四个服从"和民主集中制；作为一名党务工作者，必须服从服务于党的中心工作。但是，服从并不是盲从，是坚持政策的原则性和方法的灵活性相统一，实事求是地创造出一流的工作业绩。

记者：听说您正在筹划再出一本书？

邵德山：是的，书名暂定为《雪域岁月与思考》，约 30 万字。咱们学校的党委宣传部正在润色审定，这是我奉献给党百年华诞的礼物。

记者：好的，非常感谢您接受本报的采访。

苏联作家奥斯特洛夫斯基在《钢铁是怎样炼成的》这本书里面写道："人的一生应这样度过：当他回首往事时，不因虚度年华而悔恨，也不因碌碌无为而羞愧……"雷锋同志在日记中写道："人的生命是有限的，可是，为人民服务是无限的，我要把有限的生命，投入到无限的为人民服务之中去。"邵德山同志是这样想的，更是这样做的。越是走进老人平淡的生活，越是能感受到一名共产党员的质朴与纯粹。那一张张泛黄的照片，一份份沉甸甸的荣誉，记载着老战士一段段淡泊名利、无悔奉献的过往；一幕幕深情的回忆，一句句朴素而富含深意的话语，讲述着老党员坚守初心、永葆本色的人生经历。他以平凡的足迹为党旗增辉，向党和人民交出了一份合格党员的答卷。

通过这次采访，我们看到了一位老共产党员对于党、对于祖国的忠诚之心，感受到了实事求是、淡泊名利的精神境界，他的一言一行都充满了启发和力量，如春风化雨，滋润我们的心田，激励我们不忘初心、牢记使命、砥砺前行，为实现中华民族伟大复兴的中国梦而不懈奋斗！

勤勤恳恳奉献　任劳任怨工作
——追忆夏吾才让先生

侃　本　多杰仁青

1919年10月2日，夏吾才让先生出生于循化县尕楞乡曲卜藏村的一个普通农户家里。尕楞乡位于循化县城西南角，距县城35公里处，是循化县最边缘、最贫困的半农半牧乡。尕楞乡曲卜藏村是世代信奉藏传佛教宁玛派的一个村落，村落有一个传统，男人们在父辈一代的言传身教下，自觉地学习宁玛派的仪轨等基础知识。这样做的目的，一是传承文化的需要，二是自身能力提高的需要。

夏吾才让先生成长在这样一个村落里，自幼受到父辈们的熏陶，学习文化，接触文人学者。等他有了一定的基础后，家里人把他送到离家不远的隆杨唐（也有写成龙羊塘、洛样唐）寺，开始正规学习。在这里，夏吾才让拜见了影响他一生的隆杨唐寺寺主晋美丹曲嘉措大师，历经五年时间，他系统、完整地学习掌握了藏语基础知识。为了进一步巩固藏文化基础知识，他又在这里拜才旦夏茸为师，三年之内完成了藏文语法的系统学习，还从众多民间学者处学到了天文历算等许多知识。

夏吾才让在隆杨唐寺和多位佛学大师学习了许多学术知识。特别是晋美丹曲嘉措和才旦夏茸两位大师，是当时甘青川一带远近闻名的大学者，很多有识之士都慕名而来拜他们为师，其中就有化隆县夏琼寺寺主和后来在青海民族学院工作的夏日东大师。夏吾才让和夏日东是同龄人，他们先后进入隆杨唐寺学习，学习期间他们互帮互学，结下了深厚的情谊。夏吾才让先生后来学到的很多知识，大多是在夏日东大师的点拨下成就的，从这个层面而言，夏日东大师也是夏吾才让先生人生当中最主要的一位恩师。更有幸的是，夏吾才让先生和夏日东大师、才旦夏茸大师，先后进入青海民族学院担任藏语文老师，一起学习工作，共同培养人才，这也许就是所谓的缘分吧。

1950年9月，青海省民族公学（现为青海民族大学）正式开学。民族公学设置三种类型的教学班，即知识班、工农班、儿童班。其中，知识班（也称政治班）学员大部分来自农牧区和西宁城区，年龄在20—30岁，文化程度初中以上。为了便于教学，学校根据学员的实际文化程度，划分为三个教学班，当时开设的课程有：社会发展史、新民主主义论、民族问题和民族政策、汉语文、藏语文、蒙古语文等，学期两年。当时的情形是，藏文和蒙古文老师十分紧缺，学校花费了一番周折寻找，从东部农业区到西部牧业区，适合来西宁任教的老师少之又少。这时候，通过多方打听，在循化尕楞乡隆杨唐寺学习的才旦夏茸大师、夏日东大师和夏吾才让先生，首先进入学校视线。经过学校再三思虑，最后略通汉语的夏吾才让先生被列为重要候选人。

1951年初，青海民族学院民族语文部正式聘任夏吾才让先生为藏语文教师，有些老干部在回忆录里几次提到，青海民族学院的第一位藏语文老师是夏吾才让先生，但笔者认为夏吾才让是学校第一代藏文老师才是比较客观的。在受聘藏语文老师之后的八年多时间里，先生立足三尺讲台，既给来自四方的各民族学生上课，也为想学藏语文的个别校领导和学校老师进行辅导。在他的精心培育下，一批批新一代少数民族干部走出校园，走向广阔的田野里，为青海各项事业的发展作出了一定的贡献。

夏吾才让先生颇具创新精神，在教学工作中敢于大胆尝试，将藏族传统的文化教育与现代化教育相结合，为青海教育现代化翻开了新的篇章，赢得了师生们的普遍赞誉。在这期间他还有一个意外的收获，就是在他的牵线搭桥下，经组织推荐，才旦夏茸大师和夏日东大师也先后来到青海民族学院任教。不久，夏吾才让和夏日东大师一起到省政府拜见了自己心目中的偶像——喜饶嘉措大师，从此一有机会便去听喜饶嘉措大师的讲座，向大师请教诸多疑难问题。

1969年夏吾才让先生被组织安排到同德县尕巴松多镇，担任了一年的生产队会计职务，同时为当地群众讲授藏语文基础知识，重启了教学生涯。

1971年，夏吾才让的表弟德拉加向循化县尕楞公社和曲卜藏村反映先生的生活学习情况，夏吾才让全家户口从同德县返迁至他的出生地。1980年，夏吾才让先生正常退休并享受工资待遇。先生虽然退休了，但还是念念不忘教书育人，依然被循化县文教局聘请为藏文老师，讲授藏文基础知识多年。

20世纪50年代，夏吾才让老家的生活和其他地方一样，条件比较差，村里人基本上都是文盲、半文盲，夏吾才让先生不甘贫困落后，并从长远发展考虑，亲自培养了几十位农民学子，这些人如曲卜藏村的勒毛措（后在文都乡政府上班)、比塘村的夏吾加（现定居于道帏乡宁巴村）、格日塔（后在循化县宗教局上班）和道帏乡的索南才让等。

夏吾才让先生教书育人，师德垂范，而且敬重师长，对培养自己的老师常怀感恩之情，在蹉跎岁月中他和晋美丹曲嘉措、才旦夏茸、夏日东等老师，经常以书信形式互相问候、相互勉励，探讨自己深爱的学问。这些书信原件在他七十多岁时，让儿子格日才让封存保管，成为弥足珍贵的史料。

喜饶嘉措大师对夏吾才让喜爱有加，乐意让他作为自己的学生，大师在给他的书信中称其为"我心中的宝贝"，就像自己的孩子一样疼爱他，别人羡慕之余，也为夏吾才让感到骄傲。

夏吾才让先生在几十年的教学生涯中，一贯忠于党、忠于人民，对共产主义崇高理想和伟大事业坚定不移，始终牢记为人民服务的宗旨，为社会稳定、民族团结作出了重要贡献，是一位德高望重的老同志。他把毕生的精力奉献给了青海的社会主义建设事业，深受青海各族干部群众的尊敬和爱戴，青海省委原副书记扎喜旺徐对他非常敬佩，是他的终生之友，他们书信往来密切，有着深厚的友谊。青海省原副省长班玛丹增既是他在青海省民族公学时期的学生，又是工作上的同事，退休后两人书信往来不断，联系紧密。

青海省民族公学更名为青海民族学院后的很长一段时间里，学校所有的专业都开设藏文课，在校生基本都要学藏文，基本上都听过夏吾才让老师的课，这些学生毕业后分配到牧区，在各自的岗位上基本上都是骨干人才，有的当过行政领导，有的成为学术带头人，他们成功，有一项基本功帮了大忙，那就是藏文。

20世纪80年代末至90年代初，70多岁的夏吾才让先生仍孜孜不倦，为来自四面八方的学生、知识分子传授知识。改革开放后，广大人民日益富裕起来，知识分子有了更加广阔的舞台，夏日东大师也再次来到青海民族学院任教，夏吾才让也决心见见尊敬的老师。秋末，夏吾才让先生背着新磨成的二十几斤豆面、五六个青稞馍馍和新鲜酥油糌粑来西宁看望曾经的同学、师友，特别是自己一生的精神导师夏日东大师。每次到民院拜会恩师都会小住几日，用大把大把的时间向恩师请教疑难问题。夏日东大师也不时惦念他，一旦有好吃好穿的，立即让身边的人联系夏吾才让来西宁小住几日。这样的情谊一直持续到夏吾才让先生走不动为止，后来夏吾才让先生病重期间，夏日东大师经常过问病情，还寄钱表达关怀之情。2000年1月28日，夏吾才让先生去世，夏日东大师亲自为他操办了葬礼。

夏吾才让先生坚定的民族教育事业的奉献精神和崇高的道德风范，值得我们学习，并将永远激励我们，干好本职工作，促进民族教育工作、民族团结进步事业共同繁荣发展。

侃本，男，藏族，文学硕士，青海循化人，2005年毕业于青海民族学院中文系。
多杰仁青，男，藏族，现为甘肃省甘南藏族自治州合作藏族中学教师。

俯首甘为孺子牛
——记青海民族大学退休干部昝登龙

昝登龙口述　相金玉整理

2020年9月15日，曾任我校政治处干事、少语系副主任、政治系副主任、团委书记、学生处处长、马列教研室主任、党委委员、党总支书记、宣传部部长等职的昝登龙老师因病与世长辞，享年78岁。他虽出生于贫困家庭，但从未放弃学业，吃苦耐劳，以优异的成绩考入名校并在毕业后留校工作，1971年主动请缨来我校工作，为民族教育事业奉献了一生。

——题记

1942年8月，我出生在大通县多林镇下浪加村一个土族家庭。那时，下浪加初级小学只有一到四年级，我在那里完成了初小学习后，考上了十几里以外的城关完小上小学五年级。因家庭贫困没有能力住宿，我成为走读生，每天步行往返十几里路从下浪加村到城关镇上学，中午饭只能吃自带的干粮。夏天的时候还可以，到了冬春季节，天不亮就起床，喝上阿爷炖好的茶，吃上一点馍馍，就开始往学校走。因为生活困难，十一二岁的我长得很瘦弱，又缺少棉衣、棉帽、棉鞋，路远天寒，真是吃了许多苦。记得每逢二三月的大风季节，自己常常被风吹得走不了路，只好背过身去退着走。

我五岁的时候母亲就病逝了。现在我想，如果那时候我有母亲的疼爱，我是不可能再继续上学念书的。我们一起的许多同学，都因为父母家人舍不得孩子走读吃苦而中止了孩子的学业。在我的坚持下，我在城关完小顺利读完了小学五年级、六年级，考入了位于城关镇的大通县初级中学（今大通一中）。那时候中学很少，除了大通的学生外，大通县初级中学还有许多来自祁连、门源等海北地区的学生。这些学生虽然离家远，但是家庭条件较好，在校住宿，吃饭也吃得好。我家庭困难，仍然走读或与同学租住在镇上的土房，搭伙做饭上学，就这样坚持读完了初中。

1959年上高中时，正遇上三年困难时期，大通县为照顾在校的高中生，给予在校高中生城镇户口待遇，享受生活补助，还可以免费住宿，这在一定程度上改善了我的学习条件。在大通一中读完高一后，因为我成绩优异，适逢教育制度改革，学校让我跳级直接上高三年级。当时我的理科成绩好，文科并不好，但跳级后无奈只能报考文科。

我土生土长在农村，从来没去过省城。记得有一次学校领导派一名老师，带领学习成绩优秀的赵林兴同学和我到西宁市参观了当时的青海省农业展览馆，这使我第一次目睹了城市的发展与繁荣，给我留下了很深的印象。

我们那一届高中生是大通县第一届高中毕业生，1961年高考后，我被中央民族大学政治系哲学专业录取，当时大通县考到北京的学生只有我和王生有两人，老师和亲友们无不赞叹。县政府教育科委托徐成寿同志给我和王生有每人三四十块钱做路费。

去中央民族学院上学时，是我第一次坐火车。坐的是硬座，胆小不敢随意走动，坐了40多个小时，到学校时腿肿得厉害，开学时不得不请假在宿舍躺了几天。从那以后再坐火车，就知道有意起来走动走动，腿才不会肿。

中央民族学院里全是来自全国各地的少数民族学生，食宿费用全部由学校承担，每个月还给学生发3块钱的补助，这些钱平时都舍不得花。每逢星期六连5分钱、1毛钱的电影都舍不得去看。记得一次复习考试，大家凑了七八毛钱买来西红柿吃，高兴得不得了。大学期间，为了省钱我很少在假期回青海家里。

大学时我们班共有50名同学。我担任班里的团支部书记，常常组织同学们开展各种活动，例如和同学们一起学雷锋做好事，一起到学院附近的四季青公社帮助农民们除草、收割、打碾，假期和同学们去河北保定的部队体验生活等。

1964年5月24日上午8点，作为北京高等院校文科下乡学生代表之一，我在人民大会堂听取了时任教育部部长蒋南翔同志的报告会。1965年8月7日下午8点，作为首都高等学校应届毕业生代表，我有幸听取了在北京工人体育场举行的时任中央政治局委员、北京市市长彭真同志的报告会。学习期间，我从1961年至1964年参加了四次天安门国庆游行和焰火晚会活动，目睹了天安门城楼上伟大领袖毛主席的风采。

1964年9月29日，我有幸收到刘少奇、王光美同志的请帖，邀请我和中央民族学院的另外9名同学一同参加当晚7点30分在人民大会堂宴会厅举行的欢迎马里共和国总统莫迪博·凯塔阁下和夫人的宴会。晚宴前，在贵宾室等待一阵后，我看到朱德、刘少奇、王光美等走进宴会厅，随后我们也进入宴会厅。当时朱德副主席给我留下的印象最深，他身材魁伟，脸盘很大。我们的席位在35号桌，在国宴上除了朱德、刘少奇、王光美等，我还见到了马里共和国总统莫迪博·凯塔阁下和夫人等外国友人。

  1964年12月，学校组织我们政治系的学生到四川省大凉山地区的喜德县搞"四清运动"。这里在1955年、1956年时曾经有彝族奴隶主发动叛乱，叛乱平定后，奴隶主诺洪木尕叔侄二人一直没能被抓住。这两名匪首作恶多端，给当地群众带来极大的危害，这次"四清运动"和社会主义教育活动也是一次有组织的剿匪活动。我们到达喜德县联合乡三四天后的一个早上，突然听到山上有人喊土匪出现了。我随手拿起一个木棒就和大家冲上山去，一直冲在最前面。子弹在我头顶纷纷划过，等我赶到时，匪首诺洪木尕叔侄二人刚刚被解放军击毙。

  1965年7月，我完成中央民族学院的学习任务，顺利毕业了。因为在校期间表现优秀，我和另外三名同学被留校工作，我在中央民族学院少数民族语文系当了一名干事。此后我被派往广西三江侗族自治县搞了一年的"四清运动"。

  1969年，根据林彪的"一号命令"，北京实行备战疏散。学校和中央机关单位人员全部疏散到湖北武汉等地方的五七干校。当时我因为患了腰椎间盘突出症，被留在中央民族学院守校。

  1969年至1970年，正值青海高校恢复招生的时期。就在我守校期间，青海民族学院因缺少师资力量派了三个人（其中一名是军代表）来中央民族学院请求支援教员。中央民族学院为青海民族学院出具了一个大约100多人的名单，让他们从名单上选人。青海地处边远，除了两名教员同意去青海民院工作外，其他名字虽列在名单上被青海民族学院来人选中，但都不愿意去青海工作。当时我的名字并不在那个名单上，因为我比较年轻，学校可能考虑让我长期留在中央民族学院工作。我主动找到青海民族学院的人和中央民族学院的领导，要求去青海工作。这是因为早在1958年底，我在老家就与妻子李索南（土族，1943年出生）结婚。这些年，我们一直聚少离多。我在中央民族学院求学、工作期间，作为农民的妻子李索南和家父一直在青海老家耕种生活，经历了生活困难时期，几成饿殍。我想到青海民族学院工作后，能离家近一些，以便照顾家庭。

1971年1月，我终于如愿以偿从中央民族学院调动到青海民族学院工作，先后担任政治处干事、少语系副主任、政治系副主任、团委书记、学生处处长、马列教研室主任、党委委员、党总支书记、宣传部部长等职务。

1983年，我经考试被录取到中央党校培训部中青年干部培训班（正规班）第一期学习，至1985年7月，取得了研究生学历。当时中央党校的校长是王震同志，我所在的是八三班第九支部。与我前后去学习的青海省的学员有：省委副书记桑结加、省长宋瑞祥、省人大常委副主任洛桑、省政府副省长穆东升、省委常委冯敏刚、青海省国税局局长权芳楼、青海广播电视大学副校长张云霞、青海大学校长李宝臣，我当时的职务是青海民族学院团委书记、马列主义教研室主任。同时，还有副省长杨茂嘉、海南州长罗桑、副州长夏铸等在文化补习班学习，曲青山、南文渊、王志文等同志在研究班学习。

1984年在中央党校学习期间，团中央书记王兆国、刘延东前来看望了在党校学习的同学和团干部，并召开了座谈会。王兆国和刘延东朴实亲切的讲话，给我留下了深刻的印象。学习期间还听取了著名科学家钱学森、中央交响乐团总指挥李德伦、中央各部委部长和知名专家、学者的报告。1984年10月1日，中华人民共和国成立35周年纪念日，我们应邀参加北京天安门国庆观礼；1985年7月15日，我们接受了胡耀邦总书记的接见并合影。当时的青海省委书记赵海峰、省长尹克升、省委组织部部长马玉麟等领导分别来培训班看望我们。

1985年7月结束中央党校学习回到青海民族学院后，我担任青海民族学院宣传部部长一职。任职期间，根据党中央和省委下发的文件精神，结合青海民族学院实际，组织起草关于加强思想政治工作的意见和条例、加强社会主义精神文明建设规划、开展普法教育的安排意见；组织学院中心组、领导干部和全院教职员工的政治学习、读书活动以及针对性的辅导报告，安排并参与学生的实践活动，开展多种形式的民族团结教育和"三育人"活动；连续组织召开了八届全院思想政治工作会议，其中第一届是与时任青海民族学院副院长杨茂嘉同志一起组织的，为青海民族学院的思想政治、团结稳定工作作出了一定的贡献。

20世纪70年代末、80年代初，青海民族学院有一个关于青海土族历史发展的调研课题，因为我是大通县的土族，熟悉了解大通土族的情况，带领他们到大通县土族聚居地区调研。他们在调研了全省的土族情况后，最终编写成了《土族简史》一书。

我在民族教育事业上奋斗了一生。作为大通土族儿女的一员，我始终不忘为家乡的建设事业尽微薄之力，回报家乡父老的养育之恩。例如为大通县的助学工程捐款。1994年大通多林地区发洪水冲走了下浪加村建在黑林河上的一座桥，河南岸居住的群众无法正常通行，河北岸580亩农田无法正常耕种，直接影响了农业生产，但是村里无力承担重建此桥的资金费用。我多次与省级有关部门联系协调，恳求支持部分建桥资金。后来得到省民委主任李庆同志的批示，补助数万资金帮助下浪加村建造了一座新桥。此后又恳求省社会工作协会秘书长喇英才，补助数万元在河上修了过水通道，解决了行人的通行和村民的生产生活困难。任学生处处长时，我在招收大通县少数民族学生方面，在政策允许的范围内给予了一定的照顾，招收了许多优秀的少数民族学生。记得一次一个大通籍成绩优秀的学生因为先天眼部疾病被学校拒收，是我再三争取，终于使他进入大学学习。这些学生毕业回大通后，许多人担任了县、乡镇的领导干部。

我在青海民族学院工作了30年，一直在从事行政工作，都是起草文件、起草报告、起草规章制度、组织活动、召开会议等琐碎事宜，没有什么大的贡献。我一直以为自己是一个喜欢理科的人，又不善言辞，做一名技术人员非常合适，当初学了文科，后来又做了行政工作，这似乎是一个历史的误会。尽管如此，我还是像老黄牛一样尽心竭力、踏踏实实、力求公平公正地完成每项工作任务。

1977年，十几年没有调过工资的单位，收到了中央下发的文件要给40%的人调高一级工资。我作为少数民族语文系副主任，当时我们系有30多名老师，要在这30多名老师当中选中40%的人调工资，难度很大。我凭着公平公正的原则，给系里达到标准的40%的老师调到了这一级工资，我自己的工资并没有提，大家都心服口服。

此后每次遇到调工资、评职称、给待遇、评先评优，我都尽力做到公平公正，满足到了年限、符合标准和要求的同志们提工资、评职称、评先评优的要求，不让大家受委屈，留抱怨。我自己却很少享受其中的优待条件。从1965年到1979年，我一直拿着每月70多元的工资生活了十多年。即便被省委组织部提拔为处级干部后，工资也没有提高，我笑称"升官不发财"。

我1971年调到青海民族学院后，在单身宿舍住了十年。后来分了个两间的小房子，我高兴极了，女儿来西宁上学可以住在家里了。1988年青海民族学院盖住宅楼，根据各项指标打分分房，包括在青海民族学院工作的年限。经过打分我分到了一套建筑面积65平方米，实用面积53平方米的5楼的住宅，几年后调到3楼，一直居住到现在。

我妻子李索南是农村户口，因为报不上城镇户口，就领不到供应粮，我1971年调到青海民族学院后，她还是一直在大通多林下浪加农村耕种生活。直到1983年，我们结婚26年后，才结束两地分居，她来到民族学院与我共同生活。那时候孩子要上学，家中只有我一个人每月几十元的工资，经济上很拮据。我妻子李索南就到民族学院的各个建筑工地找小工的活儿干，调水泥、抬砖块、拉材料，每月也能挣几十块钱补贴家用。

在青海民族学院做行政工作30年，我从来没有向组织要求过什么，也从来没有因为我为谁提供了方便而收受过别人的钱物。给我买洋糖的人有，请我吃顿饭的情况也有，但我从来没有收过别人一分钱。我为人正直，总是希望能公平公正地做好事情，所以我的人缘也好，同事们喜欢和我共事。

从1976年到2000年，我在处级领导岗位上一干就是24年，人们说一个干部能在处级岗位上干这么多年是很少的。2000年12月，青海省委发文（207号文件）给予我副厅级干部的工资和医疗待遇，2001年1月我光荣退休。

现在，我的儿女们都已经成家立业，我和老伴李索南都是年过七旬的老人了，我们一起相依相伴，幸福平静地生活在青海民族学院那套53平方米的小家里。

昝登龙，男，土族，中共党员，生于1942年8月，青海大通人，青海民族学院退休干部，2020年去世。

相金玉，女，汉族，青海大通人，青海省作家协会会员，现供职于大通县文学艺术界联合会。

感念师恩

阿进录

习近平总书记指出："一个人遇到好老师是人生的幸运，一个学校拥有好老师是学校的光荣，一个民族源源不断涌现一批又一批好老师则是民族的希望。"古人也有"一日为师，终身为父"的老话，讲的都是老师的作用和价值。回顾青海民族大学75年发展史，真正值得骄傲的事情，就是在不同的历史阶段，都曾拥有一批好老师，然后培养了一批又一批对国家和社会有用的学生。作为一个农村孩子，我有幸在民大中文系学习并留校任教，长期领受李文实、胡安良、冯育柱、彭书麟、浦汉明、黄信德、张世俊等老师的教诲和启迪，他们永远值得我尊重、敬仰、追慕和学习。

李文实先生

李文实先生是史学大师顾颉刚的得意门生，中华人民共和国成立前就在多所高校任教，学术渊源深厚，功底扎实。1951年起，被错捕入狱近30年，错失了最好的人生年华、学术年华。1979年，先生还没有得到平反之前，青海民族大学领导慧眼识珠，郑重请先生来校任教。此时的先生已经65岁了，但多年的人生冤屈和不灭的学术信念，转化成"发愤著书"的不竭动力，爆发出惊人的学术能量，很快在青海地方史、民族史及古代文学、民间文学等领域取得丰硕的教学、科研和社会服务工作成果，成为青海学人的楷模，民大精神的丰碑，中文系师尊的代表。我有幸聆听过他的讲座，近距离跟他请教过，观览过他的丰富藏书，拜读过他的著作，也了解到他曲折苍凉的人生经历和不幸遭遇，从中不断感悟到他不屈的品格、乐观的精神、渊博的学识、朴茂的文风。

聆听先生的讲座，大概是在读大一下学期的时候，有一次，班里请专家教授开设讲座，其中请李文实先生讲学习方法问题。当时，先生已近八十高龄，退休已有两年，不再上课，只是偶尔开个讲座。当时的信息来源比较单一，对老师的了解往往通过高年级学长口耳相传。在学长们口中，李先生就是神一样的存在，但又没几个人能说清楚先生的学问到底有多高深。就在这种神秘的期待中，先生一副乐呵呵的样子走进了教室，清瘦儒雅，令人亲近，特别是一双眼睛，格外有神。主持人介绍完之后，他就带着浓浓的青海乡音，跟大家讲述大学与中学学习的不同。他说，中学以学习基础知识为主，而大学需要开启思路，以学习治学方法和培养专业知识为主。关于古代文学史的学习，他认为一定要从源头开始，由古及今，顺流而下，理解中国文学各个阶段发展演变的过程、特点与体现的时代精神，文学传承发展的轨迹与一般规律；而读文学作品则可以由近及远，逆流而上，读懂了明清、唐宋古文，自然就为读懂魏晋秦汉及先秦古文铺平了道路。总之，要以文学史为门径，以作品为基础，使自身初步具备阅读古代文学的能力。针对少数民族学生如何学好古代文学的问题，他劝导大家一定要下功夫精读、熟读和背诵一定数量的诗词和散文名作，提升文学鉴赏能力，提高民族自信心，增进爱国感情，并努力为开拓和建设新青海贡献力量。他讲的这些话，当时理解不深。等到毕业留校并从事古代文学教学多年后，才越来越深刻地体悟到这些经验的宝贵。

之后的多年，先生因为年事已高，很少再开讲座，但偶尔还会在校园里看到他哼着小曲散步的情景，再后来，碰一面的机会也越来越少。

2000年末，我有了一次近距离接触并请教先生的机会。2001年1月1日，《青海民族学院》校报要创刊，其中开设介绍学校知名学者的"教师风采"栏目，李先生自然是开栏的学者。当时我在校办做秘书，同时担任中文系古代文学教研室讲师。时任校办主任兼校报主编的权生鳌同志就把撰写先生风采文章的任务安排给我。我是既兴奋又忐忑，做足了采访的功课。权主任提前通过先生的家人替我约好了采访的具体时间，然后嘱咐我一定要准时赶到。按照约定的时间，我提前半小时就赶到了先生的家门口。当时，隆冬季节，寒风凛冽，我在门口恭恭敬敬地等待。先生的家人可能发现了早到的我，就开门让我进去。走过长长的过道，趋近卧病在床的先生身边，向他问好并说明来意。先生早就准备了有关他的一些资料给我，并再三说他没有什么值得书写的，倒是民院给了他太多的照顾，他觉得自己过意不去，如果一定要写，就写一些基本的教学科研情况，算是向学校的汇报。后来，遵照先生的嘱咐和校报的版面，我只是客观地整理了一份近700字的先生基本情况材料，发表在了校报创刊号上。当时，准备好的采访提纲根本没用上，我以为采访就这样结束了，心情有些失落。没想到，先生并没有简单打发我的意思。他让家里人给我倒了一杯热茶，然后语气缓缓地问我是哪里人、多大年纪了、主要上什么课等。当听到我姓"阿"时，就问我知不知道"阿"姓的来历，因为从小没听家人说过，自己也从没有考虑过，自然说不出来。先生就给我讲土族、藏族、蒙古族"阿"姓的来历及复杂的民族关系。我当时对青海地方史和民族史了解很少，自然没有听明白，只是感觉先生对青海历史和民族关系如数家珍，信手拈来，让人心服。先生听说我上明清文学课，就问我最近上到哪部分了，当时我刚好讲到明代的散曲和民歌，先生就饶有兴趣地说，明代的民歌在文学史上有很重要的地位，我国民歌自《诗经》以来，就形成了自己的独特传统和风格，而且这些传统依然很好地保存在当代的民歌当中，比如"花儿"的赋、比、兴艺术手法就与《诗经》一脉相承。他鼓励我不妨就"花儿"与中国古代文学之间的关系进行研究。他还告许我，从事古代文学教学研究，除了研究主流作家作品外，应积极挖掘地方作家作品，还应从地方文化角度研究主流作家作品。他举了元杂剧、《金瓶梅》、《红楼梦》中的许多词汇，竟然与青海方言完全相同，认为从方言学角度去研究这些作品，会有意想不到的收获。时间一分一秒过去，先生慢声细语、娓娓道来，给我讲了一个多小时，传我以方法，给我以思路，谆谆教诲，如沐春风，让人耳目一新，受益终身。先生的这些话，像种子一样，在心里种下播下、生根发芽。2004年，当我读马成俊教授的民族学硕士研究生时，马老师的思路与文实先生不谋而合，也指点我以古代文学为背景，将"花儿"作为研究对象，准备学位论文。后来，自己顺着文实先生和成俊老师指引的研究方向，从民族学、人类学、民间文学、古代文学等不同学科交叉研究的角度，完成一篇8万字的"花儿"论文并顺利通过答辩，后来又继续顺着这种思路发表了十余篇"花儿"论文，并出版了专著《出门人与守望者之歌——花儿艺术简论》。

  2004年先生去世。20年来，世事发生巨变，时光已经模糊了多少人的面貌，但岁月并没有湮灭先生的价值，反而经过岁月的淘洗，通过一定的历史距离，先生给我们的印象更加清晰鲜亮，先生的道德文章越发充满光芒。20年间，学校为纪念先生，先后做了几件有意义的事，我有幸参与其中。

  举行先生藏书捐赠仪式。2012年7月8日，先生亲属将先生所藏图书、期刊、手稿、油印讲义、书稿及书信无偿捐赠给学校，学校在图书馆古籍阅览室设置李文实先生藏书专柜，并举行捐赠仪式。如今，先生的2280多册藏书，整整齐齐摆放在古色古香的木柜中，透示出主人的勤勉、渊博和儒雅，也静待来访者的阅读交流。我也是在心浮气躁或遇到烦心事的时候，就会悄悄到先生的书柜前走一走，看一看满目的藏书，就如同跟先生交流了一样，心情就会慢慢安静下来，从容起来。2019年修建校史馆时，有一版面专门介绍先生。所以，我们又配了专柜，将先生的手稿、油印讲义、书稿及书信拿过来，一一清点，并分门别类进行集中展示，让参观者直观感受先生的治学风貌，这也为后来学校整理出版《李文实手稿》奠定了扎实基础。

为知名学者挂像。2012年9月6日，学校为建校以来做出突出贡献的8位知名学者挂像，先生位列知名学者之首。当时，学校安排人事处负责制作挂像，让我撰写学者简介，最后以上图下文形式制作相框。我大概花了一周时间完成了8位学者的介绍文字，经学校领导和专家学者审核定稿。其中介绍先生的文字是这样："李文实（1914—2004年）汉族，青海化隆人，文史学家，享受国务院政府特殊津贴专家，全国劳动模范。早年求学于齐鲁大学，拜师于史学泰斗顾颉刚门下。民国时期曾任《西北通讯》月刊社长兼主编、兰州大学历史系代主任、上海诚明文学院教授。改革开放后任青海民族大学教授兼省志编委会副总编、省方志研究会理事长、中国古都学会理事，社会影响广泛而深远。攻西北史地及南明史，立论有根，见解宏深，煌煌《西陲古地与羌藏文化》，传世杰构，誉满史林；讲古典文学，旁征博引，文思泉涌，学生满座，如沐春风。晚年以清癯之身、乐观之心，享天年而逝；平生因淳朴谦和、渊雅弘通，树师道之尊"。这段文字，我是怀着无限敬意写出来的，但由于自己认知浅薄，能力有限，只是介绍了先生的基本生平，并没有充分反映出先生毕生治学的全部风貌。

命名"文实楼"和"文实校区"。学校历来重视大学文化建设，精心命名校园建筑、景观和校区成为文化建设内容之一。根据校领导要求，我先后两次对全校各类建筑、景观、校区命名提出初步意见，经过一系列讨论后确定。其中，命名"文实楼"的思路是："此楼办公条件最为良好，主要安排学校文理科学院和教务处等职能部门，充分体现以教学为中心的理念。以我校已故著名学者李文实先生名字命名，旨在激励广大教师像李文实先生一样追求高深学问和高尚师德，激励广大学生成为文实相符、德才兼备的优秀人才"，"文实校区"以该校区最具标志性的建筑"文实楼"命名。这个命名，深得师生认可，也在社会上广为流传，成为西宁市城东区的地标之一。

设计建设塑像。为了打造铸牢中华民族共同体意识典范单位，学校规划建设一批有形有感有效的育人载体，其中建设校园系列主题雕塑是重要内容，李文实、吕广来两位先生的塑像第一批建成。2023年9月8日，学校为李文实、吕广来两位先生塑像揭幕，马维胜校长阐述了塑像的根本目的在于激励全校师生以他们为榜样，懂民大、爱民大、兴民大，勇担时代责任，服务学校发展。而今，青铜铸造的先生塑像，端放在文实楼一楼大厅中央，背靠他的学生乔文良同志的巨幅山水画"高原春晓"，远眺着西宁北山，守望着民族大学这座神圣的学术殿堂。为了制作塑像，我们和先生的家人、学生、省雕塑设计研究院的艺术家们一道，前前后后花费了半年时间，精心制作，反复修改，以求栩栩如生，生动传神。

回想这点点滴滴的往事，作为一名民大人，作为先生的一名学生，我深刻体会到学校对学术、学问和学者的尊重，也感受到文实先生对民大校风、学风的深远影响。

近来，自己将《西陲古地与羌藏文化》、《黄河远上：李文实文史论集》、《西宁府新志》弁言、《西宁府续志》序文放在案头，一有空就翻几页，总是被先生不屈的品格、乐观的精神、渊博的学识、朴茂的文风感染和启迪，尤其是先生文字功夫之深厚，文字表达能力之温雅优美，让人仰慕不已。如今，在马成俊老师的全力推动下，《李文实手稿》得以出版面世，这是一件传承薪火、功德无量的大事好事，为我们纪念、追慕、学习先生的道德文章提供了极好载体。衷心感谢为此付出辛勤劳动的各位老师和学生，也衷心祝愿先生的亲属幸福绵长。

胡安良先生

胡安良先生是北京大学中文系王力、岑麒祥、商承祚等语言文字大师的高足，在北大求学时代就被誉为才子。1958年青海民族学院派人到北京高校招募人才，得到北京大学等知名高校的大力支持。北大图书馆馆员吕广来，中文系毕业生刘光祥、刘中邦、王祖鑫、胡安良、程祥徽、陈贤英等同时来校工作。后来，吕广来先生为学校图书资料建设，特别是古籍收集、整理和保护作出特殊贡献，而刘光祥、刘中邦、王祖鑫、胡安良、程祥徽、陈贤英等先生为中国语言文学学科建设付出大量心血，尤其是胡先生，毕其一生、坚守高原，教书育人、甘于奉献，吐辞为经、举足为法，成为全国优秀教师，深受各族师生爱戴。

我在中文系上学时，先生已是系主任。作为一名学生，对系主任没有概念，反倒对先生是古汉语专家的美名早有耳闻。当时，先生给高年级学生上古汉语课程，我们在课间有时会碰见先生，感觉先生浓眉大眼、文质彬彬、儒雅高古、卓然不群。听班主任说，我们毕业前肯定会上到他的古汉语课，所以内心充满期待。可是不知什么原因，教我们古汉语课的是一位外聘的老师，讲得虽然也很好，但同学们总觉得有些遗憾。于是，大家就给班主任祁生贵老师反映，希望能在毕业之前听一堂先生的课。先生很快就满足了我们的渴求，并以"庄子思想的现代意义"为题给我们开了专题讲座。他认为，庄子作为重要的思想家、哲学家、文学家，对中国文化的影响极其深远，其著作统观宇宙、遍察社会、联系人生，具有古朴恢宏、神奇玄妙的独特魅力，其中蕴涵着深邃奇妙的哲理，给人以思想的启迪，而且关注社会人生，给后人留下了很多处世智慧，至今具有积极价值。他勉励我们要很好地学习继承这些宝贵的文化遗产，并从中寻求适应现代社会的生活智慧。讲课紧密联系现实，深入浅出，循循善诱，启发引导，妙趣横生，融思想性、知识性、趣味性为一体，把深奥的哲学思想与个体生活有机结合在一起，让每个人有所感触，学有所获。听完这堂课，同学们都觉得了却了一桩心愿。实际上，对绝大部分同学来说，毕业之后再也没有机会听到这样的好课了。

对我而言，尤为荣幸的是先生还参加了我和5位以古代文学为研究方向同学的学位论文答辩。本科生的学位论文，一般都不太重视，但当时的中文系则把论文写作答辩作为培养、训练、检验学生专业能力的重要环节，认真对待。我选定的论文题目是《试论"宫体诗"的积极意义》，指导老师是青年才俊冶文彪老师。他不厌其烦，耐心指导；我反复修改，多易其稿。答辩主席是黄信德老师，成员有胡安良、浦汉明、马青芳、冶文彪四位老师，旁听的学生挤满了教室，场面很是宏大。平日里，我是个不爱说话的人，几位熟悉的老师担心我发挥不出应有的水平，就反复鼓励我要大胆自信，不要拘泥。真正轮到答辩的时候，我鼓起勇气，一反常态，很好地陈述了论文内容，从容地回答了老师问题，得到了各位老师的肯定，论文被评为优秀。其中，胡先生认为我的论文观点新颖，论述扎实，有进一步修改提高甚至发表的基础。会后，先生给了我一页纸，上面写满了具体详尽的修改意见，其他老师也都提出了修改意见。认真修改后，这篇论文得以发表，成为自己第一篇面世的论文。这次答辩，我算是第一次向胡先生面对面学习请教。幸运的是，后来我留校任教，有了随时随地向先生求教的机会。

留校时间不长，先生就退休了。起初，先生在远离学校的城西居住。当时，交通不便，来往困难，与先生的接触不多。大概是2004年，先生搬到西昆校区定居，后来又返聘他为文学院硕士研究生导师。从此，与先生的交往就密切起来，这期间留下了很多珍贵而美好的记忆。

　　学校为了先生教学方便，就近在西昆校区办公楼四楼安排了一间工作室。房子不大，也就十七八平方米的样子。因为先生不光带研究生，社会上慕名请教者也不少，人去多了就有点局促。而且，这间工作室紧靠艺术系学生的排练厅，平时比较吵闹。大概2009年的教师节前夕，我在校办主任岗位上工作。当时，西昆校区院系布局作了调整，腾出了一些办公室无人使用。我赶紧给何峰校长汇报，校长非常敬重先生，当场要求换一间大一点、安静一点的工作室。我不敢拖延，当天就去落实。最终，在五楼阳面把头处找到一套里外两间的套房，阳光充足，位置僻静，先生看了非常满意。2017年后，先生的工作室又先后调整到创业楼3楼、凌云楼5楼更大的办公室。记得，从2004年起，先生每天早八点准时提着暖瓶到工作室上班成为规律，也成了学校的一道风景。慢慢地，工作室变成了身处闹市却远离喧嚣的一方净土，先生在这里潜心研究、传道授业、研习书法、接待访客、交流思想、谈笑风生，撰写出版了《老庄语冰录》《言语的内察与外观》《幽默话语学》《胡安良文集》等鸿篇巨制。每每提到工作室，先生总是对学校充满感激。实际上，尊重先生、尊重知识、尊重学问，这不正是青海民族大学生生不息的奥秘所在吗？

　　2011年夏，学校决定设立"终身教授"荣誉奖，评选表彰终身服务于民族大学、在教学科研方面取得显著成就、年过古稀依然坚守讲坛的著名学者。第一批选出芈一之、胡安良、祁顺来、贾晞儒、毛继祖、吴启勋6位教授。为了将表彰活动开展得有内容、有意义、有效果，学校要求参照中央电视台"感动中国人物"颁奖模式，为每位教授拍专题片、写颁奖词。我当时是宣传部部长，愉快接受了任务。于是，2011年暑假，我和宣传部严国林、赵雷等几位同仁全身心投入到专题片的拍摄中。我负责撰写脚本、解说词，其他人负责联络、拍摄，整整一个月时间，圆满完成了拍摄任务。这期间，与先生交流最多，对先生的教学、科研、书法、交友、爱好等各方面情况有了新的了解，与先生的感情也越发深厚起来。颁奖典礼很重要、很出彩的一个环节是宣读颁奖词。早在8月初，学校安排文学院撰写颁奖词。9月初，拿出了讨论稿。当时，何峰校长在国家教育行政学院学习，马维胜副校长主持了讨论会，我也列席了会议。大家肯定了颁奖词，但觉得有些宽泛，没有准确刻画出每位终身教授的特点，最后决定推翻重写。由于时间紧迫，马校长把这个任务交给了我。由于有前期撰写拍摄专题片脚本、与每位教授有具体接触的基础，我也没有推辞，于是关门谢客，用半天工夫，完成了初稿，下班时交到了马校长手中。等到晚上8点，何峰校长打来电话,说这个颁奖词可以给85分,并提了一些具体的修改意见。经过一夜与何校长在电子邮件中的反复推敲,第二天早上最终定稿。后来,终身教授颁奖典礼很成功,专题片和颁奖词成为亮点,其中胡先生的颁奖词是:道德真经,五千精妙;庄子哲学,汪洋恣肆。您汲取精华,传道高原,使北大文脉绵延青海,传统文化流芳雪域。

进入新时代以后,学校高度重视大学文化建设,先后提炼确定了校训、校风、教风、学风,创制了校歌,打造了一批文化景观,并经过持续不断的建设,逐步形成了独具特色的大学文化体系。在此过程中,参照北京大学、清华大学等名牌高校的做法,创作一篇与新中国第一所民族高校和青藏高原第一所高等学校历史地位相匹配的"青海民族大学赋",很有必要。创作"青海民族大学赋",既要了解学校历史、民大深厚情怀,又要文学修养高、古文功底深,最佳人选非先生莫属。2018年初,当我向先生表明学校想请他写一篇"民大赋"的意图后,他表示支持,并建议在全校师生中征稿,让大家都参与进来,激发全校师生爱校荣校的热情。我们就按先生的意见面向全校征稿,很快征集到9篇师生作品。这些作品情理交融,各有特色,让我们大为惊喜。我们请马成俊、谷晓恒等专家进行了盲审,评出了等次,先生的作品获一等奖。后来,我们将所有获奖作品分期刊发在校报上,引起大家的热情关注。又请陈治元、马国良等书法家将先生的赋书写成巨幅书法作品,装裱悬挂在办公楼大厅、会议室主要墙面,文章书法相得益彰,受到众口称赞。《青海民族大学赋》全文824字,采用典型的四六骈体,概括了沧桑校史,彰显了特色优势,描画了愿景目标,文思恢宏,笔力雄健,构思巧妙,简括厚重。每天进出办公楼,抬头看到先生作品,总是被充盈其间的民大精神和育人情怀所感染。

晚年的先生,在研习书法方面用力很深,并达到了很高的造诣。每次去先生的工作室,总能看到挂满了满屋子散发着墨香的书法作品,先生的书法以篆、隶为主,古朴典雅,力透纸背,显示出先生深厚的传统文化功底。先生认为书法是传统文化的瑰宝,蕴含丰富的文化价值,尤其具有教化育人作用,所以只要单位需要、个人有求,先生从不推辞,有求必应,且不收任何润笔费用。我每次因公因私向先生求字时,只带几刀宣纸和墨汁,然后满载而归。先生的书法作品,有个明显特点,就是所书内容皆为自拟的妙联佳句,这是一般书法家所做不到的。先生尤其擅长书写嵌字联,曾经给我们一家三口写了一副"博衍芬烈播录养,永施芳泽进睿达",词义美好,书法浑朴,成为我家的珍藏。每年年末,还能得到先生自拟的春联,当年三十贴上去的时候,浓浓的文化气息扑面而来，与左邻右舍相比，先生的春联更为增色。2021年初，先生将多年的书法精品汇集为《至耕迹——胡安良篆隶书法作品赏析》正式出版。本来跟先生说好了，要开一次先生书法作品鉴赏座谈会。由于疫情原因，只能一拖再拖，没想到会还没开，先生就离开了人世，成为无法弥补的遗憾。

多年来，与先生接触时间长了，我越来越感受到先生的人格魅力。先生为人胸怀博大、气度宽容、待人亲切、幽默诙谐，没有架子，但有原则，从不背后议论人，也不谈论是非，更不庸俗世故，始终保持一种知识分子的气节。先生吹拉弹唱，样样精通，但不轻易表露，谦和低调。先生特别关心学生的成长进步，只要是学生的事总会想办法解决。先生对我们一家人也很关心，尤其对我儿子阿敏鼓励有加，每见一次就问一次最近学习情况咋样，让人倍感温暖。先生还喜欢喝点酒，且酒量不小，但从来把握有度，不会醉酒。喝了酒的先生，面色红润，妙语连珠，显得更加可爱。"耐得寂寞守清贫，展开眼界放平心。修身淡泊为师道，育苗甘苦见真情。当于人事知天事，能以今文作古文。待到门墙桃李出，喜无长物一身轻。"这是先生对自己多年从教经验的总结，体现了先生的价值追求和精神境界，正是这种朴素而崇高的信念，支持他走过了九十年的人生路程。

先生多次给我说，不管在哪一级管理岗位，都不要忘了教师身份，失掉学人本色。我经常以此来校正人生方向，修正言行举止。现在，当自己年纪渐长并经历一些事情后，我的人生目标越发清晰，就是向先生学习，努力做一个怀德自重、学生欢迎、简单快乐的好老师。若能如此，此生足矣！

冯育柱先生

2021年6月2日，浦汉明老师打来电话，说冯育柱先生去世了。虽然知道冯先生身体不好，一直卧床不起，但听到噩耗，还是觉得很突然，心情非常沉重。当时，我在党校封闭式学习，无法请假回去，就通过其他方式向先生的家人转达了自己的哀悼和慰问。此后的日子里，与冯先生学习交流的往事，时不时浮现在脑海里。

冯育柱先生是山西汾阳人，生于1933年9月，1953年9月至1957年8月在北京师范大学中文系学习。1957年10月，响应"到祖国最需要的地方去"的号召，毅然来到青海民族大学工作。1958年2月至1960年8月，在南开大学中文系进修中国现代文学史。回校后，除了在教务处短暂工作几年外，一直在中文系从事文艺理论与美学教学研究工作，1984年评为教授，1993年退休。曾获青海省优秀共产党员等荣誉，七次得到省教育厅和学校教书育人先进个人等表彰，曾任全国民族高校文艺理论研究会副会长、青海省作家协会第三届常务理事等学术职务。2012年，在纪念毛泽东同志《在延安文艺座谈会上的讲话》发表七十周年之际，青海省评选表彰了32位有突出贡献的优秀老文艺家，冯先生是其中唯一的文艺理论家代表。

我上大学期间，没有机会听到先生的课。因为1993年春天，冯先生在上课过程中，突发视网膜脱落而紧急就医，之后三次手术，才模模糊糊看清人影，被迫离开讲台。与冯先生的接触，完全是在参加工作以后，由于教学和办报的需要，经常向他请教，时间长了就熟悉和亲近起来。在此过程中，逐步了解、感受到他教学之严谨、成果之丰硕、经历之沧桑和为人之善良。

1995年毕业留校后，我先后担任1997级、1999级两个班的班主任。我自己的经历和体会是，一个好的班主任，不仅仅要做好学生日常教育、管理和引导，更要营造一种好学上进的班级风气。其中最有效的方法之一，就是定期请一些专家学者、劳动模范、先进分子、杰出校友跟学生见面交流，让学生打开眼界、增长见识、提升境界。期间，就几次请冯先生给学生开过讲座。别的老师上课开讲，手里还拿个讲课提纲或讲义，作为讲课的底本。先生的讲座，全部装在心里。记得请先生讲过一次"小说创作艺谈"，他从"有人有事、因人设事，具体可感、栩栩如生，多侧面主体地描写人物"三个层面，对小说的构成要素及小说人物描写的基本要求、方法、技巧，结合小说创作实践进行了深入的分析，思路之清晰、逻辑之严密、举例之丰富、语言之精练，受到了同学们的热烈欢迎，我也深受教育，至今印象深刻。讲课时，先生偶尔也会停顿，但停顿之时，正是先生进行有效组织语言的重要过程。停顿之后，往往说出一些精辟的结论和令人印象深刻的语句，引人深思。现在，我们的有些老师，离开了课本、讲稿、课件，就不会讲课，原因是对讲课内容不熟，没有下功夫把教学内容消化、内化、转化为自己的东西。而冯先生这一辈老师的可贵之处，就在于肯下苦功夫、笨功夫、硬功夫，读原著、学原文、悟原理，切切实实把所学的知识转化为自己的思想、观点和语言，让学问入了心、进了脑、有了根。所以，即便眼睛看不见，依然能够生动传神地讲出来。

而让学问长在心里，必须要有大量的阅读基础。先生的爱读书是出了名的。先生先后讲过"中国现代文学""文学概论""美学"及"文选与习作""语文教学法"等课程。上课之前，先生总是作扎实的准备，大量的阅读，深入地思考。

先生曾说过："为了讲好课,《鲁迅全集》通读了不下 10 遍,毛泽东的《在延安文艺座谈会上的讲话》每年要精读 2 遍,马克思的《1844 年经济学哲学手稿》先后读了有 50 遍!大概读书最勤的时候,每年要读 300 多万字的第一手资料,日积月累,基础就有了。"每次见到他,问得最多的是最近读了什么书?有什么收获?先生回答并反复告诫我:"一定要多读书,读第一手资料,读最新成果。"因为酷爱读书,1984 年先生曾被青海省总工会评为"振兴中华、开拓青海"职工读书活动积极分子。

要读书,就要有书可读,而在信息不发达的年代,只能自己买书。20 世纪 80 年代,学术思想极为活跃,各种文学思潮和理论观点层出不穷,大量西方文艺理论著作被翻译出版,需要读、需要买的书很多。当时,先生家里人口多、开销大、经济困难,但他爱书成癖,省下的钱全部用来买专业书籍,当时最前沿的哲学、文艺学、美学、文学等方面的书买了不少,而且很成体系,藏书至少有 5000 多册。有时为了买到最新的书籍,先生大清早骑车到大十字新华书店排队购买。正是这种勤学苦读的精神,成就了先生的渊博学问,但也对他的身体造成了很大伤害。先生在大学时期近视度数就达到 1200 度,20 世纪 60 年代初增加到了 1600 度,20 世纪 70 年代末增加到了 2000 度,左眼几乎看不见。期间,医生劝他不要再看书写作,同事也有劝他改行的,但他坚决不肯,想着只要眼睛不瞎,就要坚持教学研究。结果,上课期间视网膜脱落,进而双目几乎失明,对个人和家庭造成很大影响,也留下了深深的学术遗憾。说到这件事,他并不后悔,说自己作为老师,只有把自己学充实,才能把知识更多更好地传授给学生。

当一个人遭到人生挫折时,往往能看出他的品质。先生遭此挫折,但对学术痴心不改,依然通过收听广播、让家人或学生读报读书等方式,掌握最新的文学动态和学术思想,这是让人非常钦佩的地方。大概在 2008 年,我加入到了给先生读书读报的行列。我跟先生有个约定,每两周带着报纸或重要文章,到先生家里念给他听。先生每次都很高兴,谈一些自己的体会与认识,还讲一些学校、中文系的历史和他自己教学科研的经历。因为办报的原因,我很想多了解有关校史的故事,就认真听,从中听到了很多鲜为人知的校史线索,也听懂了很多书里面没有的学问。我发现,与先生这样饱经风霜的学者,在完全放松的状态下,漫无目标地闲聊,往往能获得课堂里面学不到的内容,特别是治学的观念、方法、境界和情怀,让人终生难忘。

印象最深的一次是 2014 年 10 月 15 日,当习近平总书记在文艺工作座谈会上发表重要讲话后，先生第一时间给我打电话，让我带一份《光明日报》综合新闻稿念给他听。当我逐字逐句念完后，他表现得非常激动和兴奋，认为讲话体现了习近平总书记对广大文艺工作者的关怀、信任和爱护，更充满了对新时代文艺工作者的期待与厚望，值得反复学习。等到讲话单行本出版后，我第一时间买了一本拿给他并通读了全文。之后一个月内，又两次通读给他听。他认为，毛泽东同志的《在延安文艺座谈会上的讲话》，是对马克思主义文艺理论与美学思想的丰富与发展，是毛泽东文艺思想与美学思想宝库中的珍贵财富，具有普遍的真理性。时隔七十二年，习近平总书记在文艺工作座谈会上发表重要讲话，阐述了一系列带有根本性质的艺术规律问题，是指导当代中国文艺实践的经典文献，同样具有普遍的真理性……讲这些话时，先生似乎又回到了课堂，精神振奋，情绪激昂，充满深情，从中我真正体会到了一位老文艺工作者的责任与情怀。

几十年间，先生在教学之余，挤时间进行科学研究，先后发表40多篇论文，其中《关于马克思"美的规律"命题的思考》《艺术与现实的本质关系——学习〈在延安文艺座谈会上的讲话〉并略论艺术规律及其层次》等论文富有创新性的见解，至今仍有重要的学术价值。参编民族高校美学教材《美学十讲》，撰写其中第四、六两讲，提出了多方面地认识美感特征与多层次地把握美感本质的看法，并富有创造性地阐明了美感类型的特征，出版后得到学术界的肯定。美学家蒋孔阳教授主编的《美学与艺术评论》第一集中评价为"它博采众长，又不囿于现成结论，在某些方面提出编著者自己的一些探索性看法，有自己的特色"。与人合编小说选集《遥远的地方》，选编了1978年至1983年五年间青海部分优秀短篇小说，并概括论述了这些小说的成就，当时的中国文联书记处书记、著名文艺评论家为该书作序。出版专著《小说创作艺谈》，比较系统完整、自成体系地论述了小说本体的构成，小说人物的艺术功能与价值，多侧面多层次塑造人物的各种方法，人物典型化的独特规律、情节叙述的视角，结构的类型与重要技巧、小说语言的特有技巧等。在论述中把传统的小说创作经验与西方现代派小说有价值的创作观念、美学追求、创新的技巧有机地结合了起来。青海省文联副主席、全国作协理事、作家陈士濂认为这是一本"极有益、极有用"的书，并主动为该书写了序言。该书后来由学校少语系桑杰教授译成藏文出版，很受欢迎，数次重印。参与《中国少数民族古代美学思想资料初编》的编写工作，其中承担蒙古族著名红学家哈斯宝的文论《〈新评红楼梦〉四批》的注释与评介工作，并着重从美学价值方面进行注释和评介，具有开创意义。后来，先生虽然失明，但依然凭借自己的学术感召力和影响力，与于乃昌、彭书麟两位教授共同主编了"中国少数民族美学思想研究丛书"5种，其中《中国少数民族审美意识史纲》获得青海省哲学社会科学优秀成果一等奖。2004年，涵盖44个少数民族从古至今的文艺理论、历时二十多年得以出版的《中国少数民族文艺理论集成》，填补了相关学术空白，著名学者钟敬文欣然写序并予以高度评价。

先生无疑在教学科研方面取得了令人仰慕的优异成绩，而最让人敬重的地方不止于此，还在于他对待他人的友善，对待生活的乐观，对待生命的坚韧。在担任文艺理论教研组组长期间，特别关心扶持青年教师，经常开展听课、评议等传、帮、带活动，积极为青年教师阅稿、辅导，甚至亲自改稿，促进青年教师尽快成长进步，并积极承办全国性学术研讨会，支持青年教师外出进修、学习、参会，开阔学术视野，提高学术水平。所以，从中文系文艺理论教研组走出了一批优秀的中青年学者。对待学生，既尊重其学习主动性，又循循善诱而不迁就学生的缺点和毛病，善于将教书和育人结合起来，在传授科学文化知识的同时，加强爱国主义教育。对待家人，始终充满慈爱和关怀，与师母魏会计相濡以沫，对子女充满温情，尤其对孙女的学习、家人的生计等具体问题尽最大努力去关心照顾，很多细节，令人感动。

越到后来，到先生家里，聊着聊着，先生就会长时间沉默无语。我知道，先生此时正陷入对某件往事的深深回忆。我就静静地陪着，不打扰先生的思绪，任凭窗外的风轻轻吹来，吹过先生饱经沧桑的脸庞，吹过多少年来陪伴先生左右的满屋藏书，吹过床头柜上大大小小、各式各样的药盒药瓶。每当此时，我也思绪万千，常常被眼前这位饱经沧桑而又坚贞不屈的老人所感动。先生生于文化之乡，毕业于名牌大学，一生奉献于高原大地，但又命运多舛，自己双目失明二十多年，疾病缠身，子女工作不顺，生活相对困难，老伴先他而去，又遭受了老年丧子的痛苦，但他始终没有抱怨，始终乐观面对，始终劝人向上，始终满身风骨……

这样的人，值得我们永远尊重、敬仰、铭记和怀念。

彭书麟先生

2020年10月6日，彭书麟先生在北京逝世，留给我们的是深深的怀念。

从上小学到现在，从做学生到当老师，我几乎没有离开过校园，期间一直得到老师们的谆谆教诲。其中，大学时的恩师彭书麟先生，以光明磊落的君子品格、淡泊优雅的学者情怀、严谨笃学的为师态度、爱岗敬业的职业精神，给我留下了难以忘怀的美好印象，深刻影响了我的学习生活。

彭书麟先生1936年生于湖北谷城，1960年自华中师范大学中文系毕业后来青海工作，先是在青海师范学院附中任教二十四年，1984年调到青海民族大学中文系，致力于民族文化的教学与科研工作，1998年退休。先生在中学任教时期，曾长期担任教导主任，对同学们循循善诱，慈爱有加，深得同学们的喜爱，培养了大批优秀学生，遍布全国各地，可谓桃李满天下。

到大学执教以后，他更加专注于教学。他说："教学是高校教师的中心工作，容不得半点马虎，否则就会误人子弟。"先生从备课入手，备课、讲课、课后辅导，各个环节都做到认真严谨、一丝不苟，而且教学内容不断补充更新，吸收了最新的学术观点和成果。他自己说："从1990年开始，增设了《中国文学批评史》新课程，讲授从先秦到近代2000多年的文论精华，备课难度很大，但一旦钻进去，就开辟了一片知识新天地，我感受到了知识积累和升华的快乐。同时，同学们也普遍反映扩大了知识领域，增强了理论修养，获益匪浅。"先生讲课，基于讲稿，但从不照本宣科，而是循循善诱，引导学生自己体悟、体会。为了提高教学效果，记得先生自己刻印了很多资料发给学生，如司空图的《二十四诗品》，就是用他刚健苍劲的手笔体刻印出来的，显得别有神韵。我至今还保留着这些珍贵的材料，时时翻出来学习，作为自己教学的榜样，也作为一种特别的纪念。先生写一手好字，教案一笔一画、工工整整、赏心悦目，板书也非常漂亮，成为课后同学们摹写的对象。搬家几次，上彭先生课的课堂笔记，虽然封面破损，纸张泛黄，字迹也已模糊褪色，却始终不离不弃，带在身边。每次看到，翻看几页，陈年往事就会浮现眼前，不禁百感交集。

教师的职责不仅是教书，更在于育人。古人说："师者，人之模范也。"彭先生在他一生的教学生涯中，在做好言传的同时，特别重视身教，真正把立德树人、教书育人的要求落到了实处，以自己的高尚师德和人格魅力，如同甘霖雨露，滋养学生的心灵。他很喜欢与学生交流，关心每个学生的学习生活和成长进步。退休多年后，当他谈起往事的时候，嘴上总是挂着自己的学生，总是不厌其烦地问起每一个学生现在的情况，问他们的工作、事业、家庭，就像父母一样关心自己的学生。在病重之际，他还与很多学生通电话，有些还让浦汉明老师替他通话，询问学生们的情况。现在的很多老师跟学生交流很少，上完课就忙自己的事，没有多少时间关照学生，师生关系很淡。但彭先生爱自己的学生甚至超过对自己子女的爱护。很多同学在回忆大学时光时，都表达了自己对彭先生的感激之情。1984级的辛茜同学在回忆文章中充满深情地说:"跟我现在仍有往来的老师是教我们美学的彭书麟老师、教我们古典文学的浦汉明老师。两位老师气质儒雅、博学精深、性情和蔼、内心善良,不仅在学习上无私地帮助我们,还一直关心着我们的生活。上学期间,我和玉娟、晓虹,曾多次被邀请到老师家做客,两位老师会做几样各自拿手的好菜招待我们。"1993级学生王伟章充满感激地回忆道:"在我毕业之前,彭书麟、浦汉明二位老师为我写下一份充满祝福、嘱托、鞭策的推荐信。正是这份鼓励,让我在今后的道路上不畏惧困境、不畏惧坎坷,勇敢前行。"透过学生的回忆文字,我们能够感受到一股暖流。

我第一次听到先生的名字,是在大学二年级时。当时,大三的同学不时给我们渲染彭先生课讲得怎么怎么好、为人又怎么平易近人等。他们甚至不无得意地说,彭先生教完他们后可能就要退休了,惹得我们很着急。当然,最后我们还是有幸听了先生一学年的课,亲身感受了老师的人格风范和教学魅力。记得先生给我们讲《中国文学批评史》,选用的是顾易生先生主编的教材,繁体竖排,艰深难懂。但先生以自己坚实的文学史、美学史、艺术史理论基础,把"史"的知识灌输在"论"的阐释之中,有效提升了我们的理论思维能力和审美鉴赏能力。在课间休息时,他会主动走到学生中间,与同学们进行交流。我们也会围着他提些问题听他讲解,他总是不厌其烦,乐于回答,而且鼓励大家多思考、多提问,并指导大家读什么样的书。我至今记得在先生布置的课程小论文中,我写了一篇关于对"意象"概念的理解作业,得到了95分的班级最高成绩。我觉得自己是一个低调的、凡事自信心不太强,并且生性比较敏感的人。而在先生课上课下的鼓励、肯定下,使我这样一个很不聪明的人,居然也慢慢理解一些深奥的文学理论问题,并从中体会学有所得的喜悦。

教学水平、科研成果是衡量一所大学办学实力的重要标志,也是体现一名教师能力水平的重要方面。彭先生在教书育人的同时,十分注重科学研究工作。他曾说:"教师完成教学任务,充实教学内容,改革课程设置,就必须积累和更新知识,科研是必不可少的重要环节,要在教学和科研结合中追求学术新境界。"开展科研工作,首先存在一个科研目的问题,其中体现的是治学态度。我们身边有些人对学术抱着十分功利的目的,而彭老师则把科研作为促进教学、培养人才、追求真理、传承文化的重要手段,始终怀着一片执着情怀,一直守望在民族文化这片园地里,始终在甘苦中笔耕不辍,完成了一部部传世著作。对此,他自己谈到研究体会时说:"我们是生活、工作在西部民族高校的教师,从民族文化切入，探讨民族物质生活、精神生活和社会关系领域创造的经济、艺术、宗教、风情、民俗、礼仪等诸多方面的成果，借以认识西部少数民族创造和实现的物质文化、精神文化和制度文化的巨大价值，是我们义不容辞的责任。"

教师治学成功的关键是读书、调研、钻研。鲁迅先生说他是拿别人喝咖啡的时间来读书，彭先生也是很少参加无聊的应酬，更没有把时间花在娱乐消遣上，而是把时间用于读书、学习、调研、思考，从而使自己成为散发着书卷馨香的学者。记得先生在西宁的家里，最有特色的就是书房了，在两室一厅的房间内，足有摆满四面墙的书籍。退休搬到河北涿州后，专门买了一套房子放书，藏书几近万册。可以说，买书、读书、藏书、教书、著书，成了先生生活中最重要的内容。由于有了丰厚的藏书、大量的读书积累和丰富的生活阅历，加上长期专心致志的学术调研、思考和锤炼，奠定了老师扎实深厚的学术功底。因为功底深厚，胸有成竹，在讲授《美学》《中国古代文学批评史》《文学理论》等深奥玄博、内容丰富、涉及面广、理论性强的课程时就能深入浅出，轻松自如，加上善于引导，使广大同学获得了真切的知识。也因为胸有成竹，所以在课堂上他从不哗众取宠、装腔作势、故弄玄虚，而以朴实无华的教学风格，天然质朴的人格魅力，如同春风细雨，无声地滋润着学生的心田。因为学术功底深厚，所以能在教学中不断发现问题，并有的放矢地开展学术研究。多年来，先生先后在《文艺研究》《民族文学研究》等权威刊物发表论文 20 余篇，出版了一系列有关文艺学和少数民族美学方面的著作。从著述《中国少数民族审美意识史纲》到《西部审美文化寻踪》，从主编《中国少数民族美学思想研究丛书》到《中国少数民族文艺理论集成》，无论是理论建构还是挖掘、整理、编纂资料，一切都给人纵览而深入的启发。由于这些成果所取得的突出成就，先后获得青海省哲学社会科学优秀成果一等奖等多项重要奖励。

老师在治学方面，令人敬重的地方还在于一生的坚持。很多人退休以后，就把科研抛在脑后，而老师专心致志，矢志不渝。1998 年退休以后，与浦汉明教授一起，一个治文学一个治理论，联手整理浦汉明教授之父，清华大学、西南联大、北京大学中文系教授浦江清先生文学史遗稿。2005 年整理出版《无涯集》，2007 年出版《浦江清中国文学史讲义（宋元部分）》，2009 年出版《浦江清中国文学史讲义（明清部分）》。特别是在 2018 年病重期间，以顽强的毅力，整理出版四卷本的浦江清《中国文学史稿》，深受学术界好评和推重。

彭老师是一个热爱教学、潜心育人、执着学术、坚持原则的人，同时也是一个宽厚、热情而富有生活情趣的人，他的生命境界与成就可谓包罗万象。老师擅长书法、喜欢养花、善于摄影，爱游祖国山川、喜与学生为伍，不吸烟、不嗜酒，把自己的生活安排得精致高雅。2019年，彭老师把生活中定格的珍贵瞬间，编辑成《岁月踪影》家庭图册，收集了842帧照片，见证了彭老师、浦老师五十多年相濡以沫携手同行的人生历程。

从多年来的学习交流中，我深深体会到老师那种无所不包、虽能窥见却无法穷尽的生命意境和人格风貌，那是一种从善良的、温情的、爽朗的心底里自然地流露出来的品质。值得一提的是，老师在他实现人生价值的同时，也支持师母浦汉明教授取得了同样重要的学术成就，而且把两个孩子都培养成博士，目前在国内外知名高校任教，并在各自的学术领域取得了显著成绩。

老师身上具有传统知识分子深厚的家国情怀，始终保持着热爱祖国、追求进步的品质。作为一名共产党员，他始终严格要求自己，坚持原则，吃苦在前、享受在后，多次被评为学校先进个人、先进工作者、优秀教师、优秀党员。即便退休以后，依然自觉交党费，积极参加组织活动，特别是在汶川地震、玉树地震等灾难面前，积极捐款，以实际行动支援灾区。在2020年新冠肺炎疫情暴发后，彭老师和浦老师一如既往，响应学校的号召，第一时间联系工作人员，每人捐款1000元。他们表示，疫情当前，要尽己所能，奉献爱心。

回想自己大学学习和留校工作的点点滴滴，无不倾注着先生的关心关爱。还记得上学时到先生家里请教、借书并留在先生家里吃糖醋鲤鱼的情景，毕业时先生与浦老师、黄老师向学校极力推荐并留校工作的情景，到河北涿州看望先生时带我游览涿州"三国"影视城的场景，2002年专程赶来参加我们的婚礼并拍摄大量珍贵照片的情景，2013年夏天重返青海并参加学校学术活动和师生交游的情景，2019年在北京最后一次看到先生并愉快交谈的情景……直到先生去世前，我每有学习、生活、工作、思想方面的困惑，都向先生请教，而他和浦老师总是悉心教导，其中所获得的具体教益与教益之外的人生经验，可以说是感激不尽的。每每想起这些，心中总是产生一种无言的感动。

在我写成这篇文章的时候，浦汉明老师有一天很激动地说，在她整理彭老师的回忆录时，看到其中夹着一个纸条，上面写着彭老师的为人信条：一是不唯上，决不唯命是从，眼向下，喜欢毛遂自荐；二是不拉关系，不走后门，拒绝一切"关系"；三是干工作向前冲，担子不怕重，讲报酬向后站，甘心放弃；四是关心同事、学生，勇于和恶势力斗争。浦老师说，她一直很敬重彭老师，觉得在他身上有一股正能量，这些人生信条刚好印证了她多年的理解和感受。而从学生角度,我觉得彭老师不仅是这样说的,而且也是这样做的。这种精神,值得我们永远学习和敬仰。

浦汉明先生

20世纪八九十年代,民大中文系有一批一流的学者,像李文实、祝宽、胡安良、冯育柱、叶元章、李中流、彭书麟、许英国、黄信德等,在各自的教学科研领域取得了显著成绩,深受学界肯定和学生欢迎。其中,有一位学者格外引人瞩目,她就是国家教委全国教育系统"巾帼建功"标兵浦汉明先生。

浦汉明先生1937年9月生于上海松江,青少年时期随父母浦江清教授、张企罗女士生活在清华大学、北京大学校园里面。1954年,考入北京师范大学中文系学习,1958年毕业后志愿到青海工作。先是在青海师范学院附中从事中学语文教学工作24年,期间以教学要求严、教学方法活、教育效果好著称,深得学生好评。1982年,调到青海民族学院中文系从事古典文学教学与研究工作,1992年被评为中国古典文学教授,1996年退休。

我上大学时,先生给我们讲"元明清文学史"课程和《红楼梦》专题课。对于教学,先生首先强调内容上一定要有深度和广度,使学生对自己的专业有系统的认识。记得老师说过:"中国古典文学宝库美不胜收,如何在有限的时间内向学生介绍其精华,使他们体会到中华文化的源远流长、灿烂辉煌,需要教师有广博的知识、把握宏观与洞察微观能力。"比如,为了讲好元代戏曲,她系统阅读了有关元人杂剧的全部重要著作,通过对《录鬼簿》及《续编》的点校,对从元初到明初一百多年间的230位戏曲家及550多本杂剧熟记于心,明确了各位戏曲家的文学史地位。这样,她的课就显得高屋建瓴、旁征博引、酣畅自如而又周密严谨,殊不知这都是一点一滴积累起来的,靠的是课堂下的功夫。再比如,老师讲析《红楼梦》这部旷世巨著时,从作者身世、版本源流、小说人物、叙事艺术、后世影响等多个角度,驾轻就熟,娓娓道来,做了深入详尽的阐述,同时采用课堂讨论、观看录像、背诵等方式形成师生互动,激发了同学们对小说的极大阅读热情。我也是在先生的讲课中,逐步迷上了《红楼梦》。至今,我的书柜里与《红楼梦》有关的文学作品、学术专著、学术资料最多。

对于教学,先生特别强调要因材施教,增强教育的针对性和实效性。我们的古代文学教材选用的是全国统一教材和大纲,但在具体教学过程中,先生注重结合民族高校特点,挖掘古代文学中的少数民族作家作品及其积极因素,强化民族团结教育和爱国主义教育。如讲到元代文学时,既不回避当时社会政治黑暗的客观事实,又指出元王朝作为多民族国家,使各民族的接触更为直接、频繁,有益于各民族文化的传播、交流与融合。如元代戏曲吸收了很多少数民族乐器、曲调,丰富了戏曲音乐,也涌现了大批精通汉文化的少数民族作家,有的还取得了巨大成就。先生正是立足中华民族交往交流交融的大背景,具体分析时代、作家、作品及其关系,让我们从中感受到中华民族伟大优秀的文化传统是各民族共同努力创造的结果,从而自然激发出爱国的热情,也更加坚定了维护民族团结的意识。

有件事,我至今记忆犹新。那是我毕业实习的事。当时,我们实行分散实习,我和张永福同学到民大附中实习一学期,浦先生是实习指导老师。先生给我们制定了实习计划:听课两个月,试讲准备一个月,正式上台讲一篇课文,实习总结半个月。给我选定的课文是鲁迅的《祝福》,给张永福同学的课文是《范进中举》。一开始,我们觉得问题不大,没想着多复杂。等给她试讲了一遍后,她用足足两个多小时的时间指出了我们教学内容、方法、教态、板书等方面的一大堆问题,并进行了针对性的指导。这让我们十分汗颜并彻底紧张起来,重新阅读课文、查阅相关资料、扩展讲课教案、反复独自试讲,做好前期准备。然后诚惶诚恐地请她指导,如此三番,勉强得以正式试讲,试讲效果还算可以。试讲结束时,《祝福》教案扩充到了100多页,张永福的教案也比起初厚了很多。实习结束,浦老师才微笑着告诉我们,之所以这样严格要求,一方面是对听课的学生负责,一方面是对我们自己负责。通过这次实习训练,我对教学各环节有了实打实的把握,尤其对教案的重要性有了深切的认识。后来,当我成为一名教师,走上讲台时,从不敢马马虎虎,每次都精心撰写教案,做好每堂课的前期准备。2000年,在全校教师优质教案评比中,我的"明清文学史"教案获得唯一的一等奖。我明白,这与浦老师当年实习时的精心指导有内在的关联。

浦先生在承担大量教学任务外,还取得了显著的科研成果。她的科研大致分两个部分,一是结合自身教学开展的科学研究;二是整理父亲浦江清的学术成果。

浦汉明先生的科研课题,紧紧围绕教学开展,力求教学与科研相互促进,相得益彰。在1980年至1995年间,先生结合"元明清文学史"的教学,侧重研究古代剧曲和散曲,发表了相关学术论文14篇,出版了《新校录鬼簿正续编》《漫唱心曲谱婵娟——读曲论稿》。先生用力最紧之处是围绕古典戏曲经典著作《录鬼簿》,讨论天一阁本的地位,"正编"和"续编"的关系,考定《续编》作者为贾仲明,进而论证元末明初曲家实已构成一个体系,为研究这批作家提供了新思路;再顺流而下,论及钟嗣成吊词、关汉卿剧作、《青楼集》作者夏伯和等问题。有考证、有评论、有创见,得到了著名古代戏曲专家王季思先生的充分肯定。先生在研究清代著名剧作家洪昇及其作品方面也很有成就。洪昇传世之作只有《长生殿》和《四婵娟》,历来人们关注的目光集中在《长生殿》,对其主题争论不休,而《四婵娟》却被忽略。先生却从《四婵娟》入手,探讨洪昇的创作动机,从而廓清了笼罩在《长生殿》主题上的迷雾。此外,先生还对赵孟頫夫人管夫人、李自成女儿李翠微、清代剧作家吴藻三位元、明、清女作家及其作品进行评介,很有价值。这些论文多数发表在《文学遗产》《戏曲研究》《文史知识》等专业刊物上并有多处转载引用,产生了积极影响,曾获青海省庆祝中华人民共和国成立40周年文艺创作优秀作品奖、青海省第三次社会科学优秀成果奖、中国散曲学会第一届中国古代散曲论著优秀奖等。

浦汉明先生的另一项重点科研任务是整理她父亲浦江清先生的遗稿。浦江清先生是著名的古典文学研究专家,1922年入东南大学文理科学习,主修西洋文学,辅修国文与哲学。1926年经吴宓推荐,到清华国学研究院任陈寅恪助教,研究西方的"东方学"文献,精通多门外语。1929年转入清华大学文学院中国语言文学系。1938年任西南联大中文系教授。1946年回到清华大学,1952年院系调整,调任北京大学中文系教授,1957年病逝。浦江清与朱自清合称"清华双清",治学严谨,誉满学林。他的主要论文包括《八仙考》《花蕊夫人宫词考证》《词的讲解》《词曲探源》《屈原生年月日的推算问题》《论小说》等,均影响很大。浦江清先生去世后,吕叔湘先生于1958年主持编辑出版了《浦江清文录》,但大量书稿未及出版。浦汉明先生从1980年开始,花费大量时间精力投入浦江清先生遗稿整理工作当中,并先后整理出版《清华园日记西行日记》(1987)、《浦江清文史杂文集》(1993)、《无涯集》(2005)、《浦江清中国文学史讲义(宋元部分)》(2007)、《浦江清中国文学史讲义(明清部分)》(2009)、《浦江清讲宋元文学》、《浦江清讲明清文学》(2014)、《中国古典诗歌讲稿》(2016)、《中国文学史稿》(四卷本)(2018)、《浦江清未刊手迹〈汉魏六朝诗钞〉》、《浦江清未刊手迹〈元明散曲选〉》(2018)等书稿。由于浦江清先生去世比较突然,很多书稿并未完全定稿,整理出版的难度很大。浦汉明先生凭借深厚的传统文化功底和古代文学修养,立足长期从事古代文学教学和研究工作的基础,靠着严谨认真、知难而进的作风,克服了一个个难题,保证了整理的质量。在此过程中，她得到了王季思、施蛰存、季镇淮、程毅中等著名学者的大力支持，也引起文史学界的积极反响和好评，《光明日报》有专门的书评文章予以肯定。

浦先生为人正直，心地坦诚，师德高尚，热爱学生，在她身上始终保存着中国传统知识分子的骨气和正气。遇到事情时，她总能自主思考并发表正确见解，而不人云亦云。时过境迁以后，人们打心眼里敬重和佩服她这样具有独立思想、公平正直的学者。对待学生，更是满腔赤诚，认为民族学生淳朴、积极上进，充满对他们的尊重和爱护，学生自然对她这样有扎实学识和仁爱之心的老师满心喜欢。浦先生和彭先生对我更是如同自己的孩子一样关心爱护。上学时，我经常去先生家里请教、借书，有时候还留下来吃饭。1995年工作后去先生家里请教得更频繁，两位先生出门旅游时有时会把家里的钥匙留给我，让我随意进出看书。1998年两位先生迁居到河北涿州后，一直保持书信和电话联系，我两次专程到涿州拜访二位先生。2015年左右，两位先生迁居到北京后，见面的机会更多了，曾三次到家里拜望。每次见面，总有说不完的话，总能获得很多教益。

2023年8月15日，我和妻子送孩子到北京上大学，第一站拜访了浦老师。此时，彭书麟先生去世已有三年，浦老师也已是白发苍苍，但她精神矍铄、思路清晰、令人欣慰。在一个多小时的交谈中，先生如同父母一样，嘱咐我们要注意身体、劳逸结合；鼓励孩子要刻苦学习，力争上游，每句话都是暖心的话。临别之时，浦老师赠送了浦江清先生未刊手迹《汉魏六朝诗钞》《元明散曲选》和彭牧教授主编的《非物质文化遗产学术精粹》（传统手工艺卷）。这份沉甸甸的礼物，饱含着先生对我、对我们一家人无私的关怀、教诲和期望。

出门离开时，我又一次端详了挂在书房中的一幅书法作品，这是2017年9月3日在浦老师八十寿辰时，彭老师所赠的一首五言长诗：

"吾生江之滨，君居江之口。同饮一江水，共赏碧波鸥。望断楚山云，目尽吴江舟。千里有因缘，西羌喜聚首。淡泊名和利，育人四十秋。桃李满天下，女儿学而优。传承父辈志，执教著述留。遗稿出通史，诗教启俊俦。忆昔金婚日，友赠君子树。赞誉不敢当，精神应可求。姣姣云间女，而今八秩寿。人生任评说，我自乐悠悠。"

这首诗，既是两位先生相识相爱、教书育人、著书立说经历的浓缩，也体现了两位先生传承优秀文化、追求君子品格的高尚情怀。衷心祝愿敬爱的浦先生独自保重，健康幸福。

黄信德先生

黄信德先生1936年生于湖南安化，1956年至1960年在华中师范大学中文系学习，获得优秀毕业生荣誉。响应党的"支边"号召，怀着"建设新青海"的豪情壮志，来到青海民族大学工作。1960年9月至1963年1月在中文系从事唐宋文学史教学工作，1963年2月至1984年7月，在预科部工作，曾任青海省民族中学、西宁市第十六中学教导主任，西宁市语文中心教研组副组长，由于教学成果突出，曾被评为西宁市二级模范教师。1984年8月至1997年在青海民族大学中文系任教，先后担任"隋唐五代与两宋文学""宋元文学""词学概论""历代名篇选读""古代汉语"等课程讲师，获得省级优秀教师等称号，1992年评定为副教授。1997年退休，现随子女定居于深圳。

大概是1994年3月，按照课程进度，我们要上唐宋文学史课程，此课一直由黄先生担任。1993年11月，由于黄先生在公交车站被飞驰的自行车意外撞翻，造成左脚髌骨粉碎性骨折，医院治疗一段时间后在家休养。新学期开始，先生还没有甩掉拐杖，走路很不方便，学校让他安心休养，但先生主动提出重返课堂。所以，我们有幸听上了先生的课程。上课第一天，为了保证先生路途安全，班长和学习委员前去接应，而我们提前在讲桌后面放好了一把座椅，女同学心细，还倒好一杯茶，然后大家端坐着静静等候。在上课铃声响起之前，先生拄着双拐，在两名同学小心翼翼地搀扶下，走进了我们的讲台，一副清瘦、干练、睿智、儒雅的学者形象呈现在我们眼前，我们情不自禁地报以热烈的欢迎掌声。此后一学期，班里选了几个男生轮流接送先生上课，我是其中之一。在接送先生的过程中，我和先生逐步熟悉起来。

我们知道，中国是诗的国度，唐诗宋词更是在中国文学史上有着不可替代的崇高地位和特殊价值，李白、杜甫、苏轼、柳永，一个个诗人，名扬千年，一篇篇佳作，光耀古今，浓缩了中华文化的精华，展示了几千年来中国人的精神风貌。同学们对学习唐宋文学兴趣浓厚，充满期待。先生以深厚的底蕴、充沛的情感、忘我的投入、即兴的发挥，常常把我们带入充满诗意的艺术世界，感悟它的格律音韵、语言章法、志趣气度、意象境界、理念精神，感受中华文化的无穷魅力。

先生教学有几个特点：一是诗词储备丰富，对一些名篇佳作，不需要翻看书本或教案，随口可以朗诵，记忆力惊人，让人叹服，尤其对欧阳修、苏轼、辛弃疾、李清照等人的词，烂熟于心，张口即来。二是激情满怀，非常投入，在讲具体作品时，经常抑扬顿挫地大声朗诵起来，营造出种种不同的情感氛围，让人沉浸其中。记得讲苏轼的《念奴娇·赤壁怀古》《水调歌头·明月几时有》《江城子·密州出猎》《定风波·莫听穿林打叶声》《江城子·乙卯正月二十日夜记梦》等经典词作时，时而壮怀激烈，时而浅吟低叹，时而热血沸腾，时而冷静如水，把苏东坡的才华横溢、有情有义、乐观豁达阐发得淋漓尽致，至今记忆犹新。三是善于感发，启迪心灵，往往通过一个意象或一句诗，阐发诗人、词人内心的感情和生命之境界，阐发拓展开来的人类共同的情感奥妙、生活哲理、人生价值和社会意义，由点带面，无限散发，让人联想和深思。四是注重联系社会现实和学生的思想实际，对学生进行爱国主义传统和民族团结教育，培养学生的高尚情操和正确的价值观念。五是注重调动学生学习积极性，要求同学们课前背诵，经常在课堂上提问或默写，让同学们兴奋而紧张。六是喜欢与学生交流，课间休息时间，先生从不去教师休息室休息，而是留在教室里，在随和的氛围中，与同学们谈天论地、无所禁忌，同学们也很享受课间休息时间的自由交流时光。先生常说："身在课堂是我最轻松的时候，和学生在一起是我最快乐的时候。这是教师这一职业赋予我的，我庆幸自己选择了这一职业，当了一名'教书匠'，站在讲台上，面对一双双凝神专注的眼神，我受到鼓舞，心神愉悦。我享受着每一个课堂的50分钟。只要到了课堂，平时郁结在心里的烦恼、不如意，就会立即化解，烟消云散，付之东流。"这些发自肺腑的感受，看得出先生对教师职业的热爱，教学带给他的快乐，他对学生的尊重和无限期待。

在教学之余，先生也开展诗词鉴赏和词学研究，发表了很多宋词赏析文章，特别对著名女词人李清照有深入研究，发表了系列研究论文。如《试论李清照的叛逆性格》，着重论述了李清照敢于冲破封建礼教的牢笼，执着追求个性自由和爱情幸福，大胆表露内心情感，逆潮流而动的精神。《李清照后期作品的爱国主义思想》结合李清照所处的时代及其遭遇，论述其后期诗词作品的爱国主义思想倾向，论文发表后被人大复印报刊资料《中国古代近代文学研究》全文转载。《谈李清照词的抒情特色》着重从写真情实感、寓情于景、情景交融及善于运用多种形象化的艺术手段等方面论述了李清照词作的抒情特色。此外，还发表了《论欧阳修在词史上的承前启后作用》，对欧阳修在词史上的意义、价值和作用多所论发，很有学术价值。

先生除了课上得好，学问做得好，跟同学们的交流也很多，深受同学们的爱戴和喜欢。我们组织的主题班会、元旦晚会和春游活动，总是第一个请先生参加，他也每次乐于与同学们为伍。

记得毕业前夕，我们班到大通宝库峡郊游。6月份正是宝库峡最美的季节，麦苗抽穗，油菜花黄，树木枝繁叶茂，泉水淙淙作响，到处鸟语花香，呈现出一派勃勃生机。先生跟我们一起投入充满诗情画意的大自然怀抱，呼吸着清新的空气，没有了课堂的严肃、拘谨，放声歌唱，雀跃舞蹈，谈笑风生，其乐融融。中午时分，我们自己动手埋锅做饭，男同学拾柴、垒灶，女同学煮饭、炒菜，各司其职。热火朝天地忙碌一阵之后，香气四溢，饭菜杂陈。大家围着锅灶，或站或坐，津津有味地饱餐一顿。乘车返校的路上，又是一路歌声，一路欢笑。

1995年7月，在先生的关心爱护之下，我留校任教，后来进入先生任主任的古代文学教研室，有了更多当面学习请教的机会。期间，多次随堂听课，也经常到先生家里请教。先生每次以茶相待，交流教学心得体会，但总是很谦虚，很少谈自己的教学成就。大概在1997年底，即将退休并返回湖南老家前，先生跟我有一次长谈。这次，先生早有准备，先给我讲了鲜为人知的中文系大学者邵祖平先生的往事，然后给我讲了自己从教近40年的几点体会，让我至今受益。先生介绍说，20世纪50年代来到青海民族大学的邵祖平先生，可不是一般的学者，他是民国初期著名教育家、学界泰斗章太炎先生的弟子，博古通今，著作等身，文章曾入选民国时期中学课本，诗集《培风楼诗》曾获1942年民国政府教育部文学一等奖。新中国成立前，他曾担任东南大学、浙江大学、西北大学、重庆大学等多所名校古典文学教授。他除了给学生上课，还专门给中文系青年教师授课，每周一到两次，讲授《左传》。老先生讲课，一丝不苟，态度十分认真。不用讲稿，讲解详尽，分析妥帖。往往一讲就是一个下午，中间不休息，课后还布置作业，认真批阅。而且问到某个问题，他能精准地说出答案在第几章第几页，足见学问功底之深厚。先生说，成为像邵祖平先生这样的通古大儒几乎不可能，但邵先生对待教学科研的负责态度值得我们学习借鉴。通过几十年的大学、中学教学经历，先生觉得要想上好一门课，首先要认真备课，熟练掌握教学内容，做到讲课心中有数、心中有底，这就需要读教材以外的大量的书，让自己知识丰满。其次需要注重效果，要根据教学对象的不同，因材施教，并努力用通俗生动的语言和多样化的教学手段，让学生喜欢听课。最后要热爱学生，学生都是积极上进、充满活力的群体，尤其是少数民族学生勤奋好学、很有礼貌，只要你真心付出，他们一定会以优异的成绩予以回报。这些经验体会，是先生多少年教学实践的结晶，看似平淡质朴，实则最有道理。先生曾咏诗一首，表达了这样的体会："雪域高原冬日长，寒风荒野雪茫茫。小轩捉笔孤灯伴，陋室翻书残月窗。执教方知学有限，为师乃解爱无疆。若无朝夕耕耘苦，哪得满园桃李香！"

1997年冬天，先生告别讲台，开始过清闲自在的退休生活。先是回到湖南老家，赡养两位年过九旬的双亲，尽自己37年来因奉献民族教育而未能尽到的孝道。两年后，两位老人相继去世，先生就到广州、深圳子女处安享晚年。

先生虽然人在广东，但情系青海，心在民大。每次打电话，问得最多的是学校的情况，老师们的情况，流露出深深的眷恋之情。期间，应约给校报写了《漫漫教书路绵绵师生情——一个老"民院人"的自述》，缅怀了邵祖平、张振亚、李孝充、胡安良、程祥徽、陈贤英、冯育柱等20世纪六七十年代中文系老师们的往事，回忆了自己如何充分利用为数不多的图书资料，夜以继日、刻苦钻研，编写出切合学生实际的教材、讲义，努力提升教学质量的情况；回忆了前往循化、乐都、果洛等撒拉族、藏族聚居的农村、牧区参加民间文学、宗教、教育调查和"整社"、"社教"等社会活动的有趣经历；记录了20世纪60年代生活困难时期学校办农场、组建"打鱼队"、种植蔬菜及粮食自给的辛酸岁月。

2014年7月25日，先生在他女儿、外孙的陪同下重返青海。晚上，我们一家人用手抓羊肉、酿皮、烤洋芋、甜醅等青海特色小吃接待先生，先生非常激动，说是有一种回家的感觉。第二天早上到宾馆去接的时候，先生说一夜没睡好，想到即将回到母校，心潮起伏，往事桩桩，萦绕脑际，挥之不去。来到熟悉的校园，在八一路校门，在旧教学楼前，在他曾经居住多年的东5楼下，先生久久驻足，感慨万千，来到磐石广场、民族团结林、牡丹园，表现得又异常兴奋，然后去看望了一些老同事、朋友，整整在学校里待了半天时间。回到深圳后，先生写了长篇散文《情深深意绵绵——一个老民院人的"重返之旅"》，记述了这段往事，读来让人倍感亲切。

先生离开西宁后，我曾于2012年5月、2015年6月先后两次到广州、深圳看望。平时我们也是电话、微信不断，每次看到、听到的先生，都是精神饱满，思维敏捷，充满活力。我想这是有原因的。先生注重锻炼，每天走路达一两万步，经常游泳，定期在子女的陪伴下外出旅游，始终保持了健康的体魄，这恐怕是一个原因。子女事业成功，先生享天伦之乐，无操劳之忧，始终保持了良好的心态，肯定是另一个原因吧！

祝愿黄先生一直保持健康的体魄，良好的心态，笑口常开，幸福快乐！

张世俊先生

张世俊先生1937年生于河北玉田，1966年7月毕业于北京电视大学中文系，1966年7月至1974年7月在青海省邮电学校、青海电动工具厂中学任教，1974年7月调至青海民族大学中文系任教，先后到苏州大学中文系、上海大学文学院脱产两年进修文艺学和秘书学，长期从事"写作学""秘书写作""散文艺术研究"等课程教学研究工作，曾任中国写作协会青海分会副会长、中国作家协会青海分会会员、中国民族高等院校汉语写作研究会理事等职，1992年评为副教授，1997年光荣退休。

先生给我们讲课是在1995年春季学期，讲的是"散文艺术探赏"专题选修课，每周四节。我们知道，中国是散文大国，散文传统源远流长。此前，我们已经学过基础写作、新闻写作、秘书写作等基础课，对散文写作理论、写作规律以及各种文体的特征有一定了解。先生在此基础上，从散文的艺术特征、散文的审美属性、散文的艺术鉴赏、散文的艺术创作、散文的振兴与发展等角度，更高层次地给我们讲解了散文艺术的特点和创作规律。先生讲课有个特点，就是特别注重课堂语言的组织和表达技巧，讲课声情并茂，形神兼备，言之有物、情理交融，抑扬顿挫、生动形象，总能把人带入美的世界，难以自拔，极富艺术性和感染力，受到同学们的热烈欢迎。

写作课既是理论课，更是实践课，先生经常布置大作文和小练习，总是认真批改和讲评。每次讲评尽管我们的稿子非常稚嫩，但也总能得到先生热情的鼓励，从而激发我们更大的学习热情。部分爱好写作的同学经常到先生家里登门求教，先生也总是给予无私的帮助。我记得自己当时写了一篇《天门寺游记》的作业，记述了家乡一座不为人知的寺院天门寺的自然景色、建造历史及自己的游历感受。先生作了认真评述，并从如何写作游记的角度，给予了指点，让自己深受教益。还写了一篇《豪气一洗儒生酸——论鲁智深形象的塑造》的小说赏析习作，对鲁智深行侠仗义的英雄品格、独立不羁的个性、豪迈开阔的心胸、如火如荼飞扬燃烧的生命激情以及英雄失路的无奈与悲慨进行了分析，先生看了以后，从如何撰写艺术评论角度给了精准的专业指导，我也及时做了修改，并至今保留着这篇稿子，作为大学时光的纪念。

先生经常说，他有一个梦想：备好课、教好课，做一个受学生喜欢的教师。为此，他总是认真钻研教材，平时注意资料的积累与知识的更新，不断补充丰富教学内容，而且经常到教室主动辅导学生，解答疑难问题，还征求学生的意见，不断改进和提高教学艺术。由于教学艺术精湛，曾两次获得学校优质课大赛一等奖。由于教学效果好，先生的课堂总是听众甚多，没有人打瞌睡，更没有人逃课，每一堂课都收获满满。而毕业多年同学相聚时，先生必然是同学们共同回忆的老师之一。我常常想，一名老师，课堂上能得到学生的欢迎和满意，自然是一种荣耀；而当他退休多年以后，同学们依然能够记住他，还能说个好，那绝对是巨大的成就。

在多年的教学实践基础上，先生"以教学带科研"，在省内外学术刊物上发表了《论毛泽东诗词艺术风格》《散文审美鉴赏简论》《散文意境论》《论散文的艺术构思》《散文审美初探》等20多篇论文，有些还被中央报刊转载并收入专集。同时，先生还与同事、朋友，精心策划，共同编写出版了《写作学》、《普通写作学教程》、《中国实用写作全书》（上、下册）、《写作艺术论集》、《写作纵横谈》以及小说散文集《在那遥远的地方》等多部教材和文集。另外，发表诗歌、散文、杂文、评论20余篇。

退休以后的先生，继续发挥多年的教学经验和智慧，受邀在校内外很多单位开展"写作学"教学及相关文学讲座；为省文化出版部门作文字审读工作；担任关心下一代工作委员会委员，多年结合形势进行专题宣讲20余场，受众近万人；受聘为中文系"专家督导组"成员，开展教学督导工作，帮助中青年教师提高业务能力。

而从我们办报者的角度，退休后的先生更是宝贵的撰稿来源。我们经常向先生约稿，先生也以旺盛的精力投入到校史文章、文学鉴赏、艺术评论等创作当中，先后在校报发表《毛泽东诗词的宏伟气魄》《享受读书》《教师礼赞》《校园文化随笔》《新年抒怀》等各类高质量稿件100多篇，深受读者的欢迎和喜爱。在此过程中，我作为校报编辑人员，常常作为第一读者，先睹为快，从中领略了先生的思想和文字的魅力，先生爱读书、爱思考、爱写作、爱生活的特点深深感染和激励着我。后来，跟先生交流多了之后了解到，先生读书有个习惯，就是剪辑资料、做笔记、编书目，这是先生读书的"配套工程"。先生家里，占地最多的是几大架子的书，尽管几次搬家，处理了一些书籍，但补充得更快，书是先生最珍爱的财富。

记得2012年初，为了全面反映学校在服务玉树抗震救灾工作中的特殊贡献，教育广大学生心怀感恩、刻苦学习、立志成才，学校决定约请抗震救灾工作的亲历者，撰写纪念文章并结集出版《玉树情怀——青海民族大学服务玉树抗震救灾工作纪念文集》。由于时间紧、要求高，我们特邀先生审阅稿件。为了集中精力开展工作，我们编辑部几名工作人员到湟中县莲花湖边的一家偏僻的宾馆封闭集中修改、润色、校对。期间，我们独立审稿、集体审议、分头修改，一起度过了极其忙碌而充实的四天时间，每天工作时间超过12个小时。先生当时已过了古稀之年，精力却比我们还旺盛，对稿件主题、结构、语法、标点等问题看得很仔细，并一一做了修改，给我们树立了严谨规范专业的审读榜样。期间，利用中午短暂的休息时间，与先生在湖边散步，既交流与稿件有关的问题，又聊一些题外的话，感觉非常投机。

后来，我经常向先生请教工作生活中遇到的棘手问题，特别是写好的文章，在投稿之前，往往请先生批评指正。先生每次如同大学时一样，认真批阅，给出评语，先是热情肯定，再指出不足和修改意见。只要先生过了目，自己就很放心。

我跟先生有个约定，就是我平时有意搜集一些先生感兴趣的报纸杂志，等积累到一定程度，就跟先生相约见面。见面时，就报纸杂志中的某个话题，或者某个社会文化热门话题交流认识，交换看法。每次说到一个话题，先生总能发表独特的观点和认识，思维之敏捷，认识之深刻，非一般人所能拥有，令人感叹。当然，交流最多的还是散文创作。先生从秦汉散文、魏晋文章、唐宋散文、晚明小品文到现代散文，从鲁迅、梁实秋、林语堂到汪曾祺、孙犁、余秋雨等，对中国散文的历史传统、发展流变、时代特点、作家个性、代表作品及其价值意义，总能说得清清楚楚，明明白白，客观公正，让人信服。

先生还有个非常好的生活习惯，就是每年确定一个远方，与师母同去旅游。目前，已经游历过一些欧美国家和国内很多文化名胜景区。正是有了开阔的视野、丰富的阅历、深刻的体悟，使得他对社会人生有不一般的见识和眼光。

先生一辈子以教书、写作、育人为乐，淡泊超脱，别有风格。祝愿先生始终精神矍铄，身体健朗，家庭幸福，如意吉祥！

青海民族大学中文系的历史上，除了上面各位先生外，还有邵祖平、张振亚、祝宽、程祥徽、陈贤英、许英国等一批名师执教，可惜我没有机会聆听过他们的教诲。在我上学时，给我们上过课的还有流舟、史百水、王丕谟、李立荣、李景隆、荆玉兰、冯毅、马成俊、马钧、吕霞、马有义、冶文彪等老师，班主任是祁生贵老师。他们每个人教学风格不同，但有着共同的良师品格、风度和境界，让人难以忘怀。

流舟先生的口才好、有风度，既讲古典文学，又讲文学写作，讲起课来引人入胜，一部《双桥集》，浓缩成思索艺术的结晶；史百水老师既讲现代文学，又讲比较文学，教学认真负责，朴实无华；王丕谟老师讲写作，课堂讲授写作技巧，课后鼓励学生创作，评阅修改，诲人不倦；李立荣老师讲当代文学，演过话剧，口才绝佳，讲课令人陶醉，不想下课，至今回味无穷；李景隆老师讲西方美学，追根溯源，顺流而下，教学严谨，逻辑性强；荆玉兰老师讲现代汉语，教学循循善诱，待生慈爱有加，工作如此认真的老师，在当时及以后都很少见；冯毅老师讲文学理论，学者风范，感染力强，可惜未能讲完，就下海去了广东；马成俊老师讲民间文学、民俗学、民族学、人类学，学术积累广博、造诣深厚、著作等身、誉满学林，中文系学脉在他身上得到了最好的传承和弘扬；马钧老师讲文学理论，博古通今，富于思辨，充满智慧，给人启迪，一言一行散发着掩藏不住的书卷气息；马有义老师讲当代文学，才华横溢，文采飞扬，一堂《黑骏马》课，让人念念不忘；吕霞老师既讲美学，又写诗歌，饱含哲思的诗句，让课堂充满美的意味，一册《我的河流》，让同学们的大学时光充满遐想；冶文彪老师最为年轻，英气逼人，且思维独到，追慕者众，我们从他身上学到了一种治学的方法与精神，受用不尽；班主任祁生贵老师留校就带我们班，精力旺盛，思路活跃，工作认真，与同学们打成一片，是同学们的良师益友。

　　回想当年，何其荣幸，我能成为这么多优秀老师课堂上虔心聆听的学生，而后又留校成为紧紧追随在他们身后的一名老师。我耳闻目睹过他们进德修业、自强不息、与人为善、家国情深，立德树人、爱护学生，远离喧嚣、怀德自重的动人事迹和风采。他们的学识与人品，经过时间的孕育，升华为超越时代的民大精神、传统和血脉。我想，这就是青海民族大学最值得骄傲的地方，也是民大这座古老学府生生不息的力量源泉！

　　阿进录，男，土族，中共党员，生于1973年10月，青海互助人，研究生学历，教授。现任青海民族大学党委副书记。

为了忘却的纪念
——从《朱刚笔札集》《山花烂漫映少年》出版说起

马宏武

已故的朱刚教授，年纪大一点的民院人都十分熟悉。他早年入青海民族学院藏文系读书，1961年毕业留校工作至退休，取得副教授职称。他精通藏语、蒙古语，从事教学和《青海民族学院学报》的编辑工作数十年。2014年9月7日，在西宁病故，享年77岁。

作为朱刚教授的学生，我于1978年3月考入青海民族学院后，在少语系攻读藏语文专业，朱刚教授当时就给我们上《文艺理论》课。1982年元月，我毕业留校工作，在之后的几十年间，一直与朱教授联系不断，关系甚密，也受到朱教授的深刻影响，成为不可多得的忘年之交和良师益友。

2020年，朱教授的《朱刚笔札集》和《山花烂漫映少年》两部遗作出版，当时由出版社资深编辑戴发旺老师编辑、审校。朱刚教授子女以及生前好友举行了一个简单的座谈会。大家一致认为，朱刚教授多才多艺，学识渊博，遗著内容涵盖了历史学、民族学、宗教学、民俗学、文学等多方面的内容，并附有个人创作的诗文，同时还收入了著名语言学家程祥徽、贾晞儒，有关学者敏生智、韩海潮、石彦伟等撰写的纪念文章，充分赞扬了朱刚教授的学术人生和人格美德。

这两部书，我先后校对了三遍，这也是一个对作者学术思想、治学态度以及治学精神得以深刻认识的过程。就《朱刚笔札集》而言，在编排文章的时候，发现文章涵盖了多个领域的内容，还包括个人创作的诗文，不能笼统了之，必须有大致的分类。于是就让他女儿分类，最终分成了"民俗篇""花儿宴席曲篇""民间文学篇""历史篇""民族教育篇""述评人物篇""心语篇"等。一部个人文集，能涵盖这么多跨学科的内容，必定是少数。《山花烂漫映少年》一书，作者生前已经编排待印了，只是因病搁浅。这本书分为"相认篇""择友篇""相恋篇""盟誓篇""相怨篇""离愁篇""人文篇""曲令篇"等,从中可以看出作者所收集的河湟花儿的内容之全面性,也能看出作者对所收集的第一手资料的系统研读和细心分析,从一个分类篇目,就能看出"花儿"概貌及其一般规律和逻辑关系,看出朱刚教授的匠心和苦心。我校原民族研究所所长贾晞儒教授以"探幽析微思路深远"为题为他作序。他写道:"拜读朱刚教授的书稿,我有一种云谲波诡的感觉,他的文笔精巧,活泼生动,有一种探幽析微、思路深远的引领力,如果认真读下去,就会发现先生学识渊博,涉及面十分广泛。读他的文章,就像登山拾级而上,站在高处,才能领悟到他侃侃之论的思想旨意。本书所辑录的文章就涉及民族学、宗教学、民间文学、民俗学、民族历史、'花儿'论、人物述评等多个领域。共同的特点是材料翔实、论说精当、思想深刻,针对性强,毫无空谈之嫌,从中可以体会到作者对社会、对民族的真情实感和担当意识之强烈。""本书的一个明显特点就是语言灵活,长短句交错,有起有伏,铿锵有力,表现出别具特点的语言风格和论述方式的多样性。读他的著作就是一种享受,不仅可以获取知识,开阔视野,还可以读懂他的人生志向、思想品德、学术追求和学术担当,从而唤起思想上的共鸣。""他的一生是自律自励、矻矻以学、默默耕耘的一生,即使是在退休之后,依然默默求学、挥毫抒情,自立行舟、耕耘不辍。"

早在先生病逝之际,我以"春蚕到死丝未尽,蜡炬成灰泪不干"为题,撰写了一篇悼念文章。其中表达的意思就是,在他病逝前,他有一个心愿,就是将自己的学术文章结集成书,为此他做了一些积累和准备工作,其中《山花烂漫映少年》一书已经排印成硫酸纸印版,只待出版。可惜,事与愿违,他患了重症,出书一事,就此搁浅。在病重期间,我多次到他家探望,发现他有许许多多的往事回忆。有一次,他打电话让我过去,到了之后,他让我准备笔和纸,他要口述一段往事,我说我用手机记录,然后发给他审定。他开始讲述,一字一句,出口成章,记完两千多字,有段落之分,有小标题,说的是青海民院师生早期到黄南藏族自治州同仁县兰采沟开荒造田的故事。因为故事的结局是悲凉的,所以起名《梦断兰采》。我记录完后读了一遍,着实让我惊叹,两千多字的文章成竹在胸,不需要修改一字一句,不知他在心中构思了多少天,一旦出口,即成佳文,真的让我佩服至极。此稿完成后,即在学校报纸和校史系列丛书中发表,参加过兰采开荒的老民院人看了那篇文章后,均感慨良多,产生了强烈的共鸣,有的老师看着看着便泪流满面。

而朱刚教授最大的愿望是出版《朱刚笔札集》,可此时的他已无能为力。

"蜡炬成灰泪不干",的确,他含泪而归,带着遗憾。有幸的是,朱教授子女们有心,搜遍百度,几下兰州,求助朋友,终于将他几十年来完成的散篇碎文集结成书,又幸蒙青海民族大学慧眼识珍,将其列为中国语言文学博士点建设及中国语言文学一流学科建设文库的学术出版物并给以资助出版。所以今天再以"春蚕到死丝方尽,蜡炬成灰泪始干"为此标题,纪念我难以忘却的恩师,请您擦去抱憾的泪水。

的确,老师留给我太多的记忆。学生时代听他授课,他神采飞扬、激情澎湃、声情并茂、抑扬顿挫,听他讲中外文学,就像展示影片一样,让人印象深刻,那个《卖火柴的小女孩》的音容神态至今犹在眼前闪现。我在校报编辑部工作期间,报纸和校史系列丛书需要大量的文稿,他亲笔撰写了大量的文稿,有些人物他主动去采访,然后写采访稿,为母校的事不遗余力,精神感人。2010年,他采访校友韩昌林,记述学校文艺班当年赴果洛进行文艺演出的故事。为此,他先后三次上门采访,之后花几天时间进行整理,最终,以《果洛草原盛开的民族团结之花——记我校文艺班早年赴果洛演出》为题成文,刊登在校报和校史丛书《昆仑情怀》一书中,是早年我校文艺班学生从事社会实践活动的生动事例。成文后,朱刚教授不落自己的名款,把版权让给口述人,礼让精神可见一斑。在社会活动中,他走到哪里,就把感情带到哪里,面对祖国的名山大川、风景名胜,他便欣然命笔,妙笔生花。朗诵他的一篇文,感动在场一群人,在门源、贵德都留下了他的美文佳作,留下了他的浪漫,也留下了他爽朗的笑声。在社会工作中,他主编《昆仑艺苑》《绿荫》《开拓》等民间刊物,严把政治关、文字关,坚持正确的政治方向和舆论导向,保证了各刊物的高质量刊行。他才情高,是性情中人,尤精西北花儿,是著名语言学家程祥徽教授的得意门生。他们师徒一块儿交流起来十分浪漫,书信以花儿交心,言谈以花儿问答,十分有趣。有时直接用诗歌对话,感染力十足。2011年10月,澳门学界为程祥徽教授赴澳门执教30年专门举行了庆祝活动,我校何峰、谷晓恒、贾晞儒、朱刚、石国正应邀参加。朱刚教授和程祥徽教授就用诗歌作交流,请看:

七绝·赠予程老师
朱　刚

夜半帐中辨音律,困倒荒原说羌笛;
远处拉伊催人醉,帐中蜡烛独自泣。

和朱刚

程祥徽

翻山越岭淌冰河，兰采沟中梦话多；
拉伊随风来帐内，酥油灯下写悲歌。

　　一咏一和，展现了二人难忘的经历、浪漫的情怀、文人的才怀以及深厚的师生情谊。正所谓伯牙子期，高山流水；程朱相会，高原往情。师生的心情、感情、才情、逸情尽在诗中。是的，朱刚教授广览博闻、才情横溢、生性浪漫，社会影响颇大，曾任中国民间文学研究会会员、中国歌谣学会第一届理事、中国少数民族文学学会第二届理事、青海省文联第四届委员、青海省民间文艺家协会副主席。主编《中国谚语集成·青海卷》，编印《青海民族民间文学资料》，出版《爱情花儿百首》《青海回族民间故事》，合编《藏族谚语选》《土族撒拉族民间故事选》，发表论文50余篇；撰写《中国民俗词典》《中华民俗大观》《中国回族大词典》《中国大百科全书》等书中的文学卷和曲艺卷词条。为电视片《西宁回族婚俗》《青海高原老人》《青海民族学院四十年》策划、撰文。其中，《青海回族民间故事》荣获青海省首届文艺创作奖，《中国谚语集成·青海卷》荣获青海省第四届文艺创作奖，多篇论文获省内外大奖。他本人也被编入《中国回族大词典——人物篇》。他两次参加全国文代会，相册里还珍藏着与文艺界李默然、马三立、马季、姜昆、李谷一等名人的合影，还亲口给我讲述他与十世班禅大师在京城的会议厅里用藏语交流的情景。

　　而今两部书的出版，可谓是积土成丘、积水成渊、水到渠成，呈现的学术文章61篇，创作诗文16篇，收集花儿1430多首，花儿曲令39例，世人可一览朱教授的治学态度和学术高度，庆欣！

　　最近，校报编辑部与我约稿，让我写点什么，我就把此文呈上，以表达对恩师的怀念之情。

秋日哀思

　　——怀念朱刚恩师

　　恩师溘然归真，时在中秋月圆；

亲友衔悲恸哭，苍天涕零涟涟；
二九之岁得师，师恩诚可永念；
一生献身民教，诲人育桃满园；
抢救民间《格萨尔》，踏遍甘青莽原，
赤足上下求索，日记四十余篇；
两届全国文代，享誉民族文坛；
退而不甘沉寂，倾心民族文化；
著书笔耕不辍，立说流芳士林；
精校《开拓》不倦，细琢《通讯》不怨；
汗洒《绿荫》新田，主编《昆仑艺苑》；
文论与己等身，名载《回族大典》；
今日长眠归真，念者近水远山；
悲乎吾师一去，予心永会怅然。

马宏武，男，回族，生于1960年，1982年毕业于青海民族学院少数民族语言文学系。

回忆朱刚老师

韩占春

2020年10月29日晚,应朱刚老师子女邀请,朱刚老师的生前好友聚在一起,参加《朱刚笔札集》《山花烂漫映少年》两部遗著圆满出版发行答谢会。答谢会上,朱刚老师的子女们对两部遗著从收集到出版发行整个过程中各位前辈和老师们给予的无私帮助表达了诚挚的谢意。青海人民出版社戴发旺副总编辑,青海民族书画家协会领导马国良、马小迪,忘年交马有福、堂弟朱振民给大家分享了先生鲜为人知的一些往事和作品的渊源,学生马成云、马宏武、韩占春分别回忆了和先生交往中点点滴滴的凡人小事,从而展现了先生渊博的知识以及不拘一格提携人才的高贵人品。先生一生涉猎广泛、著作颇丰,逝世后,子女将其散落在民间各处的文章进行重新收集整理,历时四年辑册出版发行,得到了社会各界人士的充分肯定和好评。

——题记

九年前的一天,我给朱老师发去了一条问候短信,愿他身体健康,很快便收到了回信:"再健康啥哩,我在医院!"看到回信,我的心里瞬间慌乱起来,不知该如何回答。感觉这样的短信,不该出自朱老师的手,因为先生一向开朗乐观、沉稳淡定,从来没有颓丧之色,难道病魔令他心烦意乱?随后,我便急忙来到了朱老师住院的病床前。眼前的先生已然不是那个风流倜傥的人了,躺在病床上的只是一个骨瘦如柴的老者,一个被病痛折腾的患者!那位曾经人高马大的先生呢?那个一向谈笑风生、大大咧咧的先生呢?曾经的一切如过眼云烟,再一次在我的心里浮现,在民族学院操场边的家属楼上,我曾多次到先生家混饭吃,他们家人其乐融融的样子让我印象深刻;在学校的操场上,我一边陪先生散步,一边聆听先生的教诲;在夜深人静的学报编辑部里,我也曾协助先生誊写一些稿件;有时候心血来潮,先生会拉一曲手风琴,有时候又会说几句"花儿"歌词,他的花儿歌词几乎都是脱口而出,让我感觉他的肚子里有着说不完的"花儿",他的豁达和谈笑风生,也许与"花儿"互成表里:"山伙里高不过五台山,川伙里平不过四川;花伙里好不过藏金莲,宽心时离不开少年……"

"别人吵了你装嚷,心有把柄就稳当。"(朱先生整理的"花儿")先生是土生土长的青海人,真像他整理的这句"花儿"一样,先生是不事张扬的。在民族学院上学,又在民族学院工作,正因如此,他对民族文化情有独钟,一生致力于挖掘与拯救民族文化,整理民间文学,这使他有着深厚的文化素养,也使他有着不同于别人的民间情怀。虽然先生一生的大部分时间囿于西宁东川,但他的眼光却穿越青海的山山水水,在"民族的才是世界的"高度上攀登,也始终有着像高原厚土一样质朴的品格!先生是踏踏实实做事的那种人,他费尽一生精力整理了数以万计的花儿,将青海方言中许多行将消失然而有着许多文化内涵的字词保留了下来!先生不同于一个花儿歌手,他是既懂乐谱,又深谙字词锤炼。他整理的花儿,许多字词是经过民间文化佐证的,既反映了那个时代的生活特征,又显示了一个文人对"花儿"的深厚情怀,更能经得起唱家们不同曲调的高腔低嗓:"气死猫灯盏里油干了,搓捻子没棉花了。""毛蓝布袄儿铜纽子,白大布挂给的里子。""泾阳的草帽十八转,大红的系腰是两转。"……作为一个"花儿"爱好者,对音乐的天生短板,使我只能从字里行间感受"花儿"传达的温情,但在先生编著的句子里,我却能感觉到一种酣畅淋漓的文化浇灌!在青海民族学院,我度过了四年美好且难忘的大学生活,聆听过许多老师的教诲,但离开母校近30年,现在回想起来,那个没有教过我们一节课的先生却是教诲最多的。那时候年轻气盛,对生活充满了种种不切实际的幻想。那个并不大的民院操场,在我的眼中却如未名湖那样高大上,背书在那儿,锻炼在那儿,休闲和放飞梦想也在那儿。先生的家就在操场边,那在当时,是民院最好的楼宇,美其名曰"教授楼"!先生也是饭后常常在操场上散步,有时候我陪他锻炼,生性木讷的我不喜欢谈天说地,先生话也不多,但有时候他却畅谈阔论,从时局到人生,从文学到家庭,几乎是无话不说,我们在或沉默或阔论中走了一圈又一圈。每经过一圈,我总会情不自禁地看一眼旁边的教授楼,说实话,每看一次都是一次激励,幻想自己何时能像先生一样,在都市寄寓一隅……现在想想,先生对我纯粹是一种疼惜,大有可能在我的身上,他看到了自己年轻时候的影子:独身一人从农村来到城市,独身一人靠着读书拼搏自己的人生。得遇先生,于我,的确是机缘与万幸。先生的学识绝不是简单停留在民间文化、民间文学和"花儿"宴席曲上，他对历史和社会的研究也是很"专"的。比如光绪十二年，循化发生过一起水利纠纷，也叫"查加工水案"，几乎没有文字记载。但由于先生有着敏锐的历史嗅觉，在化隆县烈士陵园一块倒卧在草地上的碑铭上，将一段风化剥落的没有标点的文字加以整理，读出其中内容就是水案记录，为人们在历史的长河中观瞻当时从民间到政府对类似纠纷的看法和解决方式提供了物证。作为学习藏语言文学的先生，在1960年抢救藏族英雄史诗《格萨尔》的时候虽然还是一个学生，但他的日记重现了那一段历史的方方面面，反映出先生从青年起就有着整理民间文化、发掘民族历史的志向。先生退休后也没闲着，仍然投身于自己喜爱的编辑工作。虽然是一个不起眼的杂志，但先生还是投入十二分的精力，认真地约稿，精心的编辑，多次对我是带有批评也无不期待地说："你怎么不给杂志写点东西呢？"

　　我抑制不住自己对往事的回想，一幕幕往事历历在目，而眼前的先生羸弱消瘦，病房里的气氛显得无助又尴尬！先生劝我离开，好像又是在自勉，期待后会有期。先生77岁，没病之前，身体健朗，身板笔挺，如今显得瘦小，须发皆白，但语言中仍然有着强烈的生活欲望！我强忍着心中的悲痛下了楼，看着医院里面来往匆匆的行人，心中想着这"后会有期"和早上的短信，揣摩其中的含义是一种哀叹呢还是对人生的参透和看淡？月余之后的9月7日，我们"后会有期"于送葬的场地，面对先生冷冰冰的遗体，我蠕动着嘴唇道一声"平安"，热泪止不住夺眶而出……

　　岁月如梭，一转眼九年过去了，恩师逝世于那年的中秋，而当又一个中秋圆月悄然过去的时候，他生前的音容笑貌不时浮现在我的眼前，无尽的思念涌上心头……

韩占春，男，1995年毕业于青海民族学院，现供职于青海人民广播电台。

用忠诚书写党员本色
——记我校退休干部沈立歧

青民轩

66年前，毕业于西北民族学院语文系的沈立歧同志被统一分配到青海民族大学前身——青海民族公学工作，在这里一干便是整整40年。40年里，沈立歧同志始终牢记自己的第一身份是共产党员，第一职责是为党工作，做到了忠诚于组织，任何时候都与党同心同德。他先后在语文部、少语系、法律系、政教系等部门工作，亲身参与了学校不同时期的建设，亲眼见证了学校翻天覆地的变化。他把个人的生涯与学校的发展融于一体，为民族高等教育贡献了毕生的青春和热血。

如今，沈立歧同志已年近87岁高龄，过去的很多记忆对他来说已有些模糊了，但他和同事们在青海民族大学艰苦奋斗几十年的日日夜夜仍不时地在脑海中浮现，这些激情燃烧的岁月成为他最难忘而又珍贵的记忆，并陪伴他度过了无数个春夏秋冬……

投身民族教育事业

1952年6月，组织上统一从陕西省蓝田县中学挑选了包括沈立歧在内的100余名学生，将他们保送到西北民族学院（西北民族大学前身）语文系的藏文、蒙文和维吾尔文三个专业班学习，沈立歧参加了藏文专业班。当时西北民族学院院长是由中共中央统战部副部长汪锋兼任的，副院长有两位，一位曾经是彭德怀元帅的秘书张养吾，另一位是由内蒙古派来的蒙古族干部白海风。学校领导从学习、生活等方方面面对这100余名保送生加以培育，不仅让他们学到了文化知识，还坚定了永远跟党走的人生信念。上学期间，同班同学王富斌和李满祥两人介绍沈立歧加入了中国共产党。入党后,沈立歧还担任过班级共青团支书。从入党的那一刻起,沈立歧同志就牢记自己的党员身份,用实际行动做到了"党指向哪里,我就打到哪里,走到哪里",体现了他对共产党员身份的高度自觉。

1955年7月,沈立歧从西北民族学院语文系藏文班(本科)毕业,根据当时政策统一分配到青海民族公学(现为青海民族大学)工作,从此便把满腔心血和毕生精力奉献给了民族高等教育事业。最初几年,沈立歧担任语文部1957级丙班和中级语文班的班主任,参加过学校数学教研组,给干训部学员教过短时间的算术课。青海民族学院正式成立后分配到其他部门工作,先后在少语系、总务处和人事组织部门工作多年,随后又担任过法律系、政教系党总支书记等职。

在青海省大办机关农场期间,学校也及时抽调师生下乡办起了农场。沈立歧在学校的统一安排下和预科部的严思江老师一同带领部分师生和机关工作人员,徒步去黄南州泽库县巴滩(同德县附近)开荒种地,沈立歧担任大队政委。开荒任务完成后,他又和同事袁明义、马生祥同志到同仁县兰彩沟民院农场工作。没多长时间,各机关农场都停办了,他也回学院承担起了其他工作。

在学校工作期间,沈立歧曾多次被组织抽调到基层工作,先后去过海东市的民和、化隆、循化、互助等县,还去过海南州贵德县的罗汉堂乡和兴海县的大河灘乡,主要是结合党在当时的中心工作,配合当地基层干部组织群众学习中央的有关文件,宣传党的路线方针政策,研究讨论如何发展和搞好农牧业生产的问题。下乡期间,沈立歧和群众同吃同住,还参加了一定的体力劳动,在使自身受到教育、得到锻炼的同时,也在一定程度上提高了做群众工作的能力。

20世纪70年代,沈立歧和冠忠义、章振文、田洪谦等同志参加学校"专案组"工作,为不少同志的历史问题做过大量的调查研究和取证工作,并作出了实事求是的结论,在一定程度上落实了党的政策,使他们能够重返岗位心情愉快的工作。

1984年6月,沈立歧被学院总务处选派到教育部在陕西师范大学开办的高校进修班学习了半年,期间曾去延安革命圣地参观。在那里,他接受了一次生动的党性教育,在追随革命先烈脚步的同时,也进一步明确了自身作为一名共产党员的初心和使命。

多少年来,不论工作如何繁忙,沈立歧同志一直喜欢并坚持学习党的历史知识，并把所学所思所悟认真地记在笔记上。"通过学习，我对党的历史有了进一步的了解，对党的性质以及路线、方针和政策有了更深的认识，虽然学得还不够深不够透，但在一定程度上增强了我的党性修养和做民族教育工作的能力。今后在有生之年，我要活到老学到老，继续学习党的历史知识。目前，我正在学习《共产党宣言》和有关延安精神的资料。"老党员沈立歧同志谦逊地告诉我们。

永葆共产党员本色

退休后的沈立歧依旧怀揣一名党员的初心使命，关心党和国家大事，关心学校发展，发挥余热作贡献，老有所为当先锋，在小区积极发挥"五老"作用，并在伟大的中国共产党迎来百年华诞之际，向所在党组织缴纳了5000元的特殊党费，递交了他写给党组织的一封信。

沈立歧同志在信中说：我是中共党员沈立歧。今年7月1日是建党一百周年纪念日，我特请苏淑芳同志向组织转交党费5000元，以此向党的百年华诞致敬！并表示，不忘初心、牢记使命，坚决贯彻执行党的路线方针政策，始终做到爱党爱国爱人民，永葆共产党员的本色。

沈立歧同志的来信不长，仅有短短的109字，并无华丽的言语，但字里行间体现了一名老党员的第一身份意识，充满了对党真挚朴素的感情，诠释了一名共产党员的初心使命，表达了老党员对党的感恩之心和赤诚之情，表现出一位老党员永续血脉基因、永葆政治底色的风采，彰显了我校离退休干部爱党爱国的精神风貌。

经历过新中国成立时期，他深知我们党领导中国人民建立新中国的不易，探索社会主义道路和改革开放的不易，今天美好生活的来之不易。在四十年的工作生涯中，沈立歧兢兢业业干好本职工作，从普通工作人员到系（院）负责人，他勇挑重担，事事敢为人先，彰显了一名党员的责任担当。当年的老同事对他的评价是："能干、靠谱、讲政治！"

"虽然我做过不少工作，完成了组织交给的一些工作任务，但总觉得工作成效还不够理想，贡献不大，有负于党对自己多年的培养教育。诚恳希望党组织和广大党员同志对我严格要求，多加批评指正。我保证，牢记党员使命，永葆党员本色。"沈立歧是这样说的，也是这样做的。

心系青海民大发展

无论何时，沈立歧同志都说自己是一个平凡而幸福的人。

所谓"平凡"，是他这个平凡的人在党的教育、培养下，一步一个脚印扎扎实实地在民族教育事业上书写了自己无悔的人生，他告诉我们，自己并没有干出什么轰轰烈烈的事业，只是尽自己的努力，兢兢业业地干着自己应干的事情；所谓"幸福"，是他在工作上做出的一点成绩，或者一有进步便会得到组织的重视和关怀，在前行的道路上，正因为有老革命、老领导的耐心教育和帮助，才为他铺平了前进的道路，才使他克服了一个个艰难、险阻、困苦和挫折。更令老人家幸福的是，如今在党和国家的亲切关怀下，民大的发展进步如沐春风；在部校的鼎力支持下，办学水平与日俱升；在一代代民大人接续奋斗下，立德树人结出硕果。

沈立歧同志退休20多年，始终心系民大的发展。青海民族大学，这个他曾经工作了40年、退休后又牵挂了20多年的地方，有他这一生全部珍贵的回忆。从湟水北岸的青海民族公学，到南迁湟水南岸如今的校址，从一排排的"干打垒"土平房，到一座座现代化的教学科研楼和花园式的美丽校园，再到新老校区并驾齐驱，承担着发展民族教育事业、培养各民族人才的重任。每每提起这些，都让他无比的自豪、激动，对民大的情感深深地刻在骨子里、融入血液里。因此，家人和亲朋好友一有机会便会拍一些民大的照片、视频给他看，这已成了大家不约而同的默契。

2012年和2016年，民大的两位校领导，先后看望慰问异地安置的离退休老同志，向老同志介绍学校建设和改革创新发展情况，与老同志共话学校的美好未来。当校领导给沈立歧同志献上哈达的那一刻，老人家湿润了眼眶，他动情地说："我在青海民大工作了40年，生活了50多年，我和我的家人，深深感到青海就是我的第二故乡，青海民族大学的师生员工犹如我的家人。"

沈立歧同志退休前长期在青海民族大学工作，也曾深入到系部教学第一线，接触最多的是各族师生员工，每天所思所想也多是民族教育和民族团结方面的内容，他深刻认识到民族工作的重要性和做好民族工作的重要意义。多年来，在与前来看望的校领导及学校组织、老干、政教等部门和院系同志的交谈中，他的赤子之情溢于言表，心之所向，与青海民大的发展同频共振。这是一位老党员、老干部永不改变的初心和情怀。

新时代是奋斗者的时代。正所谓"一个党员一盏灯，一名党员一面旗"，是灯就要闪亮，是旗就要招展，而最直接、最有效的方法就是在不断砥砺品质、增长才干中展现共产党员这个"第一身份"，以实实在在的奋斗守好初心、担好使命。就像沈立歧同志一样，几十年如一日默默奋斗在各个工作岗位上，当好民大人，办好民大事，用忠诚书写党员本色，用实干践行初心使命，他是一名普通党员，也是最纯粹的共产党员。

把"拉伊"唱到莫斯科
——记民大退休教师秀日吉

马宏武

　　1977年,那是国家恢复高考的第一年,参加完高考之后,我接到了青海民族学院的录取通知书,于是于1978年春欣然来到这所新中国成立最早的民族高校,在少数民族语言文学系1977级二班学习藏语文专业,至1982年元月毕业留校,2020年5月退休。

　　刚入校那会,与今相比,学校并不大,师生人数也相对较少,老师们在宿舍、办公室和教室间往来走动的身影,都在我们心中留下了深刻的印象。记得有一位女教师,眉清目秀,声音清脆,操一口藏腔普通话,也常常出现在我们眼前,她就是秀日吉老师。那时,同学中总会有消息灵通人士,他们带着十分得意的神态告诉我们这些消息不灵通人士:"你们知道吗?这位藏族女老师去莫斯科演出过呢!""啊,出国演出?"这在当时是多么令人羡慕的事情呀,于是我们便对她充满了敬意。

　　大概是上学的第二年,秀日吉老师给我们班上音乐课,记得第一堂课给我们教的是《美丽的草原我的家》,她字正腔圆,声音浑厚,把蒙古族的这首歌曲和其中蕴含的丰富情感演绎得非常到位。她教得认真,我们唱得也起劲,一堂课下来,我们深切感受到她的演唱实力,不愧是去过莫斯科演出过的人,功夫真是不浅。后来慢慢了解到她是民院公共课教研室的一位音乐教师,而且还听说是我们的化隆老乡,亲切之感油然而生……

　　时间过得好快,毕业留校后,在干训部四年、法律系办公室五年、人事处十年、校报编辑部十年、图书馆十年,弹指一挥几十年,总会和秀日吉老师偶尔相遇寒暄几句,但始终没有过详细的交流。记得在校报编辑部工作时,我们还兼做校史丛书的编纂工作。这期间,我一直有一个念头,就是想把秀日吉老师去莫斯科的那段经历记录成文，编入校史丛书。但说不上是什么原因，这一想法始终没能如愿，也成为我心中的一大遗憾。

说来也巧，近日出门散步，在东序校区家属院与化隆县委宣传部领导李玉峰、党史办主任赵维琴等同志相遇，几句问候，便知他们是专程来采访化隆籍老师秀日吉的。于是我便带他们走进秀日吉老师家，伴随着他们的"明采"，我也悄悄地做着"暗访"，仔细听完了她的故事——

"我今年81岁了，老家是化隆县查甫乡，感谢老天给了我一个好声嗓，让我从小就喜爱唱歌。庄子上的大人小孩儿都喜欢听我唱歌，他们都是我的粉丝。我不知道我会走出山村，也不知道为什么喜欢唱歌，但我除了喜欢，还是喜欢。田间劳动、上山牧羊，总是要洒下一路歌声，唱歌成了我生活的一部分，不可或缺。但令人意想不到的是，这歌声，带我走出了山村，走向县城、走向省城、走向京城、走向莫斯科，这歌声带我走进音乐学府学习，走进大学讲台教学。"

那是1957年，县上要举办文艺汇演，乡上就推荐秀日吉去参赛。她凭借一曲悠扬的《拉伊》脱颖而出，艺惊四座的她又被选拔到省上参加文艺演出，天籁般的声音，再一次惊动了省城，在全省148个演出节目中，一举跻身前十。同年荣登国家第二届民间音乐舞蹈汇演的舞台，她与她的搭档玛尼同志联袂演唱的《拉伊》惊艳了首都，让众多的首都观众为之惊叹。为此，《拉伊》被推选为第六届世界青年和平友谊联欢节的参演节目，秀日吉因此亮相莫斯科舞台，在伏尔加河畔精彩地演绎出了青海藏族山歌的独特魅力。她说莫斯科观众给她的热烈掌声至今还在耳畔回响，终生难忘。秀日吉老师接着回忆道："回国后，我有幸走进上海音乐学院学习，也由此成为一名专业的声乐人。毕业后先到省上一个文艺团体工作。这时，青海民族学院准备设立艺术系，由于工作需要，就把我调来上音乐课，再后来，艺术系没能设立，我则作为全校公共教研室一名音乐教员一直工作到退休。"

"是《拉伊》改变了你的人生吗？"

面对这样的提问，秀日吉老师不假思索地说："是我遇上了共产党，遇上了好时代，不然，我可能还是一名查甫乡的农家妇女，我非常感谢社会主义社会，感谢伟大的中国共产党，感谢伟大的时代。说实话，当我的专业职称评到讲师等级后，能不能评上副教授或者教授，我根本没去考虑，考虑最深的是，党把我培养成为一名才艺人员，在高校的讲坛上教书育人，我啥都不考虑，就是要争取加入党组织。当我郑重地把入党申请书交给组织后，不长时间组织就接纳了我。到现在40年过去，不管是在讲台上，还是在家里，我都是以一个共产党员的身份去教育和影响学生，也教育我的孩子，我发自内心地告诉他们，是共产党给了我一切。"

"您已经是80岁高龄了，晚年您最想做的事情是什么？"

"我去北京参加过文艺汇演，之后再也没去过，我最想再到北京走走看看，向人民英雄纪念碑献个哈达。到金山盛情地唱一首《北京的金山上》，以此表达我对党、对毛主席的敬仰之情。"说着，80岁的老人便跳起舞、唱起歌，一首《北京的金山上》，先用藏语演唱，再用汉语演唱，整洁的藏袍，矫健的舞姿，动听的歌声，似乎她已经登上了北京的金山，唱得声情并茂，余音绕"山"。

是的，在整个采访过程中，老人最想展示的是佩在藏袍上那颗闪闪发光的党徽，那是她的身份，那是她的至爱，更是她的荣耀。

至于那些获奖证书，报道过她的杂志、报纸等，不是我们索看，她还不主动出示呢，当我们请求她出示这些东西时，才发现有好多好多，还有一大堆与国内著名音乐人的信函往来，给我们摆了一床，从中我们发现她还是中国音乐家协会会员、中国民间文艺研究会会员、中国民间文艺家协会会员、中国民间文艺研究会青海分会会员，她曾任青海省音乐家协会副主席，还出席过中国文学艺术工作者第三次全国代表大会，青海省文学艺术工作者第二次代表大会，获得青海省文联颁发的文艺工作贡献奖，还有几张她灌唱的歌盘，受到过班禅副委员长的亲切接见。

从好几页的手写自传中，我们发现秀日吉老师在未去上海音乐学院之前，还是青海民族歌舞团的一名独唱演员，毕业后又到省歌舞团任独唱演员，早年还获得县上和省上文艺演出一等奖、全省文艺汇演优秀奖，后以中华人民共和国艺术团成员身份赴莫斯科演出，荣获两项金质奖，1959年参与西安电影制片厂拍摄的《草原风景》插曲独唱与演出并双双获奖，应邀赴天津、上海、济南、开封、石家庄等地演出，并灌唱音乐唱片、磁带；1980年在全省大中专院校文艺汇演中，秀日吉老师获作词和作曲二三等奖；参加全国第三次巡回演出，她的独唱歌曲再次获奖，业内人士评价她声音浑厚、音域宽广、清亮高亢、热情奔放，她被誉为高原上的"金凤凰"，演唱者当中的"金嗓子"。在青海民族学院任教期间，秀日吉老师自编音乐教材两部。打开一个铁盒子，里面全是泛黄的纸张，上面全是她创作的歌词与曲谱。在京参加文代会期间还受到过毛主席、刘少奇、周恩来、朱德等党和国家领导人的亲切接见。她盛情地写道，"金色的凤凰啊，插上理想的翅膀""嘹亮的歌声啊，在高山峻岭中回响""我为祖国放声唱呀，党的恩情永难忘"。

秀日吉老师，经历不凡，光环多多，但她挂在嘴上的仍是那句话，是共产党给了我一切。"我有好吃的，有好穿的，老乡见老乡，两眼泪汪汪。走，今天我请客。"秀日吉老师说着，便用藏歌邀请大家出去用餐。

谢绝了老人家的诚邀，道别出门，眼前抹不去的是一位普通教师的高大身影，耳畔回响的是缭绕动听的山歌妙音，心中激荡的是对党的感恩崇敬之情！

马宏武，男，回族，生于1960年，1982年毕业于青海民族学院少语系。

刘彤彤：我的文章写在青藏大地上

焦德芳

"常常有人问我，在西部工作的这三年亏不亏？后不后悔？是不是损失了什么？"在天津大学建筑学院俭朴的工作室里，刘彤彤教授面对着课题组的学生们语重心长说："我在青海民族大学挂职快三年了。这三年里我个人虽然没什么突出的学术成果，但我无怨无悔。因为，我要把文章扎扎实实写在青藏大地上的。"

不忘初心，做好一颗新时代"螺丝钉"

2016年底，刘彤彤受天津大学组织部委派，挂职青海民族大学建筑工程学院院长。

"人的生命是有限的，可是为人民服务是无限的，我要把有限的生命投入到无限的为人民服务之中去。"刘彤彤回忆，当学院领导询问她是否愿意服从组织安排、远赴万里之外的青海民族大学挂职时，她自己的脑海里忽然涌现出了雷锋同志那句脍炙人口的名言。作为一名老党员，她认为服从组织安排是理所应当的，就应该尽自己所能，协助青海民族大学建筑工程学院做好教学、科研、学科建设等各项工作，同时运用自己的专业所长去推动青海民族建筑的研究与保护。

"我是一名天大人，更要做一颗新时代的'螺丝钉'。"在一路向西的飞机上，刘彤彤下定决心，科研、教学、学科建设，作为一名挂职干部，自己都要干出一番"天大作为"。尽管未来仍是个未知数，但她感觉肩头的担子沉甸甸，"这是挑战的压力，更是组织对我的使命相托。"

刘彤彤对青藏大地并不陌生。她的导师、天津大学建筑学院王其亨教授在中国古建筑研究领域享有盛誉，早在20多年前，王其亨就带领科研团队对青海古建筑遗产连续多年开展测绘研究和文化保护工作。

"当代中国建筑学界对汉地建筑研究颇多，而像青海这种边疆地区的少数民族建筑，则是亟待我们钻研、发掘的文化宝库。"在青海挂职期间，刘彤彤带领学生来到瞿昙寺实地调研、测绘拍照，对一系列民族建筑断代取证，完善相关的资料，"与天津大学建筑学院的其他专家和师生们，为他们关于瞿昙寺20多年的研究画上了圆满句号。"

立德树人，狠抓教学管理"三板斧"

"作为一名挂职干部，我能为这所学校做些什么？"刘彤彤常常这样自问。

初来民大，严重的高原反应让她头痛欲裂昏昏沉沉。可当地学生的热情淳朴、同事们无微不至的照料给了她莫大的慰藉。"坦言，青海民族大学并不是一所实力强校。但是这里的孩子的好学程度丝毫不亚于重点大学的高才生，老师们也是兢兢业业，尽力给同学们提供最好的教育。"在刘彤彤看来，高校的根本在于立德树人。"想要改善学院的教育教学局面，就要从严谨治学、严格教学要求抓起。"得益于在天津大学建筑学院担任副院长时积累的教学管理经验，刘彤彤对于如何把握教学质量较为了解。她下定决心，要更加注重把控教学育人。

"严谨治学"的天大品格训练了刘彤彤的思维方式，成就了她打开局面、改变学院教学管理面貌的"三板斧"。第一，青海民族大学建筑工程学院原来较为忽视教学资料的留档，存在许多的不规范，她发现这一问题后积极建言献策，强调要建立留存教育教学资料档案，程序规章化、制度化的教学档案管理模式。第二，学院一直以来存在着对学生毕业设计管理不严格、毕业设计形式随意的问题。于是她运用天大的经验，在毕业设计开始之前举行动员会，增加开题报告、中期检查等环节，让学生加以重视，并安排固定的毕业设计教室，充分保证学生的学习条件和环境。第三，在教学活动上，严抓教学管理，强调制度化管理，规范教学材料，以保证基本的教学质量和人才培养质量。

采取措施后，学生变得更加认真，毕业设计的成绩和质量有了明显提升，为学校即将面临的本科教学评估奠定了坚实的基础。

不说再见，搭建学科发展"阳关道"

"一名普通的挂职干部，能实实在在地为西部高校留下些什么？"挂职日久，刘彤彤不知不觉爱上了这片辽阔苍莽的青藏大地。"我希望能通过天津大学的带动辐射，帮助民族大学找到一条学科发展的特色之路、希望之门。"

青海民族大学扎根于青海，且有少数民族众多的特点，她希望这所大学未来能结合民族学和藏学的特色优势，开设针对民族建筑的特色课程，培养出具有民族特色的学生，这将成为民大的核心竞争力。"我能留给他们最珍贵的礼物，就是信心和希望。民大人只要认清自己的发展道路，一定可以发展得更好。"学科建设是增强学院教学实力的头等大事。结合自己的专业知识和青海民族大学的教学资源与政策，刘彤彤建议发展有民族特色的建筑专业或者专业方向，得到了学院的认可和支持。

刘彤彤的设想与学校领导的思路不谋而合。正巧，当地一位藏族的建筑师，对培养专门做一些古建筑设计修缮的藏族人才很感兴趣，他提出的从民族角度出发培养人才的想法与学院一拍即合。在学校领导支持下，刘彤彤协助多方力量，推动民大建工学院与中国民族建筑研究会和青海明轮藏建建筑设计有限公司达成初步合作协议，共同开展青海地域民族建筑特色的教育、科研合作。学院在土木工程专业下开设"民族建筑遗产保护方向"，招收藏族的学生。2018年9月招收了第一批本科生。

而今，通过刘彤彤与相关单位的共同努力，青海民族大学成立了"青藏高原极地建筑研究中心"，对民族建筑历史文化的传承发展、青藏高原建筑文化的遗产保护、青藏高原极地人居环境及生态建筑研究等有极大的推动作用。今年，在刘彤彤的牵头组织下，学校还举办了"青藏极地建筑及遗产保护学术论坛"，来自中国民族建筑研究会、国家宗教局、故宫博物院、清华大学、天津大学等单位和高校的专家学者共12人参会，并做了专题学术报告，为青藏高原建筑遗产的未来发展出谋划策。

"青海的民族建筑是个还未完全开掘的宝库。目前国内从建筑专业角度研究青海民族建筑的学者还是比较少的。我希望人们可以多关注一下这个被忽视的领域。青海的古建筑是'活'的，是与人共生，为人服务的。它的选址、设计与环境等理念对现代建筑设计有很大的启发。"刘彤彤说。

三年的时光转瞬即逝。刘彤彤常说，就算挂职结束，她和民大、青海地区民族建筑遗产保护依然"不说再见"。她对这片美丽的土地深情热爱，更兼期许："无论我明天走到哪里，我的心依然会驻留在民大、在青海，我要把天大人的文章，继续书写在那遥远的地方。"

焦德芳，天津大学党委宣传部对外宣传科科长。

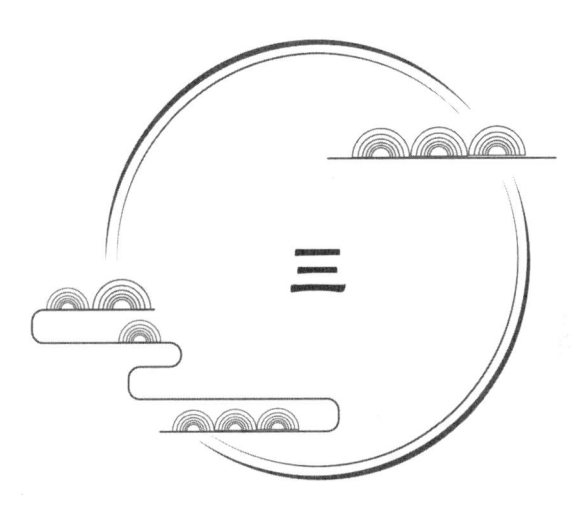

三

坚守初心使命，不负人民、不负组织
——记全国人民满意的公务员、全国先进工作者陈志秀

青民轩

她外表朴实，语言真挚，法庭上严肃端庄，调解时和蔼可亲，没有豪言壮语，没有惊天壮举，也没有催人泪下的事迹，她在平凡的工作岗位上默默耕耘，用心、用情、用爱办理每一起案件。她曾先后荣立个人三等功一次，被评为全国及全省"人民满意的公务员"、全国"模范法官"、全国"我最喜爱的好法官提名奖"、全国及全省"优秀法官"、全国"先进工作者"、2021年度"人民法院十大亮点人物"、全国"双百政法英模"等，她用自己的言行诠释了一名优秀共产党员为民司法的信仰和情怀，用履职担当践行了坚守初心使命、不负人民不负组织的铮铮誓言。

被迫休学　自强不息

1970年，陈志秀出生于青海贵德的一户土族农民家庭，其父亲是残疾人，母亲体弱多病，两人都是文盲。但父亲非常注重孩子们的教育，一直给孩子们订阅报纸，陈志秀说自己的阅读基础大部分来自那些报纸。

因为家中贫穷和劳动力的缺乏，五个孩子承担了很多农活，哥哥每天早上四五点起床拉牛粪，然后才去上学，而陈志秀在上完初一之后被迫休学。

虽然休学了，但是父亲告诉她，学习不能放松，于是陈志秀一边干活一边看书。两年后，考上大学的姐姐提出让陈志秀回校读书。9月1日，姐姐要出发去上大学了，想等父亲把陈志秀送回学校再出发，而那天父亲没有出现。"我觉得父亲没出现，是他在想，如果我不在家干活了，家里怎么办呢？"陈志秀回忆。

没有等到父亲，姐姐临走前语重心长地对陈志秀说："你一定要回到学校去！"

9月7日，因对知识的渴望、对学习的热爱，陈志秀重返校园开启了学习生涯。返回学校第一个学期的期中考试，她考了第一名。

"贵在人间、德行天下"，青海民风淳朴、山水灵秀的环境孕育了陈志秀温婉坚毅的性格，她乐观、积极、自信，深爱脚下的这片土地。陈志秀的理想职业是当记者或者作家，但父亲建议她学法律、当法官，毕业后好为民做实事。最终，陈志秀听从了父亲的建议，选择报考了青海民族学院法律系，并凭借优异成绩被顺利录取。

入学前一天，陈志秀还在治黄造田的工地上劳动。陈志秀坚信，勤能补拙是良训，一分辛苦一分才。为此，大学期间，她勤奋好学、刻苦钻研，如饥似渴地汲取知识的营养，并注重理论与实践相结合。由于品学兼优，她获得了青海省首届小岛奖学金，并被评为大学生社会实践先进个人。陈志秀回忆起，在母校求学期间，她受益匪浅，其中收获最大的是：一是惜时如金的大量阅读，不仅扩充了知识面，还开阔了视野、增长了见识，为今后的职业发展奠定了坚实基础；二是母校是民族院校，在与不同民族同学交往交流的过程中，她感受了不同民族的多样文化，了解了不同民族的风俗习惯，对民族团结与融合有了更深的理解和感悟，这为她今后的审判工作打下了良好的群众基础。正如陈志秀所说："我与各民族群众之间是没有距离的，这都得益于母校这个多民族环境的影响与感染。"

陈志秀的父亲热心勤奋，是村里很受尊敬的人。出现子女不孝顺老人、夫妻之间吵架、借钱不还等问题时，大家都会找他帮着解决问题。父亲一直影响着陈志秀。"父亲认为正直、善良是做人之本。我到法院工作的时候，父亲就告诉我，'法官是个在秤上称良心的职业'，这句话是我职业生涯的警示语，从我紧握拳头宣誓加入中国共产党的时候，当我手抚宪法宣誓成为一名法官的时候，我就知道自己肩负着沉甸甸的责任。"陈志秀说。

勤奋好学　业精于勤

"打铁先要自身硬，我不是一个聪明的人，是知识帮助了我，我只有不断地汲取知识才能使自己存活。"这是陈志秀经常说的一句话。好学是她成长历程中极为重要的内容，工作中她也始终把学习作为提升自身综合素质的根本，认真钻研法学理论知识，活学活用，与审判实践有机结合，渊博的法理知识、丰富的审判经验和对社会生活的深刻理解提升了她的法律素养。

陈志秀的爱人在条件艰苦的牧区工作，她承担着繁重的家务和抚养两个年幼孩子的重担。寂静的午夜，伴随着孩子熟睡的声息，她常常埋头苦读，将自己沉浸在书本中，还想方设法克服种种困难，利用休息日完成了法律硕士研修班学习。工作期间，她始终把学习作为提升自身综合素质的根本，树立了"学以立德、学以增智、学以创业"的目标。她自觉把学习当成一种追求、一种习惯、一种品格。在政治理论方面，坚持不断加强政治理论学习和党性锻炼，通过学习树立了坚定的理想信念，树立了全心全意为人民服务的意识，树立了公正司法、司法为民的理念；在业务学习方面，她白天搜集整理资料，晚上忙完家里的事情后，便认真钻研法学理论知识，并将所学知识活学活用，与审判实践有机结合，在审判工作中以其精良的业务能力、准确到位的辨法析理保证了案件质量。她审理的国美电器诉西宁市联强国美商标侵权案等许多在省内有重大影响的案件均一审生效，审理的全省首例网络著作权案、首例计算机软件侵权案等新类型案件，也以良好的业务素质保证了案件质量。她不断总结审判经验，撰写的3篇案例被最高人民法院评选为优秀指导性案例，《西宁市知识产权案件的情况分析》等调研文章获全省优秀调研论文奖。

勤奋使她具备了精湛的法律业务能力和良好的个人素养，成了业务精、能力强的办案能手和调解状元。当事人和律师信赖于她精湛的业务能力，曾有律师对她说："陈法官，我们盼望着案件能由你来审理，我们不要求偏袒，只希望法官依法审理，秉公裁判，案件由你审我们放心。""勤奋"也是她的标签，面对高强度的工作压力和家庭困难，她不畏艰难，踏实肯干，用勤奋和勇气创出了良好的业绩，20多年来她共审理的3000余件案件均达到了办案数量多、效率高、质量好的良好效果。

爱岗敬业　务实进取

精益求精、埋头苦干、积极向上是陈志秀对自身的要求。她崇敬父亲身残志坚、自强不息的坚毅品质，她秉承父亲低调朴实、豁达乐观的性格，她遵从内心深处对审判工作的热爱，恪守法官职业道德和行为规范，精心维护着法官的声名，珍惜法官荣誉，自觉捍卫法官的尊严。

20多年来，她从不抱怨和计较个人得失，凭着默默奉献、执着坚定的拼劲，成为全院办案多、结案快、调解率高的法官。她始终以实事求是的实干精神、精益求精的敬业精神和雷厉风行的工作作风投身于审判工作第一线，站在公平公正的立场，认真审理着每一起案件、对待每一个审理环节。不论在任何岗位，她始终兢兢业业、勤奋踏实，想方设法克服家庭困难，从未因家庭琐事耽误过工作。为防止多年的胆结石症及胃疼发作，她在办公室里常备需服药品，每次庭审前她都要服用大量的药物。当周围的法官抱怨高负荷的审判工作时，她却说："干一行，爱一行，与其抱怨，不如奋起直追。"

谁都知道，劳动争议案件对抗性强，申诉上访多，但她审理的300多件劳动争议案件均案结事了，无一上访申诉，而自陈志秀担任法官以来审理的3000余件案件也都办成了"铁案"。因为，对于在民事审判一线坚守了20多个春秋的她来说，把每一起案件都办成经得起历史检验的"铁案"正是她毕生的追求，她以善良质朴、勤奋努力和坚忍不拔诠释了一位土族女法官的为民情怀。

陈志秀凭着对审判工作的无限热爱，带着满腔的"拼劲"，在平凡的岗位上做出了不平凡的业绩，连续多年各项工作业绩考核均位居前列。

不忘初心　司法为民

"我是农民的孩子，我不能忘本。"她是这样说的，也是这样做的。无论当事人身份高低，她总是不忘初心，真诚相待，从不以案件标的大小区分审判精力，对任何一起案件都尽心尽力。用最浅显易懂的语言向当事人阐述法律知识，用最便捷高效的方式为当事人解决问题，用自己的真心、爱心、耐心、诚心对待群众。

当有人问她为什么能始终保持真心、爱心、耐心、诚心来对待群众时，她说："我是青海人，是在党的教育下成长起来的共产党员，我对党，对我生长的这片热土满怀深情。青海当地的经济文化水平不高，很多老百姓文化水平低、法律意识不高、诉讼能力不强，诉讼中他们胆怯、言拙甚至表现粗鲁，但他们就像我熟悉的每一位乡邻，我和他们并没有距离，我们尊崇法律的眼神都是相同的，我期望用善良的心智和良知感化当事人，化解纠纷，希望我的行为能使他们对法律少一分误解，对诚信善良多一点信心，为诉讼少付出些成本。"

公平和正义是陈志秀选择的"初心"与"远方"，在公平正义的路上，她一直坚定梦想、风雨兼程、坚守前行。审理中她面对不同的当事人，总是动之以情、晓之以理，摆事实、讲道理，当事人总是在她作出的合情合理合法的裁判下服判息诉，就此她说："我是农民的孩子，有着平常人的情怀，懂得民间常情，我和老百姓之间有着更多的亲近感，也容易让当事人更信任我。"她经常听到当事人真诚地说："陈法官，虽然我败诉了，但我服你这个人。"

88岁高龄的曲老因十几年前和好友合伙经营砖厂产生纠纷，十多年来双方为此纠缠不清，曲老起诉要求对方给付合伙利益。诉讼期间曲老情绪激动，称自己是参加抗美援朝的老革命，他认为自己诚信一生，不能容忍友人的蒙骗，言明一定要通过诉讼了结人生最后一桩心事。两位老人的"较劲"使双方家庭不堪其烦，简单下判决解决不了矛盾。陈志秀通过多次走访、深入细致地化解，双方最终调解解决。曲老拿着送到家中的调解执行款时激动地说："共产党的好干部来了，我办完了人生的最后一件心事。"曲老的老伴流着泪激动地说："要了十几年的账，生了十几年的气，今天终于解脱了，谢谢你们，谢谢法院。"

情法交融　案结事了

陈志秀始终把最大限度地化解社会矛盾作为自己的神圣使命，不局限于就案办案，而是善于总结办案过程中发现的共性问题，注重找出涉诉纠纷的症结。她以女性特有的柔情努力做好当事人的思想工作，释明法律、晓明事理，灵活运用各种调解方式，化干戈为玉帛，促使双方达成和解，有效地化解了各种涉诉矛盾纠纷，赢得人民群众的尊重与信赖，真正做到了"案结事了"。她说："法官这个职业需要刚柔并济的特质，要把法律的刚性与法官的柔情有机结合，虽然法庭上我头顶法律的利剑，但私下我经常因当事人的悲惨境遇流泪，我喜欢通过柔性的调解化解矛盾，而不是以冷冰判决向双方宣判，希望通过自己的努力创造机会，尽可能地把司法的公正和温暖同时传递给每一位当事人，让他们在法官的诚意和温暖中认同司法判决，接受判决结果。"

社火是一种庆祝春节的传统庆典活动，也是青海、甘肃等地的非物质文化遗产。陈志秀曾审理青海省大通县下庙村117名社火队员诉某音像出版社著作权案。

当时，100多人坐满楼道，群情激愤地讨要说法。陈志秀坐在楼梯上耐心地讲解法律、答疑解惑。中午，陈志秀给社火队员们买来馒头、倒上热水，和他们协商沟通。到了下午，他们说："陈法官，你陪了我们一天，也不容易，我们不闹了，我们相信法院。"

大家离开后，疲惫的陈志秀在楼梯上睡着了。

这是一起全国首例农民著作权案，涉案人数多、矛盾极易激化、媒体舆论甚为关注，经她多方努力最终顺利调解结案。当天晚上，陈志秀和其他同志冒雨赶到下庙村，挨家挨户将赔偿款发放到农民手中。拿到赔偿款后，农民们连声道谢，及时化解了一起极易引发群体事件的矛盾纠纷，此案被最高人民法院评为全国知识产权优秀案例。

寒冬腊月，她冒着严寒深入牧区，通过"三调联动"方式解决了在当地影响很大的草场租赁合同纠纷一案，妥善化解了矛盾，维护了当地稳定，该案也被最高人民法院评为全国优秀调解案例。

多年来，陈志秀审理案件的调解、撤诉数量均居全院最高，她认为司法公正要"不给善良打白条"，她注重案件执行，调撤案件均实现即时履行，用良好的调撤效果捍卫了法律的尊严。连续多年她所审理案件的即时履行率属全院最高，真正实现了法律效果与社会效果相统一。

这样拼尽全力、迎来温暖结局的案子还有很多，陈志秀的努力打动了很多当事人，大家都说陈志秀不像法官，像村委会大妈。一位当事人在结案后打来电话说："我没事，就是想听听你的声音。"

"这片土地养育了我，党培养了我，我对这里充满热爱。"陈志秀说，"当事人就像我的邻居一样，我懂他们的情感，他们想要得到帮助和认可的愿望很强烈，我尽全力去帮助他们，他们都是看在眼里的。我想让大家知道他们有能信得过的人，有靠谱的解决问题的方式。我很感谢百姓对我的信任。"陈志秀眼神中闪着坚定的光。

春天的西宁，风还是很冷，攥紧领口，风依然钻进衣服里。即便春风料峭，枝头已然有了绿色。绿色是生命的颜色，沾染到哪里，就在哪里拼尽全力去涂抹。就像陈志秀一样，无论走到哪里，就在哪里拼尽全力，她得到信任是她努力的结果。

忠诚使命　廉洁奉公

她的办案风格既"崇法律"又"接地气"，既能"刚正不阿"，又能"躬下身子"；

她奋战在审判第一线，从不抱怨和计较个人得失，再苦再累也毫无怨言；

她把对法律的无比忠诚融于审判工作中，恪守法官职业道德和行为规范，以公正廉洁的自身形象维护了法官尊严。

工作以来，陈志秀把对法律的无比忠诚融于审判工作中，恪守法官职业道德和行为规范，严守"五个严禁"，正确处理情与法、权与法、钱与法的关系，从不徇私枉法，从不收受任何利益。她坚持原则，实事求是，用心智和良知感化当事人，从无"脸难看、话难听、事难办"的现象，她为民、务实、清廉的工作作风，朴素无华、和蔼可亲的法官形象深受当事人好评。作为一名普通的女儿、妻子和母亲，她信奉"清清白白做事、干干净净做人"，生活朴素严谨，不浮躁，不虚荣，以平凡、朴实的形象赢得了领导的赞扬、同事的好评和当事人的尊重，在她身上集中展现了新时代法官良好的精神风貌，不愧"全国优秀法官"光荣称号。

从陈志秀身上，我们看到了一位为民司法、忠诚履职、勇于担当、律己修身、让组织放心的好法官、让人民满意的好干部的鲜活形象，感受到了她严谨细致的审判作风和清正廉洁的高尚品德，体会到了她对党的事业无限忠诚、对人民群众情感真挚、对司法公正不懈追求的思想境界。

坚定执着 一往无前

作为一名优秀共产党员、优秀公务员，陈志秀同志始终把党的事业和人民利益放在最高位置，把维护国家政治安全、确保社会大局稳定、促进社会公平正义的任务抓细抓实，不辜负党和人民的重托；她始终站稳人民立场、涵养公仆情怀，把人民对公平正义的期盼作为努力的方向，始终怀有对人民群众的深厚感情，时刻把群众利益、群众需求摆在第一位，以群众满意为标准，不断满足人民群众对公平正义的期待、对美好生活的向往；她始终把公正司法作为司法审判的生命线，始终做公平正义的忠实崇尚者、自觉追随者和坚定捍卫者，始终做到干一行、爱一行、精一行，坚守良知，惩恶扬善，让人民群众切实感受到公平正义就在身边。

人民满意是公务员的最高荣誉，而她载誉归来时从不自满，一如既往地专注于她热爱的工作。作为公务员中普通的一员，陈志秀二十多年如一日，在平凡的工作岗位上作出了不平凡的业绩。她具有信仰法治、廉洁奉公的高尚情操，勇于担当、敢于碰硬的实干精神，不忘初心、司法为民的公仆情怀，把组织的重托、人民的期待转化为夙夜在公的人生价值追求和职业操守。她用自己的一言一行弘扬着社会主义文明风尚，树立了新时代铁面无私、秉公执法的人民法官形象。

花枝无悔凋零于风雨，因为她曾有一段美丽的生命；绿叶无悔扑向于大地，为的是报答泥土芳香的情谊。陈志秀同志心似莲洁、香远益清，本色优雅、淡泊无瑕，坚定执着、一往无前，用双手擎起正义和美好，用实际行动书写了人民司法的新诗篇。

用行动追求生命的价值
——记全国三八红旗手、全国教书育人楷模杨毛吉

青 民

1993年9月，处于人生最美好的青春年华，怀揣着最美好的人生梦想，杨毛吉成了青海民族大学（当时为青海师范高等专科学校）汉语言文学系的一名学生。那时的青海师专，也就是今天青海民族大学的西昆校区，校园里绿树成荫、亭台楼阁、书香四溢，是学生们的学习乐园，也是培养教师的摇篮。多年后的杨毛吉还清楚地记得入校时的系主任刘钦明说的那句话："今天你以青海师专为荣，明天青海师专以你为荣。"在这里，她不但学到了丰富的知识，增长了见识，开阔了视野，而且悟到了为人为师的真谛。

1996年毕业的杨毛吉被分配到了大通县朔北中学，开始了她的教师生涯。如今已在教书育人岗位上默默奋斗25年。25年，她用一言一行诠释着"学高为师、德高为范"的师德精神，用行动诠释"赠人玫瑰、手留余香"的助人为乐精神。2016年她获得"全国三八红旗手"荣誉称号，2017年入选中央文明办主办的"中国好人榜"，2018年获得"全国教书育人楷模"称号。曾被中国儿童少年基金会授予"恒爱榜样人物"称号，被青海省精神文明建设指导委员会授予"感动青海人物"，先后获得"青海省三八红旗手""西宁市道德模范""西宁市骨干教师""西宁市优秀班主任""西宁市师德楷模"等称号，同时也是青海省第十三届人大代表。各大媒体上，涌现出了关于她的各种报道：《藏族教师杨毛吉为学生撑起第二个家》（《中国妇女报》）、《杨毛吉：一颗丹心有大爱》（《中国民族报》）、《春风化雨润无声》（《经济日报》）、《杨毛吉：用爱心浇灌每一位学生》（《青海日报》）、《杨毛吉：家里为学生留房间》（《西海都市报》）、《教书，就是为了教育》（《中国土族》杂志）……2018年9月10日，中国教育一频道专门邀请杨毛吉做教育专访，2018年教师节特别节目组邀请杨毛吉与刘

谦合作完成魔术表演，她的事迹也随着中央三频道、四频道、教育频道等传播到了祖国的大江南北，青海电视台、西宁电视台、夏都好声音、大通电视台等都报道过她的事迹，产生了广泛影响，受到社会的一致好评。

老师的家就是我的家

杨毛吉在25年的教学生涯中，曾让6名不同民族、非亲非故、很可能与大学无缘的孩子住到了自己家里，无偿照顾他们的学习和生活，并把他们成功送进大学校门。

1996年7月，刚刚从青海师范高等专科学校毕业分配到大通县朔北中学工作的杨毛吉，她的汉族学生刘兰（化名）借住在亲戚家中，父母远在果洛牧区。为了不影响刘兰的学业，杨毛吉让她住进自己的单人宿舍里，白天鼓励她好好学习，晚上辅导她写作业，两人同睡一张床，同盖一床被，直到刘兰考入中专学校。25年后的今天，生活幸福、工作稳定的刘兰一家仍像走娘家一样和杨毛吉保持着母女般的往来。

2006年，杨毛吉在大通二中工作期间，注意到班里的住校生——土族学生王浩（化名），家住农村，母亲长期生病，家庭非常贫困，几乎无力支持他完成学业。杨毛吉决定让王浩住进自己家里，她像照顾自己的孩子一样照顾王浩，鼓励他走出大山，勇敢实现自己的梦想。王浩在她家一住就是三年。2009年高考，王浩以大通县文科第4名、青海省文科第72名的优异成绩被中国政法大学录取。进入政法大学学习的王浩在网上聊天时对杨毛吉说："您不是妈妈，却胜似妈妈！"

"老师的家就是我的家。"燕燕（化名）是一名土族女生，父母远在新疆打工。长期得不到父母的关爱，燕燕性格变得越来越内向，学习成绩也越来越差，几乎失去读书的信心。高三时，燕燕父母找到杨毛吉，商量能不能让女儿搬到她家住？为了学生的一辈子，辛苦一年算得什么？杨毛吉答应了燕燕父母的要求。住在杨毛吉家近一年的日子里，她从未让燕燕洗过锅，刷过碗，扫过地。许多时候，杨毛吉洗好、叠好燕燕的衣服放到她的枕边。遇到晚自习下课晚或下雨，杨毛吉就让丈夫带着伞到校门口去接燕燕。燕燕对杨毛吉说得最多的话是："老师，您就像我亲妈。"2010年高考，燕燕以优异成绩考入中北大学。

25年时间里，总有一些像王浩、燕燕一样的学生或一年，或两年，或三年住在杨毛吉老师家里。他们当中有遭遇家庭变故、患有精神抑郁症、时常有自杀念头的藏族女生小倩（化名）；体弱多病又不能住校，常常错过公交车，从家跑步到校的蒙古族学生阿海（化名）；还有因父母离异无家可归，眼泪汪汪的回族学生马文（化名）……如果没有遇到杨老师，他们的人生可能是另一番样子。多年来，杨毛吉家那间被她女儿命名为"学生公寓"的卧室从没闲置过，6 名学生一个接一个地从这里走进大学校门。现在，杨毛吉家里又住进了两名学生，其中一名学生从初一就住到她家，今年已经是高三，另一名是去年住进来的。

学生的成长比成功和成才更重要

杨毛吉的办公桌里长期预备着感冒药、胃痛药、创可贴、红糖、卫生巾……她发现学生感冒，会提前晾好开水，课间拿药端水到教室让学生吃；她知道有许多学生来不及吃早餐就来上课，就提前买好馍馍，课间拿给他们吃。有时她还在家里烙韭盒，炸油饼，带到班里给学生吃。

杨毛吉的班级文化建设与众不同。她将亲手刺绣"有志者事竟成""卧薪尝胆""破釜沉舟""拼搏"等励志内容的十字绣挂在教室里，鼓励学生努力学习。她对学生们说："希望你们有卧薪尝胆的耐心和恒心，有破釜沉舟的魄力；命运是掌握在你们自己手里，人生都是拼出来的。"

杨毛吉聘请道德模范吕秉凤、杨得龙为班级的名誉班主任，邀请他们走进学生课堂，用亲身经历为孩子们做励志教育、感恩教育。她说："教育要考虑学生的终身发展，要培养他们美好的人性和德性。成长比成功和成才更重要。"

2016 年 3 月，由于杨毛吉在德育方面突出的成绩和取得的显著成就，大通县教育局成立"大通县德育教育杨毛吉工作室"。杨毛吉带领 41 名成员老师，在全县建立了 14 个"杨毛吉工作室工作站"，并且在西宁市城东区中庄小学成立"名师工作站"。杨毛吉带领工作室成员潜心研究育人新模式，工作室不仅在提高教师教育学生的能力和水平、培养学生良好的行为习惯和品德、提升家长家庭教育能力"三位一体"育人方面探索出一条可行途径，而且在注重家庭教育和家风培养等方面取得新成果。她的探索和努力赢得学生、家长和社会的肯定。2019 年 9 月，杨毛吉德育教育工作室被西宁市人才工作领导小组评为"西宁市名师工作室"。有不少学校、培训机构都争相邀请杨毛吉前往讲课。带着教学新理念、新思想，她已经走出大通县，走出青藏高原，走向全国讲坛。

学生们的"杨妈妈""毛吉额娘"

随着社会经济的发展,孩子们的生活条件越来越优越,思想也变得越来越难以捉摸,杨毛吉老师顺应时代发展和孩子们的思想变化,她的教育方法与时俱进。她的一名女学生亚男(化名),抽烟、喝酒、打架样样都能。亚男曾用"我的良心被狗吃了,咋了?"回答她妈妈"你的良心呢?"的怒吼;用"我可以随时不当你的女儿,至于你,随便"回答她妈妈"你是不是我女儿?"的问话。家长说:"我们家虽然经济条件可以,但无任何幸福可言,简直是暗无天日"。老师们也认为这样的学生已无药可救。但在杨毛吉老师的班里,只用短短一学期便使她变成了一名品学兼优的好学生。杨毛吉巧妙地运用家校协同育人模式使奇迹发生。面对开心愉悦千恩万谢的一家人,杨毛吉由衷地感叹:"一个班主任拯救的不仅仅是一个问题学生,还有他的亲人和他的家庭。"是啊,引领学生"扣好人生的第一粒扣子"会影响孩子的一生。

她是中国儿童少年基金会和恒源祥(集团)有限公司联合开展的大型公益活动"恒爱行动——百万家庭亲情一线牵",向孤残、留守、贫困儿童和新疆少数民族家庭儿童编织爱心毛衣活动的忠实实践者。四年来,她编织爱心毛衣38件,并且引领身边的老师、学生家长、爱心企业职工等编织毛衣、围巾等近400件,送给孤残、留守、贫困儿童,给他们带去了妈妈的温暖。学生小炳穿上她亲手织的毛背心时,竟然抱紧了她,在她耳边轻轻叫了声"妈妈"。2017年,她被中国儿童基金会和恒源祥集团公司授予全国"恒爱榜样人物"。

她一直坚持力所能及地扶危解困。发生车祸的张金学、车相俊同学,发生意外的张国玉同学,患有白血病的李静同学等,都因为她的多番努力得到救助,转危为安,重新回到了校园。14岁的小姑娘李静成为青海省首例在青海骨髓移植手术成功的患者。努力从来不会白费,昨日撒下种子,已在看不见的地方悄悄地生根发芽。有学生说:"老师,我走向社会后有帮助别人的机会您一定告诉我,因为我也想和您一样帮助别人。"有家长说:"是你的品德感染着你带过的学生和学生家长们……"

涛同学父母离异,妈妈靠推着三轮车卖菜来维持娘仨儿的生活,生活的艰难和因贫困产生的自卑曾经使他几次想放弃学业。杨毛吉不能让他失去与同龄孩子平等接受教育的机会,不仅通过心理疏导使他充满自信,对未来充满希望,而且积极寻找爱心人士给予他资助。2019年高考,涛同学被华东师范大学高分录取,但她对他的资助却远不止于此,她承诺并实践着一直资助他大学毕业。婷同学出生三天父母离异,从此不知妈妈长什么样,三岁时,父亲又离家出走,至今杳无音信,爷爷又出了意外,她与残疾的奶奶相依为命。在资助她生活和学习费用的同时,杨毛吉鼓励她努力学习、上进求索。初三毕业,家人决定不再让她读书,但是她坚定地说:"我要用知识改变自己的命运。我要考北京师范大学,要成为像杨老师一样的人。"现在已是高二年级的她品学兼优,深受同学和老师喜爱。还有身患重症肌无力的渊同学,父亲患尿毒症的浩同学等。目前,她带领的德育教育工作室对全县200余名或家庭比较困难,或成长中出现问题比较多的学生"建档立卡",对他们采取"精准育人"的教育措施。在教育和帮扶他们成长的过程中,杨毛吉对教育扶贫还有了更深的理解:教育和培养真正有责任感、有担当、有进取精神的后人,意味着将杜绝贫困家庭贫困代际传递的可能,将会彻底地改变他们的未来。

大通县德育教育杨毛吉工作室里挂满锦旗,"病魔无情、人间有爱,奉献爱心温暖永存""师情浓浓,爱心无限""求学岁月遭苦难,老师妈妈哺育甜"……每一面锦旗后面都有一个感人的故事。

人们说:"进了杨老师的班,学生就不会和家长吵架了。"这句最朴实的话是对她最大的肯定。

"老师,遇到您是我人生莫大的财富。""老师,辛苦的您为我们抛洒汗水,我们懂得您为我们付出的许多。""老师,母亲节快乐,你的儿女们在远方思念着您,牵挂着您。"每当新年、春节、母亲节、教师节等节点,学生们总会给杨毛吉老师发来短信、微信、QQ消息,邮寄信件和贺卡,他们在信中亲切地称她为"杨妈妈""毛吉额娘"。

把更多正能量传播到人们身边

把更多的正能量传播到人们身边,把党的好声音传进千家万户也是杨毛吉的工作内容之一。她积极弘扬社会主义核心价值观,褒扬德育教育、家庭美德、社会公德,到省内各州、市、县作德育教育、家庭美德等方面报告、宣讲200余场次。

在教育学生的过程中,她发现:每一个出现问题的学生后面都有一位问题家长或一个问题家庭。如何改变家长的育人观念,提升家庭教育的能力成为她思考的新问题。通过调查研究、处理学生问题和解决家长在教育中出现的问题等案例，她掌握了大量的第一手资料，经分析和整理，形成了《今天的教育就是明天的希望》家庭教育专题报告。利用大通县德育教育杨毛吉工作室和西宁市名师工作室的舞台，她开展了各类讲座，目的就是让家长给学生营造一个能沉下心学习的家庭环境，重视孩子的品德教育和做人教育，教给家长家庭教育的方式方法，让家长明白一个道理：任何事业的成功都无法弥补孩子教育的失败。她先后已做家庭教育讲座60余场，疫情期间，还利用"钉钉"在网上直播，仅仅大通县园林小学一场讲座，点击量竟达60万之多。他们收到了几千份的家长反馈表，有家长说："听了杨老师的课，我深刻感受到了父母的教育对孩子是多么的重要""父母的生活习惯和品德修养不仅仅是个人的事情，它影响着孩子的成长。为了孩子，我会更加注重自我修养"……

杨毛吉不仅是青海省人大代表，还担任青海省教育厅"师德巡讲团"、青海省妇联"巾帼向党宣讲团"、青海省妇联"家庭教育讲师团"、大通县委宣传部"百姓话廊"宣讲团的宣讲员，还是大通县妇联兼职副主席、"大通县德育教育杨毛吉工作室"主持人。她认真履行人大代表职责，在师德师风、学生品德培养等方面提出了很多建议；她用朴实无华的语言宣传道德修养的重要意义；她以自身所作所为、所思所悟宣传师德精神，启迪更多老师教书育人的思路；她结合生活实例为更多家庭指明教育子女的方式方法；她针对近年农村地区子女不孝敬老人、婆媳关系难处、夫妻关系紧张、父母不重视子女教育等现象，大力宣讲"家和百事兴""反家庭暴力"等内容。根据不同听众的需求，杨毛吉撰写专题报告31篇，她的《幸福老师》《杨毛吉班主任策略》《教师职责和教师素养》《做人民满意的老师》《弘扬师德，潜心育人》《新时代家长的责任与担当》《知恩重义，心怀感恩》《家和万事兴》《传承好家教好家风，做新时代新公民》《如何做一个女人》《反家庭暴力》等报告深受广大师生、家长、村民和社会各界的欢迎。

杨毛吉的专题讲座影响了很多人，许多老师给她发信息说："您解决了我困惑已久的问题，我找到了自己的教学方向。希望通过自己的努力，能成为一名像您一样合格的、受学生喜欢的人民教师。"听过她宣讲的农村妇女说："我要以您为风向标，坚定地走下去，我懂得了帮助别人，快乐自己。"听过她家庭教育讲座的家长说："听了杨老师的课，我深刻感受到了父母的教育对孩子是多么的重要，为了孩子，我会更加注重自我修养……"

聆听杨毛吉宣讲的听众，不论男女老少，都能听得津津有味，幽默处随着她笑，伤心处跟着她落泪。宣讲结束后，杨毛吉常常被听众包围着咨询、留电话、加微信，许多听众拉着她的手，不肯松开。

新时代需要更多像杨毛吉一样内心阳光、充满爱心、勇挑责任的教师，需要更多像杨毛吉一样脚踏实地、热爱教育、创新教育、古道热肠、助人为乐的老师，需要向政府传达人民的呼声，为政府更好地为人民服务做好穿针引线工作的老师，这样的老师春风化雨，润物无声，是社会主义核心价值观的践行者，更是传播者。

扶贫村里的拓荒牛　百姓心中的带头人
——记全国脱贫攻坚先进个人马锁安

青民轩

经互助土族自治县县城威远镇往西北10余公里，蜿蜒的山路，一头连着喧嚣繁华的城镇，一头挑着寂静贫困的哇麻村。

寂静源于村子地处脑山，交通不便又信息闭塞，外面的人很难走进来，里面的人也难以走出去；而贫困，则体现在凋敝的村容村貌上，也体现在2015年全村人均可支配收入4100元、62户贫困户人均可支配收入不足2500元的单薄数字里。

穷则思变。远眺山路那头的繁华，哇麻村人在期盼，渴望有人带着他们走出贫困，走向富裕。

1999年7月，从青海民族学院化学系应用化学专业毕业的马锁安，带着父母的期盼、母校的祝福和恩师的教诲走上了工作岗位。工作以来，积极、乐观、勤奋的他，总是把脏活、累活揽在自己身上，低调的为人和敬业的态度深受大家的肯定和好评。2015年10月，身为青海省委组织部干部教育处调研员、省组工干部培训办公室副主任的马锁安，被选派到哇麻村担任驻村"第一书记"、扶贫工作队队长，开展脱贫攻坚工作。驻村以来，马锁安用心用情、为民解忧、勇于创新、干在实处，一心一意为贫困群众办实事解难事，在实践中探索富民强村的有效途径，带领贫困群众走上了一条发展致富、稳定脱贫的新路子，也为183户村民实现美好的人生期盼绘就了新蓝图……

用脚步丈量民情

"作为一名共产党员，服从组织安排是我的义务，既然组织相信我，把我派到哇麻村任第一书记,那我就不能辜负组织对我的信任,没有条件也要创造条件真抓实干,我一定要带领哇麻村的老百姓过上好日子。"马锁安毫不犹豫地扛起互助县台子乡哇麻村"第一书记"的责任和重担,并义无反顾地如是说。

山里的秋天似乎来得更早。国庆刚过,哇麻村就已经笼上了浓浓的寒意。顶着山风,马锁安裹紧身上的衣衫,和驻村干部一起,高一脚低一脚到农户家里"摸家底"。所行之处看到的是村道两旁乱搭的畜棚、乱堆的草垛,家家户户破旧的房屋和东倒西歪的庄廓。马锁安眉头紧锁,不自觉地加快了脚步。

精准扶贫,意在把脉贫困户的具体情况,开出治贫良方。到哇麻村的第二天,86户贫困户信息摸底调查表就拿在了马锁安的手里。全村183户人家,贫困户占了将近一半,这个数字究竟有没有水分?马锁安决定带领队员挨门逐户摸"家底"、找"贫根",以此作为工作的切入点,逐户开展调查。

正值秋收季节,为了不干扰大家的生产生活,入户调查只能在晚上开展,个别村民不理解,干脆把马锁安他们拒之门外,而在更多农户家里,马锁安听到的是不信任的询问:"你们真的要在村里住下来吗?不会来两天就走吧?"

在村民的观望中,整整两个月的入户调查工作依然扎扎实实地做了下来。期间,马锁安走遍全村,走进了每一户当时登记在册的86户贫困户的家里,对于那些拒人于门外的村民家,他后来又跑了好几趟。那条全长4.5公里的村间小路,他也走了数十个来回……所谓脚下有多少泥土,心中就有多少真情。

摸底调查结果令人震惊,86户在册贫困户中,既有村"两委"全体成员,还有不少村里的"富裕户"。针对这一情况,结合摸底调查的真实数据,扶贫工作队和新任村"两委"班子严格执行制度规定,该清退的坚决清退,该纳入的坚决纳入,最终核定村里的贫困户为62户,而之前的86户当中,只有13户符合条件。

62户贫困户核查信息的公布,在村民当中引起了强烈的反响,大家都不敢相信,新来的"第一书记"竟把村里好多年都没端平的那碗水给端平了。公示结果让大家真正相信村里来了个干实事的好书记。

利用开展精准识别工作的间隙,马锁安还带着队员到田间地头,跟贫困群众一起收油菜、挖土豆,了解生产情况和村情民意。在广泛深入调查的基础上,梳理出全村基础设施落后、部分农户用水用电难、支柱产业选择难等8个方面的问题和困难,并着手加以解决。同时,他还组织召集村干部会、党员会、团员会、妇女会、群众会,宣传精准扶贫的理念和政策,讲解识别贫困户的方法和程序,把党的政策原原本本地交给群众。通过充分发挥群众主体作用,让群众民主讨论、疏通思想、宣泄情绪、化解矛盾，理清了精准扶贫的思路，研究确定了扶持项目。

两个多月的操心和奔波，使村民与马锁安之间的信任慢慢地建立了起来。"村民们一下感受到我们是来办实事的，距离立马拉近了。"马锁安说，最大的变化是以前村民们见了马锁安最多笑一笑，或是羞涩地打声招呼，叫声"马干部"。之后，大家看见他大老远就喊"马书记"，都愿意和他寒暄一会儿。

用实干赢得民心

来村里不久，马锁安就发现，哇麻村家家户户养牛养羊，村民大多都有比较丰富的种植养殖经验，依据这个村情，他决定把补助资金用来发展特色种植养殖产业，帮助贫困群众脱贫。但在具体实施过程中，补助资金怎么发放却成了困扰他的一个难题：牛羊养殖周期性较长，资金发少了，帮扶作用会大打折扣；发多了控制不好则会造成有限资金的流失浪费。

究竟该怎么解决资金发放问题呢？在听取民意的基础上，经过无数次的思考和斟酌，马锁安决定，补助资金分成3批发放：牛羊圈建起来，发放第1批资金，这样农户买牛羊的定金就有了；牛羊买好后，发放第2批资金，用来付尾款；牛羊进圈了，发放第3批资金，剩余的可以用来买饲料。同样，针对精准扶贫产业扶持项目中牛羊如何采购的特殊问题，马锁安也想出了解决办法，就是把原来的集中采购方式转变为农户自主采购、政府报销补贴资金，既节省了运费等一大笔开支，还能保证农户买到满意的牲畜。

马锁安的这些想法却"吓坏"了乡上和县上的干部："以前买牛羊都是政府集中采购，现在你让农户拿着钱自己去买，从来没人这么干过，这个办法能行得通吗？要是出了问题谁负责？"

"只要你们同意这么办，出了问题我负责！"

从村干部到乡镇干部，马锁安一遍一遍地给身边的人做工作，挨个跑遍了所有涉及的部门，最终，县领导被他的执着和坚持打动，同意了他的想法。

很快，在与农户签订承诺书的前提下，马锁安的新办法在哇麻村得以推行。没想到的是，贫困群众积极性高涨，他们纷纷走出家门，四处寻访，最终都买到了自己满意的牛羊，高高兴兴地建起了自家的畜棚。

哇麻村党支部书记朱广寿还记得，2016年，在建设美丽乡村项目实施过程中，马锁安也"没按常理出牌"。按照惯例，美丽乡村建设项目主要是用来修路、搞基础设施建设的，但在哇麻村，项目资金除了用来修路，还有一部分用来改造了农户家院墙、大门。

"马书记说了，不管是干什么，只要我们把每一分钱都用在了老百姓身上，用在了改善群众生活上，那就是对的，是正确的！"朱广寿动情地说。

凭着坚韧不拔的担当和勇于开拓的创新精神，一年多时间当中，马锁安为哇麻村村民办了许多实事、好事，并先后争取到高原美丽乡村、危房改造、水电路基础设施等项目10个，落实资金1135.73万元，还通过危房改造工程，让13户贫困户住上了宽敞明亮的新房子。如今的哇麻村，危房旧房不见踪影，村庄绿化随处可见，村容村貌焕然一新，139户人家安上了新大门，1400多米残破土墙修成了砖墙，在村广场和村道两旁，栽植了云杉、青杨、山杏、丁香等各类苗木3600株。同时，组织动员群众开展村庄环境整治，清除了乱占乱建的棚圈，拓宽了村庄巷道，实现了绿化、美化、亮化，群众居住环境得到有效改善，村民脸上都洋溢着笑容。这位40多岁的驻村第一书记，用实际行动温暖了所有村民的心，让村民过上了幸福的生活……

用创新解决民忧

出门打工学个啥技术好？种当归要注意什么？如今，驻村第一书记马锁安成了哇麻村村民最信赖的人，村民有什么新想法，都愿意跟他商量。这些信任源自马锁安为村里所做的一件件大事和许多小事。

2016年，哇麻村建档立卡贫困户仅通过发展特色种养业，人均增收1500元，实现了预定目标。而实现了初步目标的马锁安没有放慢脚步，没有丝毫懈怠，却以加倍的努力和辛苦投入到了培育特色产业、以产业带动稳定脱贫的工作当中。因为马锁安更长远的目标是，除了保证贫困群众脱贫致富，他还想让哇麻村更多的老百姓走上发家致富的道路，过上幸福美满的生活。

同年，在深入调查摸底的基础上，马锁安集思广益，确定了崭新的哇麻村发展思路，而这个发展思路，总结起来就是"西头种药养牛羊，北头办起土鸡场，游客走上山梁梁"。

所谓"西头种药养牛羊"，就是在村子西部的农户家附近盖起牛羊养殖棚、种上当归等药材和经济作物。哇麻村处在一个南北长3.5公里、东西宽1公里多的狭长地带，西面地势较高、日照时间较长，村民家多数位于西面。把牛羊养殖棚建在农户家门口，既利于管护又利于牛羊繁育，同时，利用庄户间的空地种植当归、长白葱等药材和经济作物，既增加收入又方便田间管理。2016年，村里共投资334万元扶持47户养殖杂种肉牛87头、8户养殖土猪88头、5户养殖肉杂鸡550只。

"北头办起土鸡场"，投资56.25万元在村子北部的荒山坡上新建占地2亩的葱花土鸡养殖场1个，一年分两批养殖，每批4000只，两批就是8000只，以每只鸡赚20元纯利润算，仅这项产业，年收入就可达20余万元。

"游客走上山梁梁"，就是在位于村庄西面的互助县试验林场的山上，开辟长2.6公里的斜沟徒步路线和长3.5公里的寺沟潭徒步路线，吸引众多徒步游爱好者前来观光旅游。同时，争取徒步旅游基地建设资金26万元，在哇麻村建成了徒步旅游小营地，日均接待游客近百人，为发展乡村旅游奠定了基础。

贴近者，贴心也。"第一书记"，不是表格的涂鸦和纸的堆砌，就像马锁安那样，走田埂，才能知道今年贫困户粮食收成大概有多少；跑项目，才能知道贫困户生活最需要的是什么；访贫困户，才能明白脱贫攻坚中自己的担子有多重。

如今，上述各项产业发展规划已在哇麻村逐步实施。马锁安的足迹所及之处，这头连着党和政府一心为民的温暖深情，那头牵着山乡群众齐心奔小康的梦想……

用初心凝聚民力

脱贫攻坚大业任重而道远，为了把扶贫工作做实、做好，做到老百姓的心坎里，马锁安牢记共产党员的初心，牢记脱贫攻坚的使命，用实际行动树立了党员干部的形象，体现了党员干部的担当。他就像一面旗帜，飘扬在贫困地区农牧民的心中，又像一粒种子，播撒在贫困地区多情的田野上。

扶贫工作开展以来，马锁安注重加强工作队自身建设，带头落实以"践行好一份承诺书、晾晒好一份月绩单、讲授好一堂月课、记录好一本工作日志、实施好一项决策机制"为内容的第一书记和工作队队员"五个一"工作制度，在村委会设立"五个一"举措晾晒台，每月晾晒落实"五个一"举措情况，自觉接受上级党组织和群众的监督。他认真履职、以身作则，每月给村里党员讲一次党课，组织队员认真学习领会习近平总书记系列重要讲话精神，学习精准扶贫政策，保持思想认识不脱节、工作进度不掉队。2017年8月，他还受邀参加互助县组建的精准扶贫宣讲团，赴全县10个乡镇向基层干部群众讲解哇麻村发展特色种养业、引领贫困群众致富脱贫的做法和经验。

刚进村时，马锁安发现村"两委"缺少规范的工作制度，村干部想来就来、想走就走，群众到村委会办事找不见人，党员服务意识不强，模范带头作用不突出。为此，他在抓班子、带队伍、提干劲、强服务上下功夫，指导村党支部每月开展固定党日活动，严格执行"三会一课"、民主评议党员、民主决策等制度，落实村干部"一三五"坐班制，推行村民事务代办制，实行党员服务承诺制。同时，在青海省委组织部的支持下，先后组织村干部、党员致富能手到山东寿光、四川成都、江苏华西村进行培训，从而使村干部执行政策、开展工作、服务群众的能力显著提升，带领群众发展致富的思路宽了、办法多了。全村党员积极参与美丽乡村建设、环境整治、发展产业项目，带领村民移风易俗，树立文明新风。

辛勤结硕果。2016年底，哇麻村62户建档立卡贫困户如期实现脱贫，哇麻村被农业部认定为第六批全国"一村一品"（葱花土鸡）示范村，被海东市评为全市脱贫攻坚工作先进村，马锁安荣获海东市优秀驻村"第一书记"称号。2017年，马锁安荣获全国脱贫攻坚奖贡献奖获得者。2021年，马锁安被评为全国脱贫攻坚先进个人。

用真情温暖民心

"只愿今生无悔！"这是马锁安的心里话，也是推动他实干扶贫的强大动力。因为有真情，所以有担当；因为有担当，所以干得实；因为干得实，所以见实效。马锁安用自己的真实情怀诠释了共产党员全心全意为人民服务的真谛，用自己的无私奉献展示了驻村第一书记的精神风貌。他的真情善举，他的实干苦干，他的无私奉献，温暖了一个又一个哇麻村村民的心。提起马锁安，大家一边赞不绝口，一边用袖口擦拭着眼角的泪水……

刘有全老汉住进了新房。刘有全是村里的低保贫困户，有两个儿子，一个儿子肢体残疾，另一个患有精神病，这让本就不富裕的家庭雪上加霜。去年，乡政府为刘有全家安排了建房项目，建成后可享受建房补助。虽然好政策让刘有全十分暖心，但因为刘有全体弱多病，不时住院看病，老两口仍然住在几间低矮破旧的老房子里。直到今年上半年，仍然不见他家有建房的动静。7月初，马锁安又到刘有全家走访，刚从乡卫生院看病回来的刘有全就把自己的苦衷告诉了马锁安。"政府的政策虽然好，但我家困难多，两个儿子干不了活，没有左邻右舍帮忙，房子实在是没法建。"刘有全说。

听着刘有全的苦衷，看着他家里的情况，马锁安心里久久无法平静。得到刘有全的同意后，马锁安立即找到正在村里施工的负责人承包建房，并发动村干部和邻居亲朋一道，前后利用20天时间为刘有全家建成了新房。

住进新房的那天，刘有全请马锁安到家里做客。"老人握着我的手，不停地说谢谢，眼里还泛着泪花。我心里特别感动，我只不过做了力所能及的事，老人这么感谢我，我更得为村民们做实事，做好事。"马锁安说。

村民们种的当归喜获丰收。到哇麻村开展脱贫攻坚工作以后，马锁安天天都在琢磨发展特色产业的事情，为此，他夜夜难以入眠，经常跟扶贫工作队的队员们商议探讨到深夜，甚至，他还成了中央七套农业节目的忠实观众。经过多次考量和实地考察，马锁安最终把发展特色产业的第一个落脚点放在了种植当归上，并于2016年初着手开展各项工作。

但是，让马锁安没有想到的是，种植当归看似简单，实则是一项程序十分复杂、审批手续繁多的系统工程，没有数月的等待和操心奔波，很难成功。困难并没有挡住马锁安，为了能让哇麻村的贫困群众增收脱贫，再硬的"骨头"他都要啃下来。

经过实地取土样、获取项目可行性分析报告、相关部门审核立项、检查验收等系列程序的审批和马锁安半年多时间的操劳，种植当归终于有了满意的结果。如今，村里种的当归不仅喜获丰收，还卖上了个不赖的价钱，项目补助资金也如期发放到了贫困群众的手中。看着老百姓喜悦的笑脸，马锁安曾经紧锁的眉头舒展开来，但他的双鬓，却在不知不觉间白了一大片……

贫困户家的牛犊卖上钱了。哇麻村贫困户刘有荣家原本是养不起、也没想过养牛的。刘有荣卧病在床十几年，媳妇不仅要照顾他，还要照看孙儿，并打理家里的十余亩田地，沉重的家庭负担压得两人连气都喘不过来，更不要说是花七八千块钱买一头牛养起来了。

改变缘于"第一书记"马锁安的劝导、鼓励和帮助。2016年开春后，村里贫困户家打算搞特色种植养殖业的越来越多，唯独刘有荣家没这个打算，他们甚至指望村里能把扶贫补助资金直接发放到户。刘有荣不切合实际的想法被马锁安一口拒绝了，但马锁安并没有放弃这家人，而是一次次地登门做起了刘有荣的思想工作。

最终，马锁安的多番劝导点醒了刘有荣，夫妻俩商量来商量去，决定照马书记说的养两只牛，然后把田地"精简"到八九亩，再种上点当归，跟着大家一起脱贫致富。

如今，刘有荣一家的生活就像他们当初憧憬的那样，地里的油菜、土豆足够一家人所需，当归长势喜人，丰收在望。更重要的是，当初买来的两头牛果真下了一头小牛犊，刘有荣开了六千块钱的卖价，已经有人表达了明确的购买意向。

"真没想到，我家的牛犊也能卖上钱啊！"刘有荣高兴地说。

马锁安帮助村民脱贫致富的例子还有很多很多。扶贫的近三年时光转瞬即逝，年驻村300天以上、年行程上万公里的山村生活，让这个藏族汉子原本就很淳朴的脸庞变得更加黝黑，也让他和哇麻村结下了难以割舍的深厚感情。大家说他是哇麻村里的"拓荒牛"，带领大家脱贫致富、奔向小康。马锁安却说："人的一生能有几次这样的经历？我不求其他，只愿能为老百姓做点事情，只愿今生无悔！"

在苦与累、血与汗的交织中砥砺前行
——记全国特级优秀人民警察葛立业

青 民

葛立业，男，汉族，中共党员，1998年参加公安工作，现任青海省西宁市公安局城中公安分局经济犯罪侦查大队大队长。因工作成绩突出，荣立个人一等功1次、二等功2次、三等功6次、嘉奖多次，并荣获西宁市公安局"优秀共产党员"和西宁市"我最喜爱的十大人民警察"等荣誉称号。

葛立业同志自1998年从青海民族大学毕业至今，一直深耕基层公安办案一线，二十多年的公安工作经历，见证了他从一名治安员、侦查员，到一名副所长、副大队长再到经济犯罪侦查大队长的成长和蜕变，同时也淬炼了他勤勉负责、真抓实干、敢拼善赢的过硬品格，这使他在每个奋斗过的岗位上都能带领队伍建功勋、立宏业，用行动的语言、坚定的信念、无悔的坚持，践行着新时代公安民警的从警使命、丰富着新时代警营的从警故事。

择一业、当一面，稳扎稳打"练过硬本领"

葛立业同志在学生时代立志做一名优秀的人民教师，1998年从青海民族学院法学专业毕业后，却因机缘巧合加入了公安队伍，自此便开始了自己的公安职业生涯。既已选择，就当坚持，入职西宁市公安局礼让街派出所后，葛立业同志在治安员的岗位上一干就是七年。这期间，身边有的同事调动了、转行了、高升了，但他始终持有一颗平常心，认为自己非科班出身，执法办案的知识还需再积累、服务群众的经验还要再丰富，拒绝了无效社交，坚持从一次次的接警处警、一起起的案件办理和一天天的时间积淀中，不断丰富、提升自己，做一个热爱生活的人。良好的自律加之师傅的传带教授，使他快速就能独当一面了，办理起黄赌毒等治安案件得心应手，出色完成了每年的目标任务，得到了组织的嘉奖肯定。2005年，葛立业同志被选拔进入刑警大队命案中队工作，一干又是五年，这也是他认为"过得最快最充实的五年"。他沉浸于在没日没夜的工作中成长历练，破获了一系列影响恶劣、社会关注度高的恶性刑事案件，收获了很多值得骄傲的表现：在最先一秒预判，赶最后一趟火车，在最精准处布网，跨省抓获来宁行凶伺机潜逃的浙江籍犯罪嫌疑人，迅速破获2007年"7.03"故意杀人案；识破犯罪现场的迷惑伎俩，忍耐审讯室内唱河北梆子，同戏谑较量、与时间赛跑，从看似无关紧要的交谈中，一点一滴追寻真相，一层一层抽丝剥茧，成功突破2007年"7.21"故意杀人案；多次调整侦查方向，重新定性疑点案件，反复开展串并突破，甚至调取案发现场水文资料，一侦办结2009年"丁某系列抢劫杀人案"，获得主审法官"公安机关已把所有问题都考虑侦查在卷了，没有可退查的问题了"的极大肯定。正因为有一支像葛立业同志这样优秀的侦查员队伍，城中刑侦大队赢得了"西宁公安看城中、城中公安看刑侦"的美誉。

干一行、专一行，内外兼修"作学干表率"

2011年，葛立业同志调任人民街派出所，干了四年的治安副所长。当时的人民街辖区属于西宁市中心地段，商业场所、娱乐场所集中，人员流动大、治安状况差、警情问题多，人民街派出所也成了全市最忙的一个派出所，仅2011年一年的故意伤害致人死亡恶性案件就高达13起。对此，葛立业同志坚信"管好这种复杂的辖区没有什么技巧，唯一可行的就是真抓实干"。因此，他提出了"严格管理、顶格处理、常态治理"的工作思路，严格场所管理，督促和帮助场所依法依规经营，对问题多整改差的坚决停业整顿；严格落实对携带管制刀具的管理，一经发现一律顶格处理，依法拘留；经常性常态化开展巡逻防控，提高见警率、管事率，在经历了一段时期的苦和累之后，辖区内的恶性案件得以有效遏制，治安状况得到明显好转。2014年，调任经侦大队副大队长的他，进入了一个全新的领域，相较于命案中队"血腥的侦查现场、白热的案情纠葛、激烈的正面对抗"，派出所的"五加二、白加黑和琐碎繁杂"，经济类犯罪案件更复杂、更多变，专业性更强、隐蔽性更高，所辖案件涵盖了商贸、金融、税务、知识产权等方方面面，一本《中华人民共和国刑法》《治安管理处罚法》已远不能满足经侦领域的办案需要，"好面子"的葛立业认识到唯一的办法就是学习，只有倍加勤学、倍加勤练，才能做战友眼中立得住的"带头队长"和经侦战线过硬的"行家里手"。凭借着一股子"好面子"的倔强和"争面子"的执着，他自费买了许多专业书籍，关注了许多法律论坛，如饥似渴地汲取知识、充实自己，并在实战中不断总结、虚心求教，逐渐打开了工作局面，面对每一起案件，能迅速看清隐藏在表面现象下的实质问题，准确定性，拿出意见，不走弯路，为之后办理的几起大要案提供了有力支撑。受他的影响，经侦大队学风盎然，并代表单位在省市经侦业务大比武中屡获佳绩

循一线、成一案，深挖彻查"破黑恶坚冰"

2018年5月，担任经侦大队大队长的葛立业在带队侦办一起票据诈骗犯罪案件时，犯罪嫌疑人、青海某集团公司财务总监举报该公司涉嫌故意伤害、非法拘禁、诈骗、强迫交易、敲诈勒索、虚假诉讼、行贿、逃税等12项罪名。鉴于案情重大，葛立业同志第一时间汇报局领导后，负责成立了专案组，带领专案组的成员从该公司的财务账目核查入手寻找突破，3个多月时间吃住在专案组，葛立业带领大家"摸着石头过河"，一边办案，一边"补课"，从卷帙浩繁的纸质账目材料中，从历时久远的账目往来中，一条一条捋、一遍一遍校，终于绘制出该公司的账务往来图和人员关系网。可到底"黑不黑"，即使是法律科班出身的葛立业也还拿不准。由于是首次接触此类案件，且经济犯罪有较强的专业性、隐蔽性，需要具备刑侦能力和经济专业能力。为此，他慎之又慎，在请示汇报的同时，主动联系法检部门提前介入，反复论证，以求万无一失，同时也审慎确定了"以个案突破汇成大案"的侦查思路。经过近一年的不公开侦查，累计查实侦破各类刑事案件58起，在大量被查证属实的案事件的支撑下，以"袁氏兄弟"为首的涉黑犯罪集团的犯罪事实逐渐浮出水面，袁龙健、袁龙浩等人涉嫌组织、领导、参加黑社会性质组织犯罪案正式立案并向社会发布了关于公开征集违法犯罪线索的通告，这得益于葛立业同志和专案组成员前期的缜密侦查、循线深挖。立案后，袁龙健、袁龙浩等主要犯罪嫌疑人应声落网，其余60余名犯罪嫌疑人也悉数归案，查、扣、冻涉案资产1.72亿元，形成了案件卷宗278本，侦破了西宁市涉黑"第一案"，彻底扫除了盘踞青海建筑市场长达十几年黑社会性质犯罪集团。

谋一策、净一方，全链打击"护民生福祉"

2020年6月，葛立业同志组织研判出一条涉及民生领域的犯罪线索，不法分子在小作坊里将低档白酒以次充好灌进"品牌酒"酒瓶，配上精美包装和防伪标识，以正品"品牌酒"的价格流入市场欺骗消费者。葛立业同志深知制售假酒行为对于扰乱市场秩序、挫伤消费信心的严重危害性，随即制定了"打击全链条，打财全覆盖"的侦查目标。在这起案件中，他坚持谋定而后动，一方面，安排专人跟进线索跟扩线深挖，为产供销全链条打击工作固定证据；另一方面，部署力量对接银行锁定非法收入，确保非法资金尽数打完。经过长达半年的侦查，临近年关，所有的打击要素已全部呈现，葛立业同志开始为收网审讯做全面准备，组织专案民警将嫌疑人照片、车辆、家庭住址以及收网后的讯问提纲、查扣文书等一应备齐、封存备用。2020年12月28日，葛立业同志接到指令同联合行动队"兵分四路"，同时在西宁、兰州、南京、合肥四地对"林某等人特大制售假冒品牌白酒"案团伙展开统一收网行动，当日，所有目标对象无一漏网，完美收官。此次行动共摧毁制售假酒窝点2个，起获储假仓库5个，捣毁售假网点30处，查获热销品牌假酒5817箱计3.49万瓶，各类制假物资约25吨，涉案金额1.7亿元，抓获犯罪嫌疑人40人，冻结非法资金995万元，实现了"产供销全链打击、资金链同步冻结"，严惩了涉及民生福祉的违法犯罪，打赢了我省知识产权领域一场大胜仗，受到了公安部通报表扬。

回味23年的从警历程，葛立业同志在苦与累、血与汗的交织中砥砺前行，每一步都坚定执着，每一步都来之不易，在"好面子""争面子"之后饱含的是一份对公安事业的使命感和责任感。正如他自己所说："其实我很平凡，平凡的岗位，平凡的资质，在工作中能被同志们和群众认可，一是有信念，将所经历的每个岗位都当成成就自我价值的舞台；二是能坚持，把坚持不懈作为解决困难的利器和自己最好的品质。"

铁路检修班组上的"女汉子"
——记全国五一巾帼标兵获得者马婷

赵　娜　蔡建庭

青春是美好的，是人生中最美的时期，在这个阶段，我们奋力拼搏，挥洒无数辛勤的汗水，只为让梦想的种子破土而出。

在中国铁路青藏集团有限公司西宁东车辆段有这样一位美丽的90后女孩——马婷，她用奋斗来诠释着自己的青春，用奋斗来实现着自己的人生价值。在她看来，奋斗的青春最美丽。

检修班来了个"巾帼花"

1992年出生的马婷，和所有90后女孩一样，爱美爱漂亮。然而工作环境的限制，让她不得不将这颗爱美的心收起来。

初见马婷，她略显纤瘦的身上穿着一套与身材有些不符的大号蓝色工作制服，藏青色的工作帽下，一张白净的小圆脸，秀气中透着几分聪慧和俏皮。在常人的印象中，这样一位白净、秀气的女孩应该从事一些"文"气十足的工作，然而她却从事着手拿扳手、整日与各种工具打交道的铁路货车车辆制动阀检修工作。

2013年，马婷走出青海民族大学的校园，第一次走进中国铁路青藏集团有限公司西宁东车辆段制动班组。初到岗位，她的内心满是矛盾和对这份工作的排斥。原以为铁道车辆专业科班出身，下到班组会从事一些设计和规划工作，没承想，除了要接触扳手、钳子等油腻腻的工具材料，她还得整天穿一身分不出年龄性别的厚重工作服从事技术工作。

刚上班时，马婷最苦恼的就是搬50多斤重的主阀，男同事双手抱到试验台上都有些吃力，更别说像马婷这样的女孩子了。为了将这个"分量重的主阀"搬到试验台上，马婷除了依靠手臂的力量之外，还要用肚子顶着，用尽全力慢慢地往试验台上挪，光这套环节，一天下来，这个纤瘦的女孩要从试验台上抱上抱下不下百次，经常累得腰酸背疼、手臂发麻。巨大的环境落差，让她叫苦不迭。为了克服工作困难，她开始有计划地锻炼身体，每天跑跑步，举举哑铃，也许是锻炼的效果，渐渐地搬主阀没那么费力了，同时她也练就了一双"麒麟臂"。

马婷虽然是科班出身，课本知识掌握得很好，但技术工作还是要展现在实际操作上。为更好地掌握工作技能，入职以后，马婷在师傅的教导下开始沉下心来学习业务知识，认真学习掌握岗位技能。遇到不懂不会的就虚心向师傅和班组长请教。青春相伴的征途上，她开始了对美好的追逐，在她看来，除了努力学习，成功没什么诀窍可言。

在铁路运输中，为了调节列车运行速度，及时准确地在预定地点停车，保证列车安全正点地运行，每一辆车上都装有制动机，它是列车运行的心脏，而制动阀是列车制动缓解的执行机构，是铁路安全运行的核心部件，如果制动系统发生故障，将会引起列车脱轨、制动盘崩坏、轮对擦伤等事故，因此，要求制动钳工要有高度的责任心和丰富的判断故障的经验以及维修故障的能力。

工作之初，为了尽快掌握制动阀检修工艺，她平日里不断琢磨遇到的技术难题，晚上回家也不忘潜心学习制动阀检修相关知识。为了牢记复杂的设备性能参数，马婷将涉及车辆内制动的组装、分解、研磨等岗位的1000多道专业题拷贝到自己的手机上，一有闲暇，就拿出来一遍遍读、一遍遍分析，甚至连家里床头上摆放的都是她打印出来的专业题，不到一个月，她就把200多页的指导书背得滚瓜烂熟。她不断钻研业务技术，把学习当成一种爱好，一种干好本职工作的基础。经过刻苦努力的学习，她的业务技术突飞猛进，很快便熟练掌握了制动阀检修作业方法、标准和流程等所需的业务知识，并且对每个密封圈及模板的尺寸都了如指掌。扎实的课本知识，加之熟练的操作技术，如今，在制动岗位上的各个工种，基本都难不倒这位90后女孩。

苦心钻研　成"技术达人"

制动阀检修质量的高低直接影响着货车空气制动作用的发挥，为了提高制动阀检修质量，降低制动阀的检修返工率，马婷时常加班，用工休的时间在检修台、实验台之间奔波，反复比对数据、查找问题，提升自己。"传感阀空车位保压60秒内下降不能大于5000帕，而且空车、半重车和重车要区别对待，滑阀厚度不能少于16毫米，节止阀的厚度不能少于5毫米，制动就是车辆的'心脏'，每个参数都不能出现丝毫的遗漏。"马婷一边进行手里的操作，一边告诉记者。

制动钳工是一项要求严、标准高、技术强、安全责任大的工作，是确保铁路安全畅通的关键岗位，要求制动钳工要有高度的责任心和丰富的判断故障的经验，以减少错判、误判。因此，马婷在工作时总是不断查看试验数据，一个班要来来回回跑十几趟。当别人结束一天的工作回家休息时，空旷的制动室内，她还站在制动阀检修台前，全神贯注地反复摸索滑阀研磨技巧，一干就是几个小时，年纪轻轻的她经常累得腰酸腿疼却毫无怨言。

为了提高制动阀检修、组装、研磨的准确率，她以自己柔弱的手指，"摸骨"般熟悉制动阀结构，用密密麻麻的笔记，记录制动阀缺陷的分布规律和常见缺陷类型，以自己坚持好学肯干的毅力和不服输的精神，分析检修作业中出现的各种"疑难杂症"，不断总结和积累经验，并融会贯通转化成为自己的知识和技能，夯实了基本功，总结出了一套120制动阀故障判定的方法，大大提高了故障的发现与判别速度。为了解决120控制阀配件（数量多达138个）容易错装的问题，通过技术攻关，她和小组成员共同研制了120阀配件辆份配送盒，将120阀配件提前按照辆份配送盒内的仿形模具进行摆放和配送，使配件错装率明显下降，提高了120阀组装质量。该项成果荣获了全国优秀质量成果奖。

为提高一线生产员工的劳动技能，马婷还积极做好对岗位操作人员的培训工作，针对120制动阀在组装过程中极易出现错装、漏装、反装问题，从源头上教他们学会如何去控制和及时发现错误，对120制动阀各类故障处理的方式和问题与同事探讨研究，极大地方便了作业人员对类似故障的快速锁定和排除，节省了排除故障所需的时间，有效地促进了车辆检修工作的顺利进行。

"三心"常伴 青春不打烊

"我觉得，在我的成长中，离不开徐师傅和毕师傅的教育，是她们让我在短时间内认清了自己的角色，找准了自己的定位，也让自己学到了许多书本上没有的知识。"说起两位师傅对自己的引导帮助，马婷满脸感激之情。

多年来，马婷一直保持着师傅们常说的制动阀检修工作需要的细心、责任心。因此，她总是坚持做到立标准岗、干标准活。在主动配合工班长做好安全生产、思想稳定等方面工作的同时，她还担任着车间团支部书记一职。她不断发挥承上启下的作用，紧密围绕车辆段安全工作大局，不断加强团支部自身建设和团员青年思想政治建设，主动激发团员青年的工作热情，进一步增强了团组织的凝聚力、战斗力和吸引力。积极开展爱国主义教育和"五四"青年节教育活动，每年三月份积极开展学雷锋活动，参加集团公司团委组织的各类义务奉献活动。

在近年来举办的各类比赛中，马婷和很多男选手同台竞技，巾帼不让须眉，多次在技术比武中脱颖而出，展现出新时代铁路青年拼搏进取的工作风貌。

2016年到2018年，她连续三年蝉联了车辆段、集团公司的"党员技术标兵"，2017年被评为"青海省职工职业技能竞赛技术状元"，2020年，她作为集团公司唯一的车辆系统女选手，前往沈阳参加了全国铁道行业技术比武。高手云集的比赛，她荣获了单项三等奖的好成绩，但也让她看到了差距。她为自己定下一个目标，那就是，有朝一日，能站到全路职业技能竞赛的领奖台上获得更高的荣誉。此外，努力拼搏的马婷还获得了"青海省三八红旗手""青海省三八红旗手标兵""全国五一巾帼标兵""全国五一巾帼奖章"等荣誉称号，并且在北京人民大会堂接受表彰。在平凡的岗位上，马婷靠着勤奋、努力、认真和严谨，获得了优异的成绩。"机会总是留给有准备的人，我的青春不打烊。"马婷如是说。

"习近平总书记说过'每个人都了不起'，制动钳工是一个很平凡的岗位，但制动阀却是铁路车辆的核心部件，相当于人的心脏，在西宁东车辆段我和15名同事每年要检修5000多辆车上的制动阀，想想自己检修的制动阀安全运行在祖国的万里铁道线上，我打心眼里自豪。"每次提起自己的工作，马婷都掩饰不住心中的那份骄傲和喜悦。

马婷手机里有一张照片，照片中，她抱着厚厚一摞红色的荣誉证书，笑容灿烂如花。她说，她自己都没有想到，搬家时母亲帮她数了一下这几年的荣誉证书，竟然有38本之多。"作为一名铁路货车的检修工人，我只是在自己的工作岗位上尽心尽力，尽职尽责做了自己应该做的工作，党和国家却给了我如此高的荣誉，这是一份沉甸甸的信任，也是党和国家对铁路事业的高度尊重和认可，我将认真践行'进德修业、自强不息'的青海民大校训精神，牢记'交通强国、铁路先行'的历史使命，将荣誉化作动力，再接再厉，全身心投入工作中，撸起袖子加油干，用工人阶级的优秀品格，用卓越的劳动创造和忘我的拼搏精神，再立新功，再创佳绩，做好党员带头模范作用，引领一线职工们，并肩作战，一起为铁路事业贡献自己的力量。"马婷干劲十足地说。

这个优秀的女孩，工作之余还练就了一手好毛笔字。2018年，她临摹的篆书《短歌行》入围青海省书法展。2019年她的书法作品荣获第五届中国铁路总公司"书香铁路，巾帼芳华"书法作品三等奖。她说："人生有着无限能量，青春有着无限可能，趁着年轻，我要努力奋斗，用奋斗的青春书写美丽灿烂的人生画卷。"

蓝蓝天空下还是好人多
——纪念新中国第一代土族著名作家董思源先生

解生才

凡相识他的人，无论政府官员还是平民百姓，都说他是个好人。然在现实生活中，好人的标准很难区别和界定，但他既不是超凡的好人，也不是平庸的好人，而是一个恪守底线、修身向善的好人。他本是一介返乡的知识青年，经层层努力，不断进取，官至助理巡视员，因踏实肯干，热忱服务，赞誉一方；再者，他还具有文学的天赋，才思敏捷，笔锋强劲，才华横溢，在政界和文艺界留下了一道色彩斑斓的印痕。他心地善良，淳朴真诚，为人谦和，淡泊名利。从工作岗位上退休后，他信心满满，迎着灿烂的夕阳，正准备二度出征，厚积薄发时，却因无情病魔的侵袭，便撒手人寰，飘然而去，身后泛起一片哀叹和惋惜声。时光荏苒，他离开我们已有整整13个年头了，也许由于曾经的领导、前辈和同事的缘故，至今每每提及他，他那顽强的敬业精神、忘我的工作态度、和蔼可亲的容颜，立刻浮现在眼前，萦绕在脑海里，仿佛就像昨天的事……

他大名为董思源，原名为董才典（坚固长寿之意），因受党的培养和恩惠，便更名为董思源，以表饮水思源的情怀。2009年7月2日，青海省民族宗教事务委员会助理巡视员、青海土族研究会常务副会长、《中国土族》杂志副总编辑董思源同志，走完了人生的最后一段路程，在互助老家溘然病逝，享年74岁。

档案显示：董思源1936年出生在互助土族自治县东沟乡大庄村，1951年考入青海省民族公学（青海民族大学的前身），在校期间学习刻苦，勤奋务实，成绩优秀，修业本科三年因病退学回家。返乡后的董思源在病情痊愈的基础上，不忘学校的培养和恩师的教诲，展翅翱翔于高天厚土的田野间，扎实的社会实践成为他成长的摇篮。因此，1951年他就加入了中国共产主义青年团，1956

年便成为一名光荣的中国共产党党员。他曾担任过生产队负责人，互助县东沟公社、松多公社的党委书记，中共互助县委副书记、县革委会主任等职。1981年调至青海省民委工作，这期间辗转多个部门，1998年晋升为青海省民族宗教事务委员会助理巡视员，1999年2月从工作岗位上退了下来。在岗期间，董思源同志不论做什么工作，都殚精竭虑、鞠躬尽瘁，特别是为青海贯彻执行党的民族宗教政策作出了积极的贡献。除此，在繁忙复杂的工作之余，他还抽空创作了大量的小说、报告文学、散文、诗歌等文学作品。与此同时，他还参与了国家重点项目《中国少数民族文化大观》《中国各民族传统文化百科全书》的撰稿和编辑工作。退休后，董思源同志全身心投入到青海土族研究会的日常工作中，他不顾年事已高、身患重病，仍勤奋工作，把自己的点滴余热全部倾洒在了青海土族研究会的工作和《中国土族》杂志上，为土族的民族文化建设奉献了一片赤胆忠心。

　　我和董思源都是互助人，但我俩素昧平生，因一次偶然的邂逅，总算打上了交道，并且他的身影在我的脑海里留下了深刻的印象。1991年9月份，第四届全国少数民族传统体育运动会即将在广西壮族自治区的南宁市举行。为迎接这次传统体育盛会，青海省组成了以时任省政府副省长喇秉礼为团长、时任省政协副主席马元彪为顾问的70多人的庞大体育代表团，而董思源作为代表团秘书组的负责人随团前行，主要分管代表团各项运动项目的文档资料等工作。按日程安排，代表团路经广西桂林后，全体休息一天，大家借此机会可以游览一下著名的阳朔风景区，翌日傍晚时分乘火车前往南宁。有趣的是下午5点左右，代表团刚到桂林就接到了南宁方面打来的电话，说是青海代表团抵达南宁后，即晚8点左右在车站迎宾厅出席一个记者问答会，有300多名中外记者参加，请代表团团长做好准备。这突如其来的电话，着实让团部领导有点措手不及，为了顺利完成这个任务，代表团召开紧急会议，决定秘书组的同志明天哪儿都不能去，在休息处协助董思源准备好记者问答材料。第二天晚饭前大家返回宾馆时，只见董思源执笔起草的洋洋数万字的记者问答材料，整齐地摆放在团长喇秉礼住宿的房间桌面上，内容涉及青海的方方面面，且字迹工整娟秀。团长看过后说："噢哟，这么厚一摞材料，我看都看不完！"明晚记者们究竟问什么，谁都心中无数，全靠团长的临场发挥，董思源起草的材料，只不过是一份参考而已。第二天乘载着青海代表团的火车徐徐驶入霓虹闪烁、灯火辉煌的南宁火车站时，顿时鼓号齐鸣，欢声雷动。全体下车后，旋即在云南省相关领导的陪同下，团长喇秉礼步入车站迎宾厅，和中外记者见面。在近一个半小时的记者问答中，团长喇秉礼灵活应变，回答自如。他向中外记者介绍了大美青海、民族团结和民族传统体育运动等方面的问题，深受大家欢迎。当然，董思源同志准备的材料，对整个中外记者问答会的顺利完成，也起到了一定的拾遗补阙的作用。

初次接触，我就见识了董思源同志的笔力深厚。作为一名随团新闻记者，我和董思源随时保持着密切的联系，他向我提供了大量新闻写作的背景材料，如我省传统体育代表团的人员组成情况、入场仪式，以及各竞技体育和传统表演项目的具体内容等，这些珍贵难得的讯息，无疑使我的新闻报道得心应手，起到了很大的铺垫作用。为此，在民运会开幕后的第三天，《广西日报》还给青海开辟了专版，整页刊发了我撰写和摄影的6篇文章及图片，专门介绍了大美青海和青海传统民族体育的竞技和表演项目。与此同时，在运动会期间，我及时向《青海日报》《青海藏文报》传发了大量的消息、通讯、专访、短评、图片等，和青海各族人民共享了民族传统体育运动的无限魅力和我省体育健儿的精神风貌。尤其是《我省运动健儿巴特摘得博克摔跤金牌》一文，被评为该年度青海十大新闻之一。代表团返宁后，对我的工作给予了充分的肯定和高度的赞扬，通报表扬函刊登在《青海日报工作》报上。总之，在第四届全国少数民族传统体育运动会上，青海体育代表团高效运作，频奏凯歌，圆满收场，这和董思源等人的扎实工作、勤奋付出是分不开的，每个成绩背后都凝结着他的心血和汗水。

1992年的初秋，一则喜讯不胫而走，在土族群众中掀起了层层美丽的涟漪。9月份，青海土族研究会暨《中国土族》杂志同时在古城西宁宣告成立和创刊。为此，在喜悦和欢庆中，一些土族的知名人士如马元彪、鲍义志、祁明荣、李克郁、辛存文、李京霖、童成荣、刁文庆、乔正孝、秦德奎、董思源等同志，还有相关的专家、学者、研究员及部分省市县的代表欢聚一堂，相互道贺，共抒情感。他们说，土族不足30万人口，现有了自己的研究会和杂志，这不仅是党和政府对土族人民的关怀，也是土族史上的一件大事，我们一定不负众望，要以青海土族研究会和《中国土族》杂志为平台，努力研究好土族的政治、经济、文化等各项建设事业，搞好民族团结，为祖国的繁荣昌盛奉献土族的力量。话是没错，但真正操作起来却不是一件容易的事，每项工作都需要资金，但资金从哪来，办公场所从哪来，人员从哪来……一系列实际问题困扰着踌躇满志的人们。然起初申请成立和创办青海土族研究会和《中国土族》杂志的创始人，青海省民委原副主任、首任青海土族研究会会长祁明荣，和青海省民宗委助理巡视员、青海土族研究会常务副会长董思源，面对种种困难，仍意气风发，雄心勃勃，胸怀满腔热忱，憧憬着美好和希望，踏上了不可预测的漫漫征程……

相识和熟知董思源。他给人的印象：五十开外的年岁，中等个头，常穿一身深蓝色的中山装，喜戴有檐的单层帽，眉峰下架一副光洁透明的眼镜，说话轻声慢语，很是随和，毫无架子，看上去像个乡村干部。就是这样一个人，在土族研究会会长祁明荣的带领下，干起了轰轰烈烈的大事，如在研究会的名义下告贷借钱盖宾馆、建公司、开诊所、办杂志等。虽当时我不在研究会，但听完他们为开创事业而披星戴月、废寝忘食的艰辛故事后，一种敬佩和感慨在心中油然而生，他们不愧是土族的一代汉子。曾经历过的人，永远忘不了三十年前那艳阳高照、金色满地、落英缤纷的秋季。1992年9月份，随着大地的丰收，土族人期盼的《中国土族》内刊在西宁诞生了。青海日报社高级编辑辛存文为内刊《中国土族》杂志的首任社长兼主编，青海省著名作家鲍义志为副主编，青海省知名文化人士何峰、祁正贤、吕建福、师延智、秦永章、李存福为编委。为了办好首创内刊《中国土族》杂志，编委们个个摩拳擦掌，各负其责，积极约稿、撰稿等，劲头十足。等到稿件汇拢的那天，编委们带着各自分管的稿件，纷纷来到西宁市儿童公园，拿着董思源分发的一人一瓶矿泉水，围着一块稍平展的人工水泥巨石，就此编稿、审稿、论稿。在土族著名装帧艺术家白峰的精心设计下，一份起步高、质量佳，图文并茂，披着炫目的彩虹，飘着袭人的墨香的《中国土族》杂志，在青海大地上破土而出……

在《中国土族》杂志未出版前，围绕杂志的刊头和用字形式，还穿插着一段撩拨心弦的动人故事。若干年后，董思源这样告诉我：为什么杂志刊头定位于"中国土族"？当时研究会召开了多次会长会议，并邀请了省垣的各族专家、学者、研究员等参加会议。经过认真热烈的讨论，大家一致认为刊头定为"中国土族"较为适宜，理由是青海土族占全国土族人口的80%以上，青海土族研究会应该既代表本省的土族同胞，又应兼顾全国的土族同胞。截至当时，土族还没有一份期刊，所以土族人民期盼有一份自己的期刊。大家认为"中国土族"这个刊头具有前瞻性和全局性，应成为土族人民发声的窗口和平台。杂志刊头确定后，大家对刊头采用什么字体提出了许多意见和建议，最终决定请全国政协原副主席、中国佛教协会会长、我国著名书法大师赵朴初先生题写，这样才能上档次、有品位，也能与全国唯一的《中国土族》杂志相匹配。经过重重困难，在青海省政协原副主席、青海土族研究会顾问松布及其秘书韩新华同志的鼎力帮助下，85岁高龄的赵朴初先生用心用情写下了"中国土族"四个端庄雄厚、气势苍劲的楷书大字。大师给土族题写的刊头，看是一幅题字，却一字千斤重，字字寄托着他对土族人民的深情厚意。会长祁明荣、常务副会长董思源手捧大师的墨宝，心潮澎湃，喜悦和感激的泪水从两人的脸颊上流了下来。

时光飞逝如白驹过隙，转眼间一年一期的内刊《中国土族》已走过七八个年头，刊物编委也像走马灯似的换了好几茬，但董思源同志自始至终紧贴杂志，服务于杂志，他是整个杂志工作的核心枢纽，连接着杂志的年度总结、报表、发行，以及发放通讯员稿费、印刷费和工作人员所需的笔墨纸张等杂事。因他自己不会用电脑，有时工作紧张、人手不够时，就动员全家四个子女齐上阵，为了这份杂志他的确付出了太多的心血和力量。而此时担任内刊《中国土族》杂志社社长兼主编的辛存文先生已年事过高，他多次请求我过去给他帮帮忙。因辛存文先生和我曾在青海日报社共过事，他是青海省著名的作家和新闻专家，也是我进报社的前辈和老师。所以我考虑再三，因一年一期，便接受了邀请，可以临时帮帮忙，故我以责任编辑的名分，开始了《中国土族》杂志的业余编辑工作。《中国土族》是一份大型综合性的杂志，在政治上把好关把好度的基础上，还存在大量的具体工作，如策划、约稿、撰稿、编稿、拍照，以及内文版式、四封设计、印刷监督、校对等工作，若有一项工作不细致、不到位，便会出现或大或小的政治或技术上的错误及偏差，其结果重者关闭，轻者停刊整顿，所以说，《中国土族》杂志可谓"麻雀虽小，五脏俱全"，责任重大。好在辛存文先生是位大见识、高文化的明白人，他充分体谅办刊人员的不易和艰辛，配备了文字编辑、版式编辑、校对人员和美术编辑等。尽管如此，杂志因付不起被聘人员起码的劳务费，人们干一两期后便拂袖而去。这样，《中国土族》杂志挪着沉重的步履，缓慢前行，随时有着关闭或停刊的可能。面对这种尴尬和困顿的局面，青海土族研究会上上下下，特别是会长祁明荣和常务副会长董思源倍感痛苦和揪心，眼前一片茫然。正在这时，前面又出现了一缕曙光，省上给青海土族研究会拨下了七八千块钱，尽管钱不多，且一年一次，却在当时能解决一期杂志的印刷费。为此，董思源和我跑遍了西宁地区所有的大小印刷厂，以期以最小的代价，印刷一期不到千份的杂志，开明一点的印刷厂想利用《中国土族》这块牌子，宣传自己的印刷广告，答应可以亏本印刷，其实他们看准的是杂志前面冠带的"中国"两个字。无论怎样，杂志又可以继续印刷出版了，总管董思源紧锁的眉头舒展开来。

其实青海土族研究会的领导们，也的确践行了研究会成立初期的种种诺言和宏大目标，特别是正副会长祁明荣和董思源，不顾年迈，四处奔波，写申请、办贷款、找地盘……以跑断腿、压弯腰的精神，经四五年的光景，盖起了高楼宾馆，相继成立了安纳公司、光彩诊所等。本想用此经济体赚来的钱服务于土族人民，用来研究土族文化和发展壮大《中国土族》杂志，但谁能料到，计划没有变化快，残酷的现实把美好的愿望砸了个粉碎。因还不起贷款等多种复杂的原因，这些经济体便成了昙花一现的海市蜃楼，不到几年工夫纷纷拍卖、倒闭、关停等。多年后，当人们提起这档子事时，董思源眼噙泪花，不无感叹："这些经济体是我不分白天黑夜地负责干起来的，为了它我不知剥了几层皮、断了几根筋，万没想到其结果是这样的，唉！"

时间转到1999年，我已完成了内刊《中国土族》杂志的临时帮忙工作，正准备卸任办移交手续时，事情却发生了戏剧性的变化。也许内刊《中国土族》办得还好、有特色等缘故，2001年国家新闻出版总署批准，给予《中国土族》杂志正式向国内外公开出版发行的刊号，并批复和青海日报社共同联袂主办。这对于一个民族来说，真是喜从天降，土族人民从此破天荒地有了自己公开出版发行的刊物，这是党和国家对土族人民的关爱和呵护，在土族史上具有划时代里程碑式的重要意义。就在这《中国土族》杂志大转折、大"洗牌"的关键节点上，青海土族研究会也完成了换届工作，时任青海省政协副主席的鲍义志当选为第二届土族研究会会长，董思源仍为常务副会长。

记得2001年的春节刚过，时任青海日报社党组书记兼社长的赵得录同志找到我，说是党组决定委任我为《中国土族》杂志社社长兼总编辑，同时配备一名副总编辑、一名文字编辑、一名美术编辑。同时还特别强调，土族和撒拉族是我省两个独有的民族，《中国土族》杂志还要兼顾搞好对撒拉族的宣传工作。目前我社有《青海藏文报》、《中国土族》、藏文网通等报刊和网络，全社要形成一个民族平等团结的对外宣传大集体。虽然顾虑重重，担心有限的能力驾驭不了一年四期的大型公开刊物，但因这是报社党组作出的决定，我不好意思推辞，便怀着纠结和忐忑的心情出发启程。

前面说过，这份杂志是两家共同合办的刊物，若一方有问题，不配合或不给力，那么它也就无法生存。所以说，《中国土族》杂志除青海日报社承担大量的编务出版工作外，青海土族研究会的工作也不可小觑，如一年四期杂志的印刷费、作者稿费、发行费，以及年度总结、审核、各种报表等。当然，这繁杂琐碎的事，均毫无例外地落在了青海土族研究会常务副会长董思源的头上。为了工作方便，经研究决定，给董思源挂上了《中国土族》杂志副总编辑的头衔。回首杂志公开创办的初期，土族研究会的董思源、何文祥、秦春生三位退休老人所付出的艰辛和努力常令人动容和泪目。起初我们把原先内刊时的小16开本杂志，扩充为和国际接轨的大16开本，并增设了十二幅彩版。在宣传内容上也进行了大刀阔斧的改革，跳出了狭小的土族圈子，兼容了青海省的政治、经济和文化建设，以及各民族的精神风貌。尽管如此，一期千来份的杂志仍销不出去，除为省市各大班子和相关单位赠送的杂志外，普通群体无人问津，更不要说征订。为了打开这种局面，当时青海日报社的领导安排在《青海日报》《西海都市报》上做联动广告，同时我们还采取了一种敲门征订法。所谓敲门征订法，顾名思义就是找熟人，挨家挨户地进行敲门征订。为此，董思源、何文祥、秦春生三位老人，虽年纪都逼近七八十岁，却依然斗志昂扬，为了给研究会节省一点车票钱，他们每人每天背着二十多本杂志，硬是用自己的脚板，串街、走巷、敲门户，用心血和汗水，把一本本饱含着土族人民深情厚谊的杂志，征订到了客户手中。那时董思源这样告诉过我，"西宁市的街道真硬啊，一天跑下来，汗流浃背，腿脚都不听使唤了，但一天能订出七八份或十几份杂志，我心里非常高兴，乏气也没有了"。是的，事实也果真如此，他们从早到晚，一天跑下来后，两脚都鼓起了大大小小的血泡，但他们挑烂血泡，用盐水烫烫脚，第二天又消失在茫茫的人海中。

  我们知道，每个刊物的宣传定位都有所不同，《中国土族》杂志的宣传定位自然是以土族为主，而后海纳百川，以他山之石可以攻玉的胸襟，扩充宣传内容，努力发扬一种各地区、各民族间，互为借鉴、彼此欣赏、紧密抱团的石榴籽精神。如要达到这种效果，首先要办好杂志，其次要让广大基层群众喜爱、喜读、喜看，力争把杂志办成基层群众所需求的阳光、空气和不可或缺的精神食粮。为此，董思源带着我们到互助、民和、大通等县，在土族群众聚居区大力宣传《中国土族》杂志，动员他们积极为杂志撰稿，并做好征订工作。碰巧的是，在互助土族自治县我们遇到了刚上任不久的县委书记车军平同志，在谈话中可见他思路宽广、政治敏锐、办事果断。当我们汇报了来意后，他急忙联系县政府县长张宗寿同志，两人稍商量后，立马召开了县委办和政府办工作人员会议。随即"两办"联合下发红头文件，成立了《中国土族》杂志互助发行站，并确定了众多撰稿人员。之后，民和县和大通县也照此办理。从此，《中国土族》杂志撰稿队伍不断壮大，刊物质量越来越好，征订发行节节攀高。与此同时，董思源还不辞辛苦，自掏腰包，千里迢迢背着杂志，到部分土族群众聚居的甘肃、云南、广西等地，进行实地考察和撰稿。他说："除甘肃的土族和青海的土族基本相同外，云南、广西也有一万多土族同胞，他们操着当地的语言，但身份证上都填着土族。他们见到我和《中国土族》杂志后，都非常兴奋，欢喜至极。他们说，他们和青海的土族一脉相承，都是鲜卑吐谷浑的后裔。"之后，董思源还写出了《甘肃土乡行》《云南土族探询记》等多篇大部头的连载文章，刊登在《中国土族》杂志上。

令人惋惜和痛心的是，当我正看此稿时，一则噩耗传到了耳边：82岁的秦春生老人过世了。这真是晴天霹雳，两个月前他还领着孙女到办公室来取杂志，并给我带来了一包自家种的花椒。记得13年前的7月份，董思源和何文祥整天为土族研究会和《中国土族》杂志的事各自奔波忙碌着，忽然在几天时间内，两人都抱病分别住进了两家医院。躺在病床上，两人还相互打听着对方的病情，希望早点出院，好继续为土族人民服务。但老天无情地驳回了他俩的出院请求，拒绝了他俩的工作权利，仅仅一个月之内，一前一后，两人便驾鹤归西了。好人哪，好人！据资料释义：好人虽无根本定义，但大都认为好人一般舍去私欲，忘我工作，容易受到磨难和伤害，而他们三人也曾都有过这样的经历。如董思源虽担任过县委副书记、人事处长等职，对自己的工作从不含糊，但他的四个子女从未进过任何公家单位，至今仍四处漂泊打工度日。按理说，退休后本应享受儿孙绕膝的天伦之乐，可他们都选择了继续前行和奉献，直至把自己化成青灰一坛，永远依偎在大地母亲的怀里。此刻，我疾书的笔锋不由自主地停顿了下来，深度的回忆，引来点点热泪，打湿案上的稿纸，一种无名的情绪久久难以平静。图个啥，为了啥？我百思不得其解，起身推开窗户，遥望远方的苍穹……看呐，绚丽的彩云飞渡过西边的天际，在燃烧的霞光中，我似乎看到了董思源、何文祥、秦春生三位老人，谈笑风生，脸庞绽放着灿烂的微笑。

弹指间，《中国土族》杂志将有30个年头的办刊经历。30年来，《中国土族》杂志从开创初期的百来份纸质印刷品，现已增加到6000多份，行销全国各省市自治区及港澳台地区，网络发行通达北美、澳洲、西欧、东南亚等60多个国家和地区，属全省最大的发行刊物。除此，《中国土族》杂志先后获得国际图书优秀奖、"青海最美期刊"和青海期刊"编校优秀"等荣誉，日益彰显出国家大型期刊的风采和魅力。2007年，在《中国土族》杂志秋季号上，时任青海省委书记、省人大常委会主任强卫撰文指出：《中国土族》杂志不仅是一扇让世界了解土族、让土族走向世界的窗口，也是宣传西部、宣传青海、宣传土族的重要文化载体，是青海高原的一张亮丽名片。

《中国土族》杂志之所以有今天的成就，源于从上到下方方面面的真诚关怀和支持，凝聚着所有办刊人员的心血和汗水，尤其是和董思源等同志所付出的艰辛和努力是分不开的，他们功不可没。正当《中国土族》杂志临近创刊30周年之际，为了褒奖董思源为土族研究会和《中国土族》杂志所做出的贡献，青海土族研究会会长鲍义志，请来省垣各路土族精英和董思源的亲属家人，动员大家广泛搜集董思源历年所撰作品，准备出版一本董思源文集。董思源的文学作品出道于20世纪60年代，是新中国成立后，党和国家培养的第一批土族作家。以前光知董思源的名讳如雷贯耳，后拜读其大作后，方知果真名不虚传。他的作品没有大开大合的架势，而是透露着玲珑优雅的秀气，无论是小说、报告文学、散文、诗歌，所反映的内容都是来自基层农村火热的生活，没有风花雪月的空洞，也没有无病呻吟的做作，更没有随心所欲的奇葩滥调，而是站在历史和时代的高度，尽是些纪实性的干货，满满当当的正能量。期待董思源文集出版成书时，那篇篇美文、浓浓墨香，他可以含笑九泉了。

  记得现代著名诗人臧克家说过："有的人死了，他还活着。"好人董思源将永远活在我们的心中。因为我们曾在《中国土族》杂志这块一亩三分地里，躬身耕耘，辛勤浇灌，并伴着她的成长，彷徨过、奋斗过、拥有过、辉煌过！今后《中国土族》杂志不论能走多长多远，我们将问心无愧，因为历史会记住曾经的苦乐沧桑。在临近《中国土族》杂志创刊30周年之际，在董思源文集付梓出版之时，我以此拙文祭奠已故的董思源、何文祥、秦春生等先驱之英灵，以表敬意和缅怀之情。

只留清风在人间
——记全省民族团结先进个人昂格

才仁当智

昂格，男，藏族，1954年8月出生于玉树州囊谦县吉曲乡，1974年7月从青海民族学院少语系毕业后分配至玉树州委州革委会翻译组工作，1979年11月加入中国共产党，1983年11月担任州委组织部副部长、州纪委常委，1992年任正处级副部长，1996年5月担任州委常委、纪委书记，1999年5月至2000年4月担任州人大常委会主任、州委常委、纪委书记，2014年11月退休。

忠诚于党　热爱家乡

作为首届青海民族学院工农兵学员，昂格是沐浴着党的民族政策光辉成长起来的干部。在三年困难时期中，他的父母相继去世，他和哥哥是由姨娘尕保含辛茹苦抚养长大的，尕保会藏文、裁缝、造纸，是个有才华而又勤劳的人。在吉曲乡上小学期间，为了生活，其他同学在课余时间都忙着帮家人干活，而姨娘从不让他干活，只要每天看书学习就行。功夫不负有心人，1968年10月，昂格作为囊谦县"活学活用毛主席著作积极分子"的代表，第一次走出山村、走出囊谦县到州府结古镇，参加学习"毛选"交流活动。1970年10月，青海民族学院来玉树招收学生，群众当时送孩子上学的积极性不是很高，而尕保姨娘却鼓励他说："你应该去，要往远处去，到更大地方去！"正因这样，昂格走出了大山，走下了高原，开始了四年的求学之路，并两次被评为"三好学生"。

面对留在西宁工作的大好机遇，他毅然走上了建设家乡之路。当时，玉树的办公条件相当差，一个单位就是一间办公室，好多人连办公桌都没有，15平方米的办公场所已经是很奢侈的，县上的干部下乡靠骑马、徒步和坐大卡车。

从 1975 年 3 月到 1976 年 4 月，他参加了"抓农牧业"蹲点和社会主义路线教育，其间与乡亲们同吃同住，从未回过州上一次。1977 年 3 月至 11 月在称多县歇武公社东坝大队下乡蹲点，对中央和省州的政策宣传到位，深受村干部认可、群众的欢迎。工作结束后，被州委、州革委会评为"全州路线教育先进个人"。因对工作认真、踏实、一丝不苟，昂格得到了组织的认可，一步步走向了领导岗位，并分别于 1989 年和 1995 年被评为"全省民族团结先进个人"，受到省委、省政府的表彰。

发挥特长　献计出力

退休之后，昂格依然为玉树经济社会发展献计出力。2019 年《玉树藏族自治州志（1996—2015）》（以下简称《州志》）编纂工作进入复审阶段，州地方志办公室聘请昂格为《州志》顾问，他毫不犹豫地担负起顾问的重任，先后进行了复审、终审工作。在"大事记"及第八编"党政群团"、第十五编"人物"中，大到编纂目的设定，小到词句的运用，他都提出了具有针对性、指导性的意见，并进行了全面细致的审改。为了提高《玉树州志》的编纂质量，他花费大量的时间和精力查阅多年保存的旧资料，并亲自到州上一些单位查找、核实资料，期间花费的精力和汗水是难以想象的。他摘录和誊写 1996—2015 年间的大事近百条，充实了"大事记"；不断补充完善"人物"资料，增补了仲却、侯少卿、朱清明、阳藏伯、王文治、弋复元、米扎西、切尕、陈师科、才培多杰、何福兴、白玛巴茸、尕然、土登洛章、齐振威等 15 人的人物简介；核实查证"党政群团"中州四大班子历届领导班子成员信息，调整该编部分章节，使之结构更为科学合理；亲自重新组织撰写"依法治州工作"一节。同时，发挥自己的影响力，向州四大班子相关领导提出意见，对相关供稿单位提高认识和积极性、完善各自承编的志稿起到促进作用。

目前，《玉树州志》编纂已进入终审阶段，昂格从担任顾问到现在已经近 8 个月了，他始终如一潜心于志书的编纂工作中。近日，在与其交流志稿编纂工作时，他说："志书反复看总能从中发现问题，看电视的时候突然想起哪个地方需要看看，拿起来翻阅就能发现问题。所以，在定稿前，我们一定要更加细致、努力地投入志书编纂工作中，为子孙后代留下一本经得起时间考证的历史文献资料。"

走进 2018 年建立的州委党史馆，映入眼帘最醒目的是实木国徽（玉树州成立以来)、实木投票箱(20世纪六七十年代),都是他精心收藏了几十年的藏品。其中还有玉树标志性事件的纪念品(如三江源自然保护区的揭牌、巴塘机场开工建设和通航、首届青滇藏川毗邻地区艺术节的开幕),20世纪五六十年代的粮票、邮票、花样券、理发券、菜票、布票等藏品。在他的心目中,这些不仅仅是藏品,更是他对历史的一种见证。平时,他把这些藏品看得比啥都重要,地震期间都不忘抢救藏品,可以说,对这些"宝贝"是走到哪带到哪。可州委需要时,他却自愿捐出来,把这些印有历史年轮的"藏品"陈列在红色教育基地,接受党性的修养,让党员、干部和子孙们铭记历史,不忘来时的路。

另外,他为《玉树州人大志》编纂做出了努力,对《玉树州寺院志》《中国共产党玉树历史》认真提出了修改意见。

在全国上下吹响疫情防控阻击战的号角时,作为结古地区第一离退休干部党支部书记,他以此次疫情作为践行初心使命的"一面镜子",不仅要求子女和身边的人在思想上政治上行动上同以习近平同志为核心的党中央保持高度一致,毫不动摇贯彻落实"全州上下一盘棋"重要部署。同时,率先垂范,带头捐款1万元,借此感念党和政府的养育之恩。

牢记使命　发挥余热

昂格同志2012年从玉树州人大常委会主任的岗位上退下来之后,积极投身关心下一代工作,担任州关工委主任。几年来,他把关工委工作当作组织交付的一项重要任务,从适应岗位到胜任岗位,工作勤勤恳恳、兢兢业业。会同相关部门开展青少年社会主义核心价值观、听党话、跟党走等教育和有利于青少年健康成长的活动,加强青少年思想道德建设,尽力使中国关工委安排的"朝阳计划""青苗计划""少年硅谷"和"关爱暖冬行动"等项目在玉树州落到实处。针对因户口登记出现差错导致的一些农牧民学龄儿童入学困难问题,他专题报告州委、州人民政府并提出相应建议,引起州委、州政府的高度重视。根据州老干部局安排,到2018年基本上每年都去各县市深入学校、社区、机关检查指导关心下一代工作,看望慰问困难学生,包括2016年12月初到治多县扎河乡向困难学生发放防寒衣物和学习用品。

同时,凡是组织需要或安排的工作,昂格都乐意去做。他积极参加相关会议或活动,提出意见建议,并向组织如实反映离退休干部和群众的所思所想所盼;在重大活动节点接受媒体采访,撰写纪念文章,抒发对党的感恩之情,点赞州委州政府工作。

近年来,昂格多次获得荣誉称号:2015年4月被州委组织部、州老干部局授予"全州离退休干部先进个人";2015年8月被中国关工委、中央文明办授予"全国关心下一代工作先进工作者";2018年被州委、州政府授予"玉树州创建民族团结进步先进个人";2018年10月被州老干部局授予"老有所为"荣誉称号。

"我将青春与岁月献给了党的事业和我的家乡,我深感荣幸,因为我是一名长在红旗下的共产党员。"这句朴实的话语,道出了一名共产党员"一日入党,终身向党"的铮铮誓言。

博学广识　艰辛耕耘
——记青海省著名文史学者和作家解生才

青　民

　　解生才同志是一位资深的新闻工作者，政治坚定，拥护党的领导，拥护中国特色社会主义道路。该同志为人坦荡、作风正派、业务能力强，拥有广博的学识、敏捷的才思和强劲的笔锋，曾以新颖的新闻报道、厚重的报告文学、俊秀的纪实散文和深度的调查报告享誉青海新闻界和文艺界，尤其是在承担《中国土族》杂志社社长兼总编辑期间，满腔热忱，殚精竭虑，艰辛耕耘，为土族迈出青海、走向世界，作出了杰出的贡献。

　　1954年10月4日，解生才出生于青海省互助土族自治县威远镇红崖村。他在本村上小学至三年级，后在县城的城北小学和互助一中上完了小学、初中和高中，并考入了青海民族学院，就读于少语系藏语文专业。1975年8月，他完成了学业，被分配到青海日报社的《青海藏文报》从事翻译工作。鉴于他懂得土语、汉语和藏语，为方便工作，组织上安排他当了一名新闻记者。为尽快胜任工作，他虚心拜老同志为师，脱胎换骨地淬炼自己，认真刻苦地提高自己，在不断的实践与摸索中，蹚出了一条自己的工作路径。

　　多少年来，他身背相机，手握笔杆，走遍了三江源和河湟谷地，无论春夏秋冬、酷暑严寒，住帐篷，宿农舍，白天辛苦采集，晚上挑灯熬夜，跋涉在文学与新闻纵横交错的方格。还曾多次采访过全省两代会、国际经贸交流会和全国少数民族传统体育运动会等。作为嘉宾曾两次做客央视三和四频道，介绍了青海的历史及文化建设情况。平时他严格要求自己，扎实工作，先后拍摄了三千多张新闻图片，撰写了六百多万字的文稿。除消息、通讯、社论、评论、札记等外，还撰写了大量的报告文学、散文、游记、诗歌和调查报告等。这些图片和文稿除在《青海日报》《青海藏文报》上主要采用外，还频频选登在《中国建设》《人民日报》《中国青年报》《党的生活》《群文天地》等报端杂志上。代表作有：《土族老人的心愿》《长河落日圆》《梦寄笔端走天涯》《放牛娃登上了书法艺术的殿堂》《人间彩虹》《驾雷携风闹草原》《落叶劲舞 麦镰欢歌》《美啊，家乡的杜鹃花》《天上圣池青海湖》《唐蕃古道上的海藏咽喉》《谁把太空敲粉碎 满天星斗落人间》《夏日南门峡 黄花如散金》等。许多文稿及图片，获得省部级至全国的奖项。与此同时，还编辑出版了《河湟风流》《昆仑芳草》《源上寻踪》《彩虹集萃》等四部大型丛书，著有《吐谷浑史地探秘》上下两卷，主编出版了《发现南门峡》《电缘》等书籍。曾任《青海藏文报》编辑科副科长、科长，青海新闻系统教授级主任编辑，《中国土族》杂志社兼总编辑等。1983年起，被选为第五、六届青海省青年联合会委员和第七届青海省青年联合会常委。个人词条收录在《土族文学史》《中华英才》《中国少数民族作家辞典》等典籍中。

但他念兹在兹，并以身相许，以心相依的，还是《中国土族》杂志。1992年初夏的一天，一帮土族精英大腕们，拿着青海土族研究会发的一人一瓶矿泉水，在西宁儿童公园的一块巨石上，编稿、审稿、论稿，一份内部刊物《中国土族》就这样诞生了。但出于多种困境，印量只有百余份，一年一期的刊物随时有夭折的危险。好在 2001 年国家赐予《中国土族》杂志向国内外公开出版发行的刊号，并批复青海土族研究会和青海日报社共同主办。从此，土族人民破天荒地有了自己公开出版发行的刊物，这是党和国家对土族人民的无比关爱和呵护，在土族史上具有里程碑式的重要意义。

为了办好这份杂志，青海土族研究会和青海日报社酝酿了众多办刊人选，最后决定将首次公开出版发行《中国土族》杂志的任务交由解生才同志来完成，并委任他担任该杂志的社长兼总编辑一职。从此，他就干起了这专门为"他人作嫁衣"的"裁缝营生"，一干就是数十载。上任伊始，在青海土族研究会和青海日报社的大力支持下，原先小 16 开本的杂志，被扩充为大 16 开本、76 个页码，把一年一期的杂志改为一年四期的大型季刊，并增设了 12 幅彩版。在宣传内容上，坚持正确的办刊方针，高扬主旋律，在大力宣传好土族的基础上，全面反映青海的政治、经济、文化建设和各民族的精神风貌。尤其是民族团结、社会稳定、经济振兴，始终是杂志宣传的不二主题，一根红线串到底。除此，杂志还开设了 80 多个固定栏目，如"改革方略""西部大观""时代足音""鼓楼观潮""土乡写意""文化视野""土族英才""探索发现""学术论丛""五十六朵花""花儿与少年""艺苑撷英""史海钩沉""群文宝库""山川览胜""学界走笔""生态家园""乡镇巡礼""民俗拾萃"等。这些新颖多样的栏目，无疑给土族人民搭建了一个合力发声的平台，除全方位多角度地反映土族地区的政治、经济、文化、历史、社会发展等内容外，还以更广阔的视野，向国内外读者大力推介青海以及大西部的自然人文景观，成为外界了解土族、了解青海、了解西部的一扇窗口。

《中国土族》杂志是我省仅有的一份带有"中"字号的和国际接轨的大型综合性期刊，每期杂志的策划、约稿、选稿、改稿、设计、调版、润色、校对、审样等，编辑人员都要亲力亲为，甚至白天黑夜，废寝忘食，倾注自己的满腔心血。经过不懈努力和辛苦耕耘，这份杂志在希望的田野上茁壮成长，逐步引起了社会各界的广泛关注和高度称赞。前来投稿的人也越来越多，历届省市州县相关领导和负责同志的大作，也时有光顾此刊，一些省内外史学和文学界泰斗大家的精品力作，也常常做客该杂志，当然，更多的还是基层乡镇农村、机关学校、企事业、个体经营等方面的作者。如今，《中国土族》杂志现已基本形成了一支热情稳定的撰稿队伍。2007年，在该刊秋季号上，时任青海省委书记、省人大常委会主任强卫撰文指出：《中国土族》杂志不仅是土族风情的立体展示、青海文化的集中反映、高原经济的全面映照，更是一扇让世界了解土族，让土族走向世界的窗口，它已成为宣传西部、宣传青海、宣传土族的重要文化载体，是青海高原的一张亮丽名片。

由于杂志成绩显著，组织上对他的工作给予了充分的肯定，除了平时工作中连年获得年终优秀外，在2011年和2012年，先后荣获青海省报业经营管理先进个人和全省新闻系统优秀审读员，其先进材料刊登在《青海报业》杂志上。在《中国土族》杂志创刊15周年和20周年之时，青海日报社和青海土族研究会先后联袂授予他优秀工作者和突出贡献奖荣誉。2010年和2012年，省政协从全省300多名知识分子中，选拔了30多名著名的专家学者，成为省政协特邀委员，而他被列为文化系统的著名文史学者和作家，先后两次当选为省政协第十届和十一届特邀委员。期间他深入海西、海东等地区，广泛开展特色文化调查，撰写了10多份调查报告和20多份提案，受到省政协的褒奖和好评。2012年青海日报社和青海土族研究会在一份上报材料中这样写道：解生才同志为人耿直，作风扎实，业务精湛，他对承办的《中国土族》杂志鞠躬尽瘁，精益求精，从未出现过任何政治错误和技术偏差，始终保持着较高的品位和良好的办刊质量。实际上，《中国土族》杂志在宣传青海，打造青海特色文化，推动和促进青海旅游业发展，挖掘青海优秀文化遗产等方面发挥了重要作用，在提升青海文化软实力方面功不可没。

在党的阳光雨露的沐浴下，《中国土族》杂志从一朵稚嫩的小花，现已形成一朵枝繁叶茂的锦绣花团，她以精美的装帧、新颖的设计、丰富的图文、诱人的内容，频频展示在世人面前，博得了广大读者的青睐。目前，这份杂志纸质印刷6000多份，行销全国各省市自治区及港、澳、台地区，并通过网络发行到北美、澳洲、西欧、东南亚等48个国家和地区，属全省最大的发行刊物。在此刊发表的近百篇各类文章，曾先后获得全国骏马奖、冰心奖和各类征文奖，以及省内的各种等级奖项等。与此同时，《中国土族》杂志的封面设计、版式策划、宣传内容等方面，均多次被中共青海省委宣传部主管主办的《青海审读与管理》给予了高度褒奖和点赞。除此，经国家新闻出版总署、国务院新闻办审核备案，《中国土族》杂志被选为中国期刊全文数据库全文收录期刊，被《中国核心期刊（遴选）数据库》收录，入选为中国学术期刊综合评价数据库统计源期刊。后在上海国际图书博览会上获得政治法律类期刊优秀奖，并荣膺"青海最美期刊"称号。

其后，应组织安排，他赴京参加了中央宣传部和国家新闻出版广电总局举办的"全国重要社科类期刊主编岗位培训班"，在近半个月的培训学习中，他以全优的成绩通过了七门学科的考核，并取得了岗位培训合格证书。现虽年逾花甲，但为了土族、为了青海、为了我们的国家和新时代，他仍耕耘在《中国土族》这片肥沃的土地上。

守望光明
——记全省优秀党务工作者扎西措毛

姚 斌

小心翼翼收起国徽，和乡亲们一一挥手告别，之后，黄南藏族自治州中级人民法院的巡回审判车渐行渐远，消失在尖扎县马克唐村村民夏吾东知的视线中。而他，依然静静地站在那里，眼含泪水，目送良久也不愿离去。

群众的事无小事，控辩双方都是面朝黄土背朝天的农民，为了给他们一个交代，黄南中院副院长扎西措毛和双语审判团队成员在争议土地间来回踱步勘察，细密的汗珠布满额头仍不愿停下。这样严谨细致的作风着实让原告夏吾东知和被告内心备受触动，最终，在村头简易的巡回法庭前，双方放下争执、握手言和。

执念司法为民整整31年，扎西措毛认为："司法为民是每一名法官的应尽之责，每一个个案的公正审判都是一张法治宣传单。"老百姓正是通过这一张张宣传单，看到社会的公平正义，增强对法治的信仰，让公平正义成为法治中国的鲜明底色！

有法官如斯，是人民之荣幸；有党员如斯，是党员之楷模

她是"走后门者"眼中油盐不进的"硬骨头"，也是心系农牧民的"暖心人"。在律师心中，她还是一个"辨法析理、胜败皆服的好法官"。

初次见面，是在黄南州检察院三楼的会客室里，等了近半小时，结束会议后的扎西措毛才匆匆来到这里。此时的她已在州检察院任职近一年，但实际上，我们的初次相识，该从两年前那部在黄南州流传甚广的"讲述法院的好故事"——微电影《让爱回家》伊始，而扎西措毛，便是这个故事中女法官的原型。

《让爱回家》确有其事。故事的主人公三木（化名），是同仁县卡加村一个普普通通的农民，家境贫寒且身患残疾，在结婚一年后妻子离他而去，与年幼的孩子相依为命。可雪上加霜的是，2018年春，弱势的他被同村村民抢占土地，屡次索要无果，只得一纸诉状告上法庭，但因他不能提供被占土地相关证据，一审判决很快败诉。

　　骑着摩托，驮着孩子，三木再次踏上诉讼之路，流着泪，把自己的残疾证和低保证递进法院的窗口。

　　接案后，主审法官扎西措毛在合议庭上，一次次和大家商讨怎样合法取证？怎样减免三木的诉讼费用？怎样确认其土地使用证归属和所记载的内容？为此，她一次次迈进国土资源局大门，一次次查看三木家受损的网围栏和果园。

　　因三木家地处偏远，本人是藏族，汉语交流存在困难，扎西措毛决定，在卡加村设立巡回法庭，就地庭审侵权法案纠纷，并实施双语诉讼。

　　扎西措毛告诉我们，记得那年夏天，法槌重重落在庭审现场的同时，也落在所有村民的心头，终审宣判三木胜诉。

　　判决生效一周后，扎西措毛带着黄南中院的法官们，再次走访三木家，在了解了家庭情况后，经常性给予他生活上的帮扶。因为走得勤了，只要见到法官，三木的儿子才让扎西的小脸上总是溢满喜悦，嘎嘎嘎笑个不停。可三木却含着泪对扎西措毛说，只要一过节，孩子总会扒着院门向外张望，就是盼着你们来……

法官具有了法治信仰之初心、司法为民之情怀，则必然具备高度的责任感和使命担当

　　"春以芳香而美好，官以清廉而高贵"，这是扎西措毛在会客厅接受采访时，她头顶上挂着的一幅字画。提及它，这位女法官笑容灿烂，"人是熏陶出来的，我认为，好的环境可以感染人的灵魂！"她说道。

　　翻看她的心得笔记，扎西措毛对自己三十一年的职业司法生涯如是阐述：普遍的良心是法治的基础，普遍的道德是社会的基础。唯有对党忠诚、信仰法律、热爱工作、有自信、讲良心的法官，才是一名合格的法官。

　　带病还忘我工作，她是全院办案最多的法官；她像亲人一样善待百姓，努力让当事人树立对法治的信仰；她一有时间就钻研审判前沿课题，始终守土有责、守土尽责，以精湛业务守护公平正义……

作为一名法官，扎西措毛深知审判权的意义。对于犯罪分子的数次威胁，她正气凛然；亲戚的子女就业困难，有人主动提供工作，被她严词拒绝……

身边的年轻法官们至今仍牢牢记着她的教诲："法官也是社会一员，难免受到权力干预、金钱诱惑、亲情牵制，但坚持'法官的上级只有法律'，我们就能顶住压力，把每一宗案都办得'铁案'如山。"

二十多年的民事、刑事工作经历，使她积累了丰富的审判经验，这就是：对每一份证据都要认真审查，对每一个裁判文书都要一丝不苟，对每一位当事人都要真诚相待。

有这样一组数据，自担任主审法官以来，扎西措毛审理案件74件，通过参加合议庭担任审判长及信息化静默式管理民商事案件339件，行政案件5件，刑事案件15件，结率达98%以上，民商事案件调撤率达60%以上，案件质量和效率多次名列全州前列。

作为一名藏族法官，藏汉双语优势使她更容易走进基层群众的心里。面对州域1.8万平方公里的服务区域，每个月，她都会抽调业务精干的法官组建巡回法庭，在帐篷里、村委会，就地化解矛盾，大大降低了基层农牧民群众的诉讼成本。

干部干部，干是当头的；
干难万难，党员干部带头奋斗就不难

"平凡中的壮举，最能扣动人的心弦；身边的典型，最能激发奋斗的力量。扎西措毛就像一面镜子，让黄南州法院和检察院的广大党员干部正心正身。"全省优秀法官、身患肺癌依旧坚守岗位的陆仲青，如是引以为豪地评价着自己的榜样。

为打造黄南法院"巡回审判"和"双语诉讼"两张名片，扎西措毛不遗余力。她在黄南中院率先规范双语庭审和藏文裁判诉讼文书。结合黄南州两级法院的审判实际，制定了《藏汉双语庭审操作规范》，统一规范了黄南地区两级法院用藏汉双语庭审的程序。

根据最高人民法院下发的裁判文书格式，她对156种常用汉文裁判文书进行翻译，印发《黄南州法院藏文裁判文书及庭审提纲式样》并统一执行，并被青海省高级人民法院在全省推广。

作为审核管理委员会办公室的主管院长，她为"黄南经验"的推广和"案件精细化管理办法"的实施尽职尽责。淬炼黄南法院审判工作,并在全省推广"以落实上级决策部署为核心 + 管减问督联动、红黄牌问责、234 指导等关键机制共同发力"为主的"1+3"黄南经验,并升华为成熟定型的制度体系,由此实现审判监督管理现代化。

又是一个普通的黄南之夜,华灯点亮了隆务镇的大街小巷,扎西措毛办公室的灯光依旧如萤火般映小楼一角,这让我们想起她开玩笑的那句话:"如果,我每天能迎着晚霞回家,岁月便如歌般嘹亮……"

诚然,扎西措毛依然如那首《法官之歌》所描述:

你美丽得像一朵莲
冰霜高洁
纤尘不染

你敏锐的目光如同闪电
划破黑暗 引来光明
你铁血的柔情如同水滴
折射七彩 留下斑斓

把青春和爱献给三江源头
——记全省优秀党务工作者张有才

青 民

敦实的身材，憨厚的笑容，这个朴实的藏族汉子就是青海民族学院政治系1985年毕业的张有才。

1985年7月，作为在校入党的预备党员张有才凭着优异的学习成绩，经过学校推荐，被青海省委组织部选调为优秀大学生，派往长江、黄河、澜沧江的发源地——被称为三江源头、平均海拔4200多米、距省城西宁830多公里的玉树藏族自治州。到玉树后被分配到距玉树州30多公里的玉树县巴塘乡，担任党委政府的秘书和文书工作。

2020年初，张有才同志退休了。在35年的工作、学习和生活中，张有才从乡上到县上再到州直机关，工作岗位不断变换，职务职级也不断提升，但他坚持初心、不忘为民的本心一直没有变。在平时工作中，他公正无私，恪尽职守，勤勤恳恳做事做人；玉树地震时，他第一时间挺身而出，不舍昼夜忘我奋战在救灾一线。怀着对党和人民的无限忠诚，对工作的无限热爱，他三十五年如一日，在玉树草原上默默奉献着青春和热血，用心中的大爱写下了沉甸甸的两个大字——忠诚。

地震来临时，他挺身而出

2010年4月14日清晨，时任玉树县纪委书记的张有才正准备赴联点的乡镇下乡入村。突然，一阵地动山摇，房屋崩塌，道路损毁，哭救声响成一片……地震了！张有才顿时意识到问题的严重，来不及细想，也无暇顾及家人和财产安全，踩着满地的碎石瓦砾一路小跑冲向县纪委办公地点。呈现在他眼前的是一片废墟，看见干部小陈满身伤痕从旁边人大办公楼的废墟中爬出来，张有才赶忙上前把他搀扶起来问："小陈，要不要紧？楼里还有人吗？"当他得知里面还有人员受困，便迅速组织现场的干部开展自救，连挖带刨，终于把受困在人大办公楼的两个人救了出来。"不好！龙保局长可能还在县纪委办公楼里。"张有才回过头来，想起有同事住在纪委办公楼里，他们极有可能被压在了废墟下。他心急如焚，冒着余震的危险，在县纪委办公楼的废墟中寻找，一遍又一遍大声呼喊着他们的名字，但没有任何回应。

"我来晚了！"就在张有才强忍悲痛，含着眼泪在县纪委办公楼里继续搜寻时，猛然回头看到住在办公楼中的县纪委副书记、监察局长龙保和另一名同志正在附近抢救他人。他这才稍微松了一口气，随后组织现场的纪检监察干部开展救援，并迅速联系全县其他所有纪检监察系统干部，了解干部及其家属受灾情况，并带领两人赶往电话联系不到的干部家中查看灾情。

就在这时，张有才7岁小女儿张妮萍的班主任打来电话，张妮萍在地震中被房顶掉下的瓦砾砸伤头部，满头是血，情况非常危险，让他赶紧过去看看。听到这个消息，张有才心急如焚，但他停顿了一会儿后，用低沉的声音坚定地告诉班主任老师："我先不过去了，这个时候我不能离开。"挂了电话，张有才便带领龙保和几名干部迅速赶赴结古镇西杭片区、扎西大同、扎西科、加吉娘等地查看灾情，投入紧张的救援工作中。

看到街上到处是满身血迹的伤员，张有才禁不住流下了泪水。他一边组织人员开展救援工作，一边迅速将灾情上报，协助县委县政府组织成立了玉树县抗震救灾指挥部，担任指挥部副总指挥，并立即着手制定救灾方案，安排部署救灾工作。忙完这些已是15日凌晨3点多，连续奋战了20多个小时，张有才累倒在车里睡着了，可稍作休息，他又立即开始工作了。按照州县抗震救灾指挥部统一部署，张有才带领县纪委监察局一班人马进驻红卫片区，负责在抗震救灾一线开展搜救伤员、灾情调查、物资发放、安抚群众及政策宣传、抢救群众财产、清理废墟等工作。短短几天的时间里，他组织领导搜救伤员20余人，挖出遇难群众遗体60余具。

救灾工作中，他舍己为人

2010年4月15日，张有才一早就组织县纪检监察机关干部成立了抗震救灾工作小组，安排部署抗震救灾工作。下午他带领县纪委几名干部赶赴团结、红卫、当代等救灾点，走村串户，实地调查了解群众受灾情况，安抚受灾群众的情绪。

在一位受灾群众的帐篷门口，张有才看到一名衣着单薄的老人独自坐在那里发呆。原来，这名老人的房屋在地震中全部倒塌，所有的亲人也都遇难，现在衣食很困难。他立即将自己身上的棉大衣脱下披在了老人身上，并反复安慰老人，你虽然失去了亲人，但会有更多的亲人来关心你，党和政府一定会为你建起更美丽的家园。临走时，他将自己仅有的一箱水和几包方便面留给了老人。

连续几天，张有才奔波在各个受灾点上，连一口热水也喝不上，只能以矿泉水和方便面充饥。4月16日晚，张有才在地震发生后第一次回到临时住处的家，亲戚朋友七八口人挤在一个辆破旧废弃的中巴车中。看着头上扎着绷带的小女儿，张有才泪水在眼眶里打转，摸着小女儿的头对她说："爸爸对不起你，爸爸也很惦记你，可外面还有更多的人需要爸爸去帮忙。"这是震后张有才对小女儿说的第一句话。

4月的玉树，经常雨雪交加，夜间温度时常在零下十几度，为受灾群众解决救灾帐篷是眼下最重要的事情。在初到红卫片区的几天当中，张有才四处协调，为片区的受灾群众争取救灾帐篷。4月20日凌晨，天空飘起了鹅毛大雪，张有才再也睡不着了，早晨五点半就起来了。妻子心疼他，劝他再睡一会儿，他说："我睡不着啊，下雪了，外面会有人受冻，我得赶紧出去看一下。"说完话，他顾不得洗脸吃饭便出门了。

高原缺氧、气候恶劣，张有才在玉树工作了二十多年，落下了一身的病根，几乎天天都在吃药打针。地震发生后，繁重的工作将本来就体弱多病的他压得喘不过气来。在红卫片区工作的10多天，张有才每天晚上7点要在县指挥部开会，10点又要在州指挥部开会，几乎每天都是凌晨才回到临时搭建的帐篷住处。才几天的时间，张有才眼睛熬红了，嗓子嘶哑了，身体也消瘦了许多。

繁忙的工作使张有才的身体有些招架不住，但他的精神依然饱满。在抗震救灾的同时，张有才没有忘记作为纪委书记的职责，20多天的时间里，他找民政、审计、财政、乡镇领导谈话50多次，提醒大家一定要管好、用好中央和全国各族人民捐赠的物资。有一句话他常常挂在嘴边：物资要发好，干部要安全。

地震发生以来，张有才没有睡过一个安稳觉，没有吃过一顿热饭，没有过问过家中的一件事。他常常觉得愧疚，忘了有多久没和他心爱的小女儿说话了。当他深夜回到住处时，小女儿已经睡着了；当他早晨离开时，小女儿还没有睡醒。他想到的是大家，却忘记了自己的小家。

灾后重建中，他呕心沥血

2010年6月，张有才调任玉树县委副书记。

灾后重建工作一启动，就有这样的安排，是上级组织对张有才莫大的信任，他深知这个道理，勇敢担当，肩负起了责任。

一上任，张有才就负责筹备组建结古镇区灾后重建管委会，别人看来这是一个硬骨头，可在他眼里，复杂的东西都有可能变得简单化，那就是只要工作到位。那段时间里，他白天深入抗震救灾各片区，认真调查研究，晚上在办公室里查阅大量资料，撰写组建管委会的相关材料，通过努力，在最短的时间内组织成立了10个灾后重建管委会，重建工作全面展开。

由于任务繁重，要想顺利完成各项工作，基层党组织和党员的先锋模范作用很重要。张有才到任后就加强了对流动党员的管理，在他的组织协调下，结古地区基层党组织完成了由最初的帐篷社区党支部到片区党支部再到管委会党工委的转型，党组织灾后重建工作有条不紊地进行，并发挥了非同寻常的作用。特别是在争先创优活动中，各级党组织和广大党员形成了"赶、学、比、帮、超"的良好氛围，有力地带动了非党员干部和群众积极参与灾后重建工作，将灾后重建推向了一个高潮。

在督办督查工作中，他挑选善于做基层工作、敢于负责、勇于担当责任的14名同志组成了玉树县灾后重建督查督办办公室，制订了督查督办的一系列制度和规定。经常带领督查督办工作组一班人根据灾后重建各阶段的中心工作开展了一系列督办督查工作，特别是围绕灾民核实、房屋鉴定、拆危清墟、政策宣传、过冬安置、过渡安置、敏感建筑拆除、重建项目落地、管委会建设、干部在岗履职等开展督查督办工作40余次，有力有效有序地促进了灾后重建和推动了党委政府决议决策的贯彻执行。

拆危清墟是灾后重建工作中最为头疼的老大难问题。张有才此前任过纪委书记，做群众工作，处理矛盾他是最在行的，所以拆除敏感建筑的重任自然落在了他的肩上。他站在组织和群众的立场上全方位思考问题，多方协调，不辞劳苦，苦口婆心地做群众工作，并力求找到处理矛盾的最好办法。他不厌其烦地向群众解释政策，讲明道理，最终使几座敏感建筑先后拆除，南环、北环等环城路顺利打通。

工作岗位上，他恪尽职守

张有才不仅能在大灾大难的关键时刻站得出、靠得住、打得赢，在平时的工作当中也是兢兢业业，一丝不苟。他先后担任过乡镇长、宣传部部长、组织部部长和纪委书记等职，特别是在纪委书记岗位上一干就是十年多。2002年初，张有才调任玉树县委常委、县纪委书记。上任伊始，他首先走遍了七乡二镇和县直单位，对全县党风廉政建设和纪检监察工作进行全面调查摸底，做到心中有数。在紧张的工作之余，他总是挤出时间看书学习，努力提升理论和业务素质。几年来，他边学边干、边干边学，先后撰写读书笔记约15万字、理论文章20余篇。

他常常教导县纪委机关干部，要做群众的贴心人，就要真正为群众办实事，保护群众的切身利益。在他的带领下，玉树县纪委监察局会同有关部门每年开展纠风治乱工作，查处纠正了多起教育、医疗乱收费问题，严厉打击了制售假药、过期食品等行为，得到了群众的支持和好评。2006年，玉树县小圆门餐厅负责人反映部分执法部门干部吃饭不给钱或拖欠餐饮费，他立即组织人员进行整顿，并以此为契机，在全县开展吃饭打白条清理整顿工作，为个体工商户追回餐饮费50余万元，对当事人和单位进行了严肃处理，并在全县范围内通报，取得了好的效果，维护了经济发展秩序。

几年来，张有才带领县纪委监察局一班人马严肃查处了多起大案要案，对涉案人员依法进行了处理。他常说，查办案件我们是尽职，不查案是失职。不管是谁，出了问题都要一查到底，要冲破关系网，撕烂人情面。2005年，在查办玉树县司法局局长私设私分"小金库"案时，他带领一班人，准确把握证据、运用政策，以摸清违纪人心理为重点，顶住了各方面的压力，很快办完了案子，并使违纪人心服口服。

由于他办案雷厉风行，从不讲人情看脸面，得罪了很多人，常常遭到一些人的诽谤报复，但他却从不在乎，并常常这样告诫纪检监察干部：我们是党的忠诚卫士，要想做好这份工作就不能怕得罪人，怕得罪人就不要当纪检监察干部。年中，他处理信访件50多起，案子20多件，处理干部50多人，挽回经济损失120多万元。多年来，他恪尽职守、埋头苦干、爱岗敬业、公正无私，怀着对党和人民高度负责的精神切实履职尽责，赢得了干部群众的爱戴。2007

年1月,他被中央纪委、人事部、监察部评为全国纪检监察系统先进工作者。2007年2月、2016年3月他还被青海省纪委、监察厅评为青海省纪检监察系统先进工作者。2011年7月,被中共青海省委评为青海省优秀党务工作者。

在做好本职工作的同时,张有才还积极组织干部职工深入基层调查研究,了解群众所需、倾听群众呼声、关心群众疾苦,帮助群众解决问题。

小苏莽乡是玉树县最偏远的一个乡,交通不便、信息闭塞,是最穷的乡之一。在联点小苏莽乡的几年中,张有才经常深入村社牧户,为群众解决实际困难。

有一次,他驱车赶往小苏莽乡最远的江西村调研时,看到破烂不堪的老乡家中躺着一位50岁左右的老人,由于身患疾病,老人嘴里时不时发出微弱的呻吟声,由于乡卫生院离他们家太远,又没有交通工具,不能及时去医院救治,只能忍着病痛的折磨。听到这些后,张有才潸然泪下。在那一刻,他暗暗发誓要为群众解决缺医少药的问题。从那以后,张有才就四处奔波,多次联系塔尔寺藏医院赴小苏莽乡开展义诊服务,先后诊治群众达1100余人次,免费发放药品价值达50万元。他还积极争取资金为小苏莽乡修路搭桥,实施人畜饮水工程,有效解决了小苏莽乡群众行路难、吃水难的问题。与此同时,他还经常组织机关干部为两个联系点捐款捐物,几年来,捐赠款物价值折合人民币40多万元。

权为民所用,利为民所谋,情为民所系,张有才同志是这样想的,更是这样做的,他满腔热情做人民公仆,心怀大爱写无限忠诚,他用自己的真实行动诠释了全心全意为人民服务的铮铮誓言,成为了全县党员干部中为民、务实的榜样。

用实干精神谱写脱贫之歌
——记全省脱贫攻坚先进个人王学军

青民轩

  2020年12月寒冬，瓦蓝天际下一幕幕生活生产场景，惊艳了我们的双眸：新城区新楼房鳞次栉比，现代味十足的居民活动广场，多功能布局的农贸市场，高挑的路灯，笔直的马路，交映定格出草原新画卷；牧民新建居住区，新农房，新街巷、新商店、新笑容，聚集焕发出新和谐美丽；厂房林立的产业园区，民族服装加工加紧赶工、石刻艺术家具生产红火，近乎个个都带有传奇色彩的精彩故事，散发出草原发展的新活力、新动力……

  而在这之前，因地处青海湖南岸而得名的海南藏族自治州总面积4.45万平方公里，辖共和、贵德、贵南、同德、兴海五县，总人口47.2万，其中，少数民族约占总人口的77%，是一个多民族聚居地区，然而生态脆弱、环境艰苦、居住分散、基础设施薄弱、群众内生动力不足等因素导致这里产业底子薄，贫困人口规模大，是青海深度贫困地区之一。

用心用情深耕"扶贫"区

  2016年10月，王学军调至海南州扶贫开发局（现为海南州乡村振兴局）担任局长。任职以来，他始终坚持政治理论学习不放松，深入钻研习近平总书记关于扶贫开发重要论述和中央、省州扶贫开发政策，广泛学习教育、卫生、交通、建设、水利、农牧、财政、文旅、电力等行业部门的政策规定和专业知识，提高自己发现问题、解决问题、指导基层的能力，确保了"两不愁三保障"目标得到全面落实。与此同时，他经常深入海南州的5县36个乡镇173个贫困村进行调研，坚持深入村社、深入建档立卡贫困户家中了解情况，及时掌握建档立卡群众反映强烈的热点、难点问题，协调解决产业扶贫、易地搬迁、旅游扶贫、光伏扶贫、健康扶贫、精神扶贫等方面的实际问题，确保脱贫攻坚不落一人、不落一户。他就是这样用实干书写着扶贫，始终保持不松劲、不懈怠、不停步的攻坚态势，以带领群众脱贫为己任，甘为百姓好公仆。

2019年底，海南州脱贫攻坚目标任务全面完成，提前一年实现同德、贵南、兴海、共和、贵德县五县"摘帽"，5.3万贫困人口脱贫，173个贫困村出列，全州贫困发生率从2015年底的14.8%下降至2020年的0。这是海南州各族群众努力奋斗的结果，也是像王学军这样的扶贫干部撸起袖子加油干的成果。

细数脱贫攻坚以来，不管是从易地扶贫搬迁到教育扶贫，还是从产业扶贫到消费扶贫，王学军和全体干部职工们都认真坚持精准扶贫、精准脱贫基本方略，积极探索扶贫新思路新机制，把各项政策落到实处。王学军说，这几年，他和同事们从来没有朝九晚五过，更没有踏踏实实放松的过过一个假期和周末，但他们的内心却是无比的充实和满足，他还清晰记得青海省人民政府发布全省17个县（区）符合国家贫困县退出标准的那天是2020年4月21日，其中就包括海南州共和县和贵德县，这不仅仅代表着他们的辛苦努力没有白费，更意味着，贫困群众从困难中解脱了出来。

"组合拳"打通致富"快车道"

自脱贫攻坚战打响以来，王学军通过实地走访、座谈交流、入户调查、多次研讨等形式，结合扶贫地实际情况精准施策，因地制宜落实落细各项扶贫政策和惠民项目，帮助村民们走出了一条具有自身特色的脱贫之路。在大家的团结协作、真抓实干下，通过实施特色产业脱贫一批、易地搬迁脱贫一批、生态保护脱贫一批、医疗保险救助脱贫一批等"九个一批"行动计划和水、电、路、讯、教育、住房等"十个行业"专项方案，切切实实帮助全州五县的贫困群众拔掉"穷根"。如今，这些"组合拳"打通了致富"快车道"，让老百姓的生活发生了翻天覆地的变化。

助力产业扶贫。始终坚持绿色发展、生态保护、脱贫攻坚三措并举，因地制宜加快发展扶贫产业，全州建成扶贫产业园8个、扶贫车间23个、扶贫产业基地46个，支持发展农牧业产业化龙头企业18家、农牧业专业合作社239个，培养农牧科技致富带头人170名，带动4.39万名贫困群众增收。

深推就业扶贫。紧紧抓住务工就业这个"牛鼻子"，通过加大劳动力技能培训、加强劳务输出协作和开发公益性岗位，组织贫困群众劳务输出3.3万人次，设置生态管护公益性岗位5331个，光伏公益岗位3349个，实现了贫困群众就地转岗、稳定增收。其中,很多牧民放下牧鞭戴起管护员袖章,成了村里的草原生态管护员,让贫困群众在保护绿水青山中切实得到了实惠。

开发旅游扶贫。按照"景区带村、能人带户、合作社+农户"等发展模式,投资9000万元,在全州实施30个贫困村旅游扶贫项目,通过适度规模化经营,辐射带动贫困群众稳定增收,生活水平显著提高,获得感和幸福感不断提升,精神面貌焕然一新。

打造光伏扶贫。投资3.43亿元,采取"飞地"模式在共和县光伏产业园区集中建设总装机容量50.5兆瓦的5县11个村级光伏扶贫电站,截至2020年底,累计发电2亿度,总收入1.5亿元,扶持带动全州7269户建档立卡贫困户户均增收3000元,173个贫困村每村平均分配收益资金78.70万元。

发展电商扶贫。投资7500万元,建设海南州精准扶贫绿色产业发展园,通过打造"电商扶贫+产业扶贫+消费扶贫+就业扶贫"为一体的电子商务综合服务网络体系,结合全国扶贫"832"平台,以网红直播带货和园区企业多渠道销售为推手,2020年开园以来实现绿色农牧产品线上线下销售总额5000万元,带动就业450余人,带动5县农牧户就业1500余户,户均年收入达1.2万元以上。

举办"扶志班"。注重扶贫与扶智、扶贫与扶志相结合,深入推进"扶志班"教育培训,三年来全州36个乡镇426个村共举办"扶志班"教育培训1521场次,参训人数达93076人次,通过教育培训,进一步激发了贫困群众战胜困难、摆脱困境的信心和斗志,增强了自力更生、艰苦创业的思想意识,实现了物质脱贫与精神脱贫同步共进,为决战脱贫攻坚、决胜全面小康提供强大精神动力。

筑牢防贫安全网。与太平洋保险公司合作创设"精准防贫保险",统筹资金656万元,以全州非贫困的低收入户和非高质量脱贫户为主,匡算8.4万农牧民群众纳入精准防贫范围,分类设置防贫标准,形成"全面覆盖、具体监测、精准防贫"的工作格局,从源头上筑起发生贫困的"截流闸"和"拦水坝"。2020年已向全州57户因病低收入脱贫户和边缘户赔付保险金136万元。

这一套成效显著的扶贫开发"组合拳",使越来越多的贫困群众圆了脱贫梦、开启了新生活,一个个精准扶贫故事,一件件脱贫致富的实事,在离天最近的高原大地上,定格成像,汇聚成光,不仅实现了像王学军这样奋战在脱贫攻坚一线干部的初心,也绘成了青海决胜全面小康的"脱贫答卷"。

初心不改扶贫志　真情铺就幸福路

不论身处何处、环境如何艰苦,王学军始终同贫困地区干部群众想在一起、干在一起,想方设法利用好优势资源来致富。哪怕只有一束光,也要用来照亮群众的日子。正因为如此,才有了一幅幅令人陶醉的幸福新农村的美丽画卷,才有了一张张洋溢着对美好生活憧憬的笑脸。

我们看到,通过对村内部的修缮改造,新修了围墙,硬化了地面,美化了墙体,绿化了院落,村容村貌焕然一新,便民服务大厅宽敞明亮,党员活动室、会议室等布局合理,各种规章制度、便民办事流程挂牌上墙。

我们看到,位于黄河岸边的海南州精准扶贫产业园园区已经形成集信息发布、供求交易、物流配送、质量追踪、售后服务等功能为一体的电子商务综合服务网络体系。

我们还看到,站在海南州绿色产业发展园光伏产业园高耸的观光塔上,眼前蓝色的光伏板整齐地排列在曾经杂草丛生的塔拉滩上,一直绵延到天际线,仿佛一片"蓝色海洋"。

……

开展扶贫工作以来,王学军时刻以共产党员的标准严格要求自己,从老百姓急需的小事办起,真情、真意、真心帮扶,脚下虽沾满泥土,心中却装着群众,用实际行动阐释了扶贫干部的责任担当,用履职尽责实现了共产党员的为民初心。

脱贫摘帽不是终点,而是新生活、新奋斗的起点。王学军表示,打赢脱贫攻坚战是一项光荣而艰巨的历史任务。作为一名扶贫人,回望一路走来的每一天、每一步,心中都充满了温暖、幸福。全面推进乡村振兴的大幕已经拉开,他将初心不改,使命在肩,继续保持昂扬的斗志、饱满的状态和务实的作风,在巩固拓展脱贫攻坚成果同乡村振兴有效衔接方面下功夫,为促进全州农牧民群众共同富裕作出应有的贡献。

追梦路上的"拇指姑娘"
——记全国向上向善好青年、青海省三八红旗手获得者朱亚楠

相金玉

朱亚楠，1990年出生于青海省西宁市大通县，先天残疾，身高不足一米，2012年9月加入中国共产党，2014年毕业于青海民族大学会计专业，2016年创立了西宁亚楠企业管理有限公司，曾获得"中国自强大学生青海提名奖""全国向上向善好青年"等省级、全国各类优秀奖项，2022年3月，荣获"青海省三八红旗手"荣誉称号。这位身残志坚、敬业奉献的"拇指姑娘"，以自己的实际行动赢得了社会和周围人的尊敬和赞扬，用顽强拼搏和感恩奋进点亮了人生之路。

风雨成长路

朱亚楠父母原是青海省光明化工厂和青海省重型机床厂的工人。小时候，父母带她四处求医，只想让她能和其他孩子一样正常长大。但即便倾尽家中所有，朱亚楠的病也无法确诊，更无法治愈。"行动不便、无法长大"，这是当年朱亚楠和父母心中的梦魇。

虽然孩子先天残疾，家境窘迫，但朱亚楠的父母并没有放松对她的培养。他们背着或用自行车驮着朱亚楠走进小学、中学和大学的课堂。朱亚楠聪明好学、成绩优异，中学时期一直在重点班，不仅学习成绩名列前茅，还多才多艺，绘画、书法、古筝，样样精通。小学时期曾取得全国珠算协会三级证书，初中时期曾拿到中央音乐学院校外古筝六级证书，并多次获得全校英语演讲比赛第一名，其所写文章在《西宁晚报》《西海都市报》等报刊均有发表。

2010年高考，朱亚楠成绩优异，但因身体原因，就近选择了青海民族大

学会计专业。大学期间，朱亚楠遇到了一群良师益友，对她的学习和生活给予了无微不至的关心和照顾。同时她也勤奋好学，表现优秀，曾获得中国自强大学生青海提名奖，先后被青海民族大学评为首届大学生"进德修业之星"称号和"超越自我之星"称号，并光荣加入中国共产党。而这些追求和荣誉对于一个"拇指姑娘"而言，需要付出常人难以想象的汗水和努力。

漫漫创业路

2014年大学毕业后，朱亚楠陷入了人生低谷期。由于身体原因，朱亚楠找工作屡屡被拒，只好待业家中。1998年，母亲下岗做小生意维持生计，父亲从事体力劳动收入微薄。看着父母日渐消瘦的身影，她心急如焚，现在要靠自己撑起这个家了，既然无法改变外界，那就改变自己，让自己变得更强大。

朱亚楠发奋图强，最终通过了全国初级会计职称、全国中级会计职称和注册会计师考试。2015年，她在青海省首届创新创意大赛中获得创意组一等奖，并获得西宁市优秀青年称号。2016年，她在第二届"交行杯"青海省大学生创新创业大赛中获得优秀奖，并被大通县委组织部评为优秀共产党员。

2017年，受母校青海民族大学邀请，依托自己的财会专业，在政府和社会各界爱心人士的帮助下，朱亚楠在青海民族大学创业孵化基地注册了"西宁亚楠咨询服务管理公司"，开展工商注册咨询、代理记账、乱账整理、财税咨询、财税代理、财税筹划、代办证照及证照年检公示、会计从业资格证培训、会计实务培训等业务。

公司成立初期，一切从零开始。为了提高自己的技术能力，朱亚楠努力学习业务知识。凌晨6点多，母亲已经推着轮椅上的她转了两次公交车，从西宁市城东区的创业孵化基地，到城西区学习会计理论知识。中午朱亚楠和妈妈共吃一碗牛肉面。午休时间，她从不休息，争分夺秒学习新知识。晚上放学后，她总是最晚一个离开。学习期间，朱亚楠从未请过假，几乎每天都是第一个到达教室。有次，母亲推着朱亚楠上课，由于雨大视野模糊，一不小心轮椅翻了，朱亚楠整个人栽到水里，可即便如此，她仍坚持去培训班学习。母亲看她如此辛苦，担心她身体吃不消，曾开口劝说不要这么拼。但朱亚楠安慰妈妈说："这些苦都不算什么，只要能学到东西，能做一个有用的人，我比什么都高兴。"

为了提高工作能力，朱亚楠先后参加人力资源和社会保障部举办的创业培训SYB课程师资培训班，IYB课程师资培训班，青海省首届网络师资培训班。

培训班课程强度大，不仅需要听课备课，而且需要进行师资试讲。但即便如此，朱亚楠从未缺勤，每期培训都以全班第一的优异成绩取得合格证书。

敬业奉献路

　　2018年，朱亚楠的公司面向会计专业的在校大学生，举办第一期初级会计师职称考试培训班。该培训班学费低，书籍免费，资料习题免费打印。经过一年认真负责的教学，培训班学员考试通过率高达80%。而且，朱亚楠还为6名贫困大学生提供勤工俭学的岗位，学生所得报酬足以满足在校生活费。其中一位大三的残疾姑娘，朱亚楠不仅为她提供勤工俭学的岗位，还给她提供在培训班授课锻炼的机会，并鼓励她乐观自信。

　　朱亚楠明白自己取得的成绩离不开社会各界的帮助，所以在公司逐渐步入正轨后，她想到的第一件事就是回报社会。在得知青海民族大学2018级新生中，有个残疾姑娘需要母亲每天来校照顾饮食起居时，她第一时间带领团队小伙伴前去看望。姑娘见到同样身体不便的朱亚楠前来探望，特别感动、感激。朱亚楠用亲身经历鼓励她，并尽可能地帮助她，让她从自卑中走出来。目前，该女孩已经在朱亚楠公司实习，学习会计实操技能。朱亚楠承诺，毕业后该女孩可以无条件来自己公司上班。

　　作为大通县委宣传部"百姓话廊"的宣讲员，朱亚楠经常深入基层学校，用朴实生动的语言讲述亲身经历，鼓励孩子们努力学习、追求梦想。她的语言表达力非常强，每次都是即兴演讲，但即便如此，总能引来一次次掌声。每次演讲结束后，她都会让孩子们提问，用自己的方式给孩子们最满意的答案。

　　成为培训师后，朱亚楠将所学的创业知识分享给身边的朋友，并积极推广创业课程。这些创业课程有针对大学生的，有针对农民工的，有针对牧区劳动者的。朱亚楠坚持把自己的创业精神分享给大家，让消息闭塞的地方了解到国家对创业的优惠政策，明白创业的大好前景。朱亚楠还经常受邀到各个大学宣讲，鼓励大家热爱生活，努力向上。朱亚楠的微信好友有1000多人，其中70%都是在校大学生。他们中有的向朱亚楠学习会计技能和专业知识，有的找朱亚楠排忧解难，更多的是被这位乐观积极向上的学姐所感动，想结交这位了不起的姐姐。

追逐梦想路

2020年，亚楠公司和团队伙伴开展线上辅导大学生创业就业指导，免费为在校大三大四学生进行会计实训指导，并带领团队获得2020年"创客中国"暨"创青春"青海省创新创业大赛创业扶贫专项赛三等奖，西北四省首届大学生创新创业大赛青海赛区二等奖。亚楠于2020年12月荣获西宁市举办的"幸福西宁我来讲"微宣讲活动二等奖，她说自己从小镇残疾姑娘到大学培训讲师，一路虽然艰辛，但是获得了太多太多的关爱与温暖，感谢党，感谢政府的支持，是党让奋斗者有未来。

2020年6月，亚楠受邀到大通县朔山中学、大通县第二中学、大通六中演讲，并被聘为大通县桥头小学校外辅导老师。她用自己的故事教育身边青年学子独立、自信、阳光、向上向善，公益演讲受益人数10万多，深受大家的喜爱。2020年团中央授予朱亚楠"全国向上向善好青年"荣誉称号。2021年3月，青海省委常委马吉孝同志前来慰问，给予亚楠和亚楠的团队高度评价，号召青海省广大青年学习她身上这种坚韧不拔、顽强拼搏的进取精神。2021年5月，亚楠参加青海省劳模进职校巡回励志宣讲，受到在校学生的一致好评。2021年9月，荣获西宁市道德模范提名奖；2021年11月，成为青海省唯一一名入围"2021年度中国残疾新闻年度人物"人选。2022年荣获青海省"三八红旗手"荣誉称号。

是金子总会发光，是凤凰终会涅槃。一路走来，朱亚楠也曾悲观绝望，也曾自怨自艾，可那些都已经不重要了，现在的她已经活成了自己的太阳。她说要相信命运给你一个比别人低的起点，是想让你用一生去奋斗出一个绝地反击的故事。"世界上只有一种英雄主义，就是看清生活的真相后依然热爱生活"，这是朱亚楠最爱的一句话，也是她的生动写照。

凝聚志愿力量　爱撒青藏高原
——记全国向上向善好青年卢群林

青民轩

他是一名普通的80后青年。自2007年，他第一次在青海参加志愿服务活动以来，便在这条公益服务的道路上坚定地走了十五年，做了许多深受群众满意的事情。

他叫卢群林，创办了青海省五彩路慈爱公益促进会，和其他志愿者一起深入青藏高原偏远地区传播知识、传授技术、传递友谊，用实际行动努力践行着一名新时代年轻党员的初心和使命。

卢群林出生在江西省上饶市鄱阳县朗埠村的一户普通农家，家里有一个年长他2岁的哥哥。9岁时，父亲患上了慢性青光眼病，因无钱治疗导致双目失明，丧失了劳动和生活自理能力，母亲一人承担了一家四口的生活和两个孩子的学费，沉重的负担让这个本就贫困的家庭雪上加霜。屋漏偏遭连绵雨，1998年7月，长江流域发生了百年难遇的特大洪水，冲毁了卢群林的家园，洪水所到之处房屋倒塌，庄稼颗粒无收。一场洪灾，让家里穷得饭都没得吃，几乎陷入了绝境。为了一家四口的生存，母亲只有四处借钱借粮，多亏了那些热心乡亲们的无私帮助，才使他们家克服了困难。靠着母亲的努力和乡亲们长达3年的帮助，一家人才勉强度过了最艰难的时期。因此，母亲时常教育他们兄弟俩，要好好读书，等自己有能力了，要尽力帮助他人。小群林非常懂事，他深深牢记了母亲的教诲，这成为他扎根青藏高原偏远地区15年，身体力行地践行着一个当代青年传播爱心、热心公益、助人为乐的精神动力和他创办青海省五彩路慈爱公益促进会，更好地帮助他人的初衷和决心。"过去，家里清苦的日子，父母亲的不易，让我无法和同龄人一样无忧无虑地生活，因此我似乎比同龄人更早成熟、更早懂事，也更早领悟到了'穷人的孩子早当家'的道理。"卢群林平静地回忆着。

2007年,20岁的卢群林以优异成绩考入青海民族大学,成为一名生物工程专业的大学生。初入校园,务实、热情、友善的卢群林很快便得到了老师和同学们的认可。

在这里,卢群林迎来了自己人生的一个转折点。他得知大学生志愿者协会正在招新人,深思熟虑后,便填写了报名表,经过审核,很快成了志愿者协会的一员。"当时上大学的学费和生活费都得靠自己,对加入志愿者队伍犹豫过,因为如果参加志愿活动,打工赚钱的时间就少了,但是最终'热爱'还是让我选择了报名。"卢群林说,为了减轻家里的负担,他一进大学就做起了兼职,到餐馆里端盘子,给城里的孩子当家教,什么都干,每天都是宿舍里起床最早、休息最晚的学生。

"当时,舍友都笑称他'神龙见首不见尾',但是我们都理解他的不易,他决定当一名爱心志愿者后,既要做兼职,又要参加志愿活动,非常辛苦,但他从来都没抱怨过。"卢群林昔日的大学室友朱海旭说。

2007年国庆期间,卢群林参与了第一次志愿活动,到玉树藏族自治州称多县拉布乡,援助拉布中心学校近百名贫困学生。"我们一群志愿者送去了棉被衣物、食品和体育用品。"他说,在拉布中心学校里,他结识了当时年仅9岁的求久旦周,更没想到这名活泼开朗的男孩是一名孤儿,父母在他出生没多久就出事故去世了,孩子跟爷爷奶奶生活,日子过得艰辛,但男孩很坚强,爱学习,还很懂事,经常帮爷爷奶奶干农活。

"那个时候虽然我还是名学生,但还是决心要帮助求久旦周和像他一样的孩子健康成长。回到学校后,我投身公益事业的决心更加坚定了,后来创立了青海省五彩路慈爱公益促进会,与更多志同道合的爱心人士聚在一起,共同为公益事业出一份自己的力。"卢群林说。

五彩路慈爱公益促进会成立不久,2008年5月12日下午2时30分左右,还在教室里学习的他感到地面有明显的晃动。当天下午,卢群林通过电视得知四川省阿坝藏族羌族自治州汶川县发生特大地震的消息后,他立即和五彩路慈爱公益促进会的成员们商量去灾区救援。5月15日下午,他带队赶到都江堰市开展救助被埋的人、搬运、照顾伤员、运输物资的工作。半个月过去了,虽然很累,但他们为救援工作出了很大的一份力。当提起亲历灾区的救援情景时,卢群林回忆说:"震后的都江堰市是极重灾区,我们在这里救援了半个多月,见到了许多的生离死别。"在整个救援过程中,他个人亲身参与的救援活动就不下20次,并成功救出了11位伤员。

2010年8月7日甘肃舟曲泥石流灾害，以及2014年10月7日晚在云南景谷发生的6.6级地震，卢群林和他的五彩路慈爱公益促进会成员们都亲赴一线参与救援。在一次抬担架转移伤员、途经一乱石堆积的泥泞小路时，抬着担架走在前面的卢群林右脚踩空，陷入了石块间50多厘米深的缝隙里，不但扭伤了右脚脚踝，其右小腿内侧还划出一条10余厘米长的口子，顿时血流如注。经过现场紧急包扎后，回到营地的卢群林虽然不便走动，却没有选择休息，而是在协助后勤照顾伤员。直到10月17日完成救灾任务后，他才和队友们回到西宁，去当地医院治疗伤口。此外，他还多次去玉树、果洛等高海拔、高寒地区从事义务服务。志愿服务的道路艰险而漫长，他多次受伤，甚至好几次差点搭进自己的生命！但是，他总是面带笑容，从不退缩。

时光荏苒，本科四年、研究生三年的大学时光一晃而过。2014年6月，即将研究生毕业的卢群林，开始面临自己未来前进方向的抉择。"当时一家厦门的台资企业发来邀请，并开出了高薪，但我知道自己想要什么，我得留在青海，圆我一直想完成的梦想，因此我毫不犹豫地选择留在母校做一名助理讲师。"卢群林说着，眼睛里充满了憧憬和希望。现如今，作为共青团西宁市委员会副书记、西宁市青年志愿者协会理事长、西宁市青年联合会副主席的卢群林，更是严格要求自己，处处起模范带头作用。

他带着一份感恩的心和母亲的时常教诲，在这条平凡而又最感人的公益路上走过了15个年头。在这期间有人不理解，但他不在意，即使凭着他的博士学位有很多企业高薪聘请，也都被他婉言谢绝了。有人说：15年了，也差不多了，该回来了，你也该考虑下你自己了，也该考虑下家里还有含辛茹苦的母亲和残疾的父亲需要你。可他却说："我还年轻，家里父母只是两人，而这里有这么多的贫困孩子需要我，家里有哥哥，我实在是舍不得丢下这些孩子不管。"他没有轰轰烈烈地豪言壮语，却用行动诠释了当代青年爱心奉献的人生价值观。

一个背包，一把伞，一个水杯，一双鞋，一颗热心……十五载如一日，卢群林用脚步丈量着自己的青春，把爱洒在了青藏高原。卢群林和其他志愿者一起为青海偏远地区孩子传播知识、传递友谊。通过他们的努力，"一对一"长期精准助学帮扶贫困学生3012名，协助13所学校成功申请免费午餐，建立农村贫困学校七彩图书室106间，捐赠取暖烤箱2400台，建立贫困学校阳光体育场一所。连续七年开展暑期"七彩课堂"支教，为西宁市环卫工人捐赠防辐射眼镜800副，开展各类公益讲座153场；连续六年，组织发起陪孤寡老人过大年活动……

2020年初，为了支援家乡疫情防控工作，他多方筹措，给江西省鄱阳县饶州街道、白沙洲乡、游城乡、县交警大队等12个单位送去了一批急缺的防护物资。收到1160个KN95口罩和一批84消毒液的鄱阳县人民医院卢大夫深受感动地说："这些N95口罩来得真及时啊！"

　　"首先是货源问题，通过多渠道咨询口罩和消毒液货源，同时恳请大家一起来赞助！但是口罩太过紧缺，费了好大的力气才找到货源。"卢群林说："解决了货源问题，还要解决资金问题。于是，号召身边的朋友，定向为鄱阳筹措医疗物资。瞬间得到青海省五彩路慈爱公益促进会及徐礼望、程培涛、周真真等数名朋友的积极响应，共筹资6万余元。"卢群林无法亲自捐赠，于是委托志愿者毛明水和陈勇和共同发放。至于如何分配？卢群林再三叮嘱："哪里需要就捐到哪里。一线医疗资源紧缺，医用N95口罩一定要留给一线医护人员！"

　　2021年10月28日，西宁市新增新冠肺炎病毒核酸检测阳性人员。面对疫情，卢群林又在第一时间集结8名志愿者，在西宁团市委的指导和市青志协的安排下，义无反顾投身疫情防控第一线，将各类抗疫物资送上一线、上门为居家隔离人员采集核酸样本、争分夺秒地转运核酸样本等，为打赢疫情防控阻击战积极贡献青春力量。

　　2022年4月，他和他的志愿者支援队主动参加到抗击疫情的行动中，用爱心给春日里的西宁市城东区居民带去一缕温暖的阳光，用行动扛起社会责任。

　　在服务期间，卢群林发现中高考临近，多名居家学生心情较为紧张。针对处于中高考阶段的考生及家长如何调适心理，更好地面对即将到来的考试问题，卢群林发挥自身优势，利用休息时间，通过电话连线、微信的方式，从心理调适到答题技巧、从生活习惯到考试热点，同小区里的中高考学生一对一沟通，每天"中高考服务热线"都十分火爆。卢群林白天忙完小区里的防疫工作，晚上不顾疲惫，抽出时间为考生答惑解疑，暖心举动得到业主的一致称赞。

　　从卢群林的志愿服务中，我们时刻能感受到，总有一束光透过云层带来温暖，总有一种力量在危难时刻从不缺席，这束光来自"志愿红"，这种力量叫作"我志愿"！不论面对地震、洪灾，还是面对疫情，15年来，卢群林始终奔走在青藏高原志愿服务的道路上，用最质朴、最本真的行动，诠释着一名新时代共产党员为人民服务的信念。

　　卢群林先后荣获全国向上向善好青年、第十一届中国青年志愿者优秀个人、青海省青年志愿者优秀个人、青海省十佳正能量志愿者等荣誉称号。他坚定地说："人这一生总得做点什么，这样才活得有意义。我认为有意义的事，就是帮助需要帮助的人，做一名优秀的志愿者，全心全力扛起一名党员和一名公益人的责任和使命。"

四

图书的曼荼罗

马 钧

于是，我重又听见
士不可以不弘毅，任重而道远
重又神游万卷图册
在迷宫的幽径，第九次
拜谒人面兽和九头蛇伟大的神力
那一时刻，所有的植物
开始重新播放它们的时钟
比丁香还香
比白海棠还白
比隐蔽的花蕊安谧
比星空璀璨

沿着白杨树指示的方向
我模仿神鹰
俯瞰它扩展的卷轴
即便是再长大成好几倍的足球场
即便是迎来一波接一波草坪上的美少年
它还是把图书的曼荼罗
恭请在校园的最中央

是的，面对如此的目遇
我岂能不肃然起敬
沉醉于时间轮回的又一次沐浴

桃李沐春阳

那就用眼睛和鼻翼
开启我如下深情款款的聆听
樟木的清香细柔地染透了宣纸
横细竖粗的宋体依旧风神俊逸
贝叶经铁针烫刻的傣文和梵文
仍在高原徐徐吹送着热带季风
而玄圃的辉光仍旧缭绕油印的墨香
而塞纳河已经流淌成汉译的草原帝国
而藏蒙文字每时每刻都在跟汉字攀谈
像家常的蚁路频繁地通往交缠的花叶
而西陲古地通往的每一处乡野村寨
都会有一双双清澈的眼眸
络绎不绝来这里歌窈窕之章
解读哲学、艺术、法学和
因名学、信息科学乃至万千知识的堂奥

是的,我重又听见
春蚕啃读桑叶的声息
听见沙沙作响的
图书的曼荼罗

马钧,青海省文艺评论家协会主席,现为《青海日报》社首席编辑。

青海民族大学赋

马相平

八马连辔，嵯峨浩荡，青藏拥昆仑而源三江；晴空高阔，大千气象，夏都怀蕙风而沃融阳；两山佑恃，清流浸润，民大抱璞玉而簇新光。

应运而生，与国同庚。干训开局，握发吐哺，学子云聚称嘉树；藏珠州郡，动潜河谷，桃李星散而本固。接续砥砺，兴农助牧，高山大地铸奇迹；继往开来，与日俱进，久久见功新时代。三迁校址，始有五区并举，同频共振；五度更名，终得大学之大，汪洋底蕴。肇本启新，东序西昆濡根脉；鸿篇令誉，博雅文实深耘锄；骏业远图，凤凰山上梦连云。

骋怀驰目，书声琅琅起，古意蓬勃身侧；着手成春，雅音淙淙至，风华奔来眼前。佳木呈奇，翁翁郁郁，和风娉四时；百卉献芳，姹紫嫣红，香薰泽幽旷。三五好友，丹青妙笔绘丽景；并肩佳偶，笑语晏晏致绸缪。大道通衢，朝阳煜琼楼，聆龙文华章；阡陌纵横，鸣琴映蛙鼓，品岁月静好。

徜徉移步，耳闻目睹，胸怀充盈沛裕，向学之心顿生。敛神赋形，家国为念，民族文章树典范；铸魂点睛，锐意笃行，学科建设冀龙头。进德修业，文理辉映匠心；取精用宏，百科具而博盛。厚积薄发，滴水藏海，俊彦成材之根基；直道而行，甘为人梯，师者秉德之圭臬。弦歌不辍，青蓝相继，质效腾飞至双翼；博纳约取，身体力行，百年树人之清源。邃密群科，教研铺开向阳路；自强不息，典籍联通古今桥。杏坛日暖，风正帆悬。浩浩乎其广，骐骥奋蹄千里；洋洋兮大观，鲲鹏展翅高天。存乎一心，教而能动探幽之意，务穷其理；发于真淳，学而常存烛微之心，必究其详。守正补拙，娓娓如春风化雨，生启智而得法；除迷破障，涓涓似百川归海，师因法而开慧。引灯抱火，智者稽古洞玄于前；鼎心骨炭，贤者孜孜发新于后。千淘万漉，沙褪而金出；如琢如磨，石破而璞现；钩玄提要，本立而道生。

桃李沐春阳

含英咀华雏鹰动，春华秋实潜龙翔。时移世换，不改初心。北斗其天，风月其肩。七五有年，未来无限。

马相平，系青海省作家协会会员。

五月，走进民大（组诗）

央 金

在记忆中归来

一场酣畅的雨，还在遥远的天边
人们纷纷穿越柳絮飞扬
牡丹在弘毅楼前盛情迎来送往
我离开人群，向昔日和回忆不停张望

漫步陌生的花径，回想您求学的经历
我将一块石头命名为进德
我将另一块石头命名为修业
所有前辈的出发地，都能找到这醒目的标记

白色砖墙缔造心灵渴望的空间
原木地板装饰了年少梦想的书屋
续一杯浓郁的手打咖啡
陪寂静诠释时光，再续与青春的缘分

车来车往的路上
我踮起脚尖与清风吻别
采集一段没有结尾的故事，作为留白
等待一个人，在满园书语花香时归来

桃李沐春阳

我是一只鱼

透过树梢
看见雨滴滑落

像鱼，
仅七秒的记忆
试着镌刻我们的拥抱

编写旧版的随想曲
代入海浪涌动的声音
细雨总会停止
就请彩虹嵌入鱼的心房
久一点，久一点，再久一点

暖

跋涉万里
再次行走远方
只为一声"珍重"
笃定有影子的地方一定有光

追随梦想的脚步
暖了的心
如一朵千瓣莲花
小心绽放
从此不再惧怕零落和枯萎

在最初和再次出发的途中
终究抵不过时间的审判
我要的时光请归还

央金，本名杨尖措，系中国诗歌学会、青海省作家协会会员。

民大册页（组诗）

西 月

一、民大诞生

莽昆仑的风吹拂的大地
三江源的水浸润的大地
唐蕃丝路，千年古韵
1949 年 12 月 12 日
一座知识的殿堂在这里诞生
与共和国同步的人才摇篮
孕育希望，萌发生机

青藏民族高校之首的民大
聚四方英才，展鲲鹏之宏图
似青海湖的湛蓝、澄澈
在高原大地熠熠生辉

"进德修业，自强不息"
民大，以一条大河的姿态
在 54 个民族的青海高原
携带明月星辰，浩荡前行

二、走进五月的校园

在民大，寂静如此特别
是静立的一幢幢教学楼宇

桃李沐春阳

是"智慧之花"上泛着的银光
是柳叶编织的七十五年时光
"博学 善教 爱才 乐育"
肩负起教书育人的重任

阳光跳跃在松针间
绿草坪啜饮着阳光的甘露
犹如老师对学生的春风化雨
一群女学生如风飘过
笑声敲打着林荫道上的寂静
青春的笑脸如牡丹花的绽放
她们就是那些白色的、紫色的牡丹
怀揣美好,芳香悠长

三月玉兰、四月海棠、五月牡丹
画意诗韵,民大春色正浓
寂静停留在银杏、枣树的枝叶上
停留在文冠果树细碎的花瓣上
停留在含苞待放的芍药上
停留在民大的每一个角落里
那些一个个手捧书籍的人
讲台上话如江水的人
操场上跳民族舞的师生们
她们都在为美做出全部的努力

万物吟诵,春光正好
在绿荫中穿行的人
在花香中穿行的人
灵魂也会染上寂静和香气
不知有多少园丁
曾在这里谈发展谈改革谈创新
不知有多少青年
曾在这里谈青春谈爱情谈前程
校园的寂静收藏了他们的往昔

一代又一代人
从这里积淀，从这里出发
奔赴未来，实现自我
鸟儿在浓荫里歌唱
时光从操场从花园从树丛中慢下来
此时，阳光正打在图书馆明亮的窗户上

三、民大校史馆

走进民大校史馆
走进她七十五年的光辉历程
走进她七十五年的芳华岁月
一代又一代人遨游在知识的海洋
一代又一代英才，如羽翼丰满的鸟儿
从这里飞向祖国的四面八方

七十五年，十二万英才
五十三名省部级领导干部
一千三百多名厅局级干部
一百二十余名专家
六百余名正高级专业技术人才
在青海的每一个角落
都有民大人在坚守

全国优秀教师、专家胡安良
改革先锋杰桑·索南达杰
奥运火炬手万玛加
著名藏族女作家梅卓……
从领导岗位、科技领头人
再到各行各业
无处不涌动着民大人的身影

那弥漫的青春的潮汐

那涌动的青云之志
在雪域高原上
谱成了一曲曲民大人的赞歌

四、民大特藏馆

那个怀揣清风明月的人
那个饱含深情的人
有麦田一样广阔的胸怀
吕广来，民大特藏馆的奠基人
他在古籍的田园里稼穑
用智慧打捞史海星辰

二十三部古籍
入选国家珍贵古籍名录
《山海经全图》《格古要论》
《订讹杂考》珍贵古籍
收录于国家版本中央总馆
民大特藏馆，藏量为高校之首

线装古籍的每一页纸张
浸染了千年的雨露
留下一路文明的芬芳
当荒漠遇上甘霖
种子遇上沃土
历史的河流悄无声息地
浇灌着求知的花朵

西月，本名王靖淙。系中国作家协会会员、海北州门源县作家协会副主席。

晨光里的诗篇(四首)

刘大伟

民大牡丹园

我曾为武汉大学的樱园、梅园和桂园
感叹流连
穿行于花的辞典,叶的注释
一些与时间与有关的追问
都会得到露珠般的回应

但那些花叶过于碎小
相对于高原之上的青海民大
民大校园内的牡丹园——
所有热烈的绽放,宁静的内敛
以及与芬芳桃李默然凝望的姿势
委实令人悦目

当我再次遇见她们时
身着民族盛装的高原学子
正从牡丹园的小径穿过
从朝阳与教学楼形成的夹角来看
她们也是牡丹的一种

文化走廊

在这里,走一个来回
就能看到"图片里的校园"
浓缩而又丰沛的模样

文字的长河,思想的火花
他山之玉,蕙的风
以及与时代共振的年轻音符
一起铸成的精神高地

回首处,恍然听到太史公悠然之声
——桃李不言,下自成蹊

在民族团结林

一朵花,是另一朵花的春天
一棵树,为另一棵树
撑开了遮雨的伞

在东序校区民族团结林
我读到的青春,都有着坚定的目光
我理解的芳华,蕴含着庄严的使命

——懂青海,爱青海,兴青海
所以每朵花都举起了高原的晨光
所以每棵树都伸出了开花的枝丫

河湟草

一棵普普通通的草

一棵不容忽视的草

就像我们不容忽视的年轮
就像我们一直留存的记忆

她以朴素的词语为自己命名
却用蓬勃的生机诠释此在的意义

她叫《河湟草》，和《天风》一样
两姐妹在高天厚土之间

一同写下：草与草的恒久
风与风的辽阔

刘大伟，系中国作家协会会员、青海省作家协会委员，青海师范大学副教授。

白色火焰

那 萨

青春的记忆绊住中年的肩颈
头微微扬起,我带着昨夜的寂静
赶一段从前的时光,入口
敞开一个人的宽度

我们都是被时光计量的共同体
爱着同一个世界的八角

1999年,在青海师专的玉树班
东西的短距离,重复走过的路
刻着青春的印记

冬雪镶嵌的校园里
有童话走出的男孩
手捧一支蓝墨汁钢笔
浅浅背影,在一团花苞间

春雨敲击年轻的心鼓
舞动长袖的姑娘
奏出爱的乐谱

在时光的陈列馆里
追逐前人的脚步
嘴巴是简便的路标

文冠果举着茂密的白色火焰
点燃我们的眼睛
草木在各自的世界
守住翠绿的内里

藏学楼顶的天空
是昨日的游牧天空

牡丹园，带着过滤的嗅觉
分辨红黄紫白粉，"银河情"
星河之爱掏出纯净之心

每个律动，在团结园的小径上
留下不灭的星火

隐于花丛，絮语入耳
牡丹，木本植物
花中之王
芍药，草木植物
花之仙子

白描花朵的女孩
是从艺术的指尖
忘了剥离的另一朵

草原的孩子，拥有完整的诗篇
清风诵读的声调略显生疏
过去的骏马站在时光尾部
逝去与怀念，肉连着骨头

爱给予梦想翅膀，蝴蝶

桃李沐春阳

口衔夏天的清香色彩
从一朵花的心里
看到了盛开的自己

那萨,又名那萨·索样,自由作家。

时光的波涛与涟漪（组诗）
——写给青海民族大学建校75周年

严雅楠

12月12日

拨开记忆的帷帘
诗意的日子，飞雪飘曳
12月12日，已成为
民大历史永恒的丰碑
75年了，这个日子从
斑驳中露出头颅和身躯
不断擦亮钻石般的晶莹
75年了，这个日子从
光荣的梦想间感召着一代又一代人
扛起奋斗大旗，奋力建设
青藏高原第一所高等学府
新中国第一所民族院校

是的，75年了。这个日子
在明媚中更加明媚
在斑斓中尤为斑斓

我要再一次写下：
1949年12月12日

这是辉煌的起点
这是灿烂的童年
这是光荣的记忆
这是历史的芳香

您的名字

75年了，这里也有关于我的
一部分事物汹涌朦胧激情澎湃
那些深陷幸福、感恩、憧憬和
美好的汉语词条
有时候让我迷路
有时候让我愉悦
有时候在岁月的
花田里为爱拥挤

但您的名字
青海民族大学
一直在内心
阳光般温暖
月光般温柔
目光般温润
这个名字是独属的美学种类
是秘密坚强而必须的呼吸
是刻在高原骨头和血脉里的智慧之光

母校建校75周年祝福

欣喜之时，我们走过2024
喜迎新中国成立75周年
青海解放75周年
青海民族大学建校75周年

因党而生是您的骄傲和幸运

与国同岁是您的自豪和幸福

75 载风霜雨雪披荆斩棘

75 载日月同辉共写华章

75 年，与新中国一起发展

75 年，与新时代一道前行

历史巨轮滚滚向前

英才贤杰代代涌现

回望学习毛泽东主席

1949 年 11 月 14 日

"致彭德怀、西北局的重要批复"

不忘初心、牢记使命、砥砺奋进

在青藏高原腹地

犹如坚强的胡杨

开枝散叶，葳蕤茂盛

芳香四溢，屡创奇迹

充分吸收党和国家雨露营养

培育无数优秀莘莘学子

面对今天的您

75 岁生日的青海民大，唯有真诚

而美好的祝福敬献于您

深深地祝福您，亲爱的母校

致母校敬爱的老师们

14 岁到 19 岁

那是我一生中最为难忘的青春

浪漫、苦涩、幸运、懵懂充斥的年岁

遇见您，敬爱的青海民大的老师们

尽管标签自始至终不太严肃

但在我们心中，老师们的音容笑貌

优雅风采，渊博学识就是

最好最完整最亲切的标签
从西校区到东校区
5年时光匆匆飞逝
敬爱的老师们默默陪伴我们
走过每一个酷暑和严寒

八一中路3号
连同这个地址都成为
记忆永恒的坐标
不时回荡在我们羽翼渐丰的生命里
时常向母校所在的方向
深深鞠躬
这里有我们美好的记忆
这里生活着我们一生感恩的
可爱可亲可敬的老师们

在民大牡丹园

我知道和你共鸣了
就在刚才像情绪激动的表白
像感冒里拥堵的口鼻
像梦的坠崖像婴儿的清澈
牡丹花瓣上的星辉雨露
晚霞晨曦，昨日记忆
都随车轮远去
夜不慌不忙，从容降临
一大片一大片辽阔
正从苍穹掠过
双手虔诚捧起斯客内心
不断繁衍生息的
荒芜

牡丹，牡丹

浓郁的香
从层层建筑化茧成蝶
蜿蜒迂回悠扬的花儿
微然的甜
自声声赞叹入画成诗
匍匐席卷爱情的心灵高地
醉人的美
任篇篇锦绣妆缀梳扮
搬运租赁故乡的一块月光

养人也葬人的黄土
手握黄金邀约天空与飞翔
低低的嘶吼滚滚漫上昆仑山巅
而水，打开美人儿的潘多拉
红尘之间徒留一枝梨花

国色终于剥下含蓄，使颜色沸腾
缕缕春风回头传达古老陈旧的消息
密集的目光深处
唧啾鸟语
荡漾在一声声问候与祝福间
打开了民大一个个绿色的清晨

在弘毅楼前赏牡丹

10亩土地孕育出的芳芳
富贵、吉祥、圆满
在阳光下竞相艳丽
1700余株，近110个品种

桃李沐春阳

送春迎夏，壮观鲜艳
在弘毅楼前可爱留恋
花瓣、花蕊、花骨朵
高洁、大方、清雅、唯美
每一朵花像每一个民族的学子
在知识的怀抱紧紧簇拥
团结向上，欣欣向荣
共同成长
热烈绽放
进德修业自强不息。
繁荣兴旺千秋万代。

徜徉民族团结林

绿色伞盖在我们头顶
盘旋遮阳，清风拂过
夹裹着芳香的梦的丝带
贯穿一整春夏与秋冬
婀娜飘逸，烂漫醉人
身处鸟语花香间
种种树木幻化成贤
吟诗作画，不断培根浇灌
直至幼苗也长成
其中的参天大树

八角亭前停留

重建恢复的八角亭
是民族团结林的心脏
在八角亭前停留
四周围拢的高大树木
也曾是小小的种子

在风景与风景的间隙
历史的大风不断吹过
把硬朗的名字
吹得亭亭玉立
吹得熠熠生辉
吹成千古流芳
吹成万世景仰

民大的树

国槐，海棠，玉兰，银杏，梨树
榆叶梅，探春，青扦，松柏
丁香，枣树，紫桦，白桦
还有许多叫不上名字的树
整齐排列，相互依偎
昂首挺胸，笔直修长
越看越像人
越看越像民大的精神
看他们，就读懂了
懂青海、爱青海、兴青海的精神气质
看他们，就获取了
铸牢中华民族共同体意识的信心决心

杰桑·索南达杰

雪域之子
环保卫士
改革先锋
最美奋斗者

前辈啊
您是高原精灵藏羚羊的守护神

桃李沐春阳

您是献身治多，无数人民心中的大英雄
您是雪域高原的骄傲
您是优秀共产党员的典范
您是青海民大的优秀学生
您是无数民大学子的楷模

您的精神加持着生态
您的力量助力着环保
伟大的名字
民大人永远的骄傲

芍药，芍药

牡丹园里牡丹开得正欢
对面的芍药园却一片寂静
饱满的花骨朵一朵一朵
在园中列队完毕
无欲无争
真像一个人
耐得住寂寞
熬得住孤独
深深扎根
挥洒青春

民大梦·中国梦

雪落在山川与河岸
馨香静静地吸引狂躁
岁月和思绪之间
收割乐此不疲地
候着天高云淡

梦在内心的沃土发芽
你说梦境里有笑脸
也有淡淡的阳光
梦是你的
梦是他的
梦也是我的

知识巨大的怀抱里
我们几度暗自思量
初雪如何覆盖泥浪
那至今温柔的午后
声嘶力竭仍余音袅袅

我们坐在山头
坐落巨大的乌云
不说功课不谈沙包
闭目呼吸清风
目睹绕过树梢的飞翔
带走孩童质朴的愿景

多年以后
我们仍旧坐在山头
坐落斜阳
听山下的机器轰隆
看灯光打开夜的缺口

有些时候梦在内心的抵达
那么强烈而又突然
就像我们坐拥幸福
却无须一一说出

在民大古籍馆,时光慢了下来

取出深海的波涛汹涌
追赶隐约的雾
取出时光的轴
让齿轮停止
取出光的核
等待绿芽

取出语言的真相
取出梦境
取出陌生的自己
取出平凡和沉默
取出骨髓中的脱氧核糖核酸
取出先知告诫过的预言

时光慢了下来
一头白发

致民大流逝的人与事:月末

蒙蒙的雾罩得大地发黑
我把脚步挪过青石道
瞧见,如同秋天的一幕
影子成了甲虫的栖息地
搜集零碎的语言
传输恋爱的青松侧耳静听——
我整生的孤独与落寞
是谁提前释放了无期囚犯
又归于泥土。诗的种子开始浮肿
冥思顿悟到别离,目瞪口呆

意识容纳美貌，牵强着回头
我顾不上自己，借给你目光
收回浪漫的虚无，再支撑灰迹？
六月，最后一抹光包围无知
理性苍白，滴不出血
指尖颤动出世俗的磅礴
原来才有的思念随打击破灭
想起塔尔沟和一场感情的大雪
数字串联镜头，落幕的断电
至今还旖旎盘旋地低翔……

致民大流逝的人与事：心愿

黄昏猛地压下来
燃烧的岁月倒映着皱纹的曲线
我呼唤美丽心情的乳名
心灵之灯也随之跳跃出火焰
在激荡的边缘送走秋天
万物靠动词圈住颜色
血强流。一整个冬天的天使提前到站
就让你回头的微笑承载我记忆的船舶
伴诗歌返青。收留炊烟对羊群沉默的眷恋
此次只剩下温暖的语言，独自品尝幸福
而我却认真地解剖问题根源
准备修一段爱情的乡间小路
哪怕足有一万公里。
因为路上全是
百看不厌的风景

致民大流逝的人与事：给你

举起被分解成碎片的时光

蓦然松开紧握记忆的墨水
与声波侧后的容餍交流
有更多的天悄悄显亮
我愿以爱斯美拉达的名义
阻挡彼此丰收的行囊
当你徒步绕过五月的浪漫
是否能收留意向的抵达

我不敢确信：
每次的长久有多长久
仿佛一夜北风染绿我的呼伦贝尔
柔柔的目光毫无遮掩纯情
在你恣肆含羞的汪洋里
多想卸下几番轮回的锦什流浪
那盈盈满目的无尽秋波间
我只想住进你的河流
自由消沉
请让我淹死在你水仙般的温柔里
永远，永远

校园盛夏

这个季节是与众不同的
大学里的故事依旧追逐行囊
在无奈的现实间泥泞
彷徨无措，失落萧飒

拉过海晏的标点
省略镜子的光亮
可是我们再次不约而同
撇下六月的村庄
使阵雨威胁农田

嘀答声间安静地蜷缩
再也说不清迷失的方向

是啊！作别喧嚣的人
需要火把，茶叶和梦境
需要七零八落的拆卸
更需要稳定的放逐
笑脸掺杂疲困
荡然稀落
谁打开
情绪
眨眼散热

踩在六月，鲜花簇拥
那场温暖灵魂的大雪
此刻张望大地
蠢蠢欲动

六月的琴弦上
谁的地毯拐了脚
谁的心思还在冬天
谁写下关于阴暗的讣告
谁在谁的梦里波光粼粼，花枝招展

忆往昔

入校回首苍茫间，学识恰似众山峦。
偶得空闲悟青春，但望母校展新颜。

青年林

青年植树乐，四处飘红歌。

桃李沐春阳

遗落梦中情，愿趟记忆河。
衷情平与仄，缜密需勾勒，
春秋索几许，一言终所得！

致毕业生

望君皆为校英才，不枉月下苦读功，
壮志豪情步人生，愿励弱骨变龙魂。
寒窗几载共悲欢，暮年忆起似雨润，
纵然挥别难寻觅，自古谁人无离分？
香梅傲雪总灼眼，抛颅献血铸昆仑，
莫忘烛中慈母靥，四海天涯恩永存！
绘得雄鸡新蓝图，满腹经华斩乾坤，
再等故友来相聚，喜泪隽铭曾数春……

寄语民大

七十五载话沧桑，巨帆扬风欲远航。
巍巍昆仑达坂雪，民大英名世无双。
悄燃万盏智慧光，四海学子心透亮。
春来逐梦君相知，丰功伟业尽辉煌。

民大风物

无边春色满园香，千万学子浴春光。
春来秋去不复返，唯留馥郁更久长。

严雅楠，系中国少数民族作家学会会员、青海省作家协会会员。

青海民族大学赋

严雅楠

北国莽莽兮，巍巍昆仑，高原泽泽兮，滔滔江河。群峰磅礴，苍穹恢宏，天路浩瀚，花木玲珑。盐朵亿万剔透，贝容千百温柔；四季辽阔，犹冬醉人。而大美雪域圣殿时时显金辉闪耀，地母之躯民族高等学府巍然屹立。适逢青藏高原民族高等学府诞辰之千秋盛事，激越难安，特作小文。赋云：

青海民大，与国同龄。八一中路，是为坐标。坐拥千亩，已经半世。幽静玉立，学风浓郁。百万图书，泽仁无数。名士层层，赫赫于外。艰苦创业，勇攀高峰。代代传承，自豪人人。民族团结，为国谋福。科教基地，令人向往。七十身形，矫健矍铄。其为青年，精力旺盛。回望去时，热血澎湃。杏坛圣地，春色正浓。

青海民大，雪莲胸怀。农历己丑年兮，东方有盛宴。菊月芳香淡淡兮，开冬粲然婴童如初。一九四九年兮，举国漫福音。岁末冰凝灵灵兮，青青干班喜降古城。殷红隽永兮鲜艳铭刻，神圣尊崇兮庄严温暖，高原曙光历久弥新，世界屋脊智慧长鸣。

江源涤砾朔风拂春，七十五载光阴广袤无垠。一九五六漫漫征程，九月星光已然入梦。青海民院千里传音，进德修业自强不息。火种灼灼，拓荒者披荆斩棘，大旗殷殷，筑路人鞠躬尽瘁；建国伊始，欣欣向荣，青青干班，臂膀初长，青海民院，其为第一。

法学威重，国之大器，哺千万学子晓律为民，民族学奇异乐然，国之瑰宝，纷呈灿烂谐睦高寒，汉语言精深美仪，国之喉舌，气度翩翩颂盛世咏言志……

青海民大，地灵人杰。念昔时青海民院，怀时光之匆然。初春，生机勃发，鹅黄薄暮，柳丝如烟，百花含苞，亭台古朴，书声琅琅，热血岁月兮隐隐初显；夏时，绿意葱茏，佳木葳蕤，溪流潺潺，幽径曲折，才子佳人，青春无限，校园成长兮依依可观；秋日，贤才已去，俊杰又来，五湖四海，九州同在，齐聚民院，书写未来，美好年华兮源源不断；冬月，大师辈出，书香氤氲，一之安良，燕武端智，旦正桑杰，成俊海鹏，璀璨星斗兮洋洋百千。

青海民大，盛世耀光。二〇〇九年兮，初春三月，两千零九朵牡丹纷纷受孕，六十年风云甲子煌煌而新。雪山晕染朝晖，草原劲歌热舞，滔滔江河侧耳聆听，巍巍昆仑肃然起敬，青涩年少者，气宇轩昂，玉树临风，满腹皆经纶，桃李尽乾坤。七十五载奋勇拼搏精品课程青出于蓝，七十五载日月更新特色专业胜之于蓝。民族自强兮，文化自信，院校改革兮，实力振兴，盛世清明兮，时代安康，莘莘学子兮，国运担当，生生不止兮，民大辉煌，念念不忘兮，巨帆远航。

新时代，豪杰高擎发展火炬，立鸿鹄志，育德才人，建名大学。七十五载春光秋日，传统不旧，哺育长青；今之民大者，乃悠悠乡愁，乃牢牢根基，乃巍巍城堡，乃硕硕摇篮。

祈愿情怀依旧，担当满满，守望历史丰碑，再写锦绣华章！

严雅楠，系中国少数民族作家学会会员、青海省作家协会会员。

可可西里之魂
——献给杰桑·索南达杰的挽歌

杨廷成

杰桑·索南达杰，1954年出生于青海玉树，1974年毕业于青海民族学院。1994年1月18日，为保护藏羚羊遭歹徒枪杀，年仅四十岁。2018年12月18日，中共中央、国务院为他颁发"改革先锋"奖章，并获得"三江源生态环境保护先驱"称号。

序　曲

中国西部，一片隆起的雄性陆地
千百年来被视为人类的生命禁区
沙原上，飙风吹响亘古的号角
蓝色湖是一支无声而寂静的谣曲
这片辽远、磅礴的土地哟
浸透着无法阻挡的诱惑与神秘

当第一缕野性的光瀑沐浴旷野
沙狐的子孙披一身耀眼的光亮
在茫茫天地间尽情地舞蹈和鸣唱
当银质的满月在朔风中挂在苍穹
藏羚羊的犄角挑一轮圣光
眸子里溢出星星般烁亮的渴望

野牦牛雄风般蓦然掠过
那是北方的冰河在春雷中解冻
盘羊们悠闲地品味青草的芬芳
犹如大片的云朵飘浮于无际的碧空
黄金，这种让人世间充满悲喜的金属
又牵动着多少贪婪者疯狂的神经

哦，遥远的可可西里哟
豹子峡的罡风是你父性的雄浑
太阳湖的碧波是你母性的慈润
哦，神秘的可可西里哟
你扬起的沙暴让卑贱的灵魂更加无耻
你飘舞的雪花使高尚的品格更加永恒

早春：英雄挽歌

春天的故事并非童话般悦耳动听
而英雄的挽歌总是那样撼天动地
此刻，雪山之鹰在风暴中折断了翅羽
长眠于牧歌如潮的巨泽大野
可他翱翔的英姿却与蓝天共存
巍巍雪山就是他人生的无字丰碑

早春的风肆虐地掠过高原
延伸到天际的路是那样的遥远
车轮在呼啸的北风中压过山脊
为壮行的英雄谱写一支西征序曲
可可西里的山山水水在心头浮起
那里将有鹰的子孙把英雄史诗书写

魔鬼般嚎叫的枪声刺穿沉沉沙野
美丽的藏羚羊悲泣着汩汩流血

当盗猎者疯狂地仰天大笑之际
沙狐们明亮的眸子顿然失去了风采
绿茵覆盖的土地被挖掘得千疮百孔
而采金者的窃窃私语却使大地微微抖颤

枪声响起，他的心在滴滴流泪
脉管里涌动着藏家男儿难言的悲愤
人世间谁不痴恋自己的家园
可可西里本是精灵们温馨的村落呀
夜色苍凉，繁星怒睁惊恐的眼睛
中国西部，一曲英雄之歌即将诞生

曾穿透精灵们身躯的罪恶之弹
使一尊不屈的雕像猛然间坍落
英雄的血与精灵们的泪交融流淌
黑夜中难眠的怒目使罪恶的身影狼狈逃去
历史铭记：1994年1月18日之夜
如泣如诉的飞雪覆盖了可可西里

他壮烈地倒在大地上
仿佛是婴儿静睡在母亲的怀抱中
藏羚羊如剑的犄角直刺夜空
环簇着英雄为他流泪护灵
哀思的寒风拍打着太阳湖水呀
一支雄壮的挽歌在西部旷野上悲鸣

写在雪原上的颂词

那是二十年前的金色之秋
河湟谷地麦香味醉染古城
西宁东郊，有青春年少的书生
走出了赐予他母乳般厚爱的校门

桃李沐春阳

是雄鹰，总是眷恋着草原
苦苦劝留未能打动他归去的心

雪域，铃声中匆匆的脚步
摇响着他对草地子孙的深情
白雪般飘落的粉笔末里
是他青春闪耀火花的证明
记得眼睛如黑宝石的学生扎西吗
山路弯弯，是你步行四十公里背他治病

雪落草原静无声
你惦记着雪野里孤舟般的帐篷
雪路皑皑，一串串脚印向远方延伸
冰河滔滔，一阵阵呼唤回荡在山岭
而当发现雪海里隐约闪现的帐篷时
你哭了，藏家男儿的泪花打湿了衣襟

炊烟飘起的地方
就有你行色匆匆的身影
那匹陪伴你走遍教学点的老马
铜铃叮当，扬起一路烟尘
听说卓玛家的小央金又辍学了
昼夜兼程的你油灯下表述着滚烫的心

可可西里的噩耗如晴天雷声
把故乡索加草原顿然间震惊
父老们列队仰望西去的长云
双手合十祈祷他们的儿子早日安眠
就在这方贫瘠而丰饶的草地上
索南达杰的故事在每一顶帐篷里流传

沱沱河的涛声在轻轻地叙说

冽风中你七天七夜勘察运输线的壮举
云朵般飘过的羊群在默哀中怀念
那位使它们旺盛繁衍的乡党委书记
云山深处的公路似一条哈达
那是儿子献给故乡母亲的一份厚礼

你点燃了巴吾老人心中熄灭的灯
泪雨滂沱，他念着英雄的名字闭上眼睛
你温暖了阿卓老人八旬的梦幻
那是一个共产党人厚重的深情
而你纯朴的妻子，天真的儿子
在除夕的鞭炮声中盼望你早归家门

可可西里之魂

大自然的神工鬼斧
造就了可可西里这片野生动物的乐土
太阳湖处子般纯净的记忆中
阳光下的土地拒绝一切罪恶
可如今那些惨遭戕殃涂炭的生灵
惊恐的眼神望着文明人类的枪洞

不愿有藏羚羊枪口下绝望的哀鸣
不愿有野牦牛屠刀下悲痛的呻吟
不愿有黑骏马车轮下伤感的嘶声
不愿有金牧场狂掘下缄默的悲愤
他十二次进出这片生命的禁区
那可是怎样的历经千难万险的征程

面对持枪偷猎的强盗
你以柔弱的身躯挺起大山的巍峨
零下四十摄氏度的寒流如刺刀般袭来

父老的期盼是血液中滚烫的大河
在冰雪沼泽覆盖的无人区里
描绘蓝图你忘却了孤独与饥渴

妻子望着地图上遥远的红点
似乎看见你挑灯夜战熬红的眼睛
儿子捧起你带给他的可可西里石子
仿佛掂量出父辈语重心长的话语
西部工委，简陋的办公桌上启封的香烟
在等待疲乏的县委书记细细品味

每一次西部之行都是一曲壮歌
每一曲壮歌都是英雄的血泪谱成
雪山垂泪，遗憾他未竟的事业
沙原默哀，凭吊狂风中失踪的身影
可可西里的每片土地上
都有索南达杰不肯离去的忠魂

并非休止的音符

一颗流星的壮烈陨落
把光焰四射的生命之火留在苍穹
1994年2月3日，治多县城
花圈是涨潮的海水在街头簇拥
胸前的白花是一丛丛银色的火焰
草原儿女在默默地送别英雄

你凝视远方的黑色瞳仁
是在眺望美丽而神秘的可可西里吗
你似乎微微启开的双唇
又想告诫活着的人们什么
草原之鹰怎能安息长眠

因为耳畔又响起令人揪心的枪声

雪山深处的小学里歌声朗朗
索加草原的公路上车轮滚滚
原野上牛羊涌动牧歌旋律是那样醉人
你流血的土地上又响起了巡山人的足音
英雄倒下,不是一枚休止的音符
而是可可西里壮歌震人心旌的轰鸣

哦,歌声自雪野里哗然而来
吟颂着你四十个春秋的风雨历程
在遥远的蓝天与草地之间
一群群年轻的鹰迎风沐雨搏击长空
让我们用行动书写不朽的悼文
染亮可可西里没有邪恶的每一个黎明

杨廷成,系青海省作家协会会员。

花之高原

陈慧遐

海棠花开了
少了太平鸟的嬉闹
它愈是孤傲起来
海棠果里透着冬日的甘冽和清涩
一季花开，又让风，捎来了芍药的香气

晌午，阳光透出刺眼的光
照射在校园的老树上
老树下休憩的老人
眼里载满了故事
他们进出老楼的身影
更像是一种光影流年的印记

一切被时光过滤
剩下手稿
剩下雕像
剩下学子们一颗颗沸腾的心
他们依旧鲜活地绽放
在高原的上空

陈慧遐，系中国青年作家协会会员、青海省作家协会会员。

花儿与少年
——献给青海民族大学

牧 白

手持萤火之人渡青铜薄暮
把天地归拢于掌心

一定是有山河在大野中铺开春天
牡丹比照唐宋边塞上如缕的青烟
若大河汤汤，一举手便是杏林一片

而在那些远逝的时光之旅中
劲草含露，与一滴水投身于大海和星辰
那些烛照理想的青年人漫步于
腾挪生命熙攘的疆界，让青春以光明

有树影斑驳的史书叩响一枚字符
夹杂着细长而又笨拙的外形
我们在远去的岁月中找寻着火种与牧人
火壤下奔走于中原的儒冠
在风中侧身注视着江边半悬的月牙

一句千年前不经意的醉言
一次漫野溪水欢歌的午后
一个个雨声中捻须怅惘的书生

桃李沐春阳

蝉声还在空中如爆豆炸裂
园中的花朵却已是开了一年又一年
像一场新雨,又一轮重生

牧白,本名陈学栋,系青海省作家协会会员、西宁市作家协会理事。

民大校园（三首）

耿占坤

牡　丹

青海民大校园
每年至少要去一次
只为看望满园牡丹
此地牡丹洗去华贵粉脂
也摆脱了市井俗艳
她们出落得天然娇美
皆因赏花的目光年轻
我罔顾新建了哪些楼房
只留意她们身边的白杨树
愈发高大茂盛起来

图　书

青海民大校园
每年至少要去一次
只为探望神秘的书籍
玻璃柜中的残篇与善本
透出活字印刷的稚拙
黄褐色的时光缓缓倒流
其间隐藏的古老智慧
令人心生敬意浮想联翩

而那一排排敞开式的书架
是通往未来的台阶

学　子

青海民大校园
每年至少要去一次
只为欣赏青涩少年
阳光的笑脸春风的身姿
桃绿柳红英华文实
谁不信这是一个奇迹
花开花落几十年过去了
在林荫小径月下草坪
这群少男少女竟永远未变
仿佛有神秘魔法保护

耿占坤，系中国作家协会会员。

黎明中的青海民大（组诗）

郭旭升

风吹民大

这是燃起火焰、点亮梦想、塑造希望的风
这是凝聚力量、繁荣文明、促进和谐的风
这是坚韧不屈、创新改革、充满活力的风
风吹民大，风吹民大，青春的青海民大
风吹民大，风吹民大，黎明中的青海民大
风吹民大，风吹民大，茁壮成长的青海民大
风来自青海湖、来自阿尼玛卿、来自喀喇昆仑山
来自高原的每一座大山、每一处大川、每一片大草原
风吹过东序校区，吹起历史的涟漪
风吹过西昆校区，吹皱岁月的书卷
风吹过文实校区，吹亮高尚的人格
风吹过博雅校区，吹开崭新的画卷
风吹过凤凰山校区，吹响春风的号角
民大的风，是托举无数家庭希望的风
民大的风，是给予莘莘学子未来的风
民大的风，是青海教育事业前进不息的风
风吹向磐石、吹向春晖、吹向夏晨、吹向冬阳
风是昂扬向上、积极进取、拼搏奋斗的青春啊
风是锤炼筋骨、磨炼意志、增强本领的青春啊
风是追忆过往、心怀忐忑、脚步坚定的青春啊
风吹过英华楼，吹过古老的历史，吹向年轻的生命
风吹过文实楼，吹过苦难的岁月，吹向辉煌的明天

风还吹过鸿文楼、吹过凌云楼、吹过进德楼、吹过修业楼
风还吹过工学楼、吹过弘毅楼、吹过丹青楼、吹过致用楼
风还吹过文华楼、吹过知行楼、吹过劝学楼、吹过芳华楼
风还吹过思源楼、吹过正源楼、吹过清源楼、吹过开源楼
风吹过每一扇门、吹过每一扇窗、吹过每一间教室
民大的风是传道、受业、解惑的师恩之风
民大的风是谦谦君子、温润如玉的师德之风
风继续吹、风继续吹、风继续吹
风吹过绿桃公寓，吹开一树繁花，结出一树硕果
风吹过白杨公寓，冲天的杨树啊，扎根在高原每一寸土地
风吹过红柳公寓，顽强是信念，更是一种天赋
风吹过紫藤公寓，用信念造就了无限繁华
风还吹向牡丹园、吹向丁香园、吹向芍药园
风是记忆的风，是味觉的风，是情感的风
风吹过三餐，吹过四季，吹过生命中的璀璨
风是暖的，是冷的，是热烈的，是沉静的
风吹过失意，吹过成功，吹过一个人的一生
民大的风是进德修业、自强不息的校训
民大的风是团结、勤奋、求实、创新的校风
民大的风是博学、善教、爱才、乐育的教风
民大的风是立志、进取、好学、力行的学风
风吹民大，黎明中的民大
民大的风本身就是一种力量
风吹民大，黎明中的民大
民大的风是英雄的风

大先生
——写给李文实先生

"所谓大学者非谓有大楼之谓也，有大师之谓也。"

在荒凉阒寂中总有人沉默
在孤独寒冷中总有人抗争
消瘦、高挑儿、面容清癯

目光坚毅，像燃起的火炬
像是楚辞中的渔父
垂钓世间的冷暖
总要捧出一颗炽热的心
总要燃尽最后一滴蜡
黄河远上，离乡的路途
总是跨过一步就回不去了
故乡的明月照在泛黄的纸张上
蝇头小楷像是一颗颗泪
做学问、搞研究，就是从人迹罕至的荒漠
撷取文明的琥珀，提炼语言的黄金
要走过常人无法走过的坎坷
要忍受常人无法忍受的屈辱
要同时光博弈，同命运较量
这既是剥夺，也是馈赠
这既是苦难，也是荣誉
这是一个立于天地的人
一个大写的人

牡丹园
——游青海民大牡丹园有感

在一株牡丹前流连忘返
金色的花蕊、红色的花瓣
如同火一般的激情、火一般的热烈
盛开的牡丹，就是朵朵盛开的火焰
凝视一朵牡丹，就是在凝视生命的力量
凝视一朵牡丹，就足够还原生命的本色
"绝代只西子，众芳唯牡丹"
多么热情洋溢、多么活泼热闹的牡丹
仿佛置身盛唐，还原李白的梦境
穿行牡丹园，就是穿越大唐的盛世

桃李沐春阳

漫步毓秀园

丁香的色彩符合节气
而丁香的气味更合乎诗的韵脚
就如同紫荆带来的热闹
将沉寂的心情点燃
紫藤就是在这火焰中诞生
驭火婀娜,如梦一般
从梦中最早醒来的总是百合
轻柔得像一只鸟
这鸟就化作莺尾,碧紫深情
暮色渐浓,神话与信仰便轻轻落在花蕊
金色蕊芯就是开启美的钥匙
牡丹、芍药轮换着开,蜂蝶萦绕
桃花、梨花如那蝶般中蹁跹
一树的喜悦,像星辰耀眼
这欢喜总是一直持续下去
香堇、翠菊、木槿
她们在特定的时节
装点草木纷繁的世界
凌寒的梅总在初雪时
成为苍凉中唯一的暗香
回首草木的一生
我们不过是她们生命中
那短暂的春秋
也终会以草木的姿态
欣荣一片春色

在民族团结林

一棵树牵起另一棵树的手
一个民族牵起另一个民族的手
在东序校区民族团结林

每一株树都有阳光的力量
每一株树都有清脆的鸟鸣
树有树存在的意义
花有花存在的艺术
草有草存在的价值
不同的角度、不同的色彩
都是鲜活的风景，都是生命的元素
都源自于爱，源自于和睦

校史馆

只有历史值得铭记，只有岁月不容辜负
在校史馆，每一张图片都是一段历史
每一件文物都有鲜活的生命
一个名字就是一本书
一盏聚光灯就是一颗星
行走校史馆，就是倾听民大的声音
倾听跨越时间和空间的问候
倾听来自内心的声音
行走校史馆，就是沿着历史的脉络
在发现民大、认识民大、了解民大
在感悟一代又一代的薪火相传
行走校史馆，就是在记忆的长河中
寻找民大，寻找峥嵘岁月
也是在寻找自己

尕斯的笑容

尕斯，1953年毕业于青海省民族公学，1998年去世。

我被这一抹微笑吸引
这是年轻的笑容，是眼含温润的笑容
是略带羞赧又踌躇满志的笑容
是即将奔赴岗位时的期待吗

是在等待漂亮的未婚妻吗
我相信这是一种缘分，也是一场等待
在你生命画上句号的那一年
我也正好呱呱坠地
的确，生命是一场奇遇与旅行
同样也是一张无限接替的船票
只是每个人上船和下船的时间不同
尕斯，我想如此称呼你
我猜测你照相那年与我现在同岁
同样年轻，同样热爱生活
也同样爱笑
在摄影师按下快门的时候
留下了这一抹笑容
温暖了每一位看到这抹笑容的人

纪念杰桑·索南达杰（一）

那些白骨、残骸、腐肉，是大地流脓的疮伤
也是盗猎者昭然若揭的罪恶、凶残、贪婪
那些跃动的金色羚羊，精灵般活泼的生灵
曾经如梦境般美丽，如星辰般闪耀
迁徙、恋爱、繁衍、成长（法度天成）
种族的生命之火在高原上延续了千万年
在这里，每一个生灵
都神圣不可侵犯！
灼烧之痛，死亡之痛，种族濒危之痛
让脆弱的生态环境陷入黑暗
苦难源于盗猎，源于血腥的交易
杀戮，荼毒，血腥，每一个恶魔的词汇
捏碎了黄金般的安谧
剖开的子宫中有即将临盆的羔羊
掠夺皮毛只是为了沾满血腥的钞票
人类黑洞般的欲望扣动扳机
一只母羚应声倒地

一个英雄惨遭杀害
妻儿再也等不到他熟悉的面孔
他再也端不起一碗热气腾腾的酥油茶
大地哀鸣，风雨变徵之奏
枪声响了，一个生命陨落，一个时代从此而生
英雄的救赎是高于五千米海拔的担当
寂静的死亡换来了四百五十万公顷的生机
沉睡的名字唤起了亿万同胞的愤懑和觉醒
我们永远记得那巴塘草原上不朽的名字
我们依旧会赞叹原野上疾驰的金色羚羊
金色的羚羊，风驰电掣般奔跑——
亦如往昔，那段丰满的历史

纪念杰桑·索南达杰（二）

一望无际的可可西里
苍凉等同于相同重量的苦难
山脊铁青，磊磊白骨裸呈大地
人类的罪恶如同刀劈斧凿刻印清晰
那是关于血的记忆，那是空洞的眼睛
在无尽的绝望中，可可西里掩面而泣
金色羚羊的哀鸣，多像悲痛的孩子
大地绷紧的皱纹，多像伤心的母亲
我们要用一整个春天将你埋葬
我们要用一整座山峰将你埋葬
我们要用一整片天空将你埋葬
历史的审判将以最重的刑罚惩治不法之徒
屠杀的枪声已被禁锢、束缚、绳之以法
"仁厚黑暗的地母呵，
愿在你怀里永安他的魂灵"

郭旭升，系中国作家协会会员、青海省作家协会会员。

我们追逐智慧之光抵达昆仑通天柱（组诗）
——献给如同昆仑悬圃的民大校园

曹谁

踏着花香登上东序和西昆间的昆仑悬圃

历览皇猷，稽河图于东序；详观帝箓，披册府于西昆。
——上官仪

暗夜中阵阵花香袭来

我们手牵手踏着花香

我们踏着花香也踏着笑声

历览皇猷，稽河图于东序

详观帝箓，披册府于西昆

我们在商量这七层的昆仑悬圃种上什么花

第一层种上我故乡的棉鼓德革

第二层种上你故乡的玛萨莜花

第三层种上东方的牡丹花

第四层种上西方的芍药花

第五层种上北方的丁香花

第六层种上南方的紫藤花

第七层种上绝美的曼珠沙华

东面要以绿桃为墙

西面要以白杨耸立

北面要以红柳为栏

南面要以紫藤环绕

我们在夜里点着月亮攀爬

巡视我们的空中花园

星星在空中闪闪发亮

每颗星都是一个宇宙

我们摘下曼珠沙华

商议将来到哪颗星去生活

昆仑悬圃

雷声响过,电光闪起

紫色的空中出现巨龙

大地向两个方向斥离

我们从远方抵达

雷电是龙的礼炮和烟花

大水从天而降

为大昆仑沐浴

山中的大水都注入青色的海

山外的大水从黄色的河流出

我在黑夜中看着白色的水从天而降

整夜都做着相同的梦

我和龙王的女儿进行一场旷世绝恋

天空是紫色的龙的眼睛

龙的两个儿子

羌人部族从南向东

吐火罗人从北向西

龙的女儿乘着大鸟离去

我在后面狂奔追赶

鸟的戾叫声将我唤醒

窗口上站着一只巨鹰

巨鹰扑棱着翅膀离去

大地和天空间一片明净

天空中的彩虹是我们的誓言

美人一笑牡丹开

我们在江山间穿行
乘着风，踏着地，攀着天
美人从我们身边走过
两边的牡丹纷纷落下
我们是在探视我们的河山
金鳞在池中游弋
飞龙在天空盘旋
大风从江山穿过
天下丁香一片红
金鳞飞上天空成为飞龙
我们在河山间飞翔
地上的牡丹带露落下
美人带着笑迎面走来

心痛的丁香花

我把丁香园中最美的花采摘下来
都放在一个绝美的花篮中
方便你每天随时欣赏
你每天路过花篮
把脸庞靠在花朵上
轻轻嗅着花的芳香
香气就渗入你的全身
你的脸上现出美丽的笑
我在远处看到多么幸福
今天我猛然发现那个花篮丢失
我四处找都不见
那可是花园中最美的花

我给你精心采摘的花全都丢失
你在那里若有所失
我心痛地难以言表
你在那里彷徨思虑
我心痛地四处徘徊
以后我一定要让好花散在园中
以后我一定要想法子把花找回

少女的丁香

少女行走在深夜的丁香园
她看着丁香园的花骨朵
巨大的夜幕要将她吞噬
少女在丁香园独自起舞
少女在巨大的夜色中起舞
她在拨弄着夜神的牙齿
遗世独立的少女
冰清玉洁的丁香
你们是这个时代的灵魂
少女在夜幕前起舞
少女的舞步越来越快
夜神的声音低沉幽暗
少女行走在丁香园深处
丁香的花骨朵多么可爱
少女的忧伤散发
巨大的夜幕在吞噬

一朵芍药阻挡马的奔腾

一匹向西飞奔的马匹止息
因为他看到一朵芍药
朝着大海的方向

桃李沐春阳

向他微笑
那一种无法抑止的温柔

这是一次注定的意外
在多年前的昆仑
那时他们都在寻找
一个地方，叫作家园

在芍药花仙离开的日子
那时他经常为情侣举行婚礼
他们布置好新家
明年的现在，迎着太阳
我们将听到一个孩子的哭声

桃花如火，照亮黑夜

把伤痛埋入树皮
桃花就伸展出来
桃花如火，照亮黑夜
冬天我们抑郁
春天你们开放
秋天他们结果
我经过一株桃花
请告诉我桃花意味着什么
火红的可是流血的颜色！
旋转的可是嘲笑的表情！
我们把所有的伤痛都埋藏
鲜艳的桃花就如火般盛开
我看到的不是桃花而是伤痛
我憧憬的不是绿桃而是心安

故园的白杨树

从谁的手挣脱，那一株白杨树
生长在那一眼乌黑的洞口
什么在闪闪发光，我们
迷失在乌黑的洞中，山花烂漫
那一株白杨树，你迷人的围裙

春天还是秋天，谁把我
引导到你的身边，那个
即将升离开学园的少年
也许就是冬天，一丝冰凉
切开秘密，雪白的野兔驰过
摇落一片残叶，我看见了
你，北方的佳人
多少故事就在那一刻播下了种

那一株白杨树早已长高
伴着黑色的洞，和
逝去的故事，还有什么
在等待，影影绰绰
那当年的少年经过，作
最后的拥别，仿佛当年
雪粒落地时的颤抖

吹着花儿登月亮
——给花儿和少年

大地容不下我们
我们何不上月亮
我们吹着花儿向月亮飞翔

我们乘着柔风在蓝色的夜空翱翔
太阳在左,历览皇犹,稽河图于东序
月亮在右,详观帝箓,披册府于西昆
我们携手唱着田园牧歌

我们住进月亮上的秘密花园
所有的动物和植物闪闪发光
花儿和少年在屋顶引吭高歌
我们在这田园牧歌中秘密结婚

曹谁,系中国作家协会会员、西宁市作家协会副主席。

致我们在民大永不逝去的青春(组诗)
——送给民大的所有学子

廖乙入

牡丹与少年

看见牡丹就想起了你
十九岁的你为我折下一枝牡丹
阳光下
保安大哥满校园地追赶你
整个夏天
只剩下明媚

看见牡丹就想起了你
二十岁的你为我种下一棵牡丹
花开时
那棵牡丹在花丛中格格不入
你说和我一样独一无二
时光中震耳欲聋的
是两个心跳

看见牡丹就想起了你
廿一岁的你为我画下一棵牡丹
落笔时
真实中总带着缥缈虚无

桃李沐春阳

你说人生也是梦幻泡影
六月的雨
灼伤了我们的眼

你还是那个奔跑的少年
追逐我们稍纵即逝的梦想
你在十年前的六月远去
我隐匿于尘世过着平平仄仄日子
牡丹与岁月一度一相逢
我们的整个青春隔着山海
如画中的牡丹

民大的万物都与青春有关

不会有人像我这样
因为一个狂妄肆意的青春
爱上一座城

民大的万物都与青春有关
我给每一块石头，每一个建筑
都起了独特的名字
那些名字你还能轻易唤出

现在，你在我经常经过的十字路口
连起天上的北斗七星
也唤不回——
十八岁的我

有一棵树与我们的名字一起成长

每次回到民大
我总迫不及待地来到民族团结林

寻找那棵属于我们的树
树下埋着一块石头
石头听过我和你所有的秘密
没人知道
那棵树刻着我们的名字
一个叫永远
一个叫永别

这一次回民大
我惊喜在树下发现了另外两个名字
一个叫千山万水
一个叫咫尺天涯

我曾多次在鸿文楼608醒来

我是热爱文学的
民大是包容我的
在我无数个被遗忘的夜晚
总能在鸿文楼608醒来
除了这个教室
或许没有哪个地方能容得下傲慢的我

年少时
从鸿文楼的窗户往上看
月亮很大很大
属于我的月光
很烈很烈

我们不曾落幕的青春

新的教学楼是没有灵魂的
我和你都没在里面念过书

桃李沐春阳

它没有属于我们的记忆

当我看见
一群年少懵懂的青年走过
如同看见曾经的我们
不经意间，民大
注入了新的灵魂

看见春天
我竟无端欢喜
民大在
我们的青春将永不落幕

廖乙入，系中国作家协会会员。

牡丹诗篇（组诗）

撒玛尔罕

红牡丹

它就那样艳艳地跃上枝头
驾驭最柔性的凝望和光芒
把破绽的美和幻影散布人间

它在燃烧中展开翅膀
跳起最原始古老的舞蹈
用蓬勃死亡的红色迎接黎明
用凋零诞生的召唤挥泪夕阳

吞噬梦，以焰舌尝尽白马的忧伤
怀抱爱，以炽烈覆盖心灵的灼痛

很多年，我确信红色的牡丹
焕发着自身燃烧的光芒
它们微妙，丰沛，壮阔而坦荡
穿越美，骨血和浩瀚的绽放
以锋利和所向披靡的热烈
席卷视野中的一切！

白牡丹

它那么洁白，舒展着身姿
唯恐错过斜伸而来的树枝阴影
裹紧腰身的白色丝衫颠覆光明
它低头注视自己的双手
它的脸上白云飘荡
它低垂着目光，唯恐触碰太阳的手
触碰突然从墙角吹来的风
或者另一双目光引爆某种闪电
它胸乳饱满充沛，耸向阳光
那样无畏地穿越着光芒
仿佛向酷热的夏天宣告胜利

它　们

它们微张嘴角期待十里长风
它们鼓胀胸脯仿佛就要撑破目光
甚至露出殷红之血
宣告蝴蝶的翅膀触痛了隐隐的伤口
它们仰首渴望雨露的滋润
破绽上帝隐藏的秘密

它们是大地燃烧的火焰
它们是白云翻腾的波涛
骑马的男子在花丛中远行
侧身的女子看见自己的影子
它们低头的瞬间
青春的羞晕漫红天际

它们在风的长廊里千姿百态

它们在思念的歌中夜夜憔悴
它们在少年的眼里怒放成火

绽　放

为脉络，隐秘的纹线和光芒
为肆意流淌的融雪而绽放
为孤独的人，在痛苦到极点时
困兽般的怒吼绽放
为流淌，破碎和古典的舞蹈
为流淌中破碎的浪花而绽放
在壮阔中牺牲，把爱埋入波涛

为花园，阴影和闪电
为诞生的撕裂，死亡的风暴绽放
让婴啼穿越宇宙，把骨头置入大地
为某个早晨白云之间飞翔的鸽群绽放
为一个人的颂辞与挽歌绽放
壮阔成一座山川
浩荡成一脉河流

就像此刻：我为整个世界的
脉象与图景绽放自己的沉默

独坐花园

蝴蝶和花朵的斑斓中
绽开的美，蹁跹的美
随着某个男子的歌谣弥漫开来
整个花园的阳光开始欢腾，炽热
像祖先的祝福，情人的目光
在蝴蝶的翅膀里飞上飞下

桃李沐春阳

独坐花园的人温暖幸福
回味生活中的日落与日出
生活就是站立，走路
就是流血流汗，就是影子的佝偻

我热爱独坐缄默的时光
寻找曾经的歌声，花瓣和阴影
看见花园里的云朵涌动成海洋
让我始终关心它的扬帆与航向

撒玛尔罕，本名韩文德，系中国作家协会会员。

民大，教我睁眼看世界的地方

马索里么

著名作家柳青说过："人生的道路虽然漫长，但紧要处常常只有几步，特别是当人年轻的时候。"我想对于我来说，这紧要处便是我在民大读书。

十年前，我踏进校门成为民大的学生；十年后，我的学生成为民大的学生。十年间，斗转星移，变的是时光流转，不变的是那份情感，是那值得永远铭记的青春！

一

2014年的夏天，我渴望能考入民大。这有两个原因，其中之一是我叔叔毕业于此，他说过民大的校园环境是青海高校里最好的，于是，我便心生向往；之二是民大是个民族院校，我自己恰恰痴迷于民族文化，在这里我就能接触到很多少数民族同学，了解他们的文化，后来事实也没有让我失望。鉴于此，报志愿时我毫不犹豫地填了青海民族大学。

在民大我接触到的不仅仅是青海的世居民族，还有来自全国各地的其他民族，大家和谐、包容、团结、友爱，共同在民大这个大家庭里学习和生活。与他们一起学习和生活，不仅开阔了眼界，更是极大地丰富了我的民族文化观点。现在我很庆幸自己原先的决定，更感谢民大能如此兼容并包。

我时常感慨：与民大结缘，完全是一种天意。说这话不是夸大其词，也不是在说违心话。我在这里遇到了影响我一生的老师，也找到了可以为之终身奋斗的目标。人世间还有比遇到良师益友和梦想更令人满意的幸事吗？

我在上大学之前的想法是：一个大学可以没有高楼大厦，可以没有很好的硬件设施，但不能没有树，不能没有非常多的书，不能没有大师。我这想法没有《大学》里的"大学之道，在明明德，在亲民，在止于至善"全面深刻，却是我对一个大学最初的认识和期待。走进民大，首先吸引我的便是八角楼旁的图书馆还有逸夫楼边的民族团结林。这两处就是我后来经常光顾的地方，流连之次数仅次于润泽园。在这里，我思考人生，我把所有心思交付黑夜，品味四季的变化，欲窥探宇宙苍穹展示给我们的秘密。正是这些可见、可游的地方，让我对民大产生了无限的爱意。

大一的我是个孤独且离群索居的人，内心充满苦闷，满心一个落拓文人的悲凉，尽管我不是才高八斗的诗人、词人。在一个偶然的傍晚，余晖半陷入西山，夕阳温柔地洒在校园里，让随意漫步的我不禁动容，胸中似被放入一块热炭，不觉浑身暖意融融。我瞬间释然，人生如一日，不论一天经历过什么，到最后不都归于宁静吗？这黄昏，让我明白：我未到黄昏之年，何必在意人生路上遇到的不如意？世事无常，到最后还不是云淡风轻、烟消云散吗？我微微一笑，心里涌上李商隐的一句诗："夕阳无限好，只是近黄昏。"后来我改成："夕阳无限好，只因近黄昏。"这是我对自己的勉励，不陷于当前，看淡爱恨情仇，看淡失败挫折，看淡过眼不快。自那以后，我习惯了在校园漫步，或随意，或思考，或欣赏。

我在民大的大事之一便是加入《河湟草》文学社。军训之时，某天中午我从食堂出来，在林荫道边看见《河湟草》文学社的纳新点，便欣喜地报名。在面试时，我面对着讲台下的人不知所措，那是我第一次登台讲话。沉默良久，我把一首写于军训间隙的诗抄在黑板上，抄完我说想进入校对部。当时的社长是文学院的马文娟学姐，她在台下微笑地看着我，就是她温暖的那一抹笑，让我放下心里的负担，淡定地做完自我介绍。我很感谢《河湟草》接纳了我，《河湟草》开启了我的文学之门。我在《河湟草》刊物上发表了我的第一首诗，那首诗正是我刚开始写诗歌时的作品。此后我接二连三地又在《河湟草》上发表了其他几首，这些作品的发表极大地鼓舞了我。

大事之二是认识了马成俊教授和马伟教授。最初知道他俩的名字是在《中国撒拉族》刊物上，我在这本期刊上读过他们的几篇文章。来到民大后，欲去拜访他们，但我不知道他们的办公室在哪里。有一天我因为转专业的事去逸夫楼，突然在二楼看到撒拉族语言研究办公室的门牌，我便下意识敲门进去，看见一位老师坐在桌前，因为彼此不认识，我们都沉默了片刻。我首先打破沉默，不经过大脑思考直接说出："您好，您是马伟老师吗？"没想到那老师微笑点头，瞬间打破了我们之间的尴尬。我说明来意，他热情地请我坐下。我和他聊起了撒拉族语言和文化，我们的聊天很快转入主题，丝毫没有初见的隔阂。临走前，他送给我很多关于撒拉族的书，嘱咐我好好学习。在此后的接触中，我渐渐折服于其渊博的知识、对民族的热爱和高风亮节的人格。认识马伟教授后，我又接触到马成俊教授，两人都是研究撒拉族的学者，他们学识渊博，博闻强识，且为人低调。马成俊教授嗜书如命，一年的读书量就是我几年的总和，每年在购书上的消费就达几万元。正是对知识的渴望，对民族文化的负责，他俩相识半生，共同为撒拉族文化尽职尽责，鞠躬尽瘁。

在民大我还有幸遇到曹谁。那时文学院在举办《河湟草》二十五周年座谈会，来了很多《河湟草》前辈和作家，其中就有曹谁。那天他坐在西向桌前，桌签上写着"曹谁"。我很纳闷这个名字好像在哪儿见过，感到熟悉。开完会，我主动走上前自我介绍，听完我的话，他说："你的诗我看了，不错。留个联系方式，以后多联系。"当时他把微信号给了文学社社长席杨杨学长，我当时不大用微信，没能及时加上。就当我遗憾时，席杨杨学长过来说道："曹谁师兄让你加上他的微信。"我颇感意外，心里也多了几分敬佩。自此我们的文学友谊便开始了。他那时针对中国新诗的当下问题提出"大诗主义"的主张，提倡以"合一天人、融合古今、合璧东西、随物赋形"为核心的诗论。此刻的我正在写诗这条路上蜗行，基本上属于闭门造车，根本没有指导思想。自己的一点思考，还不足以成为写作诗歌的动力。当接触到"大诗主义"时，发现自己原来那些凌乱、模糊、原始萌动的想法与"大诗主义"的精神内核那么相近。我的诗风由此转变，也走出了写诗的一段瓶颈。他毕业于民大中文系，创作起步于民大，或许这就是奇妙的缘分吧！他把在诗歌上得到的大诗主义延展到整个文学创作，提升为"大文学"，不仅仅是针对诗歌问题，还针对小说、散文等。其实，文体不是问题，其本质是一脉相承的，所以由诗歌创作经验得到的"大诗主义"是可以指导其他文体写作的。他现在跨界写作，涉足小说、剧本等领域，这就是他对大文学观的实践。在他潜移默化地影响之下，我也开始跨界写作，写小说，写散文。加入《河湟草》打开了我的写作之门，遇到曹谁让我开拓了写作之路。

二

如果一个学校只有浓厚的人文气息而没有秀丽的校园景色，我觉得还是缺点什么，民大却做到两者统一，这为我的学习、创作和生活带来不可言说的帮助。走在民大校园，用一个字概括就是"大"，但是一点也不空旷。从我踏进民大，我就喜欢上了校园的环境。我最喜欢流连在有树的地方，我经常光顾民族团结林。不仅是民族团结林，牡丹园、丁香园、芍药园也是我无数次涉足之地，后来建成的润泽园更是我思考、抒情、娱乐、漫步的伊甸园。

初进大学，因缺少志同道合的朋友，加上骨子里天生的悲观主义，民族团结林和丁香园便成了我排遣苦闷、思考未来的首选之地。民族团结林纵横交错的小道，很有"曲径通幽处"的味道，我恰恰乐于此，从这一条路走到尽头，又从那一条路走到这头。有时候也在树茂林密的地方停下来，掏出手机，将酝酿好的感情写成诗，把愁绪化成屏幕里的几行文字。我很享受这样的过程，虽然孤独，但宁静却真正地属于自己。

尚记得有一次独对夕阳，民族团结林中央有一棵老树，枝丫四散，每当我心情不好时都会来这里，依靠着老树胡思乱想。靠着老树，我就会想起爷爷，他俩同样苍老，同样善良，在老树身边就像在爷爷身旁，使我感到安全、温暖。

某一天，同样忧伤的我踱步至此，轻轻坐下，正是夕阳西下之时。半边天绯红浓郁，柔情漫过西山，把天地包在静谧当中。我原先凌乱的心思静下来了，满眼只有西天的云彩，树叶被染成金黄，像蒙上了造物主赐予的金甲光芒。我一直坐到夕阳落下才站起来，心满意足地回了宿舍。

游览丁香园需要某种氛围，雨天、傍晚、月夜，我都会在丁香园里寻香看花。有一次傍晚，圆月东升，皎洁如玉，轻柔的月光照在丁香花上，树影斜照，立即激发了我的灵感，我一口气写了四首写丁香的诗。我想做个在月亮下流浪的人，被满园的丁香和香气之上的月光治愈。

润泽园之于我如同康桥之于徐志摩。润泽园是我理想的诗意之地，我很多的诗篇都在这里写成，许多思想也在这里形成。累了，烦了，困了，就来这里转转，不论白天黑夜，我都能得到心灵的宁静。润泽园起伏不平的地势，正好可以挡住小丘外的景物，躺在其中有种被山岳包围的感觉；棵棵松树，我似听到松涛轻语。小桥流水，阡陌小径，令我不禁陶醉，融身其中如人在江南，感受草长莺飞。我感慨墙里墙外，墙里是人人羡慕的象牙塔，安静，文艺，青春，书卷气；墙外是真实的社会，浑浊，喧嚣，残酷，现实。一道墙便分出了两个天地，两个世界。

朋友们说我只生活在自己的世界里，我却认为自己在追求一种完美主义。润泽园就是一个世界，代表着自然的世界。在这里，我保持着自己的童心，保持着一颗仍然敏感而孤独的心。我凭借此观察生活，体察人生。无数个夜晚的徘徊，总是有结果的，在润泽园的游离中，我完成了人生第一本长篇小说《西北望》的故事大纲，也构思了这本处女作的故事情节。如果我不活在自己的世界里，没有润泽园的养眼养心，怎么会有现在的成果呢？小说，散文，诗歌都是从心端流出的清流，怎能有尘世的污秽？就算身处人间烟火，也要寻一处润泽园般的净地。

三

民大，教我睁开眼睛看世界的地方。我在这里睁开了迷离的眼睛，睁眼看这混沌而又新奇的世界，而这世界对我来说那么陌生，又那么宽广。十年过去了，点点滴滴之间，我的心渐渐坚强起来，可以面对生活的棱角。在民大的四年里，我有困惑，我有忧伤，当然我也有收获，也有荣耀。我从民大出发，带着"进德修业，自强不息"的校训，拿出民大人的豪气，在创作和人生之路上愈走愈远，只把背影留给世界。十年，在历史长河里弹指一挥间，但对我自己而言，我能有几个十年呢？逝者如斯，不舍昼夜，在下一个十年到来之前，做一个不愧于民大教育的人。

最后，我以一首写给民大的诗歌结束本文：

青藏高原的丰碑
————献给青海民族大学的颂歌

白头的巴颜喀拉呀
你见证了她款款的诞生
诞生在昆仑之下，江河源头
诞生在崭新的共和国
诞生在雄起的高原脊背
雪山歌颂呀，山脉歌颂呀，江河歌颂呀
革命歌颂呦，人民歌颂呦，祖国歌颂呦
一切联合的力量
一切奋进的力量
在这里凝聚成时代的洪流
————青海民族大学

桃李沐春阳

你就是青藏高原不屈的脊梁
你就是青藏高原不灭的光芒
日月星辰映其光
江河山川炼其神
经历一番番浪淘沙尽
成为共和国的高原明珠
让我仰望你的光芒
让我寻觅你的身影
在青藏雪域，在苍茫大西北
在距离土地最近的地方
有你匍匐的影子
有你奔走的双脚
有你张扬的双臂
有你凝望的眼神

我知道，我找到了你
这是在草原、戈壁、牧场
这是在城市、乡镇、农村
每一处炊烟都有气息
每一把青草都有灵魂
每一座山脉都有方向
每一条河流都有追逐
——
进德修业
自强不息

从巴颜喀拉到湟水河边
你的故事铺满整个河床
你看吧，你让众人仔细看看
看看那片属于精灵的土地
可可西里，可可西里
天茫茫，地茫茫

唯有向着电与光的目光不曾熄灭
他永远望着众生平等
大地在齐诵真言
山脉在齐诵真言
生灵在齐诵真言
这天地可鉴的自然之魂呀
是你子女的永生追求

英雄的杰桑·索南达杰
你是青海民族大学的骄傲
向着阳光，向着远方
你自由地巡览于辽阔的可可西里
英雄的土地啊
每一步都暗藏慈悲
故事在篝火的影子下讲完
祷词在众兄弟嘴边升华
赞美从五湖四海涌向高原
经过戈壁，穿过荒野，渡过江河
化成一只五彩的蝴蝶
纷飞在一朵朵牡丹上
飞遍七朵，七十朵
正好是你的生日之数
这园香透长安的牡丹
是你华诞绵绵的开序

青海民族大学：
我将你写成诗
传唱遍整个草原和牧区
传唱遍整个戈壁和乡镇
我还要倾心地赞美
生命在此发生奇迹
那永不会是终点的横线

——
进德修业
自强不息
筑就的就是这座：
青藏高原的丰碑

马索里么，系青海省作家协会会员、中国诗歌学会会员。

悠悠"山海" 和隋之珍

马　越

在青海民族大学召开的一次重要会议后，两名图书馆古籍工作者，戴好手套和口罩，穿好蓝色防护服，在众人的见证下缓缓打开一扇门，再走到《山海经全图》面前，各自用一把钥匙，同时打开了尘封已久的锁。《山海经全图》（以下简称山海经）突然感受到一束微光，逼迫它睁开沉睡的眼，它吸了口新鲜空气，揉了揉眼睛，望向这两个再熟悉不过的人，再大着胆子松了松筋骨，木制的封面发出"咯吱咯吱"的响声，古籍守护者的神经立马紧张了起来。"这就是《山海经全图》，非常惊艳！总共有10册。此次展览，我们最重要的事就是保护好他。"其中一名古籍工作者扶了扶眼镜，对周围人严肃地说道。山海经看他们禁不住开玩笑，于是不再动弹。他知道自己有任务了。

就这样经过最完美地包装，他被缓缓放进了匣子，再通过专车一路送到了火车站，坐上了进京的火车，山海经心中一愣，他从未想过，自己会这样毫无准备地、仓促地踏上回京的路，这个令人魂牵梦绕的家乡如今变成什么样了？曾有无数次在梦里，他回到了北京。北京还是原先的样子吗？它还会认出自己吗？想到这里，山海经露出了久违的笑容。

"天之在我，独往独来。"他叹了口气，缓缓地说道。

山海经逐渐有些近乡情怯，甚至产生了莫名的抗拒：在青海民院漫长的时光里，他始终被保护得很好，他早已习惯在漫长的黑暗中独自沉睡，或者被两名古籍工作者小心地"伺候"着，放在展示馆里，静静等着别人来参观，他甚至不用说一句话，两名工作者就能把他介绍得面面俱到，数不清的日子里，他早就失去了走出青海民院的勇气。列车员温柔的报站声打断了他的思绪，他透过匣子仅存的缝隙，看着窗外疾驰而过的风景。"深山冬夏雪花飘，无枝巨木百仞高，北海之滨听波涛。"他轻轻吟咏，眼里不放过任何一处风景。陇西、天水的山丘狰狞，西安的绿色平原一望无际。"这就是凤城了！凤凰鸟所在的地方！"他激动地叫道。列车经过洛阳、安阳，他又开始兴奋："还是叫雒邑好听！洛阳二字，写来简单，但我还是更喜欢叫它雒邑。"两名古籍工作者好像听见了他在自言自语，端起匣子，仔细看了看外观，没问题后才敢放下。等列车平稳驶过保定，到达北京，他的心突然间悬得更高。北京变得陌生，不再看到那么多的老胡同，他望着鳞次栉比的街道，干净的柏油马路，一下子找不到自己原来生活过的地方，他来不及思考，在一种本能的抗拒中还是被带到了国家图书馆。

　　简单的欢迎仪式后，在一众人的呵护下，他被小心翼翼地放在核心展示柜里，来往的人慕名而来，他丝毫不敢懈怠，两名古籍工作者向大家介绍他的来历，大家齐刷刷地望向它，不由得感叹："这就是萧云从老先生留下的经折装善本！多么珍贵啊！价值连城！和隋之珍！"有很多学者隔着玻璃，都想亲手摸摸它。但是被拒绝，这种宣纸太薄，太稀有，稍有不慎就会破裂，他只能轻轻地放在展示柜里。可山海经并没有很高兴，他看着展馆里各种各样精美的古籍，不由得低下了头。他太老了，而且很脆弱，很多人想靠近他，但条件不允许，久而久之，谁会喜欢他、在意他呢？

　　就这样，来往的专家和学者络绎不绝，很快到了闭馆的时间，夜晚，图书馆关闭了所有的灯。经保安反复确认后，大门缓缓关上。午夜十二点，原本静谧的博物馆一下子变得嘈杂，展示柜里的古籍纷纷"复活"，开始叽叽喳喳地询问对方是从什么地方来，至今多少岁。一本古籍见他不说话，走了过来，敲了敲他的展示柜玻璃，微笑着对他说："走嘛！我们说会儿话，结交新朋友，也算是不虚此行啊！"山海经略显羞涩，内敛含蓄，不善言谈。他的脸颊通红，还是被带到了书群中，所有书都看着他，把他围在中间。

　　"听说你就是《山海经全图》啊！"身后传来一阵响声。

　　"我们之前都没有见过你，只是听说过你的名字，今天算是见到了。真是百闻不如一见呐！"一本古籍边向他作揖，边说道。他连忙回礼，羞涩地点了点头。

　　大家你一言我一语。山海经清了清嗓子，首先开始介绍萧云从老先生，他骄傲地说道："我出自萧云从老先生之手，他是一位落落大方的老先生，在清末年代，经历了战乱之苦的他，在画中为自己构筑了理想的藏身之所，他凭借自己的努力和画技，形成了不宋不元的超逸画风，他远离世俗，寄情于山水，花了很长时间才完成了全部工作。"

　　"他就是姑孰画派的创始人，我也收藏了他的真迹，简直是神来之笔啊！

妙哉，那你又是怎么去那么远的青海呢？"另一本古籍疑惑不已。

"我是被吕广来老师带到青海的，"他回答道，"大约是20世纪50年代，他在北京大学图书馆工作过，临走之前，他在众多古籍中一眼选中了我，带着我来到青海民族大学。"山海经不会忘记这段历史。初到青海民院，他被眼前一大片牡丹园所吸引，哪知和牡丹相伴，竟已经过了这么多年。

山海经开始变得健谈，又稍作收敛，见众书兴致勃勃，他试探性地问大家是否愿意打开自己看看，那些曾经他自己都觉得害怕的奇珍异兽，现在是最宝贵的东西，这些精美的图案就是这么特殊美好。众书纷纷同意他的提议，打开山海经，众书发出了惊叹声，古人大胆奇特的想象，在薄如蝉翼的宣纸上，被萧老一笔一画、郑重其事地描下。他向大家展示了各种各样的奇珍异兽，大家惊异于白泽的外观，这种常年生活在昆仑的神兽，浑身雪白，通晓万物，逢凶化吉。那究竟是如何繁衍的？书中也没有提到答案。山海经还有毕方、帝江、三青鸟等奇珍异兽。

"玄鸟衔火，翼如垂天之云。"

"东海之神为鲲，其状如鲸，大如山岳，一息吞江。"

"有山名曰玄女，其上多玉石，其下多金银。"

"有兽焉，其状如鼠，其音如婴儿。"

"有鱼焉，其状如蛇，其名为蛇鳝。"

"日出而作，日入而息，其名曰昆吾。"

……

这些词句无不透露着古人对自然的想象，浓浓的敬畏之情下，是古人对世界秩序的思考与总结。众书看到了著名的青丘、诸次山，诸次山经常被用到文学创作里，这里是蛇类的天堂，没有花草树木生长，也没有飞禽走兽栖息，这些在书中都被详细记载。

大家看到这儿，个个毛骨悚然，不寒而栗。在他身边的一本古籍清了清嗓子，说道："那你留下来罢！留在北京，这里有很多崇拜萧云从画家的学者，他们需要你提供丰富的历史文献，而且你已经年老了。禁不起来回折腾了！"

山海经若有所思，此次北京之行，他说不出的激动，那种久违的亲切感，还有专家、学者和周围古籍给予他的热情和友善令他心暖。但他摇了摇头，他是带着使命来的。当时的吕广来先生历经千难万险把他带回了青海。他在青海生活了那么久，民院的人把他照顾得很好，严格把控温度、湿度，对待他总是那么小心翼翼。他还记得吕广来先生去世前，希望新的民院人完成他未完成的工作，希望民院变得越来越好，他怎好独自留在北京！

他也记得，刚开始的时候，有一群年轻人前往北京跳《祝愿》，她们能歌善舞，丝毫不怯场，每天早起在食堂二楼练功压腿，站在舞台上，洁白的哈达在空中飞舞，他多想跟他们一起回北京去。可是他太老了，北京迅速发展，时代更迭，经济发达，一片繁荣景象，北京有太多的古籍需要被保护，被了解，他不过是云云古籍中的一本。可他对于青海民院的意义，却不言而喻。

他想到两位古籍工作者对他的悉心照顾，想起被全部民院人百般珍视的瞬间，想起被当作民院图书馆的镇馆之宝而享受过的名誉和优待，他摇了摇头，告别了所有的古籍，回到了展示柜里。他需要好好地睡一觉，明天以最饱满的状态迎接更多的参观者。

他想说很多话，但还是没有说出口，只是坚定地说道："我要回青海的，青海民院，才是我的家！"又想了想，展览一结束，大家就要分别了，他挥了挥手和大家告别："挥手自兹去，萧萧班马鸣！"

众书恋恋不舍，结束了交流，图书馆又恢复了宁静。

2009年6月13日，《山海经全图》作为青海省唯一参加此次特展展品的古籍，进京参展，扩大了青海民族大学在全国高校中的知名度。2022年7月30日，《山海经全图》又一次亮相北京，在中国国家版本馆中央总馆——文瀚阁最显著位置集中展示。每次提起他的名字，就会让人想起青海民族大学图书馆，这个在高原安静发光的图书馆。悠悠"山海"，和隋之珍，是一种希冀，也是一种民院学者的情怀。

马越，系青海省作家协会会员。

我的大学
——由"省垣艺术家进民大"艺术创作活动想到的

王玉兰

一个老先生曾对母亲扔下一句话："你的姑娘本是学习的料，但拖累太多，没有上大学的命。"后来我连续三年参加高考，连续三次名落孙山。严格意义上说，我这一生没有上过大学。为此，我深感遗憾。

虽说被这个先生说中了，我的确没上大学，但究其原因，事实上还是我个人的修炼没到家的缘故。这也怨不得这个先生。

1995年，22岁的我从黄南州民师毕业，在一所小学做临时代课老师。23岁那年冬天，我们这一届毕业的六十五名同学中毕业成绩排前二十名的学生如愿得到了分配。当时是按非正式教师，也就是代课教师分配的。虽然我们内心很纠结，对未来感到茫然，但面对就业压力日益增大的社会现实，我们还是乖乖服从了分配。而我就是在那一年做代课教师时参加了青海师范高等专科学校"三沟通"项目的大学专科考试，当时该校简称"青海师专"，后并入青海民族大学。1997年，也是我做代课教师的第二年，当地教育局委派教学成绩优异的教师前往省城西宁学习培训，我很荣幸位列其中。而那一次学习培训的地点恰好在师专。三个月的时间里，研修古代文学、中国现当代文学研究、教育学、心理学等，事隔二十年，我已不记得还有哪些课程了。但那次三个月的学习，说实话比我一年埋头苦读都学得多。几位授课教师认真严谨、精益求精的教学态度让我记忆犹新。那一次也是我第一次真正接触到大学校园和大学老师，因此，那三个月，我和同行的老师按时上学放学，学得很认真，我们不想辜负教育部门的期望，更不想错失那么好的学习机会。有时生怕学校补助的饭票不够，很多顿饭我都是雷打不动地吃着最便宜的土豆丝和馒头，即便这样，我也不知疲倦。

三个月很快过去了，我也顺利结业了。后来的三年，"三沟通"函授学习继续着，我的生活也继续着。四年后的2000年7月，我取得了青海师专的专科学历。手捧红色毕业证书的我感到很欣慰，四年函授未进过师专大门的遗憾，也因为一次培训学习而得到弥补，这不能不说是一种缘分。虽说这个大学专科文凭拿得是稀里糊涂。但就是这张文聘为我后来的工作和生活带来了诸多的益处和便利，说实话我还得感谢这张文聘呢！

5月16日的"省垣艺术家进民大"艺术创作活动又勾起了我对这段往事的回忆。我与大学失之交臂，但我与青海民族大学曾经的邂逅，无疑就是命运的安排。这所与共和国同龄的学校，是青藏高原建立的最早高校，也是新中国建校最早的民族院校之一，如今的青海民族大学，完全变了样，这不得不令人惊叹。在当日的活动中得知青海民大是全国首批获得硕士学位授予权的单位，还相继入选国家中西部高校基础能力建设工程、国家大学生文化教育素质基地、国家级新工科研究与实践项目。2011年，青海省政府与国家民委签订协议共建青海民族大学以来，学校始终秉持"进德修业，自强不息"的办校原则和校训，肩负党的教育和民族工作双重使命，落实立德树人根本任务，服务国家战略需要和民族地区发展，立足青海大地、扎根青藏高原，与时代共发展、与青海共命运，谱写了青海高等教育改革发展的华丽篇章。

活动中我获得了这样一组数据："1949年建校以来，学校培养了11.6万名各民族人才，其中有6万余名毕业生在青海工作，近万名毕业生在西藏和新疆工作，先后涌现出以改革先锋杰桑·索南达杰等为代表的一批优秀学生和53名省部级领导干部、1300多名厅局级干部和120余名享受国务院特殊津贴专家、600余名正高级专业技术人才，为青海的民主改革、民族团结、经济发展、社会稳定、生态保护、文化传承和各项改革发展事业作出了不可磨灭的重大贡献。目前，共有来自全国29个省、自治区的汉、藏、回、土、撒拉、蒙古等民族约1.8万名学生在校学习，其中少数民族占在校学生总数的59.03%。"由此可见，在过去的75年里，青海民大从青年干部训练班蹒跚学步，从人民公学、民族公学、民族学院到民族大学，青海民大见证了青海民族高等教育从无到有、从小到大、从弱到强的发展轨迹。一路走来，青海民大当仁不让、敢立潮头。

青海省多民族聚居、多宗教并存、多文化共生，从四面八方蜂拥而来的各民族学生大多都集中在这里，民大无疑就是一个多民族聚集的大家庭，更是培养少数民族人才的摇篮。民大用海纳百川的博大胸怀融汇了全国乃至世界优秀的民族文化，形成了具有鲜明民族特色、地域特点的文化传统，为培养各民族优秀人才、弘扬和传承各民族优秀文化、促进各民族团结进步发展做出了重要贡献，为省内乃至全国高校树立了铸牢中华民族共同体意识的典范。

我记忆中的青海民大唯有南北两个校区，如今，占地面积达1500亩的东序、西昆、文实、博雅、南山五所校区横贯南北。校园内楼栋楼群鳞次栉比，花径通幽、廊道宽绰、环境幽雅，真个一派喜气洋洋。校方介绍，学校图书资料总数达382.86万册（含电子图书212.52万册），其中民族文字图书12万册、藏文大藏经1667函，汉文古籍3166部78750册（其中善本380部），23部古籍入选《国家珍贵古籍名录》，生均图书198册，是青藏高原汉文古籍和藏文古籍馆藏图书最多特别是珍贵古籍馆藏量最多的高校。建有可容纳3000多人的多功能体育馆和较为充足的运动场地以及建筑面积为1.6万平方米的大学生活动中心。可见这所高等学府的人文历史、文化内涵沉淀之深厚。

如此种种，不胜枚举。

在民大，令人瞩目的除却校院基础建设的蓬勃发展，科研成果的日益凸显，悠久、厚重的历史积淀和文化底蕴，丰富的文化体育活动以及崇高的人文情怀外，当属校院里盛开正艳的姹紫嫣红、芬芳四溢的牡丹。

青海民大从20世纪80年代初便开始种植牡丹，2009年扩大牡丹种植面积，占地近10亩。种植牡丹的种类有日月锦、墨姣、一捧雪、盛紫、黄河谣、粉冠和剪春罗等1700余株，近110个品种，是省城西宁市种类最多的牡丹园。这一天，我们恰好邂逅了牡丹盛开最艳丽的时候，这无疑又是一种难得的缘分。

在这些艳丽芬芳的牡丹中，一株名字唤作"银河情"的牡丹吸引了众人的眼球。只见其花蕊纯白，且无花粉，而且据说此花每年都会结果实。经专家论证，这株牡丹可是全国独一无二的品类。再仔细看时，我却发现每一株牡丹的色形、花蕊皆有所不同。花瓣多以单片式或层叠式盛开，娇艳无比，使我不由得想起那"唯有牡丹真国色，花开时节动京城"的绝美佳句。牡丹真不愧是倾国倾城的花中之王。

在这些姹紫嫣红的牡丹中，干柴牡丹当属品类最多的，它的魅力和口碑虽不能与别的牡丹相提并论，但其长势喜人，枝干高大且生命力极强，这些无不与民大校训"进德修业，自强不息"相得益彰。民大国色天香的众牡丹，已经成为该校和城东区的靓丽景点和网红打卡地。

这扎根大地、释放魅力的牡丹，在夏日的微风里摇曳生姿，像极了一代代民大骄子扎根高原、建设高原、奉献青春和热血的高贵品质，我不禁为此肃然起敬，更为自己曾经也与青海民大有过一段不经意的邂逅而深感光荣。

七十五载风雨，造就精英无数。七十五载沧桑，培育桃李满园。回望来时路，立足新时代，青海民大必将以其悠久的历史、深厚的文化底蕴和多民族融合的特色，在青藏高原上绽放出更加璀璨夺目的光彩。

王玉兰，系中国作家协会会员、青海作家协会会员。

民大的独有

老 梅

一

民大最独有的是牡丹。

前几年常居西宁时我才从微信上知道，青海民大有众多牡丹花，完全可与武汉大学的樱花、清华大学的紫荆花、上海交大的玉兰花、四川大学的桃花媲美！好些人都去看了，看完了就都啧啧称赞或晒在网络上，赞叹牡丹之艳、牡丹之多、牡丹之雍容与华贵。但我一直心存疑云：高原之上干旱与寒冷并存，而春天又迟迟不来，南疆北国花事繁荣时，青海还在沉寂中慢慢孕育嫩芽，或许哪天，离去的白雪又会折返走访稍稍松动的春色，那盼了好久的开花季又得推后。大学是教书育人培养人才的机构，加之先天气候的局限怎会有闲暇去专心种植务劳一种花儿？但是接连几年我都能在五月时从网络上看到蓬勃鲜艳的牡丹喧闹在民大的校园里，且一年胜似一年。这显然我太孤陋寡闻了，我也蠢蠢欲动，心生向往，可是懒惰与忙碌一直阻挡着我，使我没能在牡丹绽放时节去看看。

终于与民大的牡丹谋面了！"弘毅楼"东面的牡丹园里，各色牡丹正在竞相绽放，花香四溢，花瓣层层叠叠，色彩斑斓，犹如锦绣般绚丽。我流连在花丛之中，牡丹花玉笑珠香，风姿绰约；艳丽的红，高贵的紫，娇艳的粉，欲破的白，斑斓缤纷，超然大气。花香袭人，深呼吸再深呼吸，花香深入五脏六腑，透入骨髓，只觉满心舒泰，似有一股眩晕冲出双眼，迷离了眼神，身边牡丹愈发美丽动人。

牡丹花娇艳多姿，雍容大方，富丽堂皇，在中国传统文化中被视为富贵、吉祥、幸福、繁荣的象征。在青海乡间，若谁家有牡丹年年盛开，亲友邻人便会羡慕，觉得他家有福气。乡间的绣娘也往往将牡丹作为各类绣品的花样，以艳丽的彩线细密的针脚绣在枕头上、门帘上、被单上，装点生活，祈愿幸福。

年年繁盛的牡丹也昭示了民大的兴旺发展，并成为民大的一张名片，让民大美名一次次传扬。

听说民大的牡丹已经有四十多年的种植史了，后期有园艺师悉心栽培，积累经验，寻访引进新品种，规模逐渐扩大，伴随民大的发展壮大，牡丹园慢慢扩充，各校区共有四处，占地近十亩，品种一百有余。据介绍，民大的牡丹的品类为干柴牡丹，主要品种为西北紫斑牡丹，其最显著的特色是每片花瓣基部都有颜色、形状、大小不同，变化丰富的大块黑紫斑和紫红斑。比起其他品种的牡丹，紫斑牡丹极为耐寒、耐旱，适应性强，花香极为浓郁，植株老化速度慢，寿命可长达百年以上，株身高大，枝条节间距长，完全达到了"树"的概念。宋代著名诗人梅尧臣描绘紫斑牡丹为"白云堆里紫霞心、不与姚黄色斗深"，因为有紫霞一般的花心，紫斑牡丹更显神秘和华贵，更加的立体和多彩。紫斑牡丹的绚烂多姿更让西宁这座高原古城看起来很不西北，显得富贵安然，冲淡了人们对其苍凉悲壮边远贫瘠的固有认知。

除了紫斑牡丹，民大牡丹园中还有众多临夏牡丹和洛阳牡丹，也有少量的菏泽牡丹、日本牡丹，所有牡丹听说共有一千七百余株，日月锦、墨娇、一捧雪、盛紫、黄河谣、粉冠和剪春罗等是近百种牡丹的名字，好听又富有诗意，内涵深厚又含蓄。一株叫"银河情"的牡丹很是独特罕见，她的花蕊是白色的，该花亦没有花粉，且年年结下果实。经专家考证，这株牡丹极为稀有十分珍贵，在全国范围内都是独一无二的。

牡丹总与芍药伴生伴长，种牡丹必种芍药。民大的芍药相继开放，芍药花大色艳，烈日朗照却愈开愈旺。

叶如翠羽、蕊如金屑、花姿端丽、明艳娇美、袅袅婷婷、含苞待放、露蕊含笑……堆砌一些词语，也写不尽牡丹的姹紫嫣红、美丽绚烂。牡丹的国色天香与民大的历史韵味互相映衬，让置身其中的人感受到浓浓的文化氛围。看到民大的学子们三五成群在花株间若隐若现，年轻的脸庞上写着"幸福、幸运"，多像这些牡丹，明媚娇艳，笑意盈盈。千余株牡丹芍药开出的花朵，叫每一个学子人手一朵也分不完。牡丹与学子，多么相像，花香与青春，相得益彰，他们在民大竞相绽放，装点着校园，散发着芬芳。

二

民大是青海高原上一座独特的"园林化、生态化、景观化、人文化"的绿色校园，绿化覆盖率几近校园面积的一半。仅树木就有过百种近千棵，各类植物就更多了，有一百三十余类，西宁市植物园的植物都没有民大的种类多。杜仲、水杉、紫藤、红梅、接骨木、柿子、楸树、桑树……人们以为只能长在温暖地区的植物都能在民大觅到她们的倩影，她们营造了校园春有绿、夏有花、秋有果、冬有景的自然之美。

民大有一片独特的林地，林内种植五十六种树种，寓意五十六个民族学子在民大成长成才，这就是民族团结林。林地建成十多年，有近四十亩，是民大全体师生共同平整土地、共同植树的结晶。国槐、海棠、丝棉木、桃树、云杉、玉兰、银杏、梨树、青杆、核桃树……这些树木，为民族林增添了缤纷的色彩。尤其春天至初秋，这里便成了花的世界，三月玉兰花开，四月榆叶梅、海棠花接连盛开，五月初丁香、探春次第绽放，至五月中下旬牡丹、芍药、暴马丁香竞相怒放，夏季鸢尾蓝、月季、刺梅接续不断，初秋红景天、百日菊、荷花争奇斗艳，校园里花色纷繁、花香四溢，师生皆喜欢在花间散步交流、读书学习、流连拍照，意气风发、青春昂扬的学子与浓馥清香、繁花似锦的校园交相辉映，美轮美奂，营造出一方美景一方朝气的景象。

民族团结林中央有一亭，这是民大建校之初的标志性的建筑——启英亭，呈八角，又名八角亭。据了解，此亭1958年因校址变迁被拆，但此亭承载着民大人的记忆，因其是学校历史上的代表性标志，学校遂于2016年重建。八角亭，八柱八角，单层檐，精工彩绘，雕梁画栋，采用榫卯连接的传统建筑技艺，古朴优雅，尽显传统建筑之美。作为民大的重要景观，启英亭内常有各类文娱活动，团结林内的花香之中又常常飘溢着欢乐的氛围。

三

民大图书馆的藏书汗牛充栋，生均图书近200册。3个校区3处图书馆，都设有充足的阅览室、阅览座位。图书馆紧跟时代发展，全面实现了计算机管理，购置了图书馆集成管理系统，建设了馆藏中文书刊书目数据库。

民大的图书馆馆藏的最大特色是古籍，有3000余部78750万册，这些藏书中有许多精品和稀有版本，其中古籍特藏馆里珍藏着一部镇馆之宝——明彩绘本《南辉西线图》（当时的中国地图册），据考证其为海内孤本，国内仅此一册，是国宝级的古籍，绘制极为精美，并有文徵明、钱坫、彭年等明清名家的题跋、题款，其文物价值和史料参考价值不言而喻。

名气更大的馆藏《山海经全图》，是明末清初名家萧云从根据《山海经》描述手绘的120幅图画，共8册，绘制极其精细，毫发毕现，绘画技法炉火纯青，形象生动传神，它的艺术欣赏价值和历史文物价值无可比拟。2008年奥运会时，向世界各国来宾友人展示中华优秀文化的国家珍贵古籍展，该书作为青海省的唯一一件展品参展。《山海经全图》与《格古要论》《订讹杂考》三部珍贵古籍在国家版本馆中央总馆展出。

作为一所民族大学，图书馆的文献称得上浩如烟海且具有鲜明的民族特色和地方特色，少数民族语种文献比重达到了占总馆藏的近15%之多。

图书馆的老师说，民大图书馆古籍藏书左图右史，规模在省内仅次于青海省图书馆，是青藏高原汉文古籍和藏文古籍馆藏最多、珍贵古籍馆藏最多的高校，这在全国高校中也不多见。尤其是馆藏23部古籍入选《国家珍贵古籍名录》，这些珍贵古籍的入选，体现了图书馆在保护和传承文化遗产方面的极大贡献，也是学校深厚文化底蕴的充分体现。

观赏着书柜里、玻璃展柜里、书箱里的一本本一册册珍藏的古籍，上起明代，下迄民国，四库齐备，善本众多，让我们一行人在深切感受中华文化历史厚重的同时，近距离感受到中国古籍的版本之美、刻印之美、装帧之美、纸张之美。看到这些，我脑海中就想起一句话：图书馆是世上最安静的角落，却涌动着最活跃的思想。它保存着文明的火种，也滋养着未来的新知。

四

作为大学，民大的文化流淌在校园的每一个角落，每一个细微的环节，将自身深厚的文化底蕴和教书育人的校训校风教风学风体现得淋漓尽致。

最能表现民大精神的就是校区、建筑、景观、道路的命名，每个名字既立意高远、格调高雅、富于特色、凸显内涵，又简练易记、便于传播、引起共鸣，并具有系统性、关联性和长远性，无不显示学校传统和文化积淀，发挥了励志、教育、熏陶的作用。比如校区的命名：民大老校区被命名为东序校区，因学校地理位置在学校之最东部，又意指东序的内涵（东序相传为夏代的大学，后来作为国学的通称、学校的通称），表明其是民大各校区乃至青海省高校中建立最早的校区，渊源有自，发展恒久。处于西边的是西昆校区，西昆相传为古代帝王藏书之处。拟建于西宁市凤凰山脚下的新校区为凤凰山校区，既按所处位置命名，又因"凤凰"是传统文化中的象征祥瑞的吉祥之鸟，以此命名校区，寓意着学校繁荣昌盛、吉祥和谐。文实校区以该校区最具标志性的建筑文实楼命名。博雅校区，博雅指学识渊博，品行雅正，出自《后汉书·杜林传》中"博雅多通，称为任职相"之句。博雅还取自我国最早的百科词典《博雅》(《广雅》)之名，该校区位置正好在西宁市博雅路，便于大家确定校区方位。

校内的广场的命名也极为明媚，磐石、春晖、夏晨、冬阳，这些广场的名字听了就让人有想去转转的冲动。

就连教学、科研、办公楼的名字也朗朗上口，这些楼共有十八栋之多，英华楼、鸿文楼、凌云楼、弘毅楼、丹青楼、劝学楼、思源楼……或意蕴高远或简明直白，无不昭示民大培养人才、科学研究、服务社会、传承文化的根本任务，勉励学生追求高深学问，激励学生成为文实相符、德才兼备、德智体美劳全面发展的才俊，以开阔的胸怀、开放的视野与青春理想同频共振，书写民大发展新篇章，书写青春飞扬最美的华章。

绿桃公寓、白杨公寓、红柳公寓、紫藤公寓是学生公寓的名字，这完全不是男生女生楼的简单划分，而是一股春风般的清雅和温馨。

祥瑞园、毓秀园、润泽园、牡丹园、芍药园、丁香园，一个个园区的名字，让人似乎看到了一幅幅清丽婉约、秀丽典雅、清晰旷达、古朴生动的画面，一股蕴含文艺的古风古意扑面而来。

校园内的路也十分富有内涵，英华路、春晖路、润泽路、祥瑞路……与附近建筑相呼应，也与方位相一致。

五

民大青海籍的各族学子有独特的地方文化自信。

我是在网络上看到他们有在课余时间主动集合跳起代表青海文化的花儿舞蹈的，男女同学随着青海民歌、小调的旋律边唱边转圈舞着彩扇跳起传统的十字花步。他们举手抬腿、一步一摇都像民间跳社火的把式，一看就是从小耳濡目染的"青海娃"。他们又唱又跳，跳出了大方和人气，使边上看热闹的同学情不自禁加入进来。他们的青春活力，神采飞扬，在校园里翻涌出一股浓浓的青海风情。

这些大学生何以被传统文化"撩动"？只能说，当代大学生在接受大学教育后，知识提升眼界，开阔思维，读懂了琳琅满目、绚丽多彩的传统文化的魅力，找到了传统文化中与自身心灵的共鸣点，并对其有了认同和归属。民大的学生是其中最具代表性的群体之一，他们已经接过了传承的担子，并将优秀传统文化与当代年轻人之间的情感连接直接体现在实际行动中，课余时间载歌载舞以青春的热情完美对接传统文化的气息，在校园里自信大方地演绎着浓郁的乡土文化和对家乡的热爱。我相信，这些年轻人必定会成为传统文化的忠实传承者和发扬光大者。

六

民大独有的太多了。

民大是全国第一所少数民族高等学府，是毛主席亲自批示建立的，建校历史与共和国同龄；20世纪80年代之前，学校党委书记或校长一直由省领导兼任，这在高校之中绝无仅有。

七十五载的实践，以民族团结进步教育、培养各民族高素质人才、为民族地区输送人才、研究民族宗教问题和政策、促进各民族交往交流交融、传承弘扬各民族优秀文化等为己任，铸牢中华民族共同体意识，民大发挥了无可替代的作用。

建校至今，民大培养了十二万各民族人才，他们大部分在青海、新疆、西藏等地工作，优秀者数不胜数，玉树环保卫士杰桑·索南达杰就是该校的毕业生，从民大走出去担任省部级领导、厅局级干部以及享受国务院特殊津贴的专家、各行业技术人才比比皆是。

科研方面，奖项众多。首次实现重度盐碱地成功种植蕨麻；师资队伍更是人才济济，博士三百余位，各类专家人才近半千。

校园的建设。校园规模成倍增长，各类建筑愈建愈现代，科技含量愈高，校园愈来愈美，但始终没有拆除老校区最初的老楼老树，还进行了充分利用，这体现了民大尊重历史珍惜旧物的人文精神，民大历届班子都懂得老建筑老树不仅仅是一栋一棵的事物，而是时间里积淀起的怀念，是一份厚重，是一种情怀，是民大人为之骄傲的历史。从老校园进门穿过东序校区到达最具现代气息的文实校园，一路向南的一条中轴线犹如一条时间长河中的隧道，次第抬升，展现出民大七十余年的历史之美。

站在高高的文实楼上北望，美丽的民大，绿意萦绕，花香缕缕，在高原五月阳光下风姿绰然，熠熠生辉。民大，百尺竿头，前景可期！

老梅，本名张志梅，系青海省作家协会会员、门源县作家协会副主席。

青海民大校园叙事曲

祁建青

乘坐西宁2路公交，在"麒麟湾"站上车，过湟水支流南川河，穿市中心东西大街，径直向东，不拐一个弯，坐13站约30分钟到，下车几步就是校门。作家文友一起来了，进校园，入学堂，听观走读，记写拍录，抚今追昔感怀多多，我急写了"六个一"，分享如下：

一封电文。时间拉回到75年前的1949年12月26日，《青海日报》头版头条刊登报道：《培养各族青年建设新青海 青海省青年干训班开学》。学校尽心挖掘搜集关于这方面的史实史料，将文档梳理翔实。最关键的是一份原始件，即毛泽东主席致彭德怀、西北局的电文，学校经多方努力也拿到了这份电文。毛主席的手书电文这样指出："青海、甘肃、新疆、宁夏、陕西各省委及一切有少数民族存在地方的地委，都应开办少数民族干部训练班，或干部训练学校，请你们注意这一点。要彻底解决民族问题，完全孤立民族反动派，没有大批从少数民族出身的共产主义干部，是不可能的。"从文中青海居首（而非"陕甘宁青新"排序）来看，此项任务迫在眉睫，青海要领头做起。批文在1949年11月14日下发，不到一个月时间，即12月12日，"青干班"开班成立。决策高瞻远瞩，落实雷厉风行，"青干班"就是青海民族大学的前身与由来。人才事大，教育先行，现任校长马维胜的致辞表述很到位：青海民族大学是"新中国成立的第一所民族院校"和"青藏高原上第一所高等学府"，这其中的骄傲自豪溢于言表。

一则招生简章。1949年11月1日，也是《青海日报》公布了《青海省青年干部训练班招生广告》，招生简章共10条12款，细分宗旨、课程、投考条件（甲乙两项）、训练期间、招考名额、考试科目、报名日期、报名地点、考试日期、待遇（甲乙两项）各事宜。该简章还原了青海省青年干部培训班首次面向社会招生纳贤的历史真实。

比如招生简章中的"投考条件"分为少数民族、汉族两项，规定对象范围为"蒙古族、藏族、回族、土族、撒拉族各族青年"，世居少数民族一个不少；在年龄与文化程度上，规定少数民族青年"年龄在十八岁以上三十五岁以下，具有小学毕业文化及以上程度"；汉族青年"年龄十八岁以下二十五岁以上，具有初中毕业文化及以上程度"。将"训练时间"暂定为三个月，初创阶段，急需人才，时不我待，那时一天顶几天！在人们最关心的"待遇"问题上，招生简章直奔主题："毕业后按学习程度，个人特长分配工作。"大家很快能上班拿工资。招生简章也清楚地告诉人们，"青年干部训练班"使命重任就在于为国家培养各民族公务人员。

请记住这是1949年，青海刚刚解放不久。中共青海省委机关报《青海日报》，首次发刊日为10月20日，发布《招生简章》时《青海日报》创刊才十天。不等不靠、快节奏、高效率的新创报刊和新创学班，是摆在我们面前的两个历史标志性事件，这些不能不令我们为那个年代肃然起敬。

一幅题词真迹。上岁数的青海人应该还记得，朱德总司令1958年视察青海，专门给学校题词："坚决进行社会主义改造，在新的基础上达到新的团结。"那是7月——青海最好的季节，朱德来青约一周，这期间他还为建设中的"兰州—西宁"铁路题词："把兰青铁路早日修通。"甘青两省省会距离不是很长，却一直未通铁路。朱德题词落笔后的第二年，216千米长的兰青铁路建成通车。以当时的经济实力与技术条件，这堪称是超前的"深圳速度"了。

朱德总司令为本校的题词，体现了党和国家对民族高校的特殊重视。朱德总司令来青海视察时还提道："青海地大物博，是祖国的一个十分可爱的地方。"这些都激励着一代又一代的建设者们和各行各业的奋斗者们扎根青海，奉献青海。

一位最小的"小红军"。真是不来不知道，一来才知道，原来共和国元帅贺龙的女儿、解放军少将贺捷生曾在本校工作过。她1958年从北京大学历史系毕业，1958年至1964年在青海民院任教。鲜为人知的是，1935年11月1日出生的她，在18天未满月的情况下就随妈妈蹇先任赶上了红军转移，成为参加长征的最小成员。她在襁褓之年走完了长征路，经历何其传奇，生命力何其顽强！

当她23岁走出北大校门时，没有留在条件优裕的大都市，却选择了条件艰苦的青海。青海民大的教师队伍里，有这样一位身世非凡的元帅之女，为校史名人录添了浓墨重彩的一笔。贺捷生后来任军事科学院百科部部长等职。她还是著名军旅作家，创作有大量文学作品。2013年她的散文《父亲的雪山，母亲的草地》获人民文学优秀散文奖。老人家如今近九十高龄，让我在此衷心祝福她健康长寿！

一座牡丹园。民大"牡丹园"这些年出了名，远近观赏者络绎不绝。寸土寸金的大学校区，规模近10亩，品种近110个，1700余株的牡丹园足够奢侈壮观了。后来我才知道：园里栽种的都是"紫瓣牡丹"，即花瓣芯面，有倒卵形紫黑色斑灌木的品种。也许是种植时间久而功夫深的缘故，去年园里竟然出现了一个牡丹新种，白色瓣蕊无色斑无花粉，每年还能结果，而这些都有别"紫瓣牡丹"。经专家论证，这株牡丹在全国独一无二，是一个基因突变案例，是罕见的牡丹"孤本"。它也有了一个名字——"银河情"。对于民大师生来说，"银河情"一定包含古老而现代的向往与愿景。在牡丹园对面还有芍药园，有芍药、牡丹，方得齐全。优质的教育资源，躬行的园丁精神，这就叫"花丛中摆课桌""花瓣边翻书叶"。环境育人，氛围养心，色彩怡情，大学学府里的严谨治学与浪漫韶华，成长进步的成就感幸福感就在身边。

一群珍稀旅鸟。校办朵俊发主任打开手机给我看他的宝贝：是一组太平鸟。他是在冬日的校园里拍到的，这是一种观赏鸟。互助诗人刘新才是"鸟迷"，他告诉我"太平鸟"属"旅鸟"，也是"鸣禽"。如此看，它们既是旅行家，冬来春去；亦是歌唱家，叫声好听；它们的胆子也够大的，是闯荡开拓型的鸟儿。不过我是头回见太平鸟远行飞落民大，太平鸟雄鸟头上有羽冠，飞羽和尾羽色艳甚美。为什么太平鸟会秋去冬来？这是它们的习性决定的，它们喜食浆果。夏秋它们上别处旅游，冬春就来装点我们的日子。鸟才不傻呢，挑剔得很！它们也是一群地理专家、气象专家，都是顶级飞行专家，而且成群结队行动。好地方都是它们先找到的，有相当一部分天空和树冠由它们说了算。夏天它们去找虫子吃肉，冬天来以校园为家，和师生们一起赏雪。主要是，山楂海棠红果经一冬冻熬，此时的色香味俱佳。它们一次能吃多少？3颗还是5颗？城市园林它们匠心布局，给鸟类留了一席之地，讨好顺从着鸟的心意，这还需要鸟儿们领情，因此在大学校园，鸟的莅临才会如此非凡。是的，只有在大学校园，鸟的飞翔才会寓意理想的放飞，人生就此张开翅膀，前景一片美好。

祁建青，系中国作家协会会员、中国散文学会理事、青海省作家协会顾问。

致青春

李 静

对民大的印象是从1985年开始的，彼时我才上小学一年级，高中毕业的姐姐在那一年参加高考，尚分不清"本科"和"大专"之间的区别，一家人所生存的闭塞环境也让父母觉得"大专"甚是厉害,因此在填报志愿时非要在"大专"一栏填下自己心仪的志愿，最后在老师的纠正之下才得以"拨乱反正"，又因为是藏族，所以姐姐最后成为青海民大化学系的一名学生。

地处省城的大学总是令我羡慕和向往，而这些向往均来自姐姐寒假归来时的讲述：她们住的宿舍有高低床，上床需要从一个钢制的小梯子爬上去；同学中有来自湖南的美女，说着极好听的普通话；整个学院开运动会时同学们在操场上奋力向前，喊声震耳欲聋，有时还可以喝到少量的汽水；学校礼堂可以容纳几百人，每逢节假日会有丰富多彩的节目表演，有时甚至还会放电影；校园里有很多按季开放的花朵，一过四月，花坛里花儿开得疯癫、探春、碧桃、丁香花和牡丹此起彼伏，声势浩大；那些结着幽怨的丁香姑娘穿着长裙，轻移莲步，美目流盼，又犹如星火般飞逝，不露痕迹；我们坐在花坛上，看对面几个男生从花园里穿过，便鼓动身旁的女生大声地喊："一、二、一"，让他们乱了脚步……

时隔近四十年，当我带着当初的印象再次走进民大时，正值季节中枝繁叶茂的五月，恰逢花坛里的花儿开得生机勃勃的时期，尤其牡丹。各色的牡丹在偌大的校园中密密匝匝地盛开，形成波澜壮阔的花海，馥郁香气随着微风满园疯跑。都说"唯有牡丹真国色，花开时节动京城"，民大的牡丹以占地面积10亩，1700余株，近110个品种的庞大数字惊动了整个青海，那株叫"银河情"的牡丹在全国上下也是绝无仅有。

就像清华大学的紫荆花，武汉大学的樱花，天津大学的海棠，四川大学的白玉兰……民大的牡丹在校园里形成独一无二、规模浩大的风景，如若有一天民大校园允许游客前来参观，风格迥异的自然景观与书声阵阵的毓秀校园有机结合，想必这里会是一副游人如织，人声鼎沸的景象。慕名前来观赏的人们势必会沉浸于植物的清香和深厚的文化底蕴中流连忘返。

《月令七十二候集解》中说："小满者，四月中，物至于此小得盈满。"小满时，有足够的阳光和雨水，令植物蓬勃生长。高原上的植物在微温微凉的小满时节仗着节气给予的勇气在泥土之下蔓延根系，纵横交错，裸露在风中的部分更是泼泼洒洒，争前恐后，在雨露、在阳光的加持下开出明艳花朵。有许多年轻的面孔在牡丹园边素描，她们安静而专注，沉浸在一朵或一束花的姿态中。因此，十分钟或半个小时之后，一朵朵栩栩如生的牡丹跃然纸上，填充了之前大片的空白。年轻的身影偶尔回望一笑，明眸皓齿。只一瞥就觉顾盼生辉，如眼前半开的花朵。

民大的校园堪比花园，路旁月季开得繁盛，在软风里落下碎红；柳树枝叶婆娑，杨柳风抚过发梢；鸢尾簇拥在墙角，如小小的蓝色火苗；被视为状元花的文冠花开出一串串铃铛一般白里带粉的花朵，树枝顶端还有经年的果实，锯齿状的树叶自上而下在阳光里泛出明亮的色泽。古代文人热衷于在庭院中栽种文冠花，有"文冠当庭，金榜题名"的美好寓意，民大的文冠花在五月中旬显出生机勃勃、欣欣向荣的样子，这无疑与四面八方赶来的莘莘学子相得益彰。许多露着笑容的年轻面孔簇拥着从文冠树底下经过，眼睛里的光芒蕴含着对未来的美好愿景，他们谈笑风生，谈论昨天下午的化学实验和即将来临的西风消息，再看时，消瘦且坚挺的背影已在远处，而他们之前经过的路上又有一群孩子热热闹闹地赶来，他们在文冠树下驻足观赏，拍照，赞叹……

在高高屹立的藏学楼门口，有人唱歌，有人跳舞。风铃般的歌声，蝶一般轻盈的舞步，把夏日浓郁热情的景色点缀得很是悠闲。她们年轻的面孔和曼妙身材将"青春"刻画得淋漓尽致，过往的人们驻足，赞叹，羡慕，似乎在她们身上看到了自己的花样年华。我在找寻那个湖南来的美女，我用极其标准的普通话笑着问我旁边的小美女："你老家是湖南的吗？"她笑着用极标准的普通话回答："广东来的。"即便她对我的问话一头雾水，依然回答得无比真诚。藏学楼内部有爱好书法的孩子们正在奋笔疾书，印染在纸上的笔迹雄健洒脱，笔酣墨饱。除了汉字的书写，还有藏文的书写，无论哪种文字，都有着朝气蓬勃的味道，有着无法掩饰的青春的气息。那种感觉，就如同当你行走在民大校园里，有少年迎面跑来，带着微风和你擦肩而过，回头看时，他已在远处，空气中留下若有若无的荷尔蒙味道。

体育场上果然少不了英姿勃发的青年，他们用汗水和力量演绎有别于往日的歌舞升平，用果断和坚持挑战往日平和的习惯：二传将自由人输送来的排球平稳传送至标志杆处，那个有着小麦色肌肤的孩子高高跃起，从四号位上将球打到对方的场地；控球后卫运球途中明察秋毫，队友似乎也能一眼看穿他内心所想，掩护，挡拆，小前锋趁机接球，瞄准，起跳，篮球应声入筐，一次进攻在行云流水的动作间一气呵成；黑白相间的足球在绿色草坪上左奔右突，在强劲的力量下长途奔袭，防守队员寸步不让，进攻队员虚晃一枪用脚尖将球挑起，倒钩，完成射门，足球划出漂亮的弧线飞向球门远角，岂知对方守门员早有准备，伸出钳子一样的大手将足球紧紧包住……喝彩声起，欢呼的浪潮此起彼伏，击掌，拥抱，他们汗流浃背，不知疲惫。

直到某一场比赛结束，站在场边的我依然茫然四顾，看着他们意气风发的样子眼睛里都是自己曾经的影子。这一时刻，我感觉自己青春余热未尽。

李静，系中国作家协会会员。

高原上的白榆

肖子树

当初决定买五一路某小区四楼的房子时，我想着一来可以省却电梯的烦恼，二来是看中阳台外面的平台，还思谋将来开道门自由出入平台，正是这十来米高的平台上，竟然有植物的种子落脚并扎下根来，后来，当叶片生发时我才知道这是一棵白榆。

白榆是榆科落叶乔木，叶片为椭圆状卵形，边缘有锯齿。但凡是这种叶片的植物，都是十分耐干旱、寒冷的，适应性很强。因根系发达、生长较快而成为干冷区域的重要树种，也是高原古城西宁最为常见的绿化树、行道树，城市中的白榆树树龄通常都在几十年甚至百年以上。

小区院内也有几棵白榆，树龄都是几十年了，应该与原微电机厂同龄。除五一路旁荒地上的那片自由生长的白榆林以外，西宁的白榆应该没有年轻的。五一路上有好多棵高大粗壮的白榆，如若生长在无人管理之地，怕是早已繁衍出大片的白榆林。

西宁的白榆是五一前后开始返绿的，刚开始是浅黄淡绿的，一团团密集分布于枝头。这不是白榆的叶，也不是白榆的花，而是榆荚，即白榆的果实。

没错，当我们能看到浅黄淡绿的榆荚时，白榆的花已经凋谢，但很少有人注意到白榆的花朵。白榆的花是簇生的紫色小花，很容易被人忽视，因为花朵实在是太小，只有小拇指尖大小，即便是簇生形成一团，也因颜色过深与树枝融为一体，加之白榆得长到几岁才能积攒足够的养分开花结果，让人难以近观，且花香很淡不易引人注意，所以白榆的花不易被人发现。

簇生成串的榆荚因形似古代的铜钱，故而被称为榆钱。《本草纲目》载："榆未生叶时，枝条间先生榆荚，形状似钱而小，色白成串，俗呼榆钱。"之所以能载入药典，是因为榆荚有消肿、安神、祛痰止咳等作用。

从古至今，白榆备受达官贵人和黎民百姓欢迎，因其簇生的榆荚似一簇簇一串串铜钱，有财源滚滚的寓意。而在物质匮乏的年代，平民百姓经常用榆荚充饥。即便是今天，人们仍喜欢摘一把榆荚尝鲜，榆荚味甜可口，亦可做成食物。

《汉书·韩安国传》中提道："以河为竟（境），累石为城，树榆为塞，匈奴不敢饮马于河……"中国古代北方、西北边塞地区，古人常据河为险，临河修筑城垣、要塞，塞上种植适宜生长的白榆，故称边塞为"榆塞"。于是，白榆也受到文人雅士尤其是边塞诗人的偏爱。

初唐四杰之王勃《春思赋》写道："自有兰闺数十重，安知榆塞三千里。"骆宾王《送郑少府入辽共赋侠客远从戎》写道："边烽警榆塞，侠客度桑乾。"边塞诗人岑参来到河西时，见路边白榆下有一位七十老翁在卖酒，顿时诗兴大发作《戏问花门酒家翁》："道傍榆荚仍似钱，摘来沽酒君肯否。"北宋名臣文彦博的《元巳阻雨》更是把榆荚写出新的意境："欲买春花无定价，东风撩乱掷榆钱。"而清词三大家之纳兰性德《长相思》的"山一程，水一程，身向榆关那畔行，夜深千帐灯"又是另一重新意。更有那"莫道桑榆晚，为霞尚满天"（唐刘禹锡《酬乐天咏老见示》）的豪气和激情。

当榆荚由绿色变为黄白色开始飘落发散时，就意味着果实已经成熟了，此时新叶才开始发芽，于是整棵树看上去都被黄白渲染了。为了种子的传播和种群的繁衍，植物也是煞费苦心，蒲公英为自己的种子准备降落伞，苍耳为自己的种子披上带刺的铠甲……白榆另辟蹊径，为自己的种子准备翅膀，故而榆荚被称为翅果，随风飘扬如振翅飞舞的白蝴蝶。

西宁人对白榆是有特殊情感的，而生性顽强的白榆也是西宁最为古老的绿化树种之一。

西宁古为先零羌游牧地，至西汉时才开始设立军事据点西平亭，长期处于边塞要地，却因政权更迭频繁，各个时期的统治者似乎无暇修筑城垣或要塞。明初设西宁卫，南据湟水河筑城，花园南街为东门所在，至今仍存城墙，北门原址位于北大街尽头的北门坡。想必，时人应在城门处或官署重地种植有白榆，只是已不复存在。遗存至今的白榆是清代种植的，就是西宁人熟知的西大街"三棵榆"，粗壮的根系已经突破地砖的禁锢，树高和冠幅都在二十米上下，树围均在四米左右，得三人才能合抱。

据载，这三棵虬枝叠翠、树冠如云的古老白榆植于清康熙六十一年（公元1722年），其时官署重地西宁卫镇台衙门位于三棵榆附近。可以想象，当年栽种的白榆应是许多棵。至今遗存于解放路（西宁市少年宫内）的十一棵古白榆也是清代所植，时代稍晚于三棵榆，想必当时的官署重地也是白榆环绕的。

此后三百年间，随着西宁及青海地方建制的变更，这片白榆环绕的区域一直是官署重地，这一传统也延续至今。时光不语，岁月不居，而岁月沧桑与历史风云，都镂刻在这十数棵白榆细密的年轮之中。

白榆生长速度较快，但木质结构坚实耐用，是造船、建筑的优质用材，古人曾用白榆做独木舟，故民间有"榆木疙瘩"之说，常用来比喻思想顽固不知变通的人，却也是白榆顽强生长且木质坚硬难以砍伐的象征。

五月中旬正值西宁绿意荡漾、芬芳四溢的时候，走在青海民族大学牡丹争艳、丁香含笑的校园内，黄白色的白榆翅果正在风的帮助下，欢快地四处寻找歇脚和可以扎根的土壤。文学院前的小广场上，各民族学子正在排练民族歌舞，为即将迎来毕业季活动做准备。漫步校园，三五成群身着学位服的学子在拍照留念，他们即将离开母校，或回归家乡，或奔赴高原各个角落，投身现代化新青海建设。

"要彻底解决民族问题，完全孤立民族反动派，没有大批从少数民族出身的共产主义干部，是不可能的。"这是毛主席在1949年11月14日致彭德怀、西北局的批复中的一段。当时新中国刚刚成立，建设社会主义青海急需一批既懂少数民族语言又熟悉当地民情的少数民族干部，西北局向中央提交开办少数民族干部训练班的报告。同年12月12日，青海民族大学的前身，青海省青年干部训练班宣告成立，成为新中国成立后第一所民族院校。

七十五年来，青海民族大学肩负党的教育工作和民族工作双重使命，共培养出十二万余名各民族高素质人才，其中六万余名毕业生留在青海工作，近万名奔赴西藏、新疆等地。他们把根深深扎在高原厚土和祖国边疆，为民族地区的民主改革、民族团结、经济发展、文化传承、生态保护等各项事业作出不可磨灭的贡献。

我以我血荐轩辕，他们当中，有"改革先锋""环保卫士"杰桑·索南达杰。"如果需要死人，就让我死在最前面。"他为保护可可西里藏羚和推动中国环保事业发展流尽最后一滴血。我在昆仑山口见过索南达杰的雕像，也见过他的老朋友、老同学，时任格尔木市人民医院心血管科的主任医师、知名高原病专家寒梅，她长年坚守在戈壁新城格尔木，并为长江源头、可可西里科考队、环保组织提供医疗保障和藏语翻译服务。

寒梅与索南达杰是小学同班同学，后来两人一同考上青海民族大学（时为青海民族学院），再次成为同班同学。毕业后，索南达杰回到治多县工作，寒梅被分配到格尔木市人民医院工作。治多县西部工作委员会成立后，索南达杰每次前往可可西里，为节省经费都会住在寒梅家中。退休后，寒梅发起成立格尔木市长江源生态环境保护中心，继续老同学未竟的事业。如今，年过七旬、身材瘦小、头发花白的寒梅仍活跃在生态保护一线。

　　他们，只是青海民族大学众多学子中的代表，如同高原上白蝴蝶，迎风飞舞着。

　　肖子树，系青海省作家协会会员、青海省影视家协会会员。

时间的果实

应小青

"五月的天空依稀晴朗，阳光下许多故事缓缓酝酿。车来车往，车来车往，大学生姐姐牵着小女孩上学堂……"

很多年以后，即使回忆已蒙上一层薄薄的尘埃，但姐妹牵手的那个画面再配上这几句改编的歌词，至今想起来依然美好。

一、约定

五月，丁香芳菲，整座城市都氤氲在清浅、温柔的香气里。

一辆从乐都开往西宁的白色班车缓缓停靠在青海民族学院的对面。车上下来一高一矮两个女孩，她们带着大包小包，小心翼翼地牵手穿过马路，走过雕梁画栋、极具民族特色的大门后才相视一笑。

"姐姐，这里就是你的大学吗？好漂亮！"女孩东张西望，满心艳羡。

三三两两的男女同学从身边走过，高个子女生微微一笑，点点头。

一路向前，穿过绿树成荫的小路，她们在一幢红砖小楼的宿舍里安顿下来——女生公寓不能让外人留宿，这是高个子女生的导师的单人宿舍，暂时让她们借住几天。

女孩放下东西，仰着下巴，用乌黑的大眼睛好奇地环顾四周，心想那位好心的女老师一定是个多才多艺的人吧，因为宿舍墙上挂满了她的书法和国画作品，书桌上摆满了笔墨纸砚。

女孩不知道的是，那一天，会改变她今后的命运走向。

女孩和姐姐，原本是乐都六中的校友。

那个满天飞絮的午后，考完试的女孩正站在校门口等同学，纤瘦的身影就像一棵细细的杨柳。一个同样穿着蓝色校服的高个子女生走过来，指指她的手腕，好像在问几点了。

女孩歉意一笑，摇摇头，指指自己的耳朵："不好意思，我听力不太好，你说话我听不清楚呢！"

高个子女生很惊讶，眼神中有一闪而过的关切。她从书包里掏出纸笔，飞快地写道："你也是六中的吧？怎么会听不到呢？"

一来一去，一笔一画的交流中，女孩就这样认识了姐姐。

那时的姐姐，正在乐都六中复读高三。

在她租住的小屋里，她们一起吃着简单的饭菜，她才了解到女孩坎坷的身世——少年时，因为一场神经性耳聋的疾病，她的听力逐年下降。靠着坚持和自学，她才摇摇晃晃地从初中上到高一。她的数理化成绩差强人意，但沉默寡言的女孩却从小喜欢读书写作，语文成绩总是名列前茅，尤其是在坠入无声世界后，更是如饥似渴地吞咽了大量世界文学名著……

姐姐听罢，心疼不已。她送给女孩《唐诗宋词元曲大词典》和路遥的《平凡的世界》，鼓励她再坚持两年，等到读完高三就能走进大学。

女孩低头一笑，一颗乌梅在她腮边顶出一个圆，她摇摇头，在纸上写："且不说我很有可能考不上，就算考上了，我也依然听不清老师讲课呀……"

看着女孩一脸忧郁，姐姐也如鲠在喉，不知该如何安慰，只能鼓励她："那就好好读书写作吧，永远不要放弃你的文学梦想。"

一年以后，一封来自青海民族学院的信飞到女孩手中。

此时的姐姐，已经如愿考取了心仪的大学，开始了精彩纷呈的大学生活。在信里，她热切地叮嘱女孩："不要灰心，坚持一下，我在西宁等你！"

姐姐不知道的是，上完高二第一个学期后，女孩在学习方面感到越来越力不从心。就算坐在第一排最中间，她常常望着老师一张一合的嘴茫然无措。尤其是三个年幼的妹妹也在读书，家里早已不堪重负。

迫不得已，她只能在全班同学齐声吟唱的一曲《送别》中，含泪告别六中校园。每天，她除了在家里操持家务，就是想方设法到处借书、看书。

清风吹过，她坐在空旷的、充满泥土气息的田野里看；树影婆娑，她躲在无人打扰的屋顶上看；一灯如豆，在家人心疼电费的责骂声中，她悄悄地点起一支蜡烛看……

听说村里的农科站种植了不少树苗和药材，除草一天，能赚十块钱。女孩得知消息后，每天兴冲冲地与村里的婶婶、娘娘们一起去干活。很快，原本白皙的她变得又黑又瘦，像一株营养不良的树苗。

中午，坐在树荫下打开饭盒吃饭的时候，风把女人们一浪一浪的笑声和喧哗声吹得很远。只有女孩，远远地坐在一旁，膝头摊开着一本凡尔纳的《神秘岛》。

天，蓝得像蓝莓果冻。

偶尔，女孩会抬眼看一下远远的群山和嵌着白云的天边，有片刻的怔忡。山的那一边，是什么呢？这个时候，同学们正在操场上追逐打闹吧？投出去的稿子如泥牛入海，每次买邮票都要攒很久很久的钱，什么时候才能看到希望的曙光呢？

思之再三，女孩给姐姐回了一封信。

那个下雨天，打工也暂停了一天。撑着一把破旧的红雨伞，在乐都县城的邮局往绿色的邮筒投递信件的时候，女孩在心中默念着："那个约定，我从来没有忘记。只是姐姐，很抱歉，我要失约了……"

二、求学

如果在青海民族学院门口坐上2路公交车，穿街过巷，一个多小时后，就会抵达青海广播电视台的终点站。再步行一段路，就会到达青海省特殊教育学校门口。

坐在公交车上一路晃悠的时候，女孩望着车窗外五光十色的店铺、鳞次栉比的高楼大厦，一脸新奇。

她在小本子上写："为什么西宁的公交车上没有售票员呢？"

姐姐笑一笑，回："因为这是无人投币车，大家自觉把钱放进去就好了。"

是怎样跳跃到这一天的呢？

一个月之前，姐姐收到女孩的信后，得知她已经退学，不由得感到忧心忡忡。不用多想，就能知道一个失聪的女孩接下来会面临怎样的困境和命运。打听到青海师范大学对面有一所特殊教育学校，她打电话联系好之后，就乘坐班车，风尘仆仆地回到乐都，一路打听，找到了那座叫作上寨的村庄。

万里晴空下，家人带着姐姐来到农科站的地里，一望无际的田野里，戴着草帽，挥汗如雨，埋头拔草的女孩显得那么微不足道。经人提醒，她才惊愕地抬起头来，恍然如梦。

当姐姐上前握住她沾满泥土的手，大声告诉她，我来接你去西宁上学时，那一刻，女孩泪盈于睫，仿佛听到了世界上最美的声音。

风吹过来，田野里所有的庄稼、树苗、药材都随风颤动。是的，不管是骄阳似火还是狂风暴雨，每一种植物都有着自己的命运，或脆弱易折，或坚韧不拔，或舒展枝丫，或节节向上。

干活的农人们眼带笑意，围拢过来，七嘴八舌地议论着："丫头，你这么小，不应该在地里下苦，可别跟咱们一样。""你这个大学生姐姐特别厉害，去了西宁就好好念书呗！"

就这样，当天收拾好简单的行李和换洗衣服后，女孩随姐姐乘坐班车来到青海民族学院，在那间红砖小楼的宿舍里稍作休整后，第二天，跨入了青海省特殊教育学校的大门，插入聋生部中专班，学了美术专业。

水粉、国画、素描、书法……每一门课程都让人眼花缭乱、应接不暇。每一位老师，都平易近人、温和细心。新的世界，终于向这个热爱读书的女孩打开大门，她很快适应并喜欢上了这里。

她学会了手语，平时用这种形象生动的三维立体语言跟老师和同学们交流；

她加入了学生会，协助班级和学校做一些力所能及的管理工作；

她拿到了助学金和奖学金，只要家里支援一些微薄的生活费就可以维持生活；

她还和同学们得到了南京爱德基金会捐赠的耳背式助听器，代表大家写了一封三千多字的感谢信，由于写得情真意切，被老师们争相传阅。

那一年，五月的助残日，《西海都市报》的记者来学校采访。一位叫马春花的记者经老师引荐在学校的微机室电脑上看到了这封信，大为感动。将信拷走后，以一个版面的形式在报纸副刊上全文发表，标题是——《我的故事》。看过的人，无不潸然泪下。

每个星期，女孩会背着书包跳上2路车，回到青海民族学院那幢红砖小楼的宿舍，叽叽喳喳地跟姐姐分享学校里的最新见闻。

就像，就像回家一样。

有时候，姐姐匆匆忙忙要去上课或做家教，热心的舍友或同学会主动带女孩去操场上散步，或者去图书馆看书。那真是一段"谈笑有鸿儒，往来无白丁"的时光。

有时候，姐姐也会抽空来特校看望她，带着自家送来的馍馍、黄瓜、西红柿或凉面。姐姐和她的同学们勤勉上进，热情大方，她们的言传身教，也在潜移默化中影响着女孩。

三年读书时光，女孩一点点地变得乐观自信，几乎塑造了一个全新的自己。

毕业季到了，姐姐打算去上海发展，那里有她的哥哥和姐姐等亲人。女孩本想继续报考北京联合教育学院或者长春特教大学，但肆虐的非典和窘迫的家境，不得不让她面对冰冷的现实。

在翻遍一本青海电信黄页通讯录后，女孩四处写信求职，毛遂自荐，信里附上了那篇发表了的《我的故事》。

奇迹，总是属于那些勇敢真诚的人。海东残联的宁守华理事长收到信后，经过考虑，驱车来到学校，接她来到小城平安。在经过3个月的电脑培训后，推荐她进入海东市公安局微机室，做了一名月薪380元的打字员。

那一年，女孩刚满18岁。

她连毕业照都没来得及拍，就早早参加工作，且有幸与优秀的警察同事们一起工作，不由得欣喜万分。

姐姐得知消息，也为她感到高兴。姐姐在去上海之前，特意来平安看望过她一次。她们并肩漫步在小城街头，望着远处曹家堡机场的一架架飞机起起落落，女孩悠然神往："什么时候，我也能坐一次飞机就好了。"

姐姐也笑了："有机会，一定会实现的。我在上海等你。"

那是她们之间的最后一次见面。

之后，她们用QQ和古老的诺基亚，断断续续联系着，也在柴米油盐的生活中奔忙着，在红尘滚滚的俗世里忙碌着……

三、果实

长沟流月去无声。

弹指一瞬间，二十年的光阴倏忽而过，青藏高原的变化更是翻天覆地，日新月异。

此时的乐都县城，已经撤县立市升级为海东市乐都区；此时的乐都六中，已经改名为凤山中学；此时的青海民族学院，已经更名为青海民族大学。

相逢总是在五月。

满园牡丹，姹紫嫣红，硕大的花朵挨挨挤挤，花团锦簇，空气中依然氤氲着清浅、温柔的香气。

在青海民族大学东校区弘毅楼的一楼报告厅，"青海省省垣艺术家走进民大文艺采风活动"启动仪式正在盛大举行。

随着校领导热情洋溢的欢迎致辞，一串串飞扬的音符随着讯飞语音转换软件，以文字的形式，在手机屏幕上不停地跳动着。桌面上，摆放着相关材料和一枚枚粉色的姓名桌签。

　　一个长发齐肩、白裙飘飘的女子凝然端坐在人群中，面上不动声色，心中却百感交集：多年前，一篇文章曾火爆网络——《我奋斗了十八年才跟你坐在一起喝咖啡》，没想到，在青海民族大学建校75周年之际，自己也能有幸应青海省作协之邀，与文朋诗友们共同参与。

　　过去的许多年里，她曾经做过南方一家企业报纸的编辑，做过西宁一家公司的文员，在家做过一段时间的自由撰稿人……时间的流逝中，她的听力损失程度，已经从当年的轻度变为重度。

　　然而，无论生活如何动荡变迁，她始终不改对文学的追求和热爱。在期刊发表大量文章后，于24岁时加入青海省作家协会，现在就职于青海大学后勤办公室任微信公众号编辑。当初那个想坐飞机的女孩，如今已经参加过在七个国家举行的笔会，还被中国红十字会和阿里巴巴授予"全国优秀魔豆妈妈"称号。

　　二十年后，再次漫步在民大的校园里，民大的校容校貌已焕然一新，雅致气派。穿着各色民族服饰的男生女生从身边走过，青春的脸庞，矫健的身影，朝气蓬勃。

　　那排灰旧的红砖小楼依然还在。两排高大的白杨树，形成一个遮天蔽日的绿色弯拱。站在树下，她东张西望，那些年发生的一幕幕如在眼前，只是已记不清当年住的是哪一幢，也看不到那个忧郁、瘦弱的小女孩，唯有淡淡的水色，漫过眼角。

　　二十年过去了，姐姐已在上海安居乐业，开枝散叶，生活美满而幸福。女孩也如愿实现了心心念念的作家梦，正孜孜不倦地行进在追梦之路上。姐姐不知道的是，女孩前几年回到母校，资助了一个来自贵德黄河流域边的听障女生，供她从青海省特殊教育学校完成学业……

　　岁月，如迂缓的河流。时间，最终结出甘美的果实。当年，青海民族大学如同一座爱的中转站，以宽广温暖的怀抱，接纳了许多来自天南地北的学生，上演了太多不为人知的故事。

　　那位大学生姐姐，名叫许纳。女孩正是本文作者，应小青。

　　在我身单力薄、羽翼未丰之际，曾受过您的接纳和呵护。如今，我带着一点微薄的成绩，载誉归来，为您庆生并送上真挚的祝福。我坚信，我们与青海民族大学的故事未完待续，愿在今后的岁月里共同成长，以赤子之心书写下一个传奇……

天空曾有缺，炼石补足。

人间总有憾，用爱圆满。

应小青，系青海省作家协会会员、青海省聋人协会副主席。

走进民大

贾文清

一

第一次走进民大，是在20世纪90年代初。严格地说，我走进的不是民大，是西宁铁路司机学校。我那时候是铁路后勤部门的一名油漆工，工作任务是维修铁路管辖的所有房屋。那一年，大约是轮到维修司机学校的房屋了，我们把全部的维修工具抬上一辆大卡车，自己也爬上高高的车厢，扒着车厢板，被司机拉到一个陌生的地方。

大致的方位我还是知道的，来的这个地方叫曹家寨。那会儿的曹家寨还是一片菜地，只有一条窄窄的田间小路通往司机学校。车停在八一路上，我们从车厢里卸下几辆小推车，把各种工具装在车子上。两个人一辆，一个人端着车把掌握方向和平衡，另一个人则奋力地推车。我们在崎岖不平的田间小路上艰难行走，只记得曹家寨的农田特别开阔，种着各种各样的蔬菜。菜农们把拔下来的蔬菜堆在田埂上，用河沟里的泥水洗萝卜。

终于走到了司机学校。好像也没有看见学生，更没有看见老师。只有一排一排的平房，错落有致地排列开来。我们马不停蹄地卸下工具，按照各自的工种穿戴好工作服，拿着工具进入到自己的作业点上。油漆工的工作是粉刷外墙、门板和窗户。我们先从室内刷起，把生石灰倒进硕大的铁桶里，再配上一定比例的工业盐，倒进清水，搅拌均匀。这些活都是手工操作——抬石灰、抬水。我和另一位工友找到一截木棒，把水桶套在中间，一桶一桶不停地抬水。唯一半自动化的工具是一台喷浆机。石灰水配好后，就可以把喷浆机的吸管放进石灰桶里。另一头是像喷雾器一样的喷头，由一位技术好的男工操作。我和另一位女工则奋力地摇动吸水管上的摇把，洁白的灰浆均匀地喷出，那男工举着喷头，把石灰水喷在墙面上。

里面刷完，再换一套工具刷外面。外墙是黄色的，把工业用的硫酸亚铁倒进桶里再兑上水，就是好看的明黄色涂料。我和工友们又是一桶一桶地抬水，奋力摇喷浆机，直到把整栋房子刷完。

　　我们把所有的工具又装进小推车里，等待卡车司机来接。工长跑到教务处打了电话，说是司机此刻不在段上，要等一阵儿。黄昏时依然很热，我们在墙根下站了一会儿，就被晒得头晕眼花。我们推选工长出面，去和门卫大爷说说，让我们到门卫室坐着休息一下。门卫大爷明显不乐意，但我们是来维修房屋的工人，和司机学校达成了一些协议，比如，给我们提供休息场所等。他就让我们去找校长，说校长同意了，他是没意见的。我们又怂恿工长去找校领导，工长挠着头皮说，其实这点小事没必要惊动校长，但还是挪步往办公楼去了。

　　工长请来了一位女领导。门卫大爷不待女领导开口，就热情地邀请我们进门卫室：这么热的天，快进来凉快凉快。我们一窝蜂地冲进门卫室，顷刻间占领了大爷的床铺、椅子，甚至连门背后的消防箱上也坐了两个人。女领导特意嘱咐大爷烧一壶水给我们喝。无意间，她扭头看向了我。

　　我的脸唰地红了，那个时候我正在哺乳期，把正在吃奶的孩子扔给母亲，自己东奔西跑地挣钱。整整一天了，我的奶水往外溢，胸前衣襟早已洇得湿淋淋的。女领导没有说话，在我的肩上按了一下。我跟着女领导走了出来，来到她的办公室。她问："你还有别的衣服吗？"我说没有，出来干活不可能穿得多么漂亮。为了掩盖胸前的痕迹，我以为把劳动布的工作服套在身上，这样，衣服上的斑斑白灰和五颜六色的油漆就能替我遮挡一切羞耻。却没想到，被眼尖的女领导发现了。

　　她很遗憾地说："我这也没有多余的衣服。要不，你就在我这儿坐着，等车来了，我叫你。"她又拉开抽屉，拿出一个苹果递给我。干了一天活，我早已又饿又累，浑身疲惫。可是我感觉不出来，我心焦如焚，时时刻刻担心着孩子。乳汁分泌得越多，我的孩子就越饿。年幼的孩子不定哭成什么样了呢！她说："把苹果吃了吧，待会儿回到家，你的乳汁会旺一些。"

二

　　那一次在铁路司机学校维修房子我只去了一天。第二天早上，当我们站在工区门口等大卡车的时候，工长单独通知我：段上要举办一个什么比赛，让我去写一段关于安全的快板词。我扔掉手中的铁锹，扭头就走。借着写快板词的机会，我可以在家多陪陪孩子，这对于我是多么难得、多么美好的事情啊，我的心里乐开了花。

第二次走进民大，是将近二十年以后了。铁路改革，撤销、合并了许多后勤单位，我们也因此转岗，分配到铁路一线行车部门工作。

行车部门都是直接跟火车打交道，有着严格的规章制度和作业程序，马虎不得。因此，我们这些在后勤部门待了大半辈子，既无技术、也无特长的人被重新组合起来送到铁路司机学校参加培训。这时候，司机学校已不叫这个名字了，它已经和青海民大合并，被称为青海民族大学博雅校区。

曹家寨的农田不见了，都变成了小二楼的农舍。临街开了一些铺面，楼上都是花儿茶社，玻璃窗户上贴着"碗子5元、搭红10元"的字条，嘹亮的花儿歌声和电子混合音响伴奏从窗户里飘出来。我那会儿刚接触到花儿，对这个西北大地上独特又瑰丽的艺术充满着浓厚的兴趣。听到花儿的歌声，我便莫名地兴奋起来，对前途未卜的工作和所要遭受的命运也变得不再焦虑。我迈着轻快的步伐，走进了博雅校区的大门。

大门依旧，但校内的情景已经完全变了模样。我努力寻找当年维修过的平房，发现它早已不见了踪影，就连以前的教学楼也变成了一座高大气派的楼房。不知道当年给了我苹果的那位女领导还在不在这座楼里。如果在，我想她会和这座新建的楼房一样优雅、知性。

从操场走到教室，要穿过一大片漫坡。坡上随意生长着一些杂草，蒲公英最多。金灿灿的花朵覆盖在绿色草皮上，像阳光一样明艳。而这明艳的草坪，铺满校园内起起伏伏的小坡，一眼望不到头。

开课了，老师讲的知识对我们来说犹如天书一般。什么闭塞啊，连锁啊，引车啊，站纲啊，运行图啊，18点啊……还有许许多多繁杂的规章制度，听得我云里雾里。然而，这些枯燥难懂的知识关乎着我的饭碗。我已人到中年，上有老下有小，孩子马上面临着高考。我只能硬着头皮把这些知识记下来，以便运用到以后的工作当中。

学完一个章节，进行了总结考试。没想到我的那些同学学得比我还差，我居然考了个全班第一。带队的领导气急败坏，说："学习不合格，人家行车单位就不接收，你们没了工作，只能拿最低的生活费，到时候看你们怎么办。"我们这些三四十岁的油漆工、泥瓦工、锅炉工、管道工、售货员、理发员、保育员，还有厨师和司机，坐在教室里大眼瞪小眼，全部被送到铁路一线重新学起，学又学不会，我们也不知道该怎么办。

给我们上课的老师很同情我们。等领导走后，他告诉我们，课上讲的只是理论知识，还有一大部分实际操作要靠你们自己去悟。这个在具体的工作中才能悟出来。你们只要注意人身安全，多向老师傅请教，就不会有大问题。他还告诉我们，其实每个行业、每个工种都有自己特定的行规和法则，这些法则绝不会写到教科书里，却在实际的工作中行得通，大家都自觉遵守。比如，在车站上，除了常规的专业术语如"站停""编组""以远"之类，还有一些江湖语言，他们把零叫作"洞"；把七念作拐；把二念作两；把休息叫停轮，把第一节车厢叫机次。把内勤值班员叫"坐台小姐"，外勤值班员则是"出台小姐"。大家都这么叫，值班员也不生气。掌握了这些语言，大概在车站上先能混个脸熟。

我由于考了第一名（仅仅是过了及格线而已），还懂一些电脑知识（也刚刚学会了开关机和复制粘贴），就引起了领导的注意，把我当重点学员培养，说我以后就是新岗位上的骨干。我当下激动得心花怒放，表示一定要好好学习，决不辜负领导的培养。我于是天天起早贪黑地赶到民大的博雅校区，吃力又专注地学习铁路规章和行车知识。走过那一大片开满蒲公英花的草坪时，我会欣喜地蹲下来和它们打招呼。草地上星星点点的野花便会随风摇曳，回应着我的欣喜。蒲公英花其实挺好看的，细细的花蕊一瓣连着一瓣，像瀑布一样流泻开来。等到蒲公英长老时，披散的花瓣又会聚拢起来，变成头顶小伞的毛茸茸的白色小花。风一吹，它们会四散飘去，举着自己的小伞去寻找落脚的地方。我想起一首歌："我是一颗蒲公英的种子，谁也不知道我的快乐和悲伤。"

许多年后，我学到的行车知识早已忘得一干二净，唯有民大的一地黄花和那首忧伤的歌，我一直牢牢地记着。

三

我终是没有成为骨干。几经辗转，我被分配到了客运段，成为一名进藏列车员。

火车到达拉萨后，有一上午的休息时间，我们便跑到拉萨市区去玩。和绝大多数人一样，我们最喜欢去的地方是大昭寺周边的商业街，买一些生活中无用、却很吸引人的商品。然而，当我去过一次西藏大学后，便不再去这些热闹的地方了。每次休班，我要么去西藏博物馆，要么去西藏大学。西藏博物馆吸引我的是它的神秘和历史；而西藏大学吸引我的，则是它的书籍和氛围。我是无意中走进西藏大学图书馆的，而且，我发现它居然免费开放。当然，我不是本校的学生,更不是教职员工,没有借书证,书是借不出来的。我便坐在图书馆里看。西藏大学的图书馆真大,藏书真多啊。我顺着书架一排排地瞄过去,全是我喜欢的书名,全是我喜欢的作家。我太欣喜了,抽出一本,便读得忘记了一切。

读到中午,我只能依依不舍地放下书,走到学生食堂,买一份简易的藏餐,一边吃一边匆匆往回赶。夏天的时候,西藏大学的校园里也开满一地金灿灿的蒲公英花。在绿绒毯似的草地上,男孩子们穿着背心短裤在打篮球,女孩子则穿着美丽的民族服装,夹着书本,三五成群地走过,身后响起一串银铃般的笑声。

这是我那些年走车生涯中美好的记忆。返程的时候,我最惬意的时光,便是交班后躺在宿营车的卧铺上,在脑海中复述早上看过的书。远处的雪山,近处的草原在车窗外缓缓转动,偶尔,会有一两只藏羚羊跑过,此时我便会结合书上看到的内容,引发出许多美妙的联想。这时候,当列车员的苦累,高原反应造成的不适,统统都会变得微不足道,我的世界轻盈又飘逸。

后来,工作终于稳定了,我每天上下班坐公交车都要经过民大校门。这时候,青海民族大学已经颇具规模,仅它的校园,就占据了长长一条街。我在公交车上首先看见的,是马路北面的牡丹花。这里以前是青海师专,现在是青海民大的北校区。北校区沿街栽种了一大片牡丹花,每到五六月份,它们都尽情绽放着美丽与娇艳,赏心悦目。紧邻着北校区的,是民大的家属楼,常常有戴着眼镜、夹着书本的人走在楼房之间的林荫道上,偶尔,还有金发碧眼的外国人。这些人走路沉稳,举止斯文,带着一股文化气息。这种气息不知不觉传染给了我,让劳累一天的我顿觉神清气爽,不管车上有没有座位,我都不会在心里暗暗抱怨。公交车再走一站,便能看见马路南面青海民大的正门。门楼很巍峨,也很古朴,有一种经历了久远的历史后沉淀下来的沉静和大气。两边围墙也是通透的铁栅栏,因此,我在公交车上也能看到学校里面的一些景象。民大的校区真大啊,除了花园、草坪、雕塑、教学楼,还有食堂、超市、银行、快递驿站……当然,校园里最动人的风景,是朝气蓬勃、青春焕发的学生。我在心里暗暗思忖,不知道民大的图书馆是啥样的,是否对外开放,像我这样的校外人是否也可以进去看一看书,然后,在民大的食堂买一份午餐,和学生们坐在一起吃饭。弥补一下我没进过大学校门的遗憾。

四

没想到,今年,我的一切愿望都实现了。算起来,这是我第三次走进民大,却不是以铁路工人的身份到学校维修房屋或转岗学习。我已退休多年，重拾以前的兴趣，以读书写字为乐，用书本和笔墨滋养我的后半生。这一次，我是以作家的身份走进了青海民族大学。我们聆听了校领导讲述的关于学校的历史、办学经验和学术成就的内容，才发现，这座看似和我并无交集的学校，却与我们的生活息息相关。比如，许多关于青海的、关于民族的书籍，都是民大的教授书写的。比如，许多高原上珍贵的动植物、农作物，是民大的教授和学生精心培育、细心呵护的结果。图书馆我当然也参观了，书籍琳琅满目，浩如烟海。我们还参观了图书馆的古籍室，许许多多珍贵的图书裹上绸布锁在柜子里，别说捧在手上翻着看了，连拍照都不允许。可是，这又有什么关系呢？这些珍贵的古籍，就是一座大学的内涵和底蕴。

没过几天，我又一次走进了青海民族大学的校门，这一次是参加第五届青藏高原生态文明建设论坛。我坐在博雅校区的大礼堂里，聆听了专家学者们的精彩讲座。我学到了很多知识，也解除了很多疑虑。比如，以前我一直担心青藏高原上气候变暖的问题。冰川融化，雪线升高，如果最后一座雪山消失了，我们该当如何？我们的生活会不会处在焦灼之中？听了中国科学院专家讲的《气候变暖与冻土生态系统碳氮循环》，我明白了一些自然界的规律，心中的担忧也减少了许多。海河大学的王超教授讲述他探索长江源头的故事，声情并茂，情感激昂，引得我们报以一阵阵热烈的掌声。看见王教授展示的画面，我的心情愈加激动，多么熟悉的场景啊，因为长江源头、黄河源头我都去过。我在心里万分虔诚地感谢上苍眷顾，表面上却没表现出来多么的开心，连一张照片都没有留下。我在进藏的列车上遇到过千奇百怪的事情，看见过形形色色的旅客，我也没有把它们记录下来。生活中的艰辛与平庸，精神上的痛苦与压抑，使我养成了谨小慎微、规规矩矩的性格，不敢轻易表露自己的情感。

我在心里感慨：为什么说大学是文化圣地，大学生是天之骄子，是因为这里的学生思想是开阔的，他们的精神是温暖的，他们可以专心地做学问，可以自由地表达自己的思想，不必为柴米油盐或者流言蜚语困扰。

论坛结束后，我在民大的校园里悠闲地走了走。暮春时节，牡丹花正在盛开。我想起北校区的牡丹花，种在栅栏边上供人欣赏。而这里的牡丹花，则种在教学楼、实验楼、图书馆周边，一丛一丛盛情开放。这里没有游人，只有静谧的校园。牡丹的花香随风飘散。有一些牡丹花开败了，花瓣撒落在树丛下。"牡丹吐火花欲燃，日将锦绣铺苔毡"。花开花谢，时光依然，第一次走进民大是三十多年前。我突然就想到一个问题，岁月更迭中，流逝的是时间呢，还是我们自己？我决定走进博雅校区，找一找当年曾经驻足过的地方。

已经完全看不到当年的景象了。平房没有了，我们转岗学习的那座楼也消失了踪影，取而代之的，是一座更具特色、更有现代化气息的教学中心。那片照亮了我心情的缓坡草坪和一簇簇盛开的蒲公英花，也难觅芳踪。我按照方位努力辨认，发现它们依然还在，只是变成了花园。花园里栽种着珍贵的树木和花卉，修葺了水池、假山、道路。道路旁盛开着艳丽的兰花和矮牵牛。有学生在拍照，他们青春靓丽的身影和花木葱茏的校园相得益彰。我想起一句古诗——"人面桃花相映红"，不由得暗暗地笑了。那一年，我在开满蒲公英花的草坪上一路往教室跑的时候，拔下一朵蒲公英，吹散它的绒毛，唱着我是一颗蒲公英的种子的时候，我的身影也是青春靓丽的，我的心情也是开朗明媚的。时间流逝了，青春也流逝了，但藏在脑海中的记忆不会消失，这就是我们一代又一代人的希望和梦想吧。

当年的缓坡下面，蒲公英花开得最茂盛的地方，修建了一座池塘。池塘里开满了荷花，亭亭玉立。荷叶上有晶莹剔透的水珠在滚动，动人心弦。在池塘边的不远处，我居然找到了一节废弃的枕木，枕木趴在草丛中，显得那么苍凉又古老。我拿出中午在学生食堂打包的一个鸡腿坐在枕木上啃了起来，身边的荷花随风摇曳。

贾文清，系中国作家协会会员、中国民间文艺家协会会员。

恰是风华正茂

雪 归

我没有上过大学，这是此生中的一大憾事，但这并意味着我和大学全无交集。在离我出生地三十多公里外，有一所大学——青海民族大学（我们简称为民大），我与这所大学的渊源十分深厚，值得记录。

"民大的玉兰花开了，我们去看玉兰花吧！""民大的樱花开了，我们去看樱花吧！""民大的荷花开了，我们去看荷花吧！"……高原的冬季格外漫长，每到鲜花开放的时节，我们便会第一时间相约去看花。而开在民大的那些花儿，似乎也明白大家的迫切心情，以最美的姿态极尽灿烂。难忘几年前在民大看玉兰花的场景。在和煦的春风里，在暖人的阳光下，一朵朵馥郁芬芳的玉兰花，带着义无反顾和义不容辞怒放。当我站在玉兰树旁，对着那高高擎起在枝头的花朵定格美好时，想起了曾经写下的一篇小文——《那时节，次第花开》。文中写到了我在鲁院看到的玉兰花开，那也是我平生第一次看到这种花。彼花与此花，除了同一属种，还同样生长在院校之中，生长在培养人才的摇篮中。如果说，我在鲁院接受的是文学的滋养与熏陶，那么在民大，我获得的则是和文学有关的关怀、慰藉与温暖。

在民大校史馆的优秀校友栏中，有一张女性的照片十分醒目，她就是青海省文联副主席、省作协主席梅卓，她是国家一级作家、中国作家协会全国委员会委员、《青海湖》文学月刊编辑部主编、全国第五届少数民族文学骏马奖得主、全国"四个一批"拔尖人才获得者。她先后出版、发表各类文学作品三百余万字，作品数十次入选各种作品选集，作品也曾被翻译成英文在国外杂志上发表，入选《中国作家大辞典》《中国青年作家辞典》《中国当代文艺群星辞典》等多部辞典，著作等身。潜心创作之余，自担任青海省作协主席以来，梅卓主席着力于青海文学高地的建设，精心筹划，锐意创新，在她的带领和影响下，在作协广大会员的共同努力下，青海文学呈现出前所未有的璀璨图景。梅卓主席是我在文学路上的领路人,在我的第一部长篇小说出版后,她写出推荐语:"《风雨磐石》中磐石和草芽的意象选取别有深意。玛佶虽是作家虚构的村庄,却也有着明显的河湟烙印和现实特征,小说的精神构建擦亮了乡村文明的底色。"

出生于青海省海东市民和县的土族作家马光星先生,1976年毕业于青海民族学院(民大的旧称)中文系,毕业后他曾在该校任教。马光星先生历任青海省民间文艺家协会副主席、果洛州文联副主席、省文联文学创作研究室主任。2004年秋,《青海湖》刊发了我的第一个短篇小说《我不说》。之后,由马光星先生撰写的评论《苦难,难于承受的诉说之重———由雪归的小说<我不说>引发的思考》相继在《西宁晚报》《文坛瞭望》等报刊刊出。这之后,他还撰写了关于我的另一部中短篇小说集《无脚鸟》的评论文章《飞翔,总会抵达理想的境界——青年女作家雪归的小说印象》。2015年11月27日,《青海日报》刊出了这篇文章,文中这样写道:"希望雪归能够进一步扩大创作视野,进一步拓展题材领域,就像她的小说中飞翔不止的无脚鸟一样,不坠青云之志,从而抵达一个更为理想的境界。"

曾任青海民大文学院教授、"比较文学与世界文学"专业硕士生导师、"外国文学与现当代文学"教研室主任的雷庆锐女士,早年是我的高中语文老师。也是在她的影响下,我对文学的热爱与日俱增。还记得1992年时她回复我的书信,娟秀的字体,一笔一画皆是对一个敏感的少年学生的关心与鼓励。2018年5月,雷庆锐教授写的关于我的评论文章《不离不弃的乡土本色》在《光明日报》刊出,文中指出:"(雪归)在呵护乡土的情感中升华,站在一个更自觉、更冷峻的制高点上,以传统文化代言人的身份,描述、叙说、质疑、反思着这方土地的变迁。"之后,《青海日报》刊出雷庆锐教授另一篇关于我的评论文章《高原乡土的多重叙事——浅论雪归的中短篇小说创作》。在我的长篇小说出版之后,《西海都市报》刊出了雷庆锐教授撰写的《从〈风雨磐石〉看文学的精神自治》。这些文章,皆是师者对学生的关爱与呵护,更是文学路上最为有力的扶持与牵引。2019年11月27日,由青海民族大学文学与新闻传播学院比较文学与世界文学教研室主办、雷庆锐教授主持,在文实楼,我以《借助文学创作 回应时代洪流》为题进行了一次讲座,讲座的互动环节,民大的学子踊跃提问,让我切实感受到了当代大学生的朝气与锐气,现场气氛十分热烈,让人难忘。

2016年7月,青海民大文学院教授王宝琴的专著《青海女性作家作品研究》由上海大学出版社出版发行。该书是一部多视觉、全方位研究青海女性作家作品的著作，也是第一部系统而完整地研究青海女性作家及其作品的文学理论与批评的学术专著。书中的《底层情怀》一章近五万字，以学院派批评注重学理的缜密与严谨，从整体上梳理了我的小说的人物类型，以"底层情怀"这一特定观察角度探析我的小说在青海女性作家写作中的独有价值。王宝琴教授认为："雪归以自己的切身体验为依据，从社会变革和体制的角度叙写乡村的苦难、小人物的命运，表现出一种焦心的忧虑和痛苦的承担与抗争意识。在这样一个经济席卷一切和消费主义逻辑无所不在的时代，其作品所产生的灵魂的惊悸、苏醒以及感动，对于新世纪青海女性文学来说，颇为难能可贵。"

出生于1980年的冯晓燕女士，现任教于青海民大，系兰州大学文学院中国现当代文学硕士，2021年度青海省"昆仑英才·文化名家"优秀人才，主要从事中国现当代文学及少数民族文学研究及教学。2018年，我的小说《时间给的药》在《飞天》发表，并被《作品与争鸣》转载，冯晓燕教授写下评论文章《平安大地上的生命之花》，深入评析了这篇小说中的人物形象，结尾这样这写道："至此，一个与平安大地紧密连接在一处的乡村时代新女性的饱满生命形象在字里行间跃动闪光，成为平安大地上一朵动人的生命之花。"

在青海民大网站的学术交流一栏中，和我从未谋面的2015级现当代文学专业硕士研究生张晓晓、杜毓婕等人，在文学类研究生评论小辑中留下了他们关于我的作品的评论。张晓晓相继写下了《人性的回归——读雪归的＜金碗银筷＞》《美丑对照原则——以雪归＜绽放＞为例》，前一篇从原欲、传统与现代等方面入手，紧扣时代的潮流，探讨了我的小说中关于现代和传统文明之间的矛盾以及作家自身对于人性善和传统文明的坚守；后一篇则着重从人物形象，探寻我的小说《绽放》中所蕴含的美丑对照原则的文学创作理论。杜毓婕以《现代化涨潮后的艰难求生者——浅析雪归小说集＜暗蚀＞中的小人物形象》为题，深入分析了我的小说《饥者饕餮》《杏花天》《暗蚀》等多篇中的人物形象。

2019年毕业于青海民大的马索里么，是近年成长起来的青年作家。他一直在关注我的作品。我每有作品发表，他总会第一时间找来阅读并写下评论文章。《迎风生长是命运的姿态》《空空荡荡背后》《背起群山唯一梦》等文章分别是关于我的小说《你的身后空空荡荡》《我的哥哥是背夫》《风雨磐石》的评论。在《背起群山唯一梦》中他这样写道："在小说的结尾，作者给读者留下了一个温暖的结局，给人一种黑夜结束、第二天的太阳照常升起的感觉。弟弟接过哥哥的接力棒，为生存、爱和尊严开始了一场属于他的征程，'我'长大了。哥哥的梦醒了，现在'我'以青春为梦，踏出属于'我'的通天大道。"这段文字和成长有关，我认为，这不只是小说中"我"的成长，也隐含了勤奋笔耕的青年作家马索里么的成长。

有人说，"大学是维系人类命运共同体的一条特殊纽带。一条博大而优雅、恒久而强大的纽带"。民大的老师与学子，对我作品的关注可谓是十分深切。我虽然没有机会坐在民大的教室里听一堂课，然而何其有幸，我与这所大学的渊源竟是如此深厚，有众多民大的师友一路关注并温暖着我的文学之路，给我了力量，也给我了信心。唯有铭记，唯有感恩，唯有努力，才不辜负。

写下这点文字的时候，正是高原最好的季节，我看到民大的牡丹花开得正好，看到民大的学子意气风发，看到了民大在校训"进德修业　自强不息"引领下的成长，看到了民大的大学精神与人文精神的彰显与延续。恰是风华正茂，衷心祝愿民大的明天更美好！

雪归，本名杨秀珍，系中国作家协会会员。

民大的牡丹

绿 木

暮春初夏，青海民大的景致别有一番风味。而这风味，恰恰来自它到处葱郁而幽静的绿植。银杏苍翠，丁香明媚，尤其是满园竞相绽放的牡丹堪称一绝。

在古城西宁，牡丹是到处都有的，但像民大这样成规模培植的很是少见，其他地方的总是零零星星，偶尔一见，不像民大的，一走进，便是走进了牡丹花的海洋。

离牡丹园尚有一段距离，远远就能闻到被风轻轻送来的牡丹花香，令人心旷神怡，沉醉不已。梨花已雨，海棠落雪，正是牡丹盛开时节。民大的牡丹，因其株数、品种、花色繁多而声名远扬，成为西宁花事中不可错过的佳赏。

走进牡丹园，你立刻会被苍古的枝叶、多彩的花色、馥郁的芳香所深深吸引，仿佛你也是其中的一株，或一朵，开得热烈而肆无忌惮，红的像火、白的像雪、紫的像霞，一株株、一枝枝、一朵朵，在清风中摇曳着多姿的神态，花与你的边界立时模糊起来，感觉你是那花，花也是你。

世人都言："牡丹，花之富贵者也。"我倒觉得，它是生命的青春、是青春的蓬勃、是蓬勃的象征。富在独立，贵在精神。就像来自四面八方的不同民族的学子，在民大这座温暖、安静、和谐的花园里，和而不同，各美其美，绽放着属于自己的青春之花，用青春之力，诠释了"一枝独放不是春，百花齐放春满园"的深刻内涵。

倘若是在清晨，你一定会在牡丹园曲折清幽的小径上，看见手捧书本、三三两两，像初升太阳一般，努力钻研知识、尽情发光发热的学子们。这时候，你不禁会感叹，校园是如此的美丽而幽静，生命是如此的热烈而生动，青春是如此的美好而激越。笑春的牡丹，婀娜多姿，给学子们美好的青春岁月，增添了丰富色彩。

若是正午，阳光照着牡丹花丛，你会发现朵朵花儿上，仿佛笼罩着一层彩釉般的波涛，在那里汹涌着、起伏着、摇荡着，偶有鸟雀飞过，好似一片远帆，刹那便消失在花天相接的迷蒙中。有时，你还会听到花丛中传来"咯咯"的笑声与轻轻的细语，那是恋爱中的青年学生，正在相互倾诉着独属于青春的恋慕。而牡丹多么有幸呀，亲眼见证了一届又一届、一代又一代学子们青葱爱恋的一切美好。

黄昏时分的牡丹园尤其静谧，夕阳在银杏树叶间缓缓下沉，缕缕金光照得绿草地闪闪透亮，仿佛镀上了一层时光的剪影。课余饭后的学子们相约来到牡丹园前的小广场，唱歌的唱歌，跳舞的跳舞，身上穿的是不同的民族服饰，一起跳着的是相同的舞蹈，来自草原的酒歌、村野的花儿、河湟的小调，在这里一曲歌罢一曲又起，其乐融融，引来无数喝彩与掌声。不觉间，天色转暗，夜晚降临，远处楼宇间次第亮起灯火，牡丹与人相映着，彰显着，仿佛高天星辰，璀璨夺目。

清人张潮在《幽梦影》中说："楼上看山，城头看雪，灯前看月……另是一番情境。"那月下看牡丹呢，究竟是一种怎样的景致？如果逢着晴夜，朗月跳出东山，将一片水银般的白光，静静泼在满园的牡丹花上，霎时间，牡丹一朵朵初装浅黛的，白的更白，红的更红，活泼泼的，像极了邻班学妹，又像是轻雾缭绕的水中升起的梦，缥缈且如真似幻。这时，假如有人从园旁经过，也是不敢高声说话的，生怕打扰了这些花仙子们的梦。在这样美的月下校园，只是默默走过，从微风中嗅得一缕缕花的芳香，也是幸福的、醉人的了。

我想，雨中的牡丹园该有另一种意境罢。细蒙蒙的雨丝淅淅沥沥飘洒而下，和风一起吹在面颊，有种"吹面不寒杨柳风"的惬意。牡丹花上凝结着无数颗晶莹透亮的水珠，仿佛天真无邪的丽女，佩戴了珍珠做的步摇，朦胧而疏朗，靓丽且动人。

倘若你运气不错，还会碰到一两个撑着伞、支着画架写生的美术生，她们正全神贯注地在纸上为牡丹勾勒神姿。这种情景中，你会不会有种置身古人精心工笔的《牡丹仕女图》中的错觉呢？倘若你真有这种错觉，那便对了。爱美者，无非为美所动心，你认为这是一幅画时，你又何尝不是别人画中的人呢？

卞之琳《断章》中"你站在桥上看风景／看风景的人在楼上看你／明月装饰了你的窗子／你装饰了别人的梦"所表达的意境与哲思，在这里呈现得通透而彻底。花在画中，画在花中；花本是画，画本是花。花与画本无区别，当你心中有花时，牡丹无时不开；当牡丹中有你时，牡丹才不至于孤芳自赏。

我是去过许多的大学，见过许多的花卉，要说给我留下深刻印象的，除了清华的荷花，新大的垂柳，便是青海民大的牡丹了。荷花的素雅高洁、垂柳的依依碧绿与牡丹的大气热烈都是我所喜爱的。离开大学校园已经十四载，今天当我以一名参观者的身份进入民大，有种说不出的亲切感和归属感。虽然民大不是我的母校，但她的包容、她的和谐、她的大气与开放，同样给了我那种仿佛置身母校的踏实和安静，使人的思绪沉浸在那浓郁的校园文化环境中，流连忘返。

一路上看着活泼开朗、朝气蓬勃的学子们从身旁经过，有种我也回到了我那不可再来的学生时代的感觉，仿佛我也是他们中的一员，我们如饥似渴地学习知识，意气风发地畅谈理想，壮怀激烈地憧憬未来。我们都有梦，我们该有梦，像那簇拥着燃绽芳华的牡丹，留一片明媚在此无悔的一生中。

借得胸中传彩笔，须沐人间一缕香。牡丹，唯有牡丹之富有、独立、高贵的精神，才可比拟民大师生"进德修业、自强不息"的奋力向上，唯有牡丹之热烈、自我、芬芳，才可比拟民大师生治学严谨、勤奋好学的教学本色。

开吧，遍植于民大校园里的牡丹！开吧，徜徉于民大知识中的学子！开吧，厚培于民大沃土中的民族团结之花！开吧，走向四面八方服务社会建设的初心！

民大归来，寸心念远。午后的沉梦里，我清晰见得那满园的牡丹，依旧一株株、一枝枝、一朵朵簇拥而开，像一个个携手向前的多民族学子，在清浅安然的初夏时光里，各绽光彩，留下缕缕溢远的芳香。

绿木，本名张永发，系中国诗歌学会会员、青海省作家协会会员。

青海民大走出的"改革先锋"
——探访杰桑·索南达杰的足迹

董得红

今年5月16日,我有幸参加了青海民族大学为庆祝建校75周年而开展的省垣艺术家进民大主题艺术创作活动。在活动启动仪式上,马维胜校长介绍了青海民族大学的历史、人文、校园建设、学科成就等内容,从介绍中得知,自己崇拜30年的"环保卫士"和"改革先锋"杰桑·索南达杰原来是青海民族大学毕业的学生。参观校史馆时,我从"广育英才 贡献突出"栏目中"改革先锋杰桑·索南达杰"中得知,杰桑·索南达杰1974年毕业于青海民族学院。

望着专栏中熟悉的杰桑·索南达杰的照片和介绍杰桑·索南达杰英雄事迹的报纸,还有耸立在昆仑山口的杰桑·索南达杰纪念碑,这些都让30年来学习英雄事迹,多次走进英雄生活和工作过的治多县,曾与杰桑·索南达杰的儿子邂逅的我眼前浮现出曾亲眼见过的可可西里生态环境发生的深刻变化。

那是1994年2月13日农历正月初四,在省林业局上班的我,三天春节假期过完后第一天去上班时,按往年情况局领导要到各办公室查看职工上班情况,检查人员是否按时到岗,然后各单位开"收心会"。今年与往年不同,领导的脸上已没有节日的喜庆气氛,整个办公楼的空气好像凝固了一样,一个噩耗在办公楼里传开,治多县县委副书记,治多县西部工委书记杰桑·索南达杰,为保护可可西里的珍稀濒危野生动物藏羚羊,于1月18日在与盗猎者的搏斗中牺牲了。作为省野生动物保护管理部门,每个职工都为杰桑·索南达杰的牺牲感到惋惜,更为他英勇无畏的牺牲精神而感动。大家一直关注着英雄保护可可西里生态、保护藏羚羊、与盗猎分子英勇斗争的具体情况。

不久《青海日报》发表了长篇通讯《可可西里壮歌——记治多县委副书记杰桑·索南达杰》,介绍了杰桑·索南达杰牺牲的经过:1994年1月18日,杰桑·索南达杰和4名队员在可可西里抓获了20名盗猎分子，缴获了7辆汽车和1800多张藏羚羊皮，在押送歹徒行至太阳湖附近时，遭歹徒袭击，杰桑·索南达杰为保护藏羚羊，在无人区与18名持枪盗猎者对峙，流尽了最后一滴血，被可可西里零下40摄氏度的风雪塑成一尊冰雕，成为包括了藏族群众的所有热爱生命的人们心中的英雄。杰桑·索南达杰牺牲时年仅40岁。

杰桑·索南达杰的牺牲，唤起了更多人对保护藏羚羊的重视，也引起了大家对可可西里这个地方的重视。1995年10月，青海省政府批准建立可可西里自然保护区；1996年5月，中国国家环保局、林业部授予索南达杰"环保卫士"的称号；1997年，可可西里自然保护区升格为国家级自然保护区；2017年，在第41届联合国教科文组织世界遗产大会上，可可西里被列入世界遗产名录。2018年杰桑·索南达杰荣获"改革先锋"称号，2019年荣获"最美奋斗者"称号。2021年10月三江源正式设立国家公园，杰桑·索南达杰用生命保护过的可可西里纳入国家公园。

在可可西里建立省级和国家级自然保护区期间，我作为省林业局林业调查规划院的调查队员，多次到治多县，多次进入可可西里，开展调查和规划工作，每次经过昆仑山口的杰桑·索南达杰雕像和纪念碑，都要深深地鞠上一躬。1999年10月，我参加全省荒漠化和沙化土地调查，穿越治多县和曲麻莱县到可可西里，2003年的9月，我带领调查队员住在可可西里杰桑·索南达杰保护站，对可可西里的植物进行了较全面的调查。

每次走在杰桑·索南达杰出生、生长和工作过的治多大地，就会被这片大地深深感动。这片由草原、高山、湖泊组成的土地上，生活着世世代代以放牧为生的牧民和他们的牛羊，这里同时也是藏羚羊、野牦牛、藏野驴、雪豹、白唇鹿、盘羊、猞猁等数十种珍稀野生动物，还有许多依赖草原生存的60多种哺乳动物和190多种鸟类的天然乐园。与蓝天最近的雪山之巅，生活着岩羊和以岩羊为主要食物的雪豹，高寒草原之上，野牦牛、藏羚在山地与原野之间迁徙，而在高寒草甸之中，藏野驴、藏原羚则游走在人类与家畜分布区的边缘。狼、猞猁等大中型捕食者尾随其后，伺机捕食。高原鼠兔和喜马拉雅旱獭探头探脑地在洞穴和草地间出没。千百年来，这些大大小小、或跑或飞的野生动物们自由地繁衍生息在这片土地上。羚类行走，苍鹰高旋，碧水云影，演绎着高原的苍劲和旷远。

多次来治多县，每次都想到杰桑·索南达杰出生、成长和后来担任过当地乡党委书记的索加乡看看，每次因路途遥远、路不好走而未能如愿。2022年夏末，我参加三江源生态保护基金会组织的一个采风活动时，有幸走向索加。

8月3日，县委宣传部的江文和索加乡的一位副书记陪我们去索加乡。我问江文，从县城到索加乡有多远，江文说以前这段路是简易的砂石路，没有里程碑，汽车得走9个小时。那时人们知道索加距县城很远，但有多远谁都说不上。今年修通了柏油马路，才明确地知道乡政府所在地与县城的距离有265千米。长期以来，索加乡因海拔高、路途遥远，被人们称作"天边索加"。

离开县城约半个小时，公路边出现"三江源国家公园长江源园区"的宣传牌，这表明我们已进入长江源园区。长江源园区位于昆仑山与唐古拉山脉之间，涉及治多县索加乡、扎河乡和曲麻莱县曲麻河乡、叶格乡。索加乡西与西藏自治区接壤，西北与新疆维吾尔自治区毗邻。索加乡平均海拔4500米至5000米，全乡行政区域面积6.5万平方千米，其中4.6万平方千米在可可西里。

向西走，海拔越来越高，空气也越来越稀薄，我们坐在车里都感觉有点喘不过气来。草原上的植物为适应高寒环境，都进化成抱团取暖的垫状植物，最典型的是藓状雪灵芝，为了用集体的力量抗击严寒，根茎叶几乎粘连在一起无法分开，形成青藏高原特有的高寒垫状植物，越向海拔高处走，草盘越来越大。针茅和苔草中分布着密密麻麻的圆穗蓼，正开着白花，仔细看有的上部开着花，下部已是种子。草原上的牧人们把圆穗蓼亲切地称为"羊羔花"。圆穗蓼属于蓼科蓼属多年生草本植物，果实富含淀粉，是小羊羔在成长期间最喜欢的"零食"之一。看着草原上的小白花，不由得哼起《妈妈的羊皮袄》："羊羔花盛开的草原，是我出生的地方，妈妈温暖的羊皮袄，夜夜覆盖着我的梦……"与圆穗蓼相伴的有藓状雪灵芝，还有开花和未开花的多刺绿绒蒿，小丛红景天和小大黄，花草们用各自不同的色彩装扮着草原。

路边的招鹰架上大鹭在给幼鸟喂食，幼鸟的绒毛刚刚长齐。草原上的藏野驴有的单独食草，有的和家牦牛合在一块，形成一副和谐画卷。路上乡副书记给我们介绍，索加的生态环保理念在玉树州乃至全省来说都是超前的，而这一切都是牧民主动寻求生态健康发展的结果。而把生态保护理念根植于牧民心里的，是这位出生和工作于索加的藏族干部——杰桑·索南达杰。

一路上，县、乡的二位领导给我们介绍了许多我们不曾知道的杰桑·索南达杰的故事和英雄在当地产生的深刻影响。杰桑·索南达杰1954年出生于索加乡莫曲草原，1974年从青海民族学院毕业，当时国家翻译局和省民族出版社都抢着要他，他却毅然放弃去北京和留在省城工作的机会，回到了生他养他的治多草原。

杰桑·索南达杰想念那片生他养他的草原，想念那片草原上生活着的人们。他深知自己是牧民的儿子，是草原的儿子。他最终被分配到治多县民族中学当老师，当时学校的师资力量不足，他承担初中三个年级的藏语文、全校的体育老师，还担任初二年级的班主任，为完成繁重的教学任务，他经常挑灯备课、批改作业。因工作勤奋和成绩突出，杰桑·索南达杰先后担任了县文教局局长、索加乡党委书记、治多县县委副书记。任职期间他全力勤政爱民、取信于民、为政以德，被广大的人民群众亲切地称呼为"人民群众的好儿子"。1992年担任治多县委副书记后，针对日益猖獗的淘金和盗猎活动，杰桑·索南达杰组织成立了治多县"西部工作委员会"，并担任书记。从担任西部工委书记至牺牲的540余天里，他先后12次进入可可西里腹地进行勘察和巡查。有354天在可可西里度过，行程超过6万公里，不仅对可可西里的自然资源进行了全面详细的考察，还搜集掌握了大量的第一手文字和图片资料。

杰桑·索南达杰牺牲后，全乡干部群众传承生态环保理念，积极投身生态保护。国家公园体制试点和建立国家公园以来，索加乡全境被划入三江源国家公园长江源园区核心区，以国家公园为主体的自然保护地体系逐步形成，数千头藏野驴为代表的高原物种大种群常年在这里栖息，索加成为名副其实的野生动物乐园。2000多名牧民成为生态管护员，每月按时上岗巡逻，按时领到1800元的工资，从草原的利用者成为三江源国家公园生态管护员，步行、骑马、驾车巡逻，吃上生态饭。生态也越来越好。生态管护员们在野外巡护时发现了以前很难见到的国家一级保护野生动物黑鹳，还曾看到1只兔狲妈妈带着3只兔狲宝宝外出游玩。狼、赤狐和沙狐曾经一个时期在草原也很难看到，现在几乎天天能看到。杰桑·索南达杰在天有灵的话，一定会为这些年来取得的生态保护成效而高兴。

说话间车已驶进索加乡政府院子，手机显示院子所在地的海拔为4405米。房子都是简易平房，在院子最里边有5排土木结构的平房，这些平房苍老又雄奇。乡副书记带领我们首先来到杰桑·索南达杰曾经工作过的办公室，这是一座20世纪70年代初修建的土木结构的平房，办公室连着会议室，这里现在依然是乡上办公的地方，我在杰桑·索南达杰曾经的办公桌上坐了一会后才默默地离开。

乡副书记又带领我们参观了延安礼堂和其他房子。这些房子1970年5月动工，1973年完工。当时建有职工宿舍3排、会议室和办公用房1排、卫生院1排。盖房用的土坯都是当地牧民一块一块用模子打出来的，木料是从700

多千米之外的玉树州江西林场拉运来的。江西林场我去过许多次，到结古镇以后，从结古镇到江西林场还有270多千米的山路，简易的道路大部分沿着澜沧江的支流子曲河走，道路十分险峻，空车才能一天到达，装上木头从林场到结古镇顺利的话得两天，晚上司机得在车里或草原上盖着皮大衣过一夜，若遇到雨雪天，一星期都走不出来。这一根根盖房的木头多么来之不易啊！旧房中最引人注目的是会议礼堂。会议礼堂在设计上突出延安风格，门窗仿延安窑洞门窗设计，门顶和窗顶都雕刻着红五星。礼堂被称为"延安礼堂"。这些建筑至今保存完好，成为纪念往昔峥嵘岁月和杰桑·索南达杰在艰苦地区工作的红色遗迹。

县委宣传部的江文给我们介绍，索加乡是可可西里坚守精神的诞生地。以杰桑·索南达杰为代表的中国共产党人带领藏族人民敢闯敢试、敢为人先、信念担当、生命守护，开启青藏高原生态文明事业新篇章。治多县县委、县政府正在举全县之力打造红色索加，将"红色索加"打造成全省乃至全国的红色典型，打造成生态文明高地建设的样板。

按行程计划，我8月5日去楚玛尔七渡口采访。七渡口位于扎河乡境内。扎河乡党委书记索南旦陪着我们进行采访。索南旦正是杰桑·索南达杰的儿子，他参加工作后从事生态保护工作，早在10多年前省林业部门举办的业务培训班上我们就见过，一块聊过他的父亲的事情，父亲牺牲时他只有10岁，他记忆中父亲在家的日子很少，总是风尘仆仆，总有巡不完的山、忙不完的考察。我俩还照了一张合影，今天相遇时谈起往事，记忆犹新。

蓝天上飘着淡淡的白云，车到扎河乡政府时离开公路向西北方向走。这条公路是一条砂石路面的路，索南旦正说这条路去年刚修通，是三江源国家公园的巡护道路，总长80千米，一直通到通天河河边。草原上安置的招鹰架上都有大鵟或棕纹腹小鸮盘的巢。孵化任务已完成，鸟去巢空。路上看到路边有大片的石方格治理过的沙地和种草以后覆盖蓝颜色地膜的草地，索南旦正说这些都是国家公园生态修复项目。沿国家公园巡护道路走了一段路程后，索南旦正指着前方草地上的水泥桩说那是国家公园核心区和一般控制区的界线，北边是核心区，南边是一般控制区。我们正在从一般控制区走向核心区。刚走了几分钟，就在核心区的山梁上看到6头藏野驴，1头打滚，1头卧着，其他的在低头食草。转过一个弯，山梁又有3头藏野驴抬头望着我们。

未硬化的砂石路有些颠簸，车走得慢，12点时还看不到通天河，却在草原上看到一大片开蓝色花的植物，大家都下车拍照，问我这么蓝的是什么花。

我说是露蕊乌头。大家看后说雄蕊还真的露在外面，真好看。我说不但好看，还好臭！草原上能成片长到开花结果的植物，都具有浓烈的臭味、坚硬的刺或硬的质地，具有适口性差、牛羊不喜欢吃的特点，这是植物适应环境的表现。

12点40我们到达七渡口。原来七渡口是楚玛尔河和通天河的交汇处，又称"长江七渡口"。湍急的楚玛尔河和通天河在这里以散漫的姿态奔流，形成七条纷杂交错的辫状河流。这一河段水流浅缓，牛马可以和野生动物一样涉水而过。人则可坐船横渡通天河，七渡口由此成为长江上游重要的渡口。七渡口是唐蕃古道古老的渡口之一，兴起于唐代，相传文成公主就是从这里渡过通天河，继续向南，最终抵达拉萨的。

七渡口河道宽阔平坦，河岸的草原却高低起伏不平，呈丘陵状。虽然在通天河岸，但气候却显得异常干旱。在这里我第一次看到大面积分布的豆科野决明属的披针叶野决明。披针叶野决明有浓烈的臭味，牛羊和野生食草动物都不喜欢吃，任其生长，几乎成了这片草原的主要植物，伴生的有蔷薇科委陵菜属的二裂委陵菜、鸢尾科的卷翘鸢尾。在局部山丘上蓼科蓼属的尼泊尔蓼也成片分布。空气稀薄、寒风凛冽的高原，大大限制了传粉昆虫的活动。恶劣的环境会使植物的生长、繁殖受到很大限制，为了提高繁殖成功率，花草们在用自身臭味、枝刺保护自己的同时，还演化出更长的花柱分支，倾注更多的资源和能量给雄蕊，从而产生更多花粉。有的花还把雄蕊直接露在外面吸引昆虫，使昆虫尽可能多地携带花粉，提高花粉落在柱头的几率，从而完成授粉。站在长江源头的楚玛尔河岸，我们无不为这些花草们在生长和繁衍过程中尽显的"智慧"而感动。

索南旦正带领我们来到江边，近距离地看到楚玛尔河注入通天河后浩浩荡荡向东流去的景观。

转眼间来到治多县已有10天了，按行程我们8月6日要赶往三江源国家公园索南达杰自然保护站，那里也是我们行程的最后一站。大家都向往着能够深入可可西里腹地到卓乃湖看看，无奈现在恰逢雨季，我们不敢贸然行进。一大早从治多县城经曲麻莱县城走向可可西里索南达杰保护站。原来的简易砂石路已于2016年改扩建成二级公路。这条路基本上是沿着长江源头楚玛尔河行进的，沿途有许多条因周围雪山融化而形成的流入楚玛尔河的梳状河流和泉眼，泉眼形成一汪汪的小湖，为飞禽走兽创造了独特的栖息环境。每个湖泊边的湿地草原上都有成群的藏野驴在安详地食草。在一个不大的湖边，我们看到一队黑颈鹤在低头觅食，与黑颈鹤在一起的还有成群的斑头雁。在大一点的湖泊里还有针尾鸭、凤头潜鸭、赤嘴潜鸭、绿头鸭。

现在正是藏羚羊产完羔从可可西里向越冬地迁徙的季节,藏羚羊还没合群,我们能看到三三两两的雄藏羚羊在食草。在一片沼泽草甸中我们又看到两只觅食的黑颈鹤。

下午3点我们终于到达索南达杰自然保护站,展现在眼前的是一个全新的保护站,在基本保留1996年建站时原貌的基础上,保护站的规模扩大了很多,办公和生活设施更加完善。4米多高的藏羚羊头设计异常醒目,更引人注目的是新建的生态展馆,展示着动物标本、20年来可可西里保护的历史图片和社会各界对可可西里保护工作的关爱和支持。藏羚救护中心同样也进行了整修。

夕阳西斜,我们来到昆仑山口的杰桑·索南达杰雕像和纪念碑所在地,举目仰望夕阳映照下的雕像和纪念碑,我在心里默默地说,可可西里的藏羚羊已经从不足2万只恢复到了7万多只,可可西里再无枪声,藏羚羊也有了一片宁静的生存净土,杰桑·索南达杰的英魂可以安息了。

从青海民族大学走出的杰桑·索南达杰,永远守护着可可西里。

董得红,系中国作家协会会员、青海省作家协会会员。

白茸院忆事

鲁玉梅

那是二十多年前的事情。

风摇着山坡上的蓝色铃铛花，把四面八方鸟兽的叫声送达坡顶，把远处的云吹到更远的雪山之上，把奔腾的流水声拉近身边。我往山上走，脚步所到之处蚱蜢四处乱跳，落在草间"哔哔"地叫。它们一定是被我手中的小篮子惊艳到了。

我的小篮子宛如一尊陶罐，古拙质朴。它身上弥散着一股好闻的木香，圆圆的篮底可以放进去很多的东西。它是阿爸送给我的十三岁生日礼物，是他放牧时，采了山间的麻柳编织而成的。小篮子有个褐色的被手摸得亮晶晶的木头小把子，小篮子可以挎在胳膊上，也可以手提。十二岁的生日礼物是妈妈送我的一双白色线织手套。那年下雪很频繁，哥哥在复习功课，我就帮阿爸喂了一个冬天的羊，二月又给每只羊喂填了一片加了阿苯达唑的洋芋，给每只吃不饱的小羊用奶瓶喂奶，给需要加餐的母羊套料袋。我的手很快就皲裂了。晚间洗净手之后，涂蜂蜜烤火，裂缝才慢慢好起来。于是生日那天，阿妈送了我这双手套。

小篮子满满当当装着刚摘下的豌豆荚。

平常我用这个小篮子上山采药放柴胡。那时一斤干柴胡可以卖五块。挖一个暑假，开学之后我就可以买到一件自己喜欢的衣衫。只是天天在太阳地里跑来跑去，我的脖子以上像抹了层煤灰，头发干枯焦黄，感觉随时会燃烧起来。

和我一块上山采柴胡的叫明喜，她是个两颊红艳，大鼻子、肿泡眼、高颧骨，头发很软、笑声很爽朗的姑娘。

我比明喜大三天，但按辈分，她该叫我一声姑。不过她叫得极不认真，有时叫，有时候不叫。我把这个归结于她吊儿郎当的性格。因为这个，明喜上学也上得吊儿郎当，本来与我同级，后来我都初二了，她才磨磨蹭蹭从小学毕业。

小学毕业时她已经高出我半个头。从那儿之后我就再也没听见过她叫我姑。有一天我指着我家相框里两个一岁半左右小女孩子的照片，问我阿妈照片上的这两个鼻涕虫是谁？阿妈说这不是我和明喜吗。当时我惊讶得眼珠子快要掉下来了。阿妈说那时正在割田，一个照相的过来邀我们照相，我们说不照，拾掇拾掇了再照。照相的那个人就不答应了，他说他就是想照下地干活妇女们的样子。明喜的阿妈一听就羞涩地说不中、不中，我们头发太乱，衣裳也土，这样子照上的话，以后谁还敢把丫头嫁到我们小胡图，这不是把小胡图的小伙子全害了吗。最后我阿妈眼睛一转，就对照相的人说，那您就给我们的俩丫头照一张。于是两个母亲就用衣裳大襟把我们的小脏脸擦干净之后，把我们放在一个麦捆上。于是就有了这张明喜笑得阳光灿烂、而我就像被麦秆扎痛屁股充满怨气的，见证我和明喜友谊的照片。以后虽然我和明喜闹别扭，常常使友谊的小船翻覆，但最后总是以她哭哭啼啼地示弱和我假装的虚怀若谷和好。

　　明喜好像懂的比我多，她教我要是感觉到热，就对着东面吹口哨，就会有风吹来，这个叫紫气东来。我们在山坡上试验过无数次，每次都很灵验。还有一次，我们躲在一道小坎阴凉处避暑，她给我讲了一件事情，说有对男女在密林深处说话。当我问他们在说什么时，明喜说他们不说什么，而是在约会。我说什么叫约会。明喜说她也是从电视上学来的这个词，她自己也不知道啥叫约会。我说那我们慢慢想。我们闭着眼睛，就在那道坎底下想"约会"这个词。想着想着，突然有鱼一样油滑的东西滑到我心里四处乱撞。很奇怪的事情发生了，当我再看见小男生时，不再是以前见到小蜜蜂、小蚂蚁一样的感觉了。

　　豌豆荚宝石吊坠般挂在豆秧上，那些早晨刚刚开放的豌豆花蝴蝶一样落在我家那块凹地里。我拽了一株豌豆，一大片停留在豌豆秧上的"蝴蝶"振颤了一下翅膀，便又安然入梦。却不想蝴蝶振翅的响声惊动了两只在豌豆地深处约会的灰兔，它们"嗖"一下，窜到山顶看不见了。嗯，对，约会，谈恋爱。

　　现在闭着眼睛，我都能想起那块豌豆地的山顶，野鸢尾闪耀着绸子般的光芒，旁边矗立的胭脂花红红的，像电影中美女娇艳的红唇，几株忍冬旁有一个蚁穴，穴上一队兵蚁正在巡逻。离蚁穴不远的地方，有一丛鲜卑花，馨香的扁平叶片引来很多昆虫。蚂蚁们正准备来一场饕餮。它们边巡逻边观察西天山顶涌起的一大朵棉絮一样的云。一只黑蜘蛛沿着一个土坎跑上去，跑一段路，就停下来侦察一番周遭的环境。

　　"啪"一声打开豆荚，里面又软又水的豆子蹦到掌心里。丢到嘴巴轻轻一咬，舌苔上全是夏天阳光的味道。阿妈特别喜欢把豆荚当零嘴来吃。她边吃豆荚边给我们纳鞋。吃了豆子，她把荚内的一层绿膜轻轻撕下，把豌豆皮也吃了。纳好一个鞋底子，她面前就堆了一堆豆荚绿膜。我喜欢透过荚绿膜看一切。呈现在豆荚膜后面的一切都显得那么新鲜：天上的太阳绿绿地挂在半空中，蒲公英也是绿绿的，就像一个个毛茸茸的绿毛线球。这个时候我就忍不住想，是谁用这些绿毛线球在天地间织出了一个绿绿的夏天，织出一棵棵张开绿手掌的杨树，织出豌豆秧上的那些宝石坠子的？

我们家的这块儿山腰凹处的豌豆地，算是一块不好也不坏的地。说不坏，那是因为这块地旱涝保收。说不好，那是因为这地在半坡腰，种麦子、油菜，运捆子时都特别费力，装满捆子的马车常常因为道路陡峭而被掀翻好几次。于是这块地多半用来种蚕豆、豌豆，或者将这两种豆子套种在一起。等豌豆捆干透之后，就可以在地里铺上布单，用木棍将豆子砸出来装回家。

很快，我摘了满满一篮子豌豆荚。这次这些豌豆不是我阿妈要吃，而是让我到二道湾给哥哥送过去。

我拐着满当当的小篮子走到沙石坡那里。那时存梅的奶奶还在，她一脸蛛网般的皱纹，正拄着拐杖坐在她家门口马槽那里晒太阳。这个瘦巴巴的老太太常常站在沙石坡上，朝下面她做了鳏夫的大儿子家喊："存梅，吃饭来。"总有风过来跟这个小老太太捣乱，有时候把她的声音吹进大湾地，有时候送到高高的旱獭梁上。老太太不是炒洋芋，就是煮洋芋，因为很少吃到有油水的吃食，存梅瘦得跟猴儿一般，一看就是经常饿肚子的样子。我阿妈隔三岔五炖了奶茶，烙了"狗浇尿"把存梅的奶奶叫到家里来打牙祭。阿妈说老阿奶没人伺候，可怜，让我叫过来给她吃点儿，也吃不完咱家的粮食。她还给存梅奶奶拿去羊油脂，让她掺上羊油给存梅炒熟面，这样的话，老太太就不用隔三岔五地烙馍馍，煮洋芋。熟面中有羊油脂，用开水冲了喝，不容易饿肚子。

前两天上山采药时，我还在蕨麻地里看见存梅。她家的老海摇着尾巴正在撅蕨麻，她在旁边灌木丛捋珠芽蓼。老海是她家一头芭蕉扇耳的八眉母猪，肚腹垂地，正怀着崽儿。存梅的阿爸打发她把老海赶到后掌的抛荒地里。存梅腾出装馍馍的包，拿它去装珠芽蓼。听说吃了这种像火柴头一样的小红籽，猪上膘好。老海撅着蕨麻，闻到放在抛荒地边的馍馍香味，就把存梅的中午饭给吃了，气得她要拿棍子打，可是想到它肚里怀着崽儿，就又舍不得打。

虽然存梅没娘，可她成天乐呵呵的，赶着八眉老海跑来跑去。存梅有一双金丝猴般的眼睛，里面闪动着狡黠的光芒。村里看相的老爷爷说存梅要是读书，十个小孩都不及她那个聪明劲儿。存梅听了这个唉声叹气了几天，之后便将此话抛之脑后，很快就又那么乐呵呵，在露水在草间上发出宝石般的光芒时，就赶着老海往后掌地里走。

倒是我哥每天拉着脸，就像谁把他的干粮给掰了。就是这年我哥进二道湾接替阿爸照料牛羊。

我到了二道湾，哥哥正好从牧屋里出来了。牧屋里一切都是黑黑的，就连我原本白净的哥哥也像被浸泡在黑暗中。我把篮子递过去，哥哥的头发从帽子中漏出来，他吃着豌豆，就像一头牦牛在咀嚼一堆草料。

阿妈的话一点儿都没错，我们家不缺地，不缺粮食。我奶奶生了我祁汉沟大娘、金山大娘，中间生了我阿爸，之后她又生了我金花阿娘和桂兰尕娘。大娘和二大娘在我出生之前就已嫁人，我金花阿娘带大我之后也出嫁了，后来我那个脾气非常不好的桂兰尕娘也出嫁了。她们出嫁之后，留下她们名下的地。我们家地多，有人羡慕我们，有人嫉妒我们，也有人对我们意见很大。

对我们意见很大的人是我们家的邻居。他家的地与我们家的地相邻，两家的地以中间一颗白石为界。自我太爷和邻居的爷爷落户小胡图做邻居起，就为这块甲等地发生争执，常叫来干部调解。到邻居这辈，他见我阿爸没兄弟孤掌难鸣，便愈加跋扈，年年蚕食我家那块甲等地。邻居有个哥，那也是出了名的无赖，平日常常滋事斗狠，弟兄俩都是一个德行。

虽然我们家并没有因此而丧失多少土地，但这背后带来的东西实在无法让人舒适。

这年我远嫁的姐姐回娘家帮忙种地，见到原本平直的塄坎变成"M"形的了，气得脸色发白，跟阿爸说邻居把我们的忍让当成软弱了。她说这话的时候，我哥也在场，只是他不发一言。

那时我哥哥已在二道湾放牧三个月，他的脸变得黝黑乌亮，山野的风已经将他塑造成一个地地道道的牧人了。他心里的那道坎依然高大难以逾越，他不愿说话，也不愿和人多打交道。

此前他是个学习成绩非常好的中学生，但因为没考上县里的师范学校，自尊心受挫，因此一气之下进了二道湾接替我阿爸照顾起家里的牛羊。

阿爸平常咋咋呼呼的，可是从那一年开始阿爸也得看我哥的脸色。这年我哥十八岁，长得人高马大，性格冷峻孤傲。只要我哥在家，我便感到家中的空气都是沉重的。我阿爸其实想和他好好谈一次话，但碍于自己的不善言辞和我哥拒人千里的冷淡表情，他嗫嚅了几次，最终还是没能开始这场重要的父子谈话。

我记得很清楚，那晚吃饭的时候，我姐对我哥说："你要去复读，一次不成，读两次。"除了我哥只顾着吃碗里的面片，我们几个人都停筷不吃了，空气似乎在这个时候开始不流动了。我阿爸偷偷给我姐递了一个眼色，但我姐吸了一口气继续说："你也见了邻居的犁铧那是一点儿都没客气，这样不上三年，我们的地就会跑到他家地里去了。是，我们家地多，就算是把整块地给他都无所谓，只是他欺人太甚。"我哥还是没出声。我姐显然有些生气了，就大声对我哥说："去复读，难道我们家就非得要跟土地打交道，非得要受到他的气吗？"我哥狠命扒了几口饭就把碗放桌子上出去了。

这一年我成了乡中学的一名初中生，而我哥丢下马鞭，进理发馆理了那刺猬似的头发，走进大通一中，成为一名高中生。

我初三快要毕业的时候，明喜跟我忸怩了半天，才告诉我她已经有婆家啦，两家人已经在端午节喝了定亲酒。她阿妈告诉她，说我马上就初中毕业了，我一毕业，就没有人陪她走路，家里人不放心她一个女孩子走那么长的夜路，所以就不让她念书了。她阿妈还说女孩子不用念太多的书，照样可以过日子，再说她的脑子也不是一个念书的脑子。我问明喜她想不想念书，她说她自己也不想念了，也念不进去。就这样，我出山上了省城的一所院校，而明喜果真就不去学校了，在家里一心一意地跟她阿妈学女红和茶饭，为将来做妻子而努力。

我们这边的山很多，大山前面是小山，小山前面是更小的山。大海波浪般起伏的山从来没有寂静过：冬天时我和明喜用小药锄挖出的小凹坑里滚进去几粒羊粪，夏天时小凹坑里长出了一朵地点梅、两株荨苈、一滴露珠，还有一株新鲜稚嫩的柴胡苗在那里好奇地打量着眼前的世界。就在这个时候，又有两个天真无邪的女孩子上山采柴胡，拔兰花了。

我出山去省城求学一年后，我哥哥也考到青海民族学院成了一名大学生。阿妈要我给哥哥送过去一个月的生活费和一袋子掺了鸡蛋、牛奶、清油、盐水的棋子馍。我哥邀请我到他们的食堂吃了一顿午饭。

我第二次去民族学院是我毕业之后。彼时我已上班得了第一笔工资，在水井巷闲逛时，相中了一套西服，想这西服穿在哥哥身上肯定显得他英气挺拔。我买了西服，坐2路车到青海民族学院来找哥哥。我忘记自己是怎么找到我哥和他的杨同学的，只记得我们三个人站在一株丁香花跟前，我嗅着满园的花香味。哥哥开心地笑着，一旁的杨同学说着那几个藏族同学跳舞唱歌的事情，说她们人美歌甜舞蹈好，根本就和专业舞蹈家、歌唱家一样。那时候我哥哥挺拔英俊，是一个让女生心生爱慕的年轻男子。这时的他即将从青海民族学院毕业，由于各方面表现优异，他被招到了消防总队，哥哥毕业之后还去了西安上军校。我深深感到他被命运之神垂青了：这个本来在二道湾的牧羊人，命运的沙盘早在他踏上这个学校的时候，就发生了改变。

此刻我站在哥哥的母校里，身边走过的学子如院中盛开的白茸，我心里由衷为他们高兴。在他们漫长的一生当中，他们一定会因为能在青海民族学院学习、生活而感到幸福和幸运，一定会时时感受到美丽母校的恩泽，一定会对这里的一草一木充满感激和感恩之情。

我哥军校毕业之后到果洛消防支队上班，他在那里遇到同班同学，也就是后来成为我嫂子的李国华女士。两年之后，他们请班主任马翠莲老师做了他们的证婚人。我哥在西宁买了房子，于是我阿爸和阿妈就搬进城里去了。阿爸不忍地被撂荒，就以每亩二百元的价格外租。那个邻居欢天喜地地把我家大部分的地租了去，其中就包括那块令我们很头痛的甲等地。他把那块象征地界的白石头丢到乱草丛中，后来那块白石头被一群小黑蚁当作宫殿了。不过几年之后，邻居回过味儿来，对他年轻的儿子说，好好念书，咱也考上大学，走出大山去外面开开眼。

鲁玉梅，系青海省作家协会会员。

朱锦明

青海省美术家协会民间艺委会秘书长、西宁市美术家协会副主席

桃李沐春阳

刘建宁
中国国画学会会员、
青海画院副院长

李忠盛
中国美术家协会会员、
青海画院执行院长

张建青
中国美术家协会会员、
青海画院院聘画家

陈海强
青海省美术家协会第七、八届理事，青海画院院聘画家

桃李沐春阳

群英翘首

胡安良青海民族大学赋撷句 甲辰王晓鹏

俊秀莱臻

王晓鹏
中国书法家协会会员、青海省书法家协会学术委员会秘书长

王晓鹏
中国书法家协会会员、青海省
书法家协会学术委员会秘书长

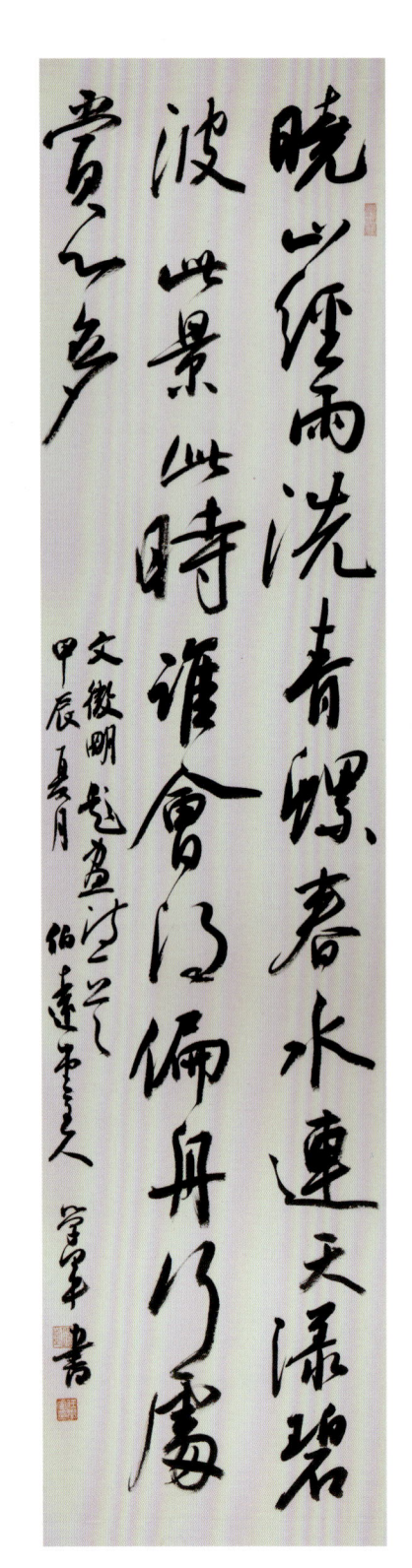

桃李沐春阳

晓色雨洗春犹嫩，春水连天漾碧波。此景此时谁会得，扁舟何处醉渔蓑。

文徵明题画诗一首
甲辰春月 伯达书于京华

任学军
中国书法家协会会员、
青海省书法家协会副主席

岱宗夫如何齊魯青未了
造化鍾神秀陰陽割昏曉
蕩胸生層雲決眥入歸鳥
會當凌絕頂一覽眾山小

杜甫詩望嶽 甲辰夏 蘇成

苏 成
青海省书法家协会理事、青海省
硬笔书法家协会副秘书长

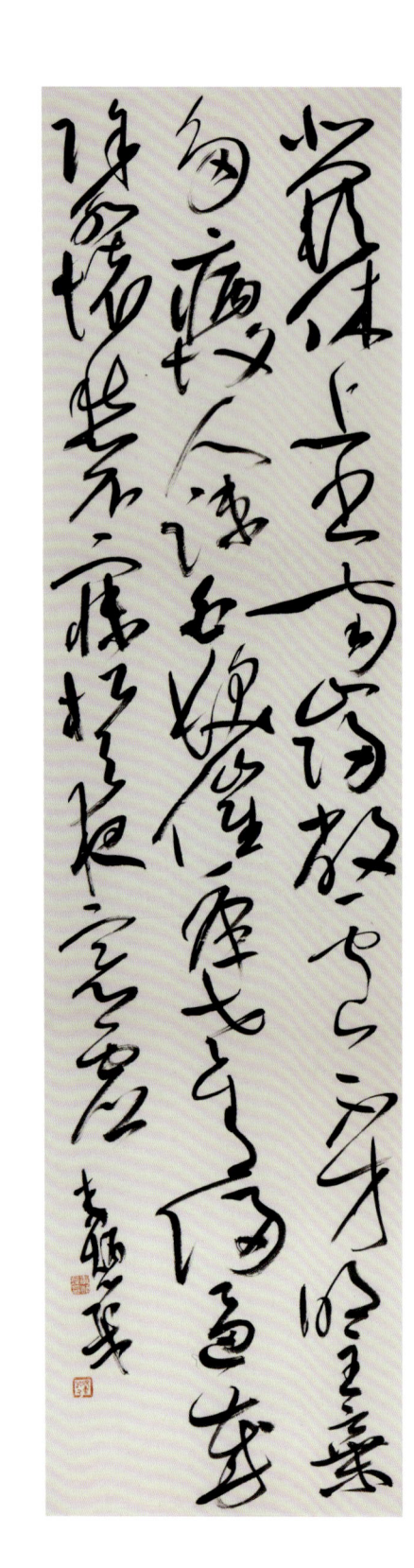

桃李沐春阳

李炳筑
中国书法家协会新文艺群体委员会
委员、青海省书法家协会副主席

◎青海民族大学建校70周年纪念文集

若非群玉山头见

会向瑶台月下逢

李炳筑
中国书法家协会新文艺群体委员会委员、青海省书法家协会副主席

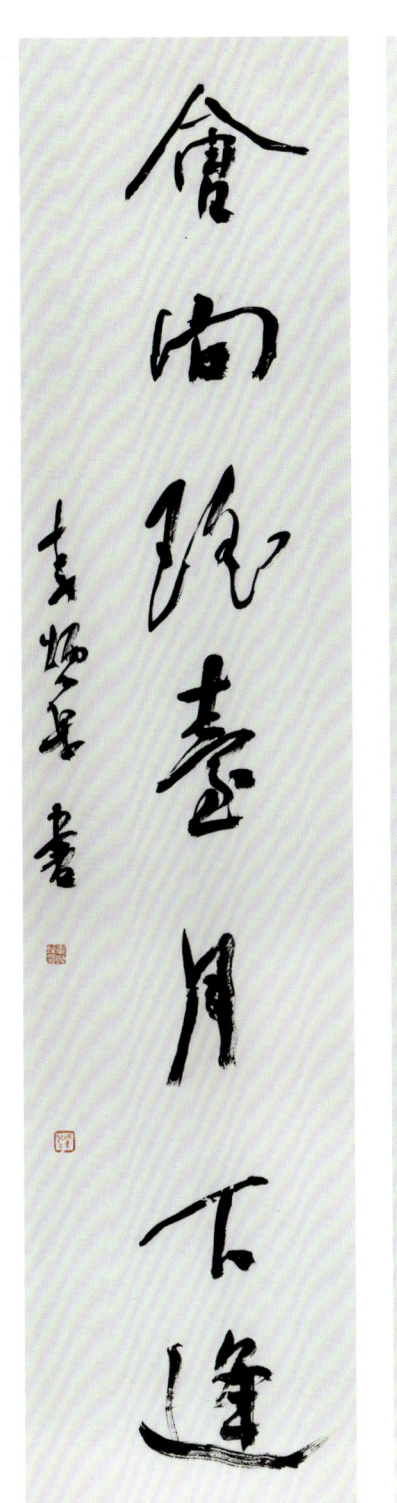

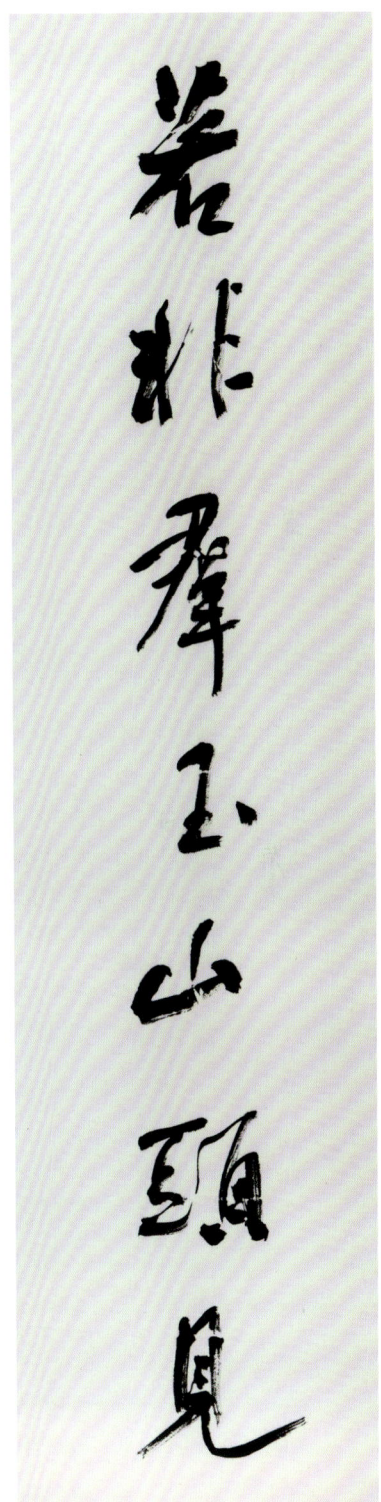

桃李沐春阳

谢全胜
中国书法家协会行书专业委员会委员、青海省书法家协会副主席

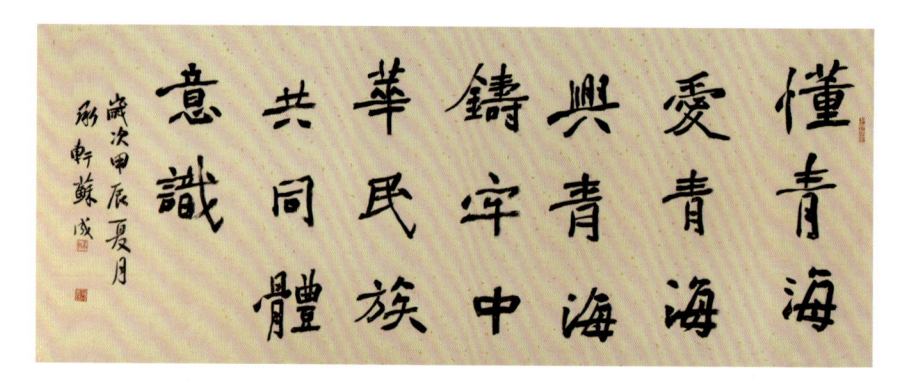

苏　成
青海省书法家协会理事、青海省硬笔书法家协会副秘书长

任学军
中国书法家协会会员、青海省书法家协会副主席

邹小庆 / 青海省摄影家协会副主席

桃李沐春阳

张海东 / 青海省摄影家协会副主席

陈　煜 \ 青海省摄影家协会理事

桃李沐春阳

陈 煜 / 青海省摄影家协会理事

蔡　征 / 青海省摄影家协会主席

桃李沐春阳

蔡 征
青海省摄影家协会主席

后 记

今年是青海民族大学建校75周年。为了更好挖掘校史资源，赓续政治建校传统，凝聚广大校友力量，提振办学兴校的精气神，学校于2023年底决定编辑出版一部综合反映学校历史、师生风采和发展成就的文集——《桃李沐春阳——青海民族大学建校75周年纪念文集》；一部综合反映近五年来师生学习党的创新理论形成的思想认识、感悟和体会的理论文集——《琢玉成大器——青海民族大学建校75周年师生理论文集（2020—2024）》。经过半年多时间的辛苦努力，终于形成了现在的书稿。

《桃李沐春阳——青海民族大学建校75周年纪念文集》共分四个板块，收录了自2019年9月至今反映学校历史和发展的72篇文章，这些文章此前已在《青海民族大学报》刊载过。其中，第一板块收录反映学校历史及广大校友回忆母校的文章30篇，从中可以感受到学校的厚重历史及学校在师生心中的重要地位。第二板块收录了29篇深情缅怀李文实、芈一之、胡安良、桑杰等老一辈学者的文章，让我们再次领略到他们高尚的师德和丰硕的学术成就，春风化雨，至今滋养和影响着学府。第三板块收录了13篇校友事迹的文章，他们都是各行各业的翘楚，从一个侧面反映了民大学子投身新时代民族复兴伟业的动人风采。第四板块收录了"省垣艺术家进民大"主题活动29篇诗歌散文作品和30幅书画摄影作品，通过全省文学、绘画、书法、摄影等艺术家的独特视角，展示民大的历史和发展成就。

《琢玉成大器——青海民族大学建校75周年师生理论文集（2020—2024）》按照时间线索，收录了70年校庆之后，全校师生在《中国教育报》《中国民族报》《青海日报》《青海党的生活》等党报党刊发表的理论文章70篇。文章内容涵盖党的建设、思政教育、民族团结、经济建设、生态文明、法治建设、社会治理、文化研究等各个方面，是民大师生学习贯彻习近平新时代中国特色社会主义思想的认识成果，也是立足新青海建设提出的民大思考和方案，具有一定的理论意义和实践价值。

文化在传承中生生不息。党的十八大以来，我们先后编辑出版了《青海民族大学校史（1949—2019）》《高原沃土》《雪域芬芳》《西海英华》《青藏记忆》《三江追梦》《江源往事》《河湟记忆》《风从高原来》《木铎传金声》《雪域著华章》《辉煌的记忆》《奋进的足迹》等校史丛书，这些文集前后连贯，一脉相承，相得益彰，共同构成了反映青海民族大学光辉历史的精神体系、话语体系和史料体系，对于我们更好地"懂民大、爱民大、兴民大"发挥了积极的作用。如何从更高层面学习利用校史资料，提炼阐发学校精神，更好服务于学校高质量发展，是我们所期待的。但愿我们的工作对全校师生和广大校友了解研究校史和激发奋进精神有所帮助。

在编辑书稿过程中，黄世和书记、马维胜校长和马成俊副校长始终给予了高度重视、亲切关怀和具体指导，确保编辑工作有力有效有序推进。具体工作由宣传部苏中颖、郗峰、祁仁增、唐满龙、韩翠翠等同志负责，他们夜以继日，加班加点，付出了很多业余时间和精力，保证了书稿应有的质量。

与此同时，青海人民出版社梁建强同志以高度负责的敬业精神推进了出版工作。青海天和地矿印刷有限公司范更有总经理及其员工以认真负责的态度和专业的技术水平，保证了印刷质量。

对以上各位领导和同志们表示敬意和感谢。由于编者水平有限，时间紧张，书中肯定还有很多不妥之处，恳请读者指正并予以谅解。

书成之时，如释重负，深感欣慰的同时也有遗憾。近几年来，学校发展日新月异，民大故事精彩纷呈。但由于受疫情等客观因素影响，师生和校友的约稿力度还不够，很多精彩的民大故事没能及时发掘展示出来，留下了继续做好工作的巨大空间。今后，我们将继续努力，传承薪火，接续文脉，讲好新时代民大故事，让青海民族大学这棵参天大树，在新时代更加根深叶茂，郁郁葱葱，硕果累累，生机勃发。

阿进录
2024年6月